U0919995

人品教育与课程建设

多元文化背景下学校人品教育课程的实施与研究

主编 葛丽芳
执行主编 姜雪雁
编委 楼亚琴 钱 磊 沈 炜

中国记忆文库

总顾问 陈圣来
总主编 强荧 方立平

上海三联书店

图书在版编目(CIP)数据

人品教育与课程建设：多元文化背景下学校人品教育课程的实施与研究 / 葛丽芳主编. -- 上海 ：上海三联书店，2016.9

（中国·记忆文库 / 方立平主编）

ISBN 978-7-5426-5659-9

Ⅰ. ①人… Ⅱ. ①葛… Ⅲ. ①思想品德课—教学研究—小学 Ⅳ. ① G623.152

中国版本图书馆 CIP 数据核字(2016)第 177259 号

人品教育与课程建设——多元文化背景下学校人品教育课程的实施与研究

主　　编 / 葛丽芳

中国·记忆文库 主编 / 方立平

责任编辑 / 方　舟
特约审读 / 周大成
装帧设计 / 方　舟
监　　制 / 李　敏
责任校对 / 张大伟
校　　对 / 莲　子
统　　筹 / 7312·舟父图书传媒工作室

出版发行 / 上海三联书店
(201199) 中国上海市都市路 4855 号 2 座 10 楼
网　　址 / www.sjpc1932.com
邮购电话 / 021-22895557
印　　刷 / 上海肖华印务有限公司

版　　次 / 2016 年 9 月第 1 版
印　　次 / 2016 年 9 月第 1 次印刷
开　　本 / 787×1092　1/16
字　　数 / 540 千字
印　　张 / 22.75

书　　号 / ISBN 978-7-5426-5659-9 /G·1435
定　　价 / 68.00 元

《中国·记忆文库》编辑出版说明

“记忆”是一种文化再聚合。《中国·记忆文库》是上海三联书店出版社约请著名文化人、编辑家组织策划的文化项目，旨在将中国历史上、特别是近现代乃至当代时空中闪烁奇彩“记忆”的人与事聚合在一起，以产生新的“文化力”和“正能量”。入选“文库”的图书项目应该具有这样的特征：十年八年，或更长的年月后，当我们回首望，依然能见他们如“标杆”在各自领域挺立，如风帆带领着人们向“理想的海平线”奋进。这种文化的再聚合，是历史前行中的价值积淀；是事物发展中趋向性推进的闪亮轨迹；是一种让人永远充满激情的生命的律动；当然，也是一个民族得以生生不息、代代传承的智慧、梦想和财富。

我们热切地期待这项文化项目能得到社会各界的支持，聚合起更多的文化正能量，凸显中国的软实力。

“中国·记忆文库”编选工作室

序　一

课程改革——学校教育创新的引擎

翻阅着东展小学第二轮市级课题《多元文化背景下学校人品教育课程的实施与研究》的成果集书稿，不由涌起欣喜之情，记得2010年曾为东展小学第一轮市级课题《多元文化背景下小学生人品教育的实践与研究》成果集书稿写序，时隔六年，今天又一次分享东展小学的课题研究成果，看到了：东展小学在葛丽芳校长的带领下，坚守“立人为本，成人于品”的办学理念，致力于“人品教育”的研究与实践。两轮课题研究始终抓住了教育的根本问题：“培养什么人”和“怎样培养人”；始终聚焦在学生发展核心素养的培养上，始终坚持在学校工作的各个方面进行落实于行动。多年来学校经历了从提出办学定位和“人品教育”的培养目标，到结合学校实际研究“人品教育”，再到深化“人品教育课程的实施与研究”，为学生的全面而有个性发展铺路建桥，这是一项真正接地气的落实学校办学价值的研究。

课题研究重视学校课程的顶层设计。在东展小学“爱笑会玩、爱学会说、爱生活会做人”的培养目标追求下，关注课程架构与课程要素间的一致性，学校课程不仅将“人品教育”与三类课程相融合，形成了“人品教育课程”的框架结构，而且还制订了课程目标、课程方案与评价体系，形成了开放型的课程实施形态。成果中呈现出：三类课程的育人功能互融互补，教室校园社会家庭形成了学习的大课堂，书本社会场馆媒体成为学习的资源，教师家长学生行业专业人员成为课程主讲者，不同类型课程实现特定的课程目标。人品教育课程的多元、开放体现了“人品教育”的生命力与存在感。

在课题研究中开发与完善了具有东展特色的“生活与做人”课程，按年级新编出版了《爱生活会做人》5册教材。编者十分用心，教材编得生动有趣，图文并茂。可贵还在于教材与学生直接对话，在教材中可读到不少在东展小学发生的人与事，同时还设计了贴近现实的导行评价，使得教有所依，学有所效，这样的教材学生一定喜爱学习！课题组在经验积累中还完成了探究型课程的系列教材编写，真是可贺可喜！

课题十分重视基础型课程的研究，倡导课堂的人文性、和谐性和愉悦性，提出具有“和谐、灵动、智慧、多元”特征的“人品教育课堂文化”。

书稿提供了大量的教学案例，这些都是教学一线教师撰写的，课题研究促进了教师团队的专业素养提升。记得前一轮的课题研究成果之一“人品育人品”创出了教师专业成长的培训模式，这一轮的课题研究又有新发展：为教师的专业成长创设了提升的“台阶”——教研新模式。教师们称教研组是个“家”，看作是身心慰藉的港湾、研学的天地、合作共赢的驿站。教研活动已走向研究形态，一次次磨课走向精致教学，老师们在历练中学会责任担当。在东展发展的关键——一支教、学、研有活力有追求的教师团队正在不断成长着！

读完书稿，想到：一所好学校必定有校长的高屋建瓴、谋略与坚守；一所好学校必定有教师的专业成长、不断磨炼与锻造；一所好学校必定有课程的领导力与实践力……。

东展小学办学的13年，在学校办学思想的引领下坚持内涵发展而走向卓越！在此，衷心祝愿东展小学在实践创新中越办越好！再创辉煌！

原上海市教委副主任、现国家教育咨询委员会委员

2016年6月

序　二

以人品教育为特色，创新学校课程

这是一本扎根于学校教育实践中的真实案例集，为了不断实践新课程改革背景下，学校教育如何回归到关注“人”这一本质，东展小学十几年来一直在勤勉地探索着“教育是什么”，“教育为什么”这些根本问题。我们的教育正处在转型期，正面临着全所未有的挑战，东展小学坚持“人品教育”的研究已经有十年了。这十年中，学校在上海市知名的特级教师、享受国务院津贴的葛丽芳校长的带领下，面对多元文化的办学背景，坚守“立德树人”的教育根本，将培养学生做人作为学校教育的使命和责任。

东展小学的“人品教育”已经历了两轮课题的研究，从第一轮构建人品教育目标体系、创建人品教育班级文化、构建人品教育课程框架、提出了人品教育师资队伍建设策略，到第二轮人品教育课程建设的研究，始终以“人品”为抓手，以学校办学理念和教育追求为背景，从人品教育课程建设和实施的角度，探索人品教育与三类课程（基础型、拓展型、探究型）的融合，通过课题研究，学校构建了人品教育的课程规划，进一步完善了《生活与做人》等校本课程，初步形成了多元文化背景下人品教育课堂文化，并建立了学生的人品素养评价体系，逐步形成独特的办学模式和鲜明的办学特色。

东展小学“人品教育课程建设”的研究，不但直接引领着学校的特色发展，促进了干部和教师团队的成长。学校的管理团队进一步提升了课程的顶层设计能力和规划能力，三分之二的教师参加了本课题的研究与实施，撰写了案例二百多个，教师不仅转变了教育观念，还提高了课程开发能力与执行能力。本课题成果之一《爱生活会做人》教材，就是东展小学一线教师开发编写，由三联出版社正式出版发行的，经历了课题研究的全过程，教师的专业素养更上了一个台阶。

“人品教育的学校课程建设”主题契合了“立德树人”的根本任务，具有较强的现实意义，研究思路清晰，整个研究内容完整，逻辑严密，成果具有较强的可推广性。课题的研究促进了学校的内涵发展，使学校在这四年内，办学成果斐然，连续两轮被市教委列为上海市特色创建学校。

四年的研究已经圆满结题，然而东展小学对“人品教育”的探索与思考并没有停下脚步，他们满怀着对教育理想的执著追求，以改革为风，以创新为帆，在学校特色建设、内涵发展的长河中乘风破浪，永往直前。

上海市长宁区教育局局长

2016 年 7 月

前　言

上海市民办东展小学创建于2003年8月，举办者东展教育发展有限公司，上级主管部门长宁区教育局，由特级教师葛丽芳女士担任学校校长兼书记。学校目前有班级26个，学生840名左右。由于学校地处虹桥开发区，大量的境外人士及携行子女的进入，使学校学生来源多元，形成了学校独特的文化背景——多元文化的相互融合。

为此学校提出了“立人为本，成人于品”的办学理念，把培养学生做人作为学校的根本任务。同时依据“以人为本”的理念，于2006年开始了“人品教育”课题的研究，历时整整十年。十年期间，经历了两轮课题的研究，本书呈现的是第二轮课题《多元文化背景下学校人品教育课程的实施与研究》的成果。

本书共有两个部分，第一部分绪论是课题研究的结题报告，详细阐述了课题研究的背景、概况、成果及成效，对《多元文化背景下学校人品教育课程的实施与研究》课题作了总体性的介绍。

第二部分是课题的研究成果，第一章主要介绍了“人品教育”课程的整体设计，学校人品教育课程理念是：“以德育为核心，以人品为抓手，培养学生健康人格；课程为学生创设丰富学习经历，提高童年生活的快乐度；课程通过对评价方式的改善，提高学生的成就感，让每一个学生成为成功的学习者。”，它反映了学校：“立人为本，成人于品”的办学理念和“提升每个孩子的生命质量”的价值追求。

人品教育课程体现的是“一体两翼”的课程结构。“一体”是指以基础型课程为主体，在“全面育人，和谐发展”教学价值观的引领下，转变学习方式促进学生人品素养的提升。“两翼”是由拓展型课程和探究型课程组成，其中限定拓展《生活与做人》课程以培养目标位课程的基本目标，培养学生学会做人；自主拓展型课程以激发学生的兴趣、挖掘学生潜能为主要目标，培养学生丰富的兴趣爱好与特长；探究型课程以生活实践为主要手段，丰富学生多元文化素养和多种学习经历，让学生在校园、社会生活的探索、实践和感悟中学到做人的道理。可以说，课程建设是学校办学理念的集中体现，践行和彰显学校办学理念是学校课程建设的愿景和目标之一。

第二章主要介绍了“两翼”，即拓展型课程和探究型课程，这两类课程是学校自行开发的校本课程。拓展型课程中重点开发的人品教育核心课程《生活与做人》课程，课程以培养目标中“乐观、自信、活力……”十六个二级指标为教材开发的依据，两年来课题组确立了每个指标一到五年级阶梯递进的分年级课程目标、内容与要求，并根据分年级课程目标开发相应的课程内容，保证16个指标每个学年都有相配套的教材内容落实。同时，学校还根据学生需求，开发了包括：击剑、高尔夫、多元智能、乐高、街舞、书法、英语戏剧等三十多门自主拓展型课程，充分挖掘学生潜能。

探究型课程在专家的指导下，制定了学校《探究型课程方案》及下属四个板块的课程计划，并编撰《童年成长探究系列》《节日文化探究系列》《社会生活探究系列》三大板块的教材，依托教材进课堂，进行有序列、有目标地实践活动。特别是课程的实施，以实践为主导，让学生走出教室、走出校门，走进社会生活，在实践、体验、感悟中获得知识，学会做人。

我们的人品教育课程已经成为孩子们学校生活的全部，成为孩子成长的舞台，成为学校发展的引擎。它让我们领略了东展学子阳光、自信、活泼、会玩的风貌；也看到了东展学子自主探究、乐于合作的精神；更感受了他们勇于克服困难、挑战自我的品质；课程使教育不再只局限在方寸的书本中，孩子们走出校门，走进社会，在体验多角度现实生活中学会做人，学会成长；因课程的变革，教师开始尝试能够结合学生的年龄特点、认知规律实实在在站在学生的角度考虑问题，在贴近学生思想和实际的情况下进行生动而持续地开发适合东展孩子的课程，真正去实践“让每个孩子拥有快乐童年”的办学思想。

第三章主要介绍了基础型课程的校本实施，我们抓住了“课堂”这一主渠道，通过课堂价值观的形成、师生关系的创设、教学方法的变革、评价的设计等，从而形成东展的课堂文化。东展课堂文化的价值追求就是要实现人的和谐发展。东展的课堂要成为孕育学生人品的摇篮，就是要真正发挥人品课堂的育人价值，让学生在课堂身、心、智等全面和谐发展，为学生的终身发展而奠基，包括知识与技能的和谐发展，情感态度与价值观的和谐发展。

东展课堂文化的特征是：“和谐、灵动、智慧、多元”。和谐是课堂文化建设的目标，灵动是基础和关键，智慧是课堂文化的核心，而多元则是课堂文化的保障。同时通过确定和谐发展的课堂价值取向，建立灵动的课堂人际关系，激活智慧的教学方式，构建多元的课堂评价方式创建课堂文化。

第四章主要是队伍建设，抓住了教研组建设这一关键要素。“教研，让教师收获专业成长”主要记录的是学校在课程开发、课程实施中开展的教研文化建设，包括教研氛围的营造、教研制度的建设、教研活动的开展等，它是学校课程建设的有力保障。

本书二至四章节中都汇集的在课程开发、课堂文化建设、教研文化建设过程中许多案例故事，有些故事记录了学生的成长体验：他们在东展校园中、在课程活动中、在课堂学习中的快乐与收获，留下了一个个足迹；有些故事记录了教师的研究过程：他们在教育教学中、在课程开发中、在研究历程中的思考与成长，留下了一个个心路历程。

虽然我们的第二轮研究暂告一个段落，但是东展小学对“人品教育”的研究还将继续前行。围绕目前教育对学生“核心素养”的培养这一热点，我们将继续探索如何针对小学生年龄特点，结合学校实际，开展对东展学生“人品核心素养”的研究，加强人品教育实施的创新性和实效性，塑造具有东展特点的良好的东展学子形象。

编　者

2016 年 6 月

目录

附　录

绪　论

（《多元文化背景下学校人品教育课程的实施与研究》结题报告）

第一部分　研究的概述

一、研究的缘起

（一）学校背景

1. 学校基本情况

上海市民办东展小学创建于2003年8月，举办者东展教育发展有限公司，上级主管部门长宁区教育局，目前有班级26个，学生840名左右。由于学校地处虹桥开发区，大量的境外人士及携行子女的进入，使学校学生来源多元，有来自欧美国家，也有来自日本、韩国等亚洲国家，还有来自香港、台湾的学生，这些不同文化背景的孩子在一起学习，既彼此间互相尊重与容纳，又各自保持着自有的传统文化、价值观和利益，形成了学校独特的文化背景——多元文化的相互融合。

为此学校提出了"立人为本，成人于品"的办学理念，将教会学生做人作为全体教职工的首要任务。"关爱生命、优化生命、提升生命质量"是我们落实办学理念的思想核心，尊重每一位学生生命个体是东展办学之源。"让每一个孩子都有一个快乐的童年"的办学宗旨使东展的孩子童年时代享受到真正的快乐。在此基础上我们还制定了富有东展小学个性的培养目标："爱笑，会玩；爱学，会说；爱生活，会做人"。

2. 立人为本，成人于品的教育追求

"教育是造就全面发展的人的唯一方法。"教育的真谛就是：发现人的价值、发掘人的潜能、发展人的个性。因此我们觉得教育的目的应该服务于生命个体的成长，我们期望在东展，孩子们能真正享受到孩童时代应有的愉悦和快乐，能够感受到生命历程中关键时刻的意义，从而体会到人生成长的快乐。为此，东展的教育应该是提升学生生命质量的，教育不但服务于生命个体的成长，更重要的是尊重和关爱生命、培育和引导生命的成长。

"立人为本，成人于品"的办学理念就是把培养学生做人作为学校的根本任务，依据"以人为本"的理念，把尊重人、关心人、教育人贯穿在教育的全过程，体现在教育工作的方方面面，在遵循教育教学和小学生成长规律的同时着眼于学生的身心健康发展，培养学生热爱生命、热爱生活、热爱身边每一个人的良好情感，为提升学生的生命质量奠定基础。而要培养学生成人，关键又在于培养学生人品，使学生具有良好的品格、品位和品行。

3. 文化多样，价值多元的发展诉求

学校开办初期，由于学生文化背景的不同，家长的教育观念和对学校教育的需求上存在着种种差异，使学校始终在东西方文化的碰撞中寻求发展，不同文化背景家长多样化的价值取向既有交流融合的一面，又有差异碰撞的一面。

而对于我们学校来说，学生文化背景差异是不可避免的客观差异，但是这种差异不应成为学生学习机会的差异，更不应该成为他们发展的障碍。从多元文化教育的角度看，这种差异应该得到充分的重视，获得相同的尊重，需要构建满足不同学生需求的课程来适应不同文化背景学生的需求，为他们创造平等的学习和发展机会。

（二）“人品教育”的研究历程

1. “人品教育”研究的起源

为了能够落实学校办学理念，满足不同文化背景家长对学校的不同需求，创设有利于学生健康成长的环境和氛围，为学生的成长搭建成功的平台。2006 年根据学校的教育理想和办学理念，我们确立了《多元文化背景下小学生人品教育的实践与研究》这一课题，设想通过课题的研究与实践，实现东展人的理想。

“人品”是指人在社会生活中表现出来的个人的行为习惯、道德品质，人格特征和气质修养，是人从自然人成为社会人所必须具备的要素，是一个人的品行、品格、品位的综合体现。我们的人品教育是以“人品”为抓手，以促进每个学生形成健康积极的人格和学会基本的生存能力为主要目标，培养学生良好品行、品格、品位，促使每个学生得到充分发展的教育。它以马克思“教育不仅是提高社会生产的一种方法，而且是造就全面发展的人的唯一方法”的理论和“以人为本”的思想为依据，立足于每个学生的充分发展，它既包括知识能力的发展，也包括情感、态度价值观的获得，从而提升了学生的生命质量，让学生成为一个符合社会发展要求的现代人。

“人品教育”的课题研究以构建人品教育的目标体系为龙头，加强“课程”和“班级文化”这两大块学校工程的建设，在建设中，注重评价的杠杆作用。为了确保以上的研究，我们还注意了教师队伍和学校管理两个保障体系的建设。

2. “人品教育”的研究成效与成果

经过四年的研究，首轮人品教育研究 取得了一定的成效：

第一，形成了学校独特的办学思想和追求。我们对“快乐”的理解，从最初的轻轻松松，吃喝玩乐，提升到：培养学生快乐的心态，以积极的态度对待成长中的成功和烦恼；让学生充分享受孩童时代应有的愉悦和幸福，感受生命历程中关键时刻的意义；为学生一生奠定扎实的做人基础。在课题研究的过程中，逐渐形成了东展小学的教育价值：“提升孩子的生命质量。”

第二，初步构建了人品教育的课程框架，提升了课程的开发力和执行力。在课题的研究过程中，教师根据人品教育的目标体系和学生实际，开发对拓展型课程、探究型课程进行了设计，初步形成了由基础型课程、拓展型课程和探究型课程构成的人品教育的课程框架，并尝试开发拓展型课程。特别是在基础型课程在课堂教学的研究也开始从关注教师的“教”向学生的“学”的转变，使课堂是落实学校人品教育的重要途径，是孕育学生良好人品的重要阵地，使人品教育课程执行力进一步提高。

第三，组建了一支适应多元文化背景教育的教师队伍。来到东展的教师，都有一个从不适应到逐步认可、接受、理解的过程。在教育的价值观上，他们逐步从智育第一向培养学生做人转变；在教育方法上懂得要尊重、理解、信任学生，走进孩子的心灵。在课题研究的过程中，老师们用他们的行为践行了东展的理念，逐步形成了："热爱学生、注重细节、挑战自我、乐于创新、个性鲜活"个体素养特征，"和谐宽容、善学创新、合作互惠、尽责高效"的团队人品素养特征，初步适应学校多元文化背景的教育。

第四，初步打造了学校的办学品牌——人品教育。热情大方，阳光、自信成了东展孩子特有的精神底色。学校校风、学风、教风良好，学生艺术、体育、学科等各方面天赋得以开发，在市区的竞赛中取得了良好的成绩。东展的毕业生总体面貌是：乐观开朗、活力阳光，具有自我保护的意识和能力；且尊敬师长、礼貌待人、关心集体、关心他人、诚实守信、注重环保凸显人品教育的价值取向。

2011 年 2 月《多元文化背景下小学生人品教育的实践与研究》成果获得了长宁区教科研成果评审一等奖，同时获得了上海市第十一届教科研成果三等奖。在葛校长的主持下编辑的《人品教育与多元文化》和《人品教育之教师手记》两本记载了东展小学的办学历程和教师团队精湛的教育技艺的丛书于 2010 年 8 月出版了。"人品教育"课题的研究深化了学校的办学内涵，反映了当前教育的核心："学校教育应该培养出什么人和怎样培养人"，它从整体出发推进了素质教育在学校的有效实施，已经逐步成为东展小学的品牌。

3. 对"人品教育"研究的再思考

学校课程作为人品教育的基本阵地，它的建设是学校发展的一大动力，在提高学校办学质量、形成学校办学特色中起着十分重要的作用。而随着上海城区国际化程度的提高，学校教育面临着教育国际化的挑战。因此，我们在第一轮研究的基础上，将人品教育再研究的重点落在"课程"这一热点上，并以此作为学校持续发展的推动力，为学校建设"人品教育"这一特色赋予更深刻的内涵，使人品教育目标的落实有了更切实的途径。

2011 年 3 月《多元文化背景下学校人品教育课程的实施与研究》立项为区级重点课题，同年 10 月该课题又被立项为市级课题。我们期望通过多元文化背景下学校课程建设的研究，体现现代教育的"以人的发展为本"的价值观，在人品教育目标的引领下，课程的设计尊重学生的生命成长，关注学生全面的发展；课程内容的设计体现儿童多元的生活价值观；课程的实施策略具有多元性和开放性；人品课堂文化的构建体现"以学生为本"的生本理念，师生共同智慧创建教与学的和谐与灵动。

（三）"人品教育课程"研究的意义

1. 贯彻二期课改理念，回归教育本源的重要抓手

"为了每一个学生的发展"是二期课改的核心理念，它包括：强调形成积极主动的学习态度，学会学习和形成正确价值观；强调课程结构的均衡性、综合性和选择性，以适应不同地区和学生发展的需求；加强课程内容与学生生活以及现代社会和科技发展的联系，关注学生的学习兴趣和经验，精选终身学习必备的基础知识和技能；倡导学生主动参与、乐于探究、勤于动手，培养学生搜集和处理信息的能力、获取新知识的能力、分析和解决问题的能力以及交流与合作的能力；发挥评价促进学生发展、教师提高和改进教学实践的功能；增强课程对地方、学校及学生的适应性等。

随着二期课改的深入，对教育本质的探求更关注到回归教育的原点——真正关注到人的发展，关注如何让教育过程更丰富、师生关系更和谐、多样化学习需求更充分满足，这是对人作为生命个体的重新打量和深度审视。人的发展理应成为一所学校关注的起点和终点，关注到每一个学生内心世界，进而通过课程的浸润使得其内心世界丰富而有追求，这是我们学校课程建设的核心追求。

“学校教育功能的实现有赖于课程，知识技能、主流价值观、行为规范等等都需要课程这个载体加以表现，因而课程就成了教育的‘心脏’。而学校课程就必须根据国家课程纲要和标准，结合学校实际，在办学理念指导下，对基础型课程、拓展型课程和探究型课程进行优化和整合，使之凸显学校办学理念、实施人品教育的重要载体。因此，我们的学校课程应该是促进学生全面发展、个性发展和主动发展。”

学校课程应当促进学生的全面发展。课程不仅是给学生以丰富的知识，更应当给学生以自主学习的方法、发现和解决问题的能力以及创新的意识；不仅要让学生获得显性知识，还应该获得更多隐性知识；课程还应该让学生获得生活能力和实现更好发展的能力和素养。

学校课程应该促进学生的个性发展。学生的个性是学生身上最为独特和最具有魅力的品质，也是关系学生一生可持续发展的重要潜质。学校课程应当创造条件，为孩子提供展示自己个性的舞台。课程的设计、课堂教学、教师的优势智慧等，都应当服务于学生的个性发展。让学生在快乐的学校生活中获得个体发展的自信，实现自身素养的提升。

课程应当促进学生的主动发展。学生发展最为重要的前提是做自己命运的主人，能够把握自己的现在与未来。课程应当更多为学生提供从幕后到台前导演自己的生活和发展。在这样的过程中，促进学生自我意识的觉醒，提升学生的自我认知能力以及自我规划和自主发展的能力。

因此，我们人品教育课程正是依据二期课改的核心理念来确定课程的目标，设置课程的结构，开发课程的内容，努力使课程成为教育回归它的本原的抓手，努力实践着“为每一个学生发展”的理念。

2. 创建民办特色学校，促进学校发展的必由之路

近年来伴随《民办教育促进法》颁布，我国民办教育又进入了一个快速发展期，风生水起的民办学校群雄并立，要在竞争中求得生存和发展壮大，就一定要有鲜明的特色，一流的管理和过硬的质量。但是一所学校的特色并不完全体现在学校建筑、学校环境、教学设施等物质形式上，它更多地表现在学校办学的理念和办学特色等精神文化层面。《中国教育改革发展纲要》明确指出：“中小学要从‘应试教育’转向全面提高民族素质的轨道，面向全体学生，全面提高学生的思想道德、文化科学、劳动技能和身心素质，促进学生生动活泼地发展，办出各自的特色。”学校创建特色学校就是创造满足学生个性和特长发展所需要的条件，培养学生的特长和爱好，促进学生成才。因此创建特色学校是实施素质教育的一个有效途径。

而形成先进的办学理念是创建特色学校的行动指南，特色学校的本质是学校的个性化，这种个性化首先体现在办学理念的个性化。一所有特色的学校一定有自己鲜明的办学理念，它凝聚着这所学校的办学风格、文化品位和人才培养的特色。

2011 年 5 月份学校建立了《多元文化背景下学校人品教育课程的实践与研究》课题，人品教育课程建设的重要价值之一就是凸显学校“立人为本，成人于品“的办学理念，人品教育课程的建设过程就是践行学校办学理念的过程，即以学校办学理念为指导，通过发挥教师的主体性和创造性，促进学生全面地发展。

2012 年 9 月，学校申报了上海市民办特色创建学校，更是将学校人品教育课程建设作为创建特色学校的一项主要举措，它承载着重要的任务：一、课程的内容凸显东展小学多元文化背景下独特的办学理念；二、课程的设置尊重和发展学生的个性特长；三、课程的执行发挥校长和教师的创造能力；四、课程的管理体现了学校人性化的管理策略；五、课程的实施将教育和教学工作组合运作。“教育是一个复杂的系统工程，只作个别的单项的实验，显然不足以揭示其全部的客观规律，一定要综合的整体的研究。”学校人品教育课程建设，将进一步提炼学校办学思想，提升学校的办学内涵，促进学生人品发展，提高教师的创新意识和创造能力，从而使东展小学成为一所社会、家长、学生认可和喜爱的特色学校。

3. 培育学生良好人品，探索素质教育的新途径

素质教育是指依据人的发展和社会发展的实际需要，以全面提高全体学生的基本素质为根本目的，以尊重学生主体性和主动精神，注重开发人的智慧潜能，注重形成人的健全个性为根本特征的教育。当前，推进素质教育已成为国家意志和全民族的共识，东展小学是一所民办学校，办学理念先进、办学设施齐全、初步拥有了一支能够适应多元文化需求的教师队伍。

人品教育学校课程建设的显著特征就是以学生为本，着眼于学生的发展，既倡导人的全面的、综合的发展，同时也尊重个性发展。也就是说，儿童作为一个完整的人在学校里学习，不仅仅是读书，生活应该是丰富多彩的，应该是幸福的、充满阳光的；学生在学校不仅仅是为了获得考试成绩，更重要的是他人生旅途中的一部分，这种生活是多样化的、整体性的，它需要人的全面发展。我们围绕着“立人为本，成人于品”的办学理念和“让每个孩子都有一个快乐的童年”的办学宗旨，基于社会发展对人才素质的需求，培养学生爱笑、会玩——健康的心理特征，爱学、会说——积极的学习态度和良好的学习能力，爱生活、会做人——积极的生活态度和基本的生存能力。通过深化课程改革、夯实学生文化知识的基础上，以学校多元文化为背景，进一步构建人品教育学校课程，将“人品教育目标”融人到三类课程之中，不断开发校本课程，在特色课程中发展学生能力、养成学生习惯，丰富学校的内涵，彰显学校魅力，探索出了一条深化素质教育的新途径。

二、课题研究的概况

（一）课题研究的理论依据

人品教育的学校课程建设依据马克思：“教育不仅是提高社会生产的一种方法，而且是造就全面发展的人的唯一方法。”为指导思想，坚持人的全面发展应该是人的全面的生存方式的展开，要使这种全面生存方式从可能转化为现实，教育是关键。而现代教育就是以人的发展和解放为最高使命。而当我们将“以人为本”作为教育的价值选择时，教育便具有了创造人的价值的意义：它以充分开发个体潜能为己任，以丰富的知识、完整健全人

格的培养为目的，强调“以人的发展特别是作为教育对象的具体的个人的和谐发展为根本”。

人品教育的学校课程建设遵循的是多元智能的理论。20世纪80年代哈佛大学认知心理学家加德纳所提出的多元智能理论，定义智能是人在特定情景中解决问题并有所创造的能力。他认为我们每个人都拥有八种主要智能：语言智能、逻辑—数理智能、空间智能、运动智能、音乐智能、人际交往智能、内省智能、自然观察智能。多元智能理论有助于老师从学生的智能分布去更了解学生，我们可以将理论用于两方面：一是可以利用多元智能理论来发掘资优学生，并进而为他们提供合适的发展机会，使他们茁壮成长；二是可以利用多元智能理论来扶助有问题的学生，并采取对他们更合适的方法去学习。因此，我们的拓展型课程的设置就是依据了多元职能理论，从不同角度设计课程内容。

人品教育的学校课程建设贯彻的是新课程的基本理念：“以学生发展为本，坚持全体学生的全面发展，关注学生的健康发展和可持续发展。它要求课程要为学生提供多种学习经历，丰富学生的学习经验；课程要以德育为核心，注重培养学生的创新精神、实践能力和积极的情感；拓展内涵，加强课程的整合；完善学习方式，拓展学习时空。”

（二）研究的目标

通过多元文化背景下小学生人品教育的课程建设，尝试运用调查研究、行动研究、案例研究等方法，探索“人品教育”与三类课程相融的课程结构、课程内容及相应的实施策略；探索创建具有多元文化特点的人品教育课堂文化的特点、理念和方法；并通过构建有效的校本教研与评价体系保障人品教育课程与课堂的建设与推进，从而提高学校的课程领导力和教师的课程执行力，促进学校的办学特色的形成。

（三）研究的内容

1. 概念的界定

（1）人品教育

以马克思关于人的全面发展理论为指导，依托和利用学校多元文化背景的教育优势，以“人品”为抓手，以促进每个学生形成健康积极的人格和学会基本的生存能力为主要目标，引导学生规范品行、培养学生的良好品格、提升学生的健康品位，促使每个学生得到充分发展的教育。

（2）人品教育的学校课程

以新课程标准的基本理念“以学生发展为本，坚持全体学生的全面发展，关注学生个性的健康发展和可持续发展”为指导，以市教委颁布的《上海市中小学生课程方案》为依据，根据学校多元文化的特点构建的融合人品教育的基础型课程、拓展型课程和探究型课程的总和，它涵盖基础型课程的校本实施、人品教育校本课程的开发、人品课堂的建设等元素。

（3）人品教育的课堂文化

本课题研究的人品教育的课堂文化是指多元文化背景下，以人品教育培养目标为导向，通过课堂教学中师生人际关系、教师的“教”为学生的“学”服务的教与学的行为以及师生与文本的对话等多种因素综合作用，形成的课堂中教师和学生所共享的价值观、思维方式、信念以及行为模式的总和。

2. 研究的内容

(1) 学校课程的文献研究

• 育人观、教学价值观的文献研究。

• 学校课程建设的文献研究：以《课程论》(丁念金·福建教育出版社)等著作为主要学习文本，通过文献学习了解关于课程的概念、课程的价值、课程的组成部分、课程的运作等理论知识，为课题的研究提供丰厚的理论依据。

• 课堂文化建设的文献研究：通过学习明确课堂文化的基本概念，了解当前课堂文化建设的新动态，学习课堂文化建设的普遍途径，为本课题的研究提供实践上的指导。

(详见附件1)

(2) 人品教育的课程建设

• 基于学生发展的"一体两翼"学校人品教育课程结构的研究。"一体"：以基础型课程为主体，既要落实好二期课改的课程要求，又在人品教育引领下的校本化实施，在课堂的教育学的过程中促进学生人品的提升；"两翼"：拓展型课程和探究型课程，在原有的基础上完善课程方案，形成具有东展特点的校本课程，从开发学生多元智能，挖掘学生潜能与特长和创设丰富的学习经历，让学生在社会实践与自我感悟中获得成长两个维度，站在生命的高度促进学生全面提升人品素养。

• 基于人品教育目标的拓展型课程方案的构建与课程开发的研究：自主拓展型课程的建设旨在开发学生潜能，促进学生个性发展，我们的研究着重完善《东展小学人品教育拓展型课程方案》以及下属四类课程《课程纲要》的构建。限定拓展以《生活与做人》课程为重点，构建课程方案，开发校本教材，开展课堂教学，落实学校培养目标。

• 以多元文化为背景的探究型课程开发与实施的研究：整合学校各项活动形成"主题式"的探究型课程方案，进行探究式的课程学习方式的研究。学校探究型课程是将学生一日在校的所有活动纳入了课程的范畴，以《校园生活总动员系列》、《童年成长体验系列》、《多元文化节日系列》、《社会大课堂系列》四大系列的课程的开发和实施。

(3) 人品教育的课堂文化建设的研究

• "人品教育课堂文化"的内涵研究，本课题研究的人品教育的课堂文化是指多元文化背景下，以人品教育培养目标为导向，通过课堂教学中师生人际关系、教师的"教"为学生的"学"服务的教与学的行为以及师生与文本的对话等多种因素综合作用，形成的课堂中教师和学生所共享的价值观、思维方式、信念以及行为所呈现出来的精神面貌。

• "人品教育课堂文化"的特征研究：通过研究，我们初步梳理包涵了课堂文化建设所需的关于课堂的人际关系、环境、教材、教法、学法和评价的东展小学课堂文化特征："和谐、灵动、智慧、多元"，并结合实践丰富这些特征的内涵，在体现东展小学办学理念、落实人品教育培养目标上更具特点。

• 构建"人品教育课堂文化"的策略研究：通过对教师的教学行为、学生的学习行为、课堂的氛围、教材的研究，促进学生"爱学、会学"，为学生自主学习创设良好的课堂环境。

• 人品教育教研文化的研究：

(4) 人品教育评价的研究

• 评价的原则

• 评价的内容

• 评价的方式

(四) 研究的过程与方法

1. 研究的过程

研究阶段	研 究 内 容	研 究 成 果
第一阶段 2011.2—2011.8 研究启动阶段	• 对“拓展型学科的现状调查”和“课堂文化建设现状调查”调查研究,分析学校课程建设的现状和课堂文化建设的优势与不足,为研究提供实践依据。 • 进行课题设计、申报,课题组组建。 • 以《多元文化背景下学校人品教育校本课程建设和实践》、《多元文化背景下人品教育课堂文化建设》两个子课题,抓住“基础型课程的校本实施”和“人品课程方案的深化研究”两个方面进行研究。	• 形成《拓展型课程现状调查报告》。 • 形成《多元文化背景下小学生人品教育的实践与研究》的课题研究方案。 • 形成两个子课题的研究方案。
第二阶段 2011.9—2015.7 研究实践阶段 (2011 学年度、2012 学年度、2013 学年度上)	2011 学年度 • 进一步进行文献学习,深化与完善课题的内涵研究。 • 开展《学校人品教育课程规划》的研究。 • 进行探究型课程的开发——“亲亲东展一家人”主题教育活动。 • 开展“人品教育的课堂文化”的内涵研究。	• 形成《学校人品教育课程规划》(初稿)。 • 形成《民办东展小学人品教育拓展型课程方案》。 • 探究型课程:《亲亲东展一家人》课程活动方案。
	2012 学年度 • 进一步完善《学校人品教育课程规划》的研究,形成“一体两翼”课程机构的基本思路。 • 人品教育课堂文化的特征研究及课堂实践研究。 • 进行探究型课程的开发——“我健康,我快乐”主题教育活动。 • 开展限定拓展《生活与做人》课程的研讨,明确课程的定位,并进行课程的再开发。	• 完成《学校人品教育课程规划》。 • 形成“和谐、智慧、灵动、多元”的课堂文化特征及其内涵。 • 形成探究型课程:《亲亲东展一家人》课程活动方案。 • 形成限定拓展型课程:《生活与做人》课程方案、分年级课程目标、教材编写的基本思路。
	2013 学年度 • 以“以学定教,促进学生自主学习”课堂专题研究为抓手,开展课堂文化建设的实践研究。 • 开展东展“教研文化”的内涵研究。 • 开发《生活与做人》一～五年级教材。 • 进行探究型课程的开发——“书香东展,阅读伴我成长”主题教育活动。 • 开展学生综合素养评价研究。	• 形成课堂文化建设“七个课堂教学策略”。 • 初步形成《生活与做人》一～五年级教材(初稿)。 • 形成《民办东展小学人品教育探究型课程方案》(初稿)。 • 形成《民办东展小学人品综合素养评价方案》(初稿)。

续表

研究阶段	研　究　内　容	研　究　成　果
第二阶段 2011.9—2015.7 研究实践阶段 (2011学年度、2012学年度、2013学年度上)	2014学年度(上) • 继续完善《生活与做人》课程的开发与实施。 • 继续开展课堂文化建设的实践研究。 • 开展东展“教研文化”的案例研究。 • 继续开发探究型课程:撰写课程方案,编写相关教材。 • 进行《学生综合素养评价》的试行。	• 形成《爱生活,会做人》一～五年级校本教材。 • 形成《多元文化背景下人品教育课堂文化建设》阶段小结。 • 形成探究型课程: 《童年成长体验系列课程方案》; 《多元文化节日系列课程方案》; 《社会大课堂系列课程方案》。
第三阶段 2015.2—2015.7 反思调整阶段	2014学年度(下) • 进行课堂实践的反思与研究,包括教师案例、课例交流活动,组织观课、评课活动。 • 继续做好探究型课程的开发。 • 修改完善《民办东展小学人品综合素养评价手册》。 • 进行课题研讨: 初步形成子课题结题思路; 梳理汇总课程建设与课堂文化建设案例,形成《成果集》框架。	• 形成《人品教育课程建设》、《人品教育课堂文化建设》两个子课题结题框架。 • 完成探究型课程《童年成长体验系列》、《多元文化节日系列》、《社会大课堂系列》(未完)校本教材(初稿)。 • 形成《成果集》目录框架。
第四阶段 2015.8—2016.6 总结提炼阶段	2015学年度(上) • 对以往研究进行总结与反思,组织专家进行诊断。 • 进行文献学习,深化认识,提炼总结研究经验。 • 课题研讨:对子课题的结题报告(初稿)及总课题及进行探讨与交流。 • 收集案例,撰写《成果集》。	• 形成两个子课题的结题报告。 • 形成总课题结题报告(初稿)。 • 形成课题《成果集》的初稿。

2. 研究的方法

以总课题《多元文化背景下学校人品教育课程的实施与研究》为引领,下设两个子课题,分别为:《多元文化背景下人品教育的课堂文化建设》、《人品教育课程方案的开发和实施》。

(1) 文献研究法。学习、收集、整理文献,并通过对文献的研究,形成对研究内容科学认识的方法和理论依据,如对学校课程、课堂文化、育人价值观、多元智能等方面,我们查阅和收集了大量的文献。

(2) 调查研究法。课题研究前以及研究中,调查研究教师、学生对学校课程以及课堂文化的认可度、人品课程实施的情况,以便有针对性有步骤地开展研究。

(3) 案例研究法。人品教育课程方案的制定、人品课堂文化建设以及校本教研方式的研究,以案例研究的方法反映研究过程。

(4) 实践研究法。对人品教育课程的构建和实施采用实践研究,规划、实践,不断反思、修正、完善,最终形成具有多元文化特点的人品教育课程和课堂文化建设的策略。

(5) 经验总结法。通过总结课题实际效果带来的结果,探索、归纳基于人品教育背景下学校课程的建设与开发的方法,提炼出研究的精髓、有效的经验。

第二部分 研究的成果

一、构建了学校人品教育课程规划

(一) 课程规划的框架结构

1. 人品教育课程的理念

人品课程基于新课程标准的基本理念:“以学生发展为本,坚持全体学生的全面发展,关注学生个性的健康发展和可持续发展。”结合学校多元文化的特点,聚焦人品教育目标:“爱笑、会玩;爱学、会说;爱生活、会做人。”丰富学生的童年生活,发展学生的综合素质,从而提高学生的人品素养。

(1) 课程以德育为核心,以人品为抓手,培养学生健康人格。在重视品德和行为规范教育的基础上,以人品教育为抓手,通过各种途径,包括学科教学、社会实践、团队活动、主题教育等有重点地落实人品教育的培养目标,培养学生良好品格、引导学生正确品行,提升学生审美品位,在提升学生健康的心理品质和身体素质的基础上培养学生健康的人格。

(2) 课程为学生创设丰富学习经历,提高童年生活的快乐度。通过课程体系的构建,不但使学生掌握小学阶段必要的基础知识,更应该让他们通过课程的学习,打开了解世界的大门,体验生命成长的快乐,感受到童年生活的快乐课程关注学习过程中学生知识与情感的统一,通过合作、探究、创设情景、社会实践等渠道,不但使学生体验、感悟、构建并丰富学习经验,更在这一过程中培养学生的学习兴趣,养成良好的学习习惯,形成良好的人格素养。

(3) 课程通过对评价方式的改善,提高学生的成就感。激发学生的学习兴趣,从学生的学情出发,倡导“以学定教”,通过学生自己发现问题、自己解决问题、自己总结规律的教学过程,通过多途径满足不同差异学生多样化和个性化发展的需要,并创设符合学生个体发展的评价方式,帮助他们认识自我的价值,让每一个学生成为成功的学习者。

2. 人品教育课程的目标

(1) 总目标:

初步形成正确的人生观、价值观和世界观,具有多元、包容的胸怀和良好的道德品行;具有适应终身学习的基础知识、基本技能和学习方法;具有健康的个性和良好的身心素质,养成优雅的审美品位和适应不同文化的积极的生活方式,成为“爱笑、会玩;爱学、会说;爱生活、会做人”的世界公民。

(2) 一、二年级阶段目标:

对学校生活有着较为浓厚的兴趣;初步了解身边伙伴、班级的基本情况,具有爱自己伙伴、爱班级的情感。

养成各学科基本具备的学科习惯,初步掌握所学学科的基本知识;能基本达到人品教育培养目标所规定的一、二年级段目标要求;通过各种学校活动,初步形成乐观、自信的个性品质。

参与学校各项体育、艺术等活动；能积极参加班级、校园、社会实践活动，在活动中学到本领。

(3) 三、四、五年级阶段目标：

知道东展小学多元文化的特点，了解学校中一些不同国家、民族的基本知识，具有热爱学校、热爱不同民族文化的情感。

具有各学科良好的学习习惯；能够掌握小学阶段各学科应该掌握的基本知识；能基本达到人品教育培养目标所规定的三、四、五年级阶段目标要求；在学校生活中具有主人翁精神，敢于表达自己的观点。

初步掌握自己喜欢的健体、艺术等项目的基本技能，并能丰富自己的课余生活；能积极参与各项实践活动，在活动中能与伙伴合作完成相关项目。

3. 人品教育课程的结构

学校人品课程体系依据教育部颁发的《上海市中小学义务教育课程设置方案》(2009)、《上海市义务教育新课程标准》，构建了包括：基础型课程、拓展型课程、探究型课程的"一体两翼"的课程结构。(如下图)

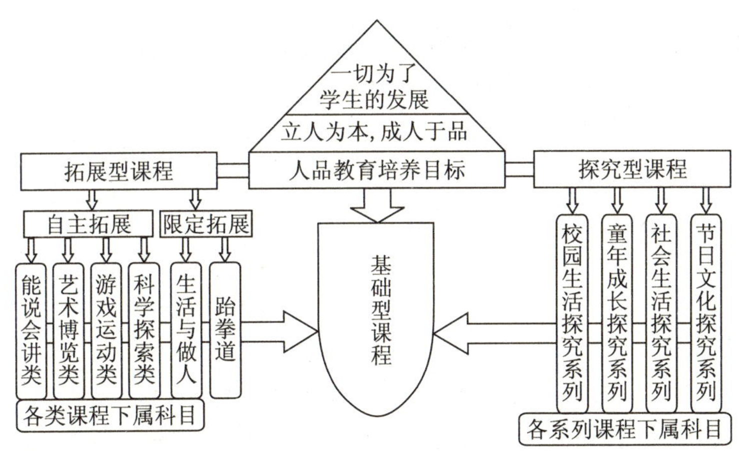

"一体"是指：基础型课程是课程结构中的主体，在"全面育人，和谐发展"教学价值观的引领下，转变学习方式促进学生人品素养的提升；

"两翼"是由拓展型课程和探究型课程组成，其中限定拓展《生活与做人》课程以培养目标为课程的基本目标，培养学生学会做人；自主拓展型课程以激发学生的兴趣、挖掘学生潜能为主要目标，培养学生丰富的兴趣爱好与特长；探究型课程以生活实践为主要手段，丰富学生多元文化素养和多种学习经历，让学生在校园、社会生活的探索、实践和感悟中学到做人的道理。

4. 人品教育课程的实施建议

(1) 坚持"以学生发展为本"的理念。以学生发展为本是课改的核心理念，是新课程基本的价值取向。首先课程要着眼于学生，为学生未来的发展打基础；其次是激发学生的潜能，为学生更好的发展服务。二是要关注学生全面和谐地发展，学生在各个方面都要均衡地发展，和谐发展是在强调全面发展基础上承认差异发展。三是面向每一位学生，使每一位学生都有好的学习效果。

(2) 基础型课程中挖掘“人品教育”因素。基础型课程是实施人品教育的主渠道，我们不仅要充分挖掘教材中人品教育因素，通过对教材的深入解读和研究，使其与人品教育培养目标相匹配。同时营造人品教育课堂文化，通过对师生关系、学习方式的研究，构建“以学为主”的教学策略，促进学生“爱学、会学”，在传授知识中培养学生做人。

(3) 开发人品教育拓展型课程。拓展型课程是学校根据自身特点开发的人品教育校本课程。学校根据人品教育培养目标及家长资源、学校条件、学生需求等要素，制定学校人品教育拓展型课程实施方案，并在此方案的指导下，设置包括：《游戏运动类》、《艺术博览类》、《科学探索类》、《能说会讲类》四个板块的自主拓展型课程和生活与做人、跆拳道限定拓展型课程，通过灵活多样的课程活动，发展学生个性，培养学生综合能力。

(4) 开展主题式的探究型课程。探究型课程是依据学校多元文化背景，整合校内外资源，以主题活动的形式开展的校本课程。学校制定《民办东展小学探究型课程方案》，下设《校园生活探究系列》、《童年成长探究系列》、《节日文化探究系列》、《社会生活探究系列》四大类课程，以年级为单位，根据学生年级特点，设计课程内容开展探究活动。

5. 人品教育课程的评价

(1) 课程执行的评价：建立学校校本课程评价制度，对学校目前实施的人品教育校本课程从课程计划、课程设计、课程实施、学生反馈等几方面进行综合评价，促进校本课程质量的提高。

(2) 课堂的评价：探索建立“学习习惯评价”的方式。我们的评价将与“课堂文化创建”相匹配，从师生关系、学生的学习时间与空间、学习的效能等方面探索一堂课从学出发，是不是达到为学而教的目标则需要借助于学习评价来加以监控和检测。

(3) 建立学生人品发展综合素质评价体系，评价内容应包括学生在《人品教育分年级行为要求》的执行情况、共同性基础要求的学科课程学习成绩记录、个性化学习(包括拓展型课程的学习记录)、社会实践经历记录的综合评价，多方位评价学生人品发展及综合素质。

(4) 促进教师专业化发展的评价体系：从课程建设对教师素质和教育教学能力提出的要求出发，重视对教师教育教学行为、师德、人品素养和工作实绩的评价，完善我校已有的教师专业化发展为目标的评价体系。评价强调教师的主体性和发展性，继续完善对《教师自主发展规划》执行的评价。

6. 人品教育课程的管理

(1) 明确课程管理的职责，提高管理实效。校长是学校管理的最高代表和核心，负责激发和调动全校人员参与课程的开发与实施的愿望和兴趣，营造浓厚的研习氛围，领导课题组制定学校人品教育课程的规划方案，建立和完善相关的管理制度，提供丰富的课程资源。

课程部和艺教部分别承担了学校人品课程的建设与实施的两个子课题，即：《人品教育校本型课程方案》和《人品教育课堂文化建设》，两位课题组长作为课程的开发和实施的执行和组织者，承担着领导与组织本部门工作的职责，在课题研究的引领下，协助完成课程的开发、规划、组织、指导、实施、管理和评价等工作。

(2) 加强教学流程管理，提高学生学业成就感。重视备课中对生成的预设。要把备课的重点放在对学生的了解和分析上基础上对学生可能产生的问题的预设，以及中高年级学生的预习设计上，为学生自主学习铺设台阶。课程部对教师的备课检查，也要重视这些环节的检查，在每次检查后，都要组织教师进行学习和交流。

加强上课过程中对学习方法的指导。课堂教学是教学过程中的核心部分，也是提高教学质量的关键环节。我们要求教师要把教的重点放在学生学习方法、方式的指导上。切实转变教师的教育行为和学生的学习行为，探索“以学定教”的教学模式。我们对课堂教学的管理，依据教学流程管理制度，制定新的“课堂教学评价标准”和“课堂教学评分细则”，通过听课、公开课等形式对教师进行量化评分。

做好个别化教学及评价。根据我校学生的生源特点，特别是针对部分境外学生，结合其实际情况，为这些学生设计好个别化教学方案，尤其是在学业评价上，可在适当降低要求的同时，增加学生的学习态度、兴趣、进步指数等方面的检测，使这些学生也能获得成功感。

(3) 加强校本研修活动，提升教师的课程素养。学校根据课程实施过程中存在的普遍、共同性问题，定期开展“校本研修”活动，组织教师开展集中学习、培训与交流、课题研讨等，不断提高教师的课程素养和课程的执行力。

由各学科教研组(包括拓展型学科的项目组、教研组)根据本学科、项目建设的发展需要，在课题的引领，组织本学科教师开展“校本教研”活动，主要是学情与教材的分析、课堂教学实践的探讨、课例的反思与分析等，提高教师的实践能力。

建立了《学校人品教育课程的研究与实施》课题组，下设两个子课题组，课题组根据研究计划定期开展研究活动，对课程的开发、实施与管理开展学术研讨、经验反思、案例分析等“课题研讨”活动，提高教师的研究与反思能力。(详见附件 2)

(二) 课程规划的特点

1. 全面育人的课程目标

课程意识，指对课程的敏感程度，它蕴涵着对课程理论的自我建构意识、课程资源的开发意识等几方面。处于教学第一线的教师，其课程意识的强弱程度直接影响着教改的成败及教学质量的高低。人品教育学校课程规划的建立，在东展教师中树立起在育人目标引领下的课程意识。它包含着：

学生的核心素养是整个学校课程的灵魂，统合学校课程规划和建设的各个要素。这几年来，学校、课程的意义已经发生了重要的转向。在《国家中长期教育改革和发展规划纲要(2010—2020 年)》、《上海市中长期教育改革和发展规划纲要(2010—2020 年)》、《基础教育课程改革纲要(试行)》等中，一个明晰的政策标杆是学校教育包括课程应该“以学生为本位”，“为了每一个孩子的终身发展”。这就提醒我们，在当下的时代背景中，评判课程的品质应该首先看课程是否关注学生，是否为学生提供必需的素养。课程的最终目的在于让学生拥有特定的素养。

东展小学的培养目标：“爱笑、会玩；爱学、会说；爱生活、会做人。”经过多年的实践与研究，我们又制定了相应的 16 个二级指标及行为要求，因此我们确定“三爱三会”是东展学生的核心素养。分别涉及健康的身心特征、积极的学习态度和生活能力这三个领域，而我们的学校课程，正式将课程“三爱三会”渗透到三个领域中：健康的身心特征、良好的学习态度、积极的生活能力。学校课程中的“三爱三会”能力和领域的具体结合形式，学校的课程目标可以描述如下：

初步形成正确的人生观、价值观和世界观，具有多元、包容的胸怀和良好的道德品行；具有适应终身学习的基础知识、基本技能和学习方法；具有健康的个性和良好的身心素质，养成优雅的审美品位和适应不同文化的积极的生活方式，成为“爱笑、会玩；爱学、会说；爱生活、会做人”的世界公民。

这一课程目标之中，既包含了对学生一般能力的要求（“三爱三会”），也同时涵盖了对学生能够在三个课程领域均有一定认知与体验的希望。我们对每类核心能力都基于小学的特点进行了具体界定，比如，

爱　笑	1. 乐观 2. 自信	乐观：校内外生活中都能保持积极开朗的心情，宽广豁达的胸怀。 自信：充分相信自己的能力，对周围的事物充满信心。
会　玩	3. 活力 4. 爱好	活力：健康向上，充满阳光，具有自我保护意识和技能。 爱好：兴趣爱好广泛，在1～2门上形成特长。

又如：

爱　学	5. 兴趣 6. 探究	兴趣：对周围事物具有强烈的好奇心，在学习上有兴趣，有热情，善于观察，乐于积累。 探究：初步具有探究意识，敢于提出质疑，能寻找生活中的问题进行思考研究。

而我们每一门课程的开设都是在学校人品教育培养目标框架下构建的课程目标。如《社会大课堂》课程的总体目标就是培养学生“爱学”这一素养，总体目标为：

• 培养学生对周围事物的好奇心，乐于亲近并探究自然，增进对自然的认识，逐步形成关爱自然、保护环境的意识和能力。

• 培养探究意识，积极参与校园、社区和社会服务，增进对社会的认识与体验，发展社会适应能力和社会责任感掌握相应的生活技能，提高学生独立生活的能力，培养学生实践体验能力和团队协作精神。

我们努力将学校的课程架构与课程元素间保持清晰的一致性。各课程的结构是建立在清晰的育人目标上，课程设置与课程目标间有实质关联，不同的课程类型通过为实现特定的育人目标而产生实质关联，学校总体课程目标与不同年级所承担的责任、不同类型的课程、不同的学习领域之间互相联结，形成统一育人目标下的课程构架。

2. 立体型的课程结构

人品教育学校课程根据多元职能理论以及二期课改的精神，构建了立体型的学校课程结构。

首先从课程框架的纵向看，课程在“立人为本，成人于品”的办学理念的统领下，以学校培养目标：“爱笑，会玩；爱学，会说；爱生活，会做人”为总目标，引领三类课程的建设。而基础型课程、拓展型课程、探究型课程，根据课程本身的特点，下设各类学科。如，基础型课程根据市教委课程计划下设包括语文、数学、英语、音乐、美术等9门学科；拓展型课

程下设四个板块针对学生不同智能开发的课程:《能说会讲类》(语言类)、《运动游戏类》(运动类)、《艺术博览类》(艺术类)、《科学探索类》(动手类),而这些课程分别又根据学生的兴趣等特点,分年级形成不同的科目,如:《艺术博览类》开设了舞蹈、书法、戏剧等课程;探究型课程下设四个板块课程:《校园生活探究系列》、《童年成长探究系列》、《节日文化探究系列》、《社会生活探究系列》,同样每个板块下面又都根据学生年龄等特点,开设了不同的课程。这些课程的目标的终极指向,其实都回归于我们的培养目标,都为实现办学理念而服务。

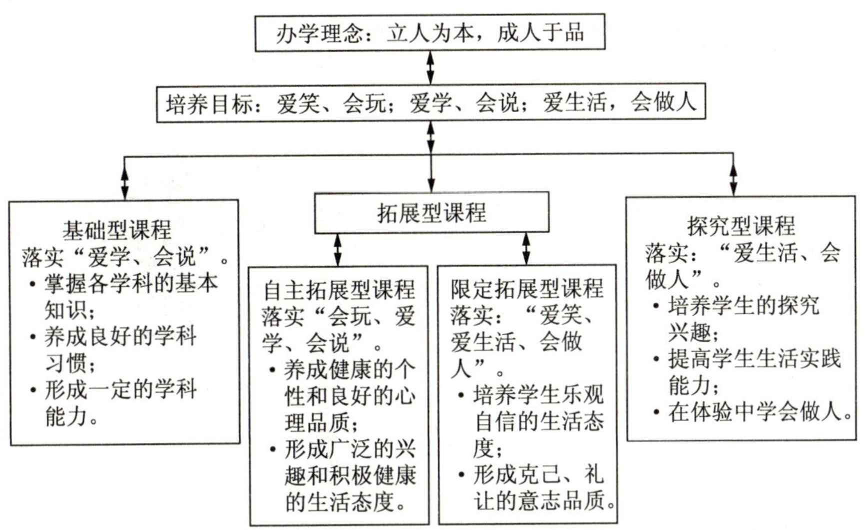

其次从课程框架横向看,我们的课程在办学理念的引领下,努力尝试三类课程的整合,无论是基础型课程还是拓展型、探究型课程,都是以学校的培养目标作为课程目标的导向,在培养学生人品的提升上形成合力。同时,在三类课程下设的具体课程,又是互为作用,彼此间既有拓展,又有补充。例如,拓展型课程是对基础型课程的拓展,《科学探索》是对小学自然学科各个年段内容的拓展,运动无极限是对体育课的内容的拓展,《艺术博览》是对音乐、美术课程的拓展和补充。而《生活与做人》课程,又对基础型课程中《品社》学科、探究型课程中的《校园生活总动员》等课程的补充与完善。因此,各类课程横向间的

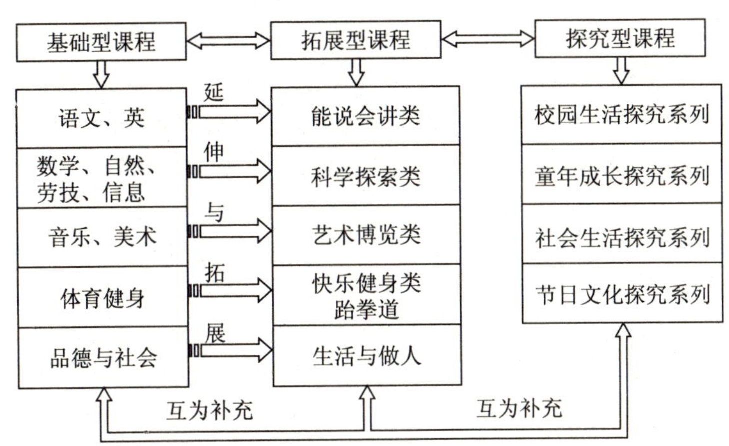

作用,更使我们的人品教育课程体系更加紧密。

另外,我们的人品教育学校课程,不但在横向与纵向间构成了课程的网络,更是根据学生不同学段的特点,确定不同的阶梯形的目标,有着层次性的内容上的递进。例如,《童年生活体验》五个年级的目标分别从培养学生作为小学生的自豪感到培养集体主义精神到培养自主自理能力到培养感恩情怀,依次递进,而每个年级根据不同目标,设置了不同的课程。

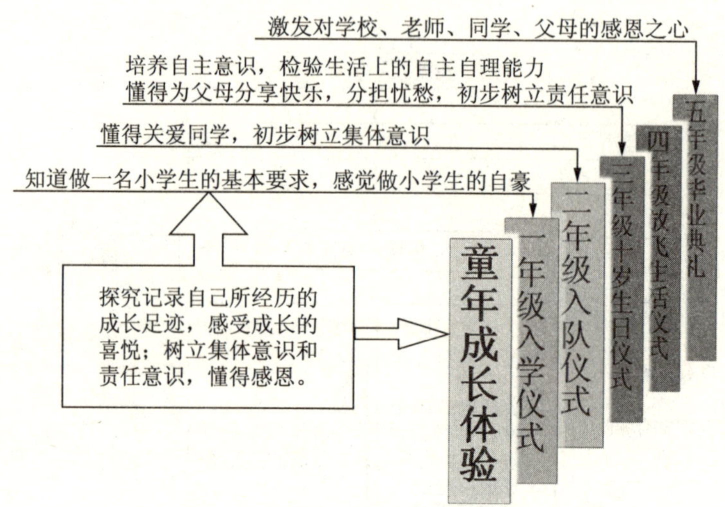

因此,我们人品教育学校课程形成了纵向落实办学理念与培养目标,横向三类课程整合、不同板块互补,纵深又有不同年级的目标和具体的课程内容,形成了立体型的课程结构,全面落实学校的人品教育。

3. 开放性的课程实施形态

东展小学地处虹桥开发区,学校附近中高档住宅区林立,区域内外籍人士居住数量是上海之最。因此学校接纳了来自世界各地特别是港澳及海归人士的子女就读。他们接受过西方文化的熏陶,有着开放的心态和先进的教育观念,他们对子女就学的期望就是在童年阶段能拥有快乐的校园生活,能学到具有现实意义的科学文化知识,但是更能在成长的经历中获得丰富生命体验。这就要求学校办学必须与社会发展保持一致、必须遵循学生发展的客观规律、必须紧密联系家长对教育的各种需求。陶行知先生在《教育的新生》一文里说:“不运用社会的力量,便是无能的教育;不了解社会的需求,便是盲目的教育。倘使我们认定社会就是一个伟大无比的学校,就会自然而然地去运用社会力量,以适应社会的需求。”因此,我们的学校课程必须是建立“打开校门”办学的基础上,以开放的形态来实施。

课程实施形式的开放。让学生走出校门,进入生动丰富的现实社会大课堂。现代社会的学校教育已经不是一个自我封闭的教育环境,学生对知识信息的获得也不是单通道的。这就需要我们的教育必须充分拓展课堂的空间,延伸学习的领域,拓展学习的渠道,才能满足学生对现代社会日益变化的知识的需求,使学生在真实的生活实践中学得书本上没有的生成性的知识,获得做人的道理与成长的体验。

将社会搬进课堂。教育所培养的人，总有一日会走向社会，学校培养的人，如果不能适应社会的生活，那么教学就是失败的，因此学校十分重视对社会资源的合理利用，不但将学生带入社会大课堂，也运用各种方式将大社会搬进小课堂，例如学校开设校本课程《生活与做人》——“小鬼当家”一课，就是在课堂中创设一个小的社会场景，让学生模拟生活中的家人的角色，进行“当家”学做家务、学习互相关心。将创设真实的社会生活场景，在课堂中培养了学生关注社会、关注生命的态度，培养了学生一些基本生存知识和自主学习的能力。

课程资源的开放。学校在课程的开发上注重社会资源的运用，组织学生利用各种途径参与社会，在活动参与课程，在活动中习得知识，在活动中学会做人。在基础型课程的实施中，我们开发现有的教材资源，将学生生活与教材内容进行整合，让学生在实践中获得知识。例如，在二年级数学“认识元、角、分”的教学中，教师带学生去超市购物，在购物的过程中认识钱币，并学会使用低数额的钱币。在探究型课程——《社会生活探究系列》的实施过程中，学校每学年为每个年级的学生确定了十个社会实践的场所，充分利用这些社会资源作为我们课程所需要的教材。例如五年级去东方绿洲，感受名人成长的经历；四年级去超市购物，学习初步的理财本领；三年级去城市规划馆，感受上海的变化等。这些实践活动带给孩子不同的成长感受，具有现实的教育意义。因为人是社会的人，人的思想道德是在社会化过程中、实践过程中形成的，在当今开放化的社会里，学生除了受学校教育的影响外，还应充分利用社会上鲜活的教材教育学生，使学生健康成长。

我们认为家庭是学生的第一学校，家长是孩子的第一任教师。在课程的实施过程中，教育者不再仅仅只是教师，家长的知识储备、生活经历、人生感悟、都是学生成长的又一丰富的教育资源。何况我们东展的家长来自世界各地，让家长走进学校走进课堂，给孩子上课、指导孩子活动，更能发挥学校多元文化的教育优势。因此学校为家长的参与创设了良好的环境，家长自行设计开发了《爱心妈妈故事课程》，班级家委会还根据各个班级的实际情况由“妈妈老师”进班为孩子上“语言课”、“生理课”等，同时，我们也将社区警察、心理工作者、作家，甚至是已经毕业的学生等，请进学校，走进课程，成为我们的教育者。由家长参与《爱心妈妈讲故事》课程、《九宫格活动》等就是开发和运用了家长的教育资源。

总之，对课程资源的开发利用，是新课程改革的重要内容之一，在人品教育学校课程的规划建设中，进一步证实了，学生现实生活中的家长、老师、学校、社区，甚至是自然环境都是课程的资源，合理开发和运用课程资源是实现学校课程建设的必要条件。

4. 多元化的课程功能

(1) 课程包容了多元的价值追求。在我们东展小学，每个班级都有来自不同国家和地区、有着不同文化背景的孩子和家长。不同的国家有不同的文化，不同的文化必然会有自己的价值追求。而我们的教育就是要在坚持我们社会主义核心价值观的前提下，体现的是：

- 理解与欣赏：尊重并学习不同种族的文化，理解与欣赏本国及世界各地历史文化，并深切体味“地球村”的概念，培养互相依赖、互信互助的世界观。

• 包容与接纳：文化差异产生的正面效果是学习和欣赏，而负面效果则是不了解、不理解、不接受，当然更不会操作，因此很可能导致尴尬和出丑，及沟通障碍和误解，所以应当特别注意。

• 引导与积累：文化本身不仅要经过长时间的培训引导和积累，由于它具有浓重的感情色彩，所以还需要通过众多已经形成相对固定模式的丰富多彩的活动和仪式，进行强化和氛围的熏陶，才能收到效果。

(2) 课程体现了对多元文化的统整。我们的课程以宽广的视野关注和整合不同国家、民族的文化精华。例如探究型课程中《节日文化探究系列》，不仅帮助学生了解目前生活的中国社会中的传统节日如：元宵节、端午节、春节等民俗文化，也为孩子们提供了了解西方节日如：万圣节、感恩节、圣诞节等民俗文化。又如在《校园生活探究》课程中，我们让孩子了解自己班级中来自不同国家的同伴，通过对他们国家文化、习俗、地理的了解，孩子们感受不同文化的特点，产生了对不同国家伙伴的一种尊敬以及对他们民族的兴趣。课程对多元文化的统整，开启了学生更宽广的视野，在培养学生民族自尊心和自豪感的同时，也促使学生实现着对不同国家、民族文化的认同和接纳。

(3) 课程实施了多元化的评价。学校的人品教育课程内容的丰富性，决定了评价内容的多元化。学校课程实施中学习的内容、每学期学校和班级家委会组织的各项体验活动、年级组织的主题活动、班级为单位组织的特色活动，都是学生人品教育评价的内容。学校、年级、班级依据不同的内容采取不同的形式进行多元化的评价。学校不同的课程有自己独特的评价方式及评价内容，如《艺术博览类》课程每月评出“艺术之星”张贴光荣榜在学校艺术展板上，学期末评出“优秀学员”。学科拓展课程有期中、期末两次评定，再结合平时成绩，评出学期“学科能手”。

同时课程的评价充分考虑学生的年龄特点和心理需求，尽量采取学生熟悉的、活泼的、喜闻乐见的多种形式进行评价，这些评价方式除了能调动学生参与评价的积极性和主动性，增强评价的实效性，还能从侧面反映学生的多元智能发展。例如：自然学科的“科学知识竞赛”，美术学科的主题性美术作品创作赛，体育学科的周周赛，语文学科的讲故事比赛、辩论赛，数学学科的口算比赛，英语学科的英语歌曲卡拉 OK 比赛等。这些评价方式可以充分让学生成为学习的主人，发挥学习的主动性和潜能。

学校鼓励教师针对不同的学生进行个性化的评价。每学期每名教师都有个性化评价的对象，为评价对象专门设计方案，使学生在老师特别的关注下重拾自信，激励自己不断进步。如我们针对一些外籍学生中文基础比较弱的现象，采取了降低卷面分值、减少书面题型，增加学生学习态度与习惯的评价，以及对部门外籍学生采取乘以系数等做法，增强了学习的自信，获得了鼓舞。

二、构筑了凸显人品教育特色的校本课程

本课题从 2013 学年度起对学校拓展型课程进行了梳理与建设，旨在开发学生潜能，促进学生个性发展，完成了《校本拓展型课程方案》，撰写完成了《能说会讲类》《科学探索

类》《艺术博览类》《运动游戏类》四大板块的课程纲要，在课程实施过程中，又增设了学生需要和喜爱的课程。

根据二期课改精神，学生一日在校的所有活动都可以纳入课程的范畴，2014 学年度我们逐渐完善人品教育校本课程《爱生活，会做人》的课程方案，编撰了对应培养目标中二级指标中的 13 个指标体系五个年级的配套教材；进行课堂教学实践，同时探索学生人品教育评价的途径、方式；制定了东展小学《探究型课程方案》；以校园生活探究系列、童年成长探究系列、节日文化探究系列、社会生活探究系列四个模块的形态进行全方位课程实施。

（一）再次开发了限定拓展型课程——《生活与做人》

1.《生活与做人课程》的开发历程

从 2006 年人品教育课题立项以来，我们就开始尝试开发《生活与做人》课程。我们把课程作为《品德与社会》的拓展与延伸，在遵循《品德与社会》课程的基本理念的基础上，在内容以及实施途径上利用学校的特点与优势作了拓展与开发。为了能更好地达成《品德与社会》的课程目标，我们在“促进学生以良好品德形成为核心”理念的指导下，根据我校学生的实际情况，以人品为抓手进行了内容上的拓展，尝试性开发了《生活与做人》课程。但是，在教师们的反馈意见中，对课程在落实学校培养目标的整体性、一到五年级每个学期教育内容系列性、与品德与社会学科互相融入补充的针对性上还有许多需要提升的空间。

2012 年，学校的《人品教育学校课程的建设与实施》被立为市级课题，我们又对《生活与做人》课程进行了二次开发。课程以学校培养目标“爱笑会玩；爱学会说；爱生活会做人”中的二级指标为依据，根据学生的年龄特点，我们制定了相应的一到五年级各个指标的课程目标，并结合品社学科、学校主体教育、社会实践活动等教育活动，整合校内、校外资源，挖掘教学内容，以课程形态加以开发。《生活与做人》课程既是直接将培养目标作为课程目标的显性课程，同时也是品德与社会学科延伸和拓展，从学生的健康人格、人际交往能力以及主体意识的培养上促进学生良好人品的形成，成为我们人品教育的核心课程。

2. 确定了《生活与做人》课程的定位与意义

《生活与做人》课程是学校人品教育的核心课程，课程以学校人品教育培养目标“爱笑、会玩；爱学、会说；爱生活、会做人”为出发点，从“心理特征和兴趣特长、学习态度和学习能力、生活态度和生存能力”这三个方促进学生良好人品的形成。

学生作为发展中的人，他们自身具有受教育、接受引导的需要。课程在引导学生方面负有责任，因为学生只有在教育引导下才能不断发展和提高，使他们的价值不断提升。课程就体现了这种引导所产生的促进作用，本课程所涉及的关于学生个性品质、人际交往、生存能力的良好积极的促进作用必定是一方面建立在对当今社会对个体发展需求的领悟上，同时也必定是建立在以学生为主体的对自身内心世界所存在的期待、愿望的关注和发展上。

3. 建立了课程分年级目标及内容与要求

《生活与做人》课程是人品教育校本课程中的核心课程，也是直接将培养目标作为课程目标的显性课程。它是以学校人品教育培养目标“爱笑、会玩；爱学、会说；爱生活、会做人”为出发点，我们重新修订与完善了原来《生活与做人》的课程框架。课程以培养目标中“乐观、自信、活力……”十六个二级指标为教材开发的依据，两年来课题组不断地将它完善、充实，每个指标都确立了一到五年级阶梯递进的分年级课程目标、内容与要求，并根据分年级课程目标开发相应的课程内容，保证 16 个指标每个学年都有相配套的教材内容落实。

例如：

人品教育课程“环保”指标课程框架

	总目标	年级	分年级课程目标	课　题	内容与要求	实施形式
环保	热爱大自然，具有环境保护的意识，养成保护自然资源和美好环境的习惯。	一	1. 了解我们生活的环境。 2. 知道良好环境与人生活的密切关系。 3. 初步具有爱护环境的意识。	《爱护环境》	1. 知道我们要热爱大自然。 2. 懂得人生存需要一个良好环境。 3. 知道资源有限，从吃饭、洗手、如厕开始节约用水爱护绿化。	实践活动
		二	1. 知道地球上与人类生存密不可分的几种主要资源。 2. 了解地球资源被破坏的情况及原因。 3. 懂得保护环境的重要性。	《救救地球吧》	1. 介绍地球上的淡水、树木、空气等资源的分布情况以及目前被破坏的现状。 2. 了解以上这些资源被破坏的原因。 3. 初步树立保护地球资源的意识，学会应对目前雾霾天气的办法。	手工制作
		三	1. 懂得垃圾分类的意义和方法。 2. 初步养成垃圾分类的好习惯。	《垃圾分类好方法》	1. 懂得垃圾分类的意义。 2. 学习垃圾分类的相关知识。 3. 从身边开始尝试进行垃圾分类。	动手实践
		四	1. 知道一次性物品给人类生活带来的利与弊。 2. 养成减少使用一次性物品的习惯。	《一次性物品利与弊》	1. 了解一次性物品在生活中的使用情况。 2. 探究一次性物品给人类生活带来的利与弊。 3. 通过环保小报向周边的人宣传一次性物品的利与弊。 4. 养成不用一次性杯子、筷子、塑料袋等物品的行为习惯。	实践活动
		五	1. 懂得生活中利用废旧物品变为有用资源的意义。 2. 培养自己的创新意识和动手能力，学会变废为宝的本领。	《环保创意总动员》	1. 了解目前变废为宝的相关资料或实例。 2. 开展一次环保创意活动。	主题班会

4.《生活与做人》课程的教材的编写

(1) 组织教材编写小组。学校由课题组牵头，组成了三十多位骨干教师及班主任组成的教材编写小组，在总结和提炼以往各年级社会实践活动的基础上，梳理适合学生年龄需求、能够充分体现学生的主体性。根据课程特点，开发编制教材。

(2) 教材编写原则

• 现实性原则：教材的编写努力体现学生的现实生活，包括学校生活、家庭生活、社会生活；素材及典型事例的撷取也来自学生的现实生活；实践活动及评价的开展结合学生的实际生活进行。

• 发展性原则：以兴趣为出发点，教材内容和活动形式有利于学生全面发展和长远发展，从而为学生梳理良好的人生观和培养终身学习能力打下基础。

• 多元性原则：既传承中华民族优秀的传统文化，又融合现代教育思想和西方文化精华，对多元文化包容与欣赏。

• 科学性原则：教材编写遵循学生德育的认知规律，由易到难，由简单到复杂，每篇教材的编排体现知、情、意、行循序渐进；不同阶段的教学内容有所侧重，呈现形式各有不同；着重培养学生的道德认知能力、社会实践能力和现代人的交往能力。

(3) 教材内容

• 来自于学生的现实生活。内容的选择来自于学生的实际生活或贴近于学生的实际生活，有学生在校学习的事例，有家庭生活中发生的故事，有社会实践中积累的个案等，这使学生在教材中感受生活就是学习，生活就是教育。

• 来自于教育过程中的真实经历和典型案例。东展教师在日常的教育过程中，积累一些具有典型性的教育案例，这些教育案例有成功的经验，也有失败的经验，为以后的教育提供了丰实的材料，教材编写组选择了部分典型案例编写进了教材。

• 来自于生活中的励志故事。对于小学生来说，具有榜样作用的励志故事有着良好的激励作用，这些他们平时在媒体中、新闻中、书本报纸上看到过、听到过的人物，生动感人的故事不但感动他们，更可以激励他们。

• 来自于《品德与社会》学科拓展型内容。《品德与社会》课程是以品德教育为核心，促进学生社会性发展的综合性基础课程，是小学德育工作的主导渠道。为了能更好地达成《品德与社会》的课程目标，我们《生活与做人》课程有一部分内容是《品德与社会》学科教材内容的拓展与补充，使品社课更具有现实性和针对性。

(4) 教材的特点

• 结构编排符合德育认知规律。每篇教材基本上有“明理”、“激情”、“导行”、“评价”四个部分组成。明理就是说明道理，教材中《故事园》、《知识窗》等栏目，通过活泼生动的形

式向学生阐明本教材呈现的道理；激情就是激发学生学习、明理的热情，通过《辨一辨》、《议一议》等栏目，让学生在现实生活中可能遇到的问题的辨析中进行思维的碰撞，从而激发学习情绪；导行就是引导行为，通过《实践园》等栏目，让学生通过游戏、活动、校园及社会实践，进一步引导良好道德行为的养成；评价就是学习成果的检测和反馈，通过生动、有趣，充满生活化的评价方式，让学生在自我检测中进一步明确行为。

• 内容插图亲切鲜活，与孩子直接对话。由于教材的编写者是来自于一线的教师，她们了解学生的喜好及语言表达的特点，因此编写过程中，在文字的表达、插图的编排、案例的选取等，都尽量贴近孩子年龄特点。低年级的教材内容以游戏活动、童话故事、图片辨析等方式为主，而中高年级则为学生提供了合作探究、思辨对话的形式，在插图的选配上，也采用了儿童画和来自东展学生自己校园、家庭生活中的照片，受到了孩子们的喜爱。

• 教材都配有过程性评价，可进行及时和跟踪的检测、反馈。大部分教材，编写者根据教材的特点，结合日常学校的教育，将评价及时跟进。

5. 课程的实施

(1) 实施原则：

• 循“知情意行”的德育认知规律。在教育过程中坚持明理、激情，培养学生道德判断力，焕发内驱力；重视导行、辨析，提高学生行为的自觉性，养成良好的习惯。

• 活动性与实践性相结合的原则。以学生现实生活为背景，以课堂教学和活动为载体，注重学生的自主参与，引导学生积极参与社会实践，在体验与感悟中培养学生良好人品的形成。

• 评价体现激励性和差异性。课程的评价关注学生活动的过程性内容，以及他在体验中的态度，在课程活动中，给予正面的鼓励。同时课程的评价关注每一个孩子的差异，重视学生在其原有的水平上的发展，纵向比较，不用统一的标准去衡量学生，促进学生更好地发展。

(2) 课时的安排

《生活与做人》课程每个学期课程实施活动共计 7—8 次，16 课时。以年级组是课程实施的组织单位，根据《课程计划》及教材内容，确定课程教学与实践活动的进度表。

(3) 实施办法

• 采取生动有趣的教学形式。《生活与做人》课程的课堂教学形式注重活动性和趣味性。低年级以游戏活动为主要形式，中高年级以小组合作的形式开展探究、辩论等，同时还结合社会实践活动,走出校园参与社会生活进行体验和探究。

• 注重课程的整合,发挥教育的合力。在《生活与做人》课程实施过程中,我们充分挖掘各种资源,争取发挥其最大化的教育效益。如,实践活动部分与校本课程《社会生活探究系列》、《童年成长探究系列》中的相关内容进行整合;德行教育则与《品德与社会》学科进行整合;另外还将家委会活动、班队活动的相关内容与该课程进行了整合,使课程的教育效益进一步提升。

(4) 课程的评价

《生活与做人》课程的评价不是简单地给予孩子一个成绩,我们关注的是学生活动的过程性内容,以及他在客场体验中的态度,在课程活动中,保护学生积极性,发现学生闪光点,给予正面的鼓励,并改变传统的评价方式,让每个孩子在《生活与做人》课程的学习中获得成功,体验成功,感受不同的成功带给他们的快乐。

实践园

小朋友,我们一起来展开爱护校园环境"星行动"。每天做到文明如厕、文明洗手、不乱扔果皮纸屑。

文明如厕: 

文明洗手: 

不乱扔果皮纸屑: 

评价方法:本活动为期一个月,三个项目同时评价。每个项目每周做到就可以给一颗星星涂上漂亮的颜色。

一个月我得了(　　)颗 ,我真棒!

• 评价形式丰富、生动。说一说,说说知识性的学习内容,可用智力竞赛形式增加趣味性;做一做(或画一画、写一写),做做实践操作性的学习内容,可用小组分工合作的形式结合考查学生的合作能力;演一演,演一演"遇到这样的情况你会怎么做?",根据情境考查是非辨别能力;看一看,走出校门看一看大千世界,从不同的角度认识世界,感知世界;评一评:学生互相评判以上考查内容的效果,可用三星级的标准进行打分,教师小结点评情况,以提高学生的辨别评判能力。对平时的课堂、课后作业进行自评、互评和教师评相结合的评分,课外实践活动可请家长、亲友或社会人士配合评价。

• 评价内容结合学生日常行为的养成。由于教材编写具有很强的现实性,因此在编写评价的过程中,编写者将评价与学生的日常行为养成紧密地结合起来,注重过程性。例如在一年级《爱护环境》一课中,就将日常"文明如厕"、"文明洗手"、"不乱扔果皮纸屑"等行为评价的内容进行评价。(详见附件 3)

• 评价注重对学生点滴收获的激励。《生活与做人》课程是德育课程,对学生遵循了循序渐进教育规律,而我们的评价正式遵循着学生的发展规律,避免急功近利和急于求成,基于学生每个阶段点滴的成长以及时的鼓励,让学生获得成功感和自信心。例如四年级的《我是小"泳"士》这一教材,评价采取"积星"的形式,氛围三个星级,同时三个评价指标也是台阶式的递进，这样使不同的学生都有不同的成功的感受。

我能行

我是“小泳士”

（请根据实际情况圈出相应的笑脸数）

内　容	评价标准	评价者	收　获
1. 我能坚持参加游泳课	参加一次游泳课，即可得一个笑脸 ☺	自己评	____个☺
2. 我在游泳过程中战胜过一次次的困难	战胜一个困难，即可得一个笑脸 ☺	同学评	____个☺
3. 我通过了游泳测试	游泳测试“优”，得三个笑脸；“良好”，得两个笑脸；“合格”，得一个笑脸 ☺	老师评	____个☺
4. 我能坚持写游泳日记	写一篇日记得一个笑脸 ☺	老师评	____个☺

“小泳士”评比标准：

★★★　三星级“小泳士”：得到 20 个笑脸

★★　二星级“小泳士”：得到 16 个笑脸

★　一星级“小泳士”：得到 12 个笑脸

“小泳士”评比方法：

每学期评定一次，两个学期共评定两次。

“小泳士”颁奖办法：

1. 每学期游泳课结束，根据评比标准，评出各星级的“小泳士”，颁发星级“小泳士”证书。
2. 两个学期都评上三星级“小泳士”的学生，学校将授予“泳士”奖牌。

• 评价体现了学生的主体性。《生活与做人》教材的评价特别关注学生的主体性，评价内容由学生自己选择，评价的结果由学生自己决定。例如，下表学生可以自己选择本学期在学校活动中，无论作为组织者、策划者、参与者都是可以充满自信地给予自己积极的评价。

本学年中你参加了哪些活动呢？请参照表格中的范例根据自己实际情况进行自评。活动效果标准：三个大拇指—很好、两个大拇指—较好、一个大拇指——般。

时　间	活动名称	我是一个策划者	我是一个组织者	我是一个参与者	活动效果
范：2014.6	六一文艺汇演—舞蹈（茉莉花）	√	√		👍👍

（二）开发完善了自主拓展型课程

1. 完善课程方案，调整了课程的设置

拓展型课程总目标聚焦在“会玩、爱学、会说”这三项人品教育目标，为学生积累更宽泛的知识与经验、能力与方法，养成健康的个性和良好的心理品质，使学生掌握各自兴趣的学习领域的基础知识与基本技能，形成自我规划和自主学习的能力，形成广泛的兴趣和积极健康的生活态度。拓展型课程以满足学生兴趣为出发点，在课程设置上能够为每个学生提供丰富的选择项目。

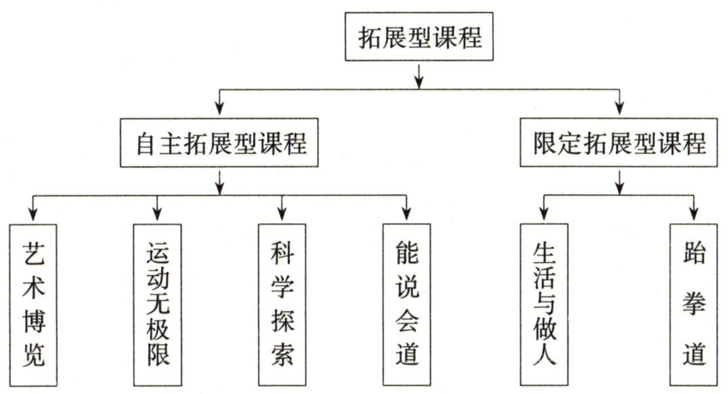

学校拓展型课程下属的四个板块的课程，包括"运动游戏类"、"艺术博览类"、"能说会讲类"、"科学探索类"四个领域的37门相关课程，努力为学生提供丰富多彩的、有利于学生个性发展的、具有学校特色的课程内容，使课程更具选择性、开放性、实践性。课程的开发充实了人品教育的课程资源，挖掘了学生的潜能。

三年来，我们完善了《民办东展小学拓展型课程方案》，制定了《运动游戏类课程计划》、《艺术博览类课程计划》、《能说会讲类课程计划》、《科学探索类课程计划》。目前学校开设的课程，涵盖全校一——五年级的所有学生，每学期总课时量是96，每周一、二、四下午3:05分—4:05分，每周活动总量共计6课时。它以亲和儿童生活，尊重学生生活的已有经验，注重培育学生的人文情感，迁移和发展学生各项能力为目标，促进学生全面和谐发展为根本。如下表所示：

东展小学拓展型课程内容、目标、名称

课程内容	课　程　目　标	课程名称
运动游戏类	体育健身类课程 1. 了解和学会玩各种体育小游戏，在参与游戏中培养一定的运动兴趣。 2. 了解和参与常见的体育运动项目，在运动的过程中掌握初步的运动技能。 3. 学会一些基本的运动自护本领。 4. 在体育运动的过程中保持积极开朗的心情。	跳踢游戏
		欢乐蹦跳
		足　球
		篮　球
		田　径
		乒乓运动
		中国象棋
		围　棋
		少儿高尔夫

续表

课程内容	课　程　目　标	课程名称
艺术博览类	艺术类课程 1. 初步认识各国尤其是我国的传统艺术形式。 2. 进行绘画、工艺、舞蹈等各种艺术形式的尝试，培养对艺术的兴趣，在1—2门上形成自己的特长。 3. 能初步感知生活中的美，开始学着去欣赏美好的事物。	书　法
		儿童绘画
		能工巧匠
		童声合唱
		乐　器
		少儿舞蹈
		戏剧表演
		电脑动画
		摄影天地
能说会讲类	语言类课程 1. 养成良好的倾听与阅读习惯。 2. 培养学生乐于表达、善于交流的能力。 3. 通过口头与书面的表达的形式，培养学生与人交往中乐观、自信的态度。	童话故事
		故事天地
		创意读写
		读读写写
		经典阅读
		方言荟萃
		小主持人
		英语儿歌
		英语故事
科学探索类	科学类课程 1. 了解生活中常见的科学知识，领略生活中的科学，激发学生用正确的思维方式思考。 2. 培养学生敢于发现问题、善于解决问题的能力，初步具有一定的探究意识和动手能力。 3. 在动手、动脑的实践过程中，使学生体验与人合作的重要性。	趣味数学
		奇妙科学
		乐高机器人
		多元智能

2. 形成了实施拓展型课程的"三关注"原则

东展拓展型课程的实施已有十几年了，从刚开办初期的兴趣小组模式到现在以不同课程内容为模块，以"关注儿童全面发展"的课程理念为引领，尤其是近三年来，课程结构的调整，课程内容的丰富，教学形式的开放等，拓展型课程越来越受到学生的喜爱，通过拓展型课程这一实施途径，孕育和培养学生良好人品。

(1) 关注学生多元智能的开发

从拓展型课程开设的内容来看，从动手动脑、开发智力、强身健体等等方面设有不同课程，从左右脑的开发来看，也有相应的课程，拥有健全的人格是人一生发展必要的品质，而小学阶段对于培养这一品质起着至关重要的作用，能够为学生提供较为全面的课程让学生在丰富多彩的课程中感知和实践，全面提高学生素养，着力提升学生的“品行、品格、品位”。

(2) 关注学生兴趣需求，与时俱进

拓展型课程为学生提供更加丰富的课程，根据学生每个年龄段的心理特征而开设系统的课程，成为学生成长的加油站；拓展课程更加倡导由学生按兴趣需求选择，课程的设置上与时俱进，增设了学生喜爱、时尚、面向未来的课程，促进学生主动、富有个性地学习，使学生尝试选择、规划人生，适应社会发展的多样化需求。

(3) 关注课程评价的多元

过程性评价：重要特征　第一，关注学习过程。从最基本的上课不迟到，带齐学业用品，书包怎样摆放等等开始评价，每月评选艺术之星，学生采用的不同学习方式等都是过程性评价的内容。不同的学习方式又会导致不同的学习结果。比如，过程性评价中的学生自评、互评的方法，树立榜样的方法等，提高学习的质量与效果。第二，重视非预期结果。东展学生的学习过程是丰富多样的，不同的学生会有不同的学习经历，从而产生不同的学习结果。东展孩子很少以获得证书、名次来衡量学习成果的优劣，家长、教师更看重的孩子学习的方式、学习的经历，过程性评价则将评价的视野投向学生的整个学习经验领域，认为凡是有价值的学习结果都应当得到评价的肯定，而不管这些学习结果是否在预定的目标范围内。其结果是，学生的学习积极性大大提高，学习经验的丰富性大大增强。这正是现代教学所期待的最终目标。

表现性评价：我们拓展型课程中的表现性评价是指，学生通过自己的行为表现来证明自己的学习过程和结果，通过学生的表现或展示的作品来判断其所获得的知识、技能，判断其学习的过程。

每年的拓展型课程都通过各种方式展示学生的学习过程和学习成果，有静态的表现，如：书法作品、剪纸、陶土、美术画展等；动态的表现，如：舞蹈、表演、合唱等。

表现性评定的目的不在于评价，也不在于给学生分等或贴标签。它很重视学生参与评价的过程，很重视学生在教师的帮助下自定目标、自我评价、自我调整，从而促进学生学习非结构性知识，主张学生参与评定，并成为评定的主体，让学生发展能力，获得全面发展。

展示学生个性的评价：我校所拟定的“艺术之星”的评选方案，在整体素质全面发展的基础上培养各具特色的个性特长。使每位学生都能感到不论自己在哪方面有优点，只要努力，总有展示和获奖的机会，总会得到老师和同学们的赞赏和鼓励，不断增加孩子们体验成功的机会，有利于帮助学生尤其是一些学习上落后的学生得到发展，认识自我，树立自信。

通过开展校园“艺术之星”评选活动，进一步推进了我校的评价制度改革，培养孩子们良好的行为习惯和道德品质，鼓励学生发展特长。发挥榜样示范、教育作用。在全校学生中创设积极向上的学习氛围，激发学生勇于争先的进取精神，逐渐形成了良好的学风、校风。

(三) 进一步开发实施了探究型课程

1. 制定了学校《探究型课程方案》及下属四个板块的课程计划

我们的探究型课程立足于对人品教育实施渠道拓展，将学校的主题活动、学科探究活

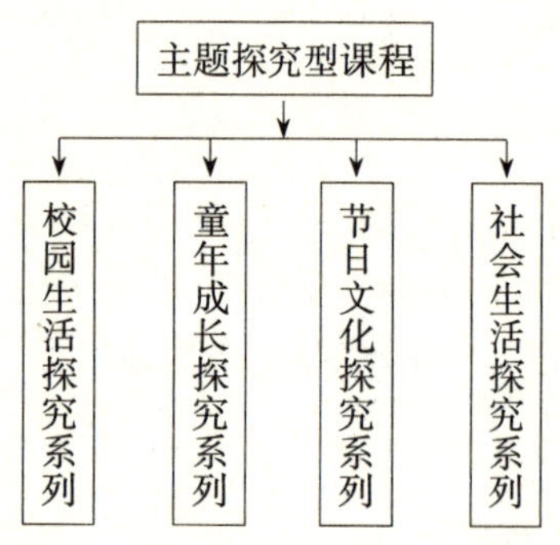

动、社会实践活动、班队会等各项活动进行整合，以课程的形态实施，全面生动地落实人品教育目标。

课程总目标：强调以学生兴趣为起点，激发、培养学生的探究兴趣；强调学生以探究方式学习，走进自然、走进社会；提高发现问题与解决问题的能力，学会学习；在活动中建立学生的实践体验体系，促进学生的身心全面、和谐、富有个性地发展。

课程内容：以《校园生活探究系列》、《童年成长探究系列》、《节日文化探究系列》、《社会生活探究系列》四个板块的课程形态全面生动地落实人品教育目标。

2. 编写了探究型课程的教材

在本轮课题研究的过程中，探究型课程的实施如何更进一步体现系统性、层次性，更好地达成学校培养目标，因此，在第一轮课题实践的基础上，课题组发挥全体人员的智慧，结合以往实践经验，在专家的指导下，着手编撰《童年成长探究系列》《节日文化探究系列》《社会生活探究系列》三大板块的教材，依托教材进课堂，进行有序列、有目标的实践，一共编撰了60篇教材。

如：

《童年成长探究系列》课程内容与要求

年级	课程名称	课程内容（教材）	课　程　要　求
一	《跨好入学第一步》	给你一把金钥匙 1、2、3、4	通过入学阶段的礼仪教育，使学生初步养成六大好习惯；孩子喜欢小学生活，爱学校、班级和同学。能过"我长大的"教育活动展示自我。
二	《我入队了》	《走近少先队》《热爱红领巾》 《祭扫宋奶奶陵园》 《做诚信、自主的少先队员》	以"入队仪式"为契机，辅以"习惯教育、责任教育、集体荣誉感的教育"为教育重点，切实让学生感受到成为少先队员的光荣与责任。
三	《我十岁啦》	《护蛋一周做妈妈》《香樟树》 《寻找目的地》	通过活动，学生回味自己的出生、成长故事，体会父母养育的辛劳，学习感恩；展示自己的才能，体验成功的喜悦，学习珍惜；通过护蛋等活动，初步具有责任意识。
四	《生活放飞》	《生活放飞准备课》 《生活小主人》《学习小主人》 《班级小主人》	结合课程内容，提出具体要求，设计、组织各种活动、比赛，以课程活动为载体，与家长达成共识，让孩子养成各种生活中的好习惯，进行评价。
五	《感恩的心》	《送给母校的礼物》 《感恩老师》《小天使在行动》 《为母亲洗脚》	"感恩教育"仪式活动已成为童年成长课程系列中的一项。在毕业生即将离开母校的时候，引导孩子感受在母校的成长、收获，更能激发学生的感恩之情，付出感恩行动，以此增强学生对自己、对父母、对社会的责任感。

《社会生活探究系列》课程内容与要求

年级	学期	课程内容	课　程　要　求	活动基地
一年级	第一学期	参观体验： 《我是绿色小苗苗》	1. 通过团课教育懂得“五爱”意义，激发入团意愿。 2. 培养学生初步的爱学校、爱班级的情感。	中山公园
		校园服务： 《小桌子擦干净》	1. 学会简单的自我劳动的本领。 2. 培养学生初步的自己的事情自己做的意识。	自己教室
	第二学期	参观体验：《玩转想象》 参观儿童博物	1. 通过参观儿童博物馆感受奇妙想象创造的玩具世间给我们带来的乐趣。 2. 培养学生的好奇心，鼓励学生的创造力。	儿童博物馆
		校园服务： 《儿童乐园擦擦乐》	1. 学会简单的公益劳动本领。 2. 初步感受到为大家做好事能给自己带来快乐。	儿童乐园
二年级	第一学期	探究考察： 《小鬼当家》菜场买菜	1. 能够认识一些蔬菜，认识简单的货币。 2. 初步学习买菜的简单方法，能用礼貌的方式与营业员进行沟通。	附近菜场
		校园服务： 《校园捡落叶》	1. 学会简单的公益劳动本领。 2. 初步感受到校园服务能给自己带来快乐。	校　园
	第二学期	参观体验： 《缅怀先烈》宋庆龄陵园 社会考察： 《超市购物学理财》	1. 通过参观宋庆龄陵园感受我们的幸福生活有着先辈们的付出。 2. 更珍惜今天的幸福生活。	宋庆龄陵园
			1. 通过制定购物单，学习简单的理财购物方法。 2. 初步尝试通过小组合作完成任务。	联华超市
三年级	第一学期	探究考察： 《上海风采》城市规划馆 《民间文化看一看》新泾镇民间文化展示馆	1. 了解上海城市的规划和发展，培养关心、爱护自己的家园的情感。 2. 了解上海传统的民风、民俗。 3. 学会根据问题、兴趣点，小组合作进行探究、分享。（此两项根据实际情况可选择一项进行）	上海城市规划馆
		校园服务： 《我是护绿小卫兵》	班级认领校园内的绿化区域，由学生组成护绿小队，进行护绿活动。 培养学生爱护绿化、爱护环境的意识。	校　园
	第二学期	探究考察： 《探寻人类进化的脚步》 参观体验： 《我是小军人》	1. 初步了解人类的发展进程，培养学生热爱大自然，具有环境保护意识，保护自然资源。 2. 学会根据问题、兴趣点，小组合作进行探究、分享。	上海自然博物馆
		校园服务：《护厕小卫士》	1. 了解消防知识，掌握简单的火灾逃生技能。 2. 学会简单的内务整理。	消防中队
			学会文明如厕的礼仪。 养成文明如厕的好习惯，同时培养爱好劳动的习惯。	校　园

续表

<table>
<tr><th>年级</th><th>学期</th><th>课程内容</th><th>课　程　要　求</th><th>活动基地</th></tr>
<tr><td rowspan="7">四年级</td><td rowspan="3">第一学期</td><td rowspan="2">参观体验：
《读书乐》长宁图书馆
《畅游艺海》美术馆</td><td>1. 培养阅读兴趣，初步学习在图书馆这样的公共场所基本的借阅礼仪。</td><td>长宁图书馆</td></tr>
<tr><td>2. 培养在艺术方面的学习兴趣，有热情，善于观察，有一定的审美欣赏能力。</td><td>刘海粟美术馆</td></tr>
<tr><td>劳动服务：
《百善孝为先》敬老院</td><td>1. 知道老人为社会和小辈作出的贡献和付出的辛劳。
2. 通过去敬老院表演、服务，学会关心、关爱老人。</td><td>敬老院</td></tr>
<tr><td rowspan="4">第二学期</td><td rowspan="3">探究考察：
《百善孝为先》敬老院
参观体验：
《读书乐》长宁图书馆
探究考察：
《天圆地方》上海博物馆</td><td>1. 知道老人为社会和小辈作出的贡献和付出的辛劳。
2. 通过去敬老院表演、服务，学会关心、关爱老人。</td><td>敬老院</td></tr>
<tr><td>1. 培养阅读兴趣，初步学习在图书馆这样的公共场所基本的借阅礼仪。</td><td>长宁图书馆</td></tr>
<tr><td>1. 初步了解人类文化发展进程，培养对人类文化兴趣。
2. 学会根据问题、兴趣点，小组合作进行探究、分享。</td><td>上海博物馆</td></tr>
<tr><td>劳动服务：
《百善孝为先》敬老院</td><td>1. 知道老人为社会和小辈作出的贡献和付出的辛劳。
2. 通过去敬老院表演、服务，学会关心、关爱老人。</td><td>敬老院</td></tr>
<tr><td rowspan="6">五年级</td><td rowspan="3">第一学期</td><td rowspan="2">探究考察：
《探索地铁发展史》地铁博物馆
参观体验：《健康美味DIY》曼可顿面包制作</td><td>1. 初步了解世界上各种地铁发展进程，培养对社会生活的兴趣。
2. 学会根据问题、兴趣点，小组合作进行探究、分享。</td><td>地铁博物馆</td></tr>
<tr><td>了解营养早餐的组成，探究健康的饮食；提高自主动手的能力，珍惜劳动成果。</td><td>曼可顿面包房</td></tr>
<tr><td>校园服务：
《我们都有名字噢》</td><td>主动帮助一年级的弟弟妹妹在校服上写上名字，以防丢失。</td><td>一年级教室</td></tr>
<tr><td rowspan="3">第二学期</td><td rowspan="2">探究考察：
《天更蓝，水更绿》天山污水处理厂
参观体验：
《放飞梦想》毕业夏令营</td><td>1. 了解污水是怎么变清的科学处理过程。
2. 培养保护意识，敢于提出质疑，能寻找生活中的问题进行思考和研究</td><td>天山污水处理厂</td></tr>
<tr><td>1. 通过实践活动进一步培养学生集体生活中的合作意识、自理能力、交往能力。
2. 激发学生对小学生活的热爱和留恋。</td><td>金山廊下</td></tr>
<tr><td>校园服务：
《我是小小修补匠》</td><td>会使用简单工具绿化、美化班级、学校环境，学会寻找身边的“漏洞”进行修补。</td><td>校园</td></tr>
</table>

以上课程，课题组均组建了一支教材编写小组，编写小组根据课程目标、课程的要求与内容，结合以往的社会实践活动、仪式活动、主题教育活动以及节日活动的案例，经过反复修改，目前已经初步形成了《童年成长体验系列》、《社会大课堂系列》、《多元文化节日系列》的教材。

3. 形成了探究型课程的实施路径

探究型课程的实施，遵循了从实践体验到感悟明理到主动发展的孩子的成长轨迹，既凸显了课程的社会性、生活性和实践性，又将探究型课程的特点融入其中，具体实施途径如下图所示：

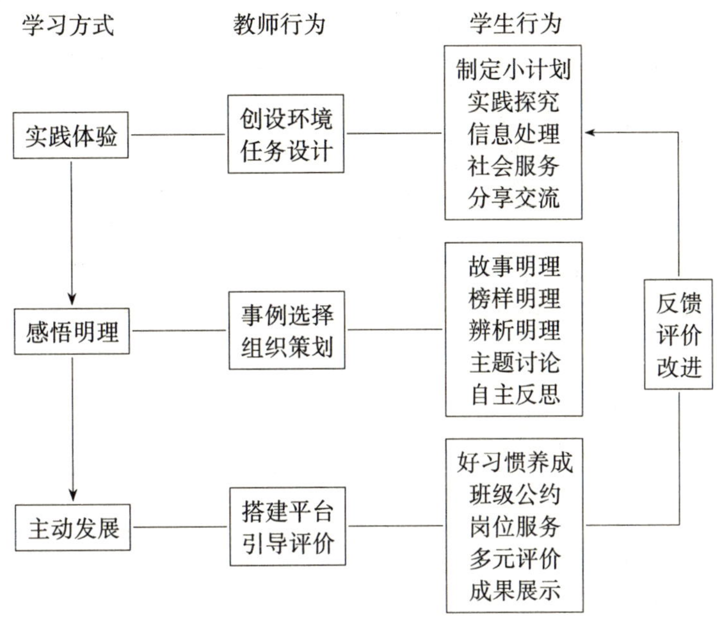

• 确定活动内容。根据每个学期学校探究型课程方案以及年级组教育重点，以主题的形式来选择和组织内容。

• 制定课程方案。由教师、学生等同制定。计划的基本架构包括：课程目标、课程内容、实践地点、阶段落实的安排、课程活动的过程等，方案交学校艺教部审核通过后方可实施。

• 实施探究活动。教师创设任务环境，学生实践探究活动。负责教师既要发挥学生的主体性，又要及时了解学生活动的进展情况，引导学生利用学习日志及时纪录实践经验，积极体验，形成关注社会、反思社会的意识与习惯；还要注意与家庭、社区保持密切联系，活动如果没有家长、社区的大力支持，是很难取得预期成效的。

• 成果交流汇报。学生把自己或小组在活动中的收获汇集、整理成各种形式如探究小报等成果，并通过多种方式表达、交流和反思，增加对社会的认识与理解、体验与感悟，并在此基础上反思社会现象，发展批判思考能力，增强社会责任感。反思活动可邀请家长、社区机构相关人员以及服务对象等共同参加。

三、初步形成了多元文化背景下人品教育的课堂文化

（一）人品教育课堂文化的提出

课堂是学生学习的场所，是孩子成长的摇篮。国家新一轮基础教育课程改革不仅仅

是课程、教材或教学方法上的变革，而是一场由课程教材改革牵动出来的中国基础教育的全面的整体的改革，而“改革最终发生在课堂上”。

作为一所创办十年的新型民办学校，从办学伊始，我们就倡导充满生命活力的课堂，提出“自主探究”、“小组合作”、“体验感悟”等有利于培养学生创新精神的课堂教学模式，使课堂成为学生获取新知的乐园，展示才华的舞台。随着课堂教学研究深入的开展，我们越来越感觉到课堂教学的原点就是“生命”，课堂教学的根本宗旨就是基于生命，为了生命，促进生命。而课堂教学的终极目标就是开发生命潜能，探索生命意义，提升生命价值。整个课堂就是学生的“生命发展场”。

但是，每个班级都拥有一个多元化的学生群体，这些来自不同国家或地区、具有不同文化背景、学习基础不同的孩子组成一个集体，必然会带来多元文化的发展和碰撞，面对课堂中多元文化的挑战，一方面，我们提倡与尊重多元价值的取向，另一方面，在符合中国国情的基础上又需要一种能够让大多数学生接受的稳定的、健康的、传承中华美德的核心价值观。于是我们思考如何从适应学生多元需求，尊重学生生命个体，追求学生整体协调的发展的视点出发，构建促进学生人品提升的课堂文化。

（二）人品教育课堂文化的特征

课题组在进行文献学习的基础上，进一步挖掘了东展课堂文化的内涵。在对课堂实践进行总结、提炼的基础上，梳理出东展小学多元文化背景下，课堂文化的特点，那就是“和谐、灵动、智慧、多元”。

和谐的课堂——学生身、心、智等全面和谐发展的课堂，为学生的终身发展而奠基，包括知识与技能的和谐发展，情感态度与价值观的和谐发展。

灵动的课堂——建立在良好师生关系基础上的，尊重孩子的生命和需要，还原了孩子本真的天性，涌动着生命的灵性的课堂，它是师生间真情交融、平等尊重、协作分享的互动的课堂。

智慧的课堂——把教转化为学，课堂中用教师的智慧激发学生的智慧。老师在设计教学程序时，要尽可能地处理好传授知识和培养能力的关系，要引发求知欲望，注重培养学生的独立性和自主性；在组织学生学习时，要努力处理好自己的角色地位，重视引导学生质疑、探究和交流，让学生在实践中学习，在老师的指导下主动地、富有个性地学习，最后达到在多样化的方法中，获取科学而合理的结果。

多元的课堂——基于对学生差异的承认，把多元教学评价引入课堂，从而促进学生发展。

和谐是课堂文化建设的目标，灵动是基础和关键，智慧是课堂文化的核心，而多元则是课堂文化的保障。

（三）人品教育课堂文化创建的策略

学生是活生生的、发展中的人，存在着与生俱来的内在潜能，课堂教学的任务就是激发和促进儿童的内在潜能，并使之巡着自己的规律获得自然的和自由的发展。因此尊重学生，以学生为主体是激发潜能的基础。它包括课堂中对学生人格的尊重、对学生个性的尊重、对学生心理自由的尊重、对学生多元文化差异的尊重。

1. 确立了和谐发展的课堂价值取向

东展课堂文化的价值追求就是要实现人的和谐发展。东展的课堂要成为孕育学生人品的摇篮，就是要真正发挥人品课堂的育人价值，让学生在课堂身、心、智等全面和谐发展，为学生的终身发展而奠基，包括知识与技能的和谐发展，情感态度与价值观的和谐发展。

（1）立德树人。赫尔巴特指出:"教学如果没有进行道德教育,只是一种没有目的的手段,道德教育如果没有教学,就是一种失去手段的目的。"由此可见学科教育的知识性和育人性天然地需要连接在一起,缺一不可。我们的课堂人品教育要培养学生的道德思维和价值能力,我们要通过具体学科内容的甄选和设计,以学生道德知识的掌握、价值标准的识记为载体,最终的目标是培养学生的道德思维以及价值判断的能力。由此可见,东展的人品课堂不仅仅是知识的传递,更是思维与价值观的养成,唯有让学科教学回归到服务于学生成人、成才的轨道上来,才能真正实现学科教学的人品教育的价值,也才能真正保证党的十八大报告中提出的"立德树人"的根本任务的完成。

（2）生命关怀。人品课堂的建设,要实现从知识到生命关怀的回归,从统一发展到个性发展的回归,为每个学生的发展提供合适的方式,给予他们最公平、最有效的教育。它从本质意义上来说,就是为了学生生命质量的提升,课堂教学就是要理解生命的丰富内涵,以全面性目标来提升完整生命的意义,为孩子的幸福人生奠基。

（3）回归生活。我们的课堂人品教育力争回归生活,实现教学中知识传授回归到真实的生活世界,使之与学生的课堂学习有效连接,要实现从照搬书本到面向生活的回归。教材是一个符号系统的压缩包,只有对其进行解压,进行二次开发,沟通教材与学生的生活,心理的联系,才能为学生所接受,从而增强其学习的兴趣和动力。

（4）全面发展。人品教育课堂追求的是人的全面发展,不仅仅是知识能力方面的发展,更是人的"完整发展",即人的各种最基本或最基础的素质必须得到完整的发展,即培养受教育者在德、智、体、美等方面获得完整发展。

2. 建立灵动的课堂人际关系,促进师生情感交流

东展课堂的人际氛围就是用情感来营造灵动的课堂。苏霍姆林斯基指出:"情感如同肥沃的土壤,知识的种子就播种在这个土壤上。"在教学过程中,教师和学生都是作为有丰富情感生活的个体而存在的,在展开教学活动的基础上,也进行着特殊的人际交往活动,它不但是信息交流的过程,同时也是情感交流的过程。我们的人品课堂建立在灵动的师生关系基础上的,尊重孩子的生命和需要,还原了孩子本真的天性,涌动着生命的灵性的课堂,它是师生间真情交融、平等尊重、协作分享的互动的课堂。

（1）平等尊重——用真情感动学生。苏霍姆林斯基指出:"情感如同肥沃的土壤,知识的种子就播种在这个土壤上。"在教学过程中,教师和学生都是作为有丰富情感生活的个体而存在的,在展开教学活动的基础上,它不但是信息交流的过程,同时也是情感交流的过程。这个过程,始终以情感为动力,与学生形成平等与尊重的特殊的人际交往活动。

（2）同心共情——用热情感染学生。共情,是站在对方立场设身处地思考的一种方式,在人际交往过程中,能够体会他人的情绪和想法、理解他人的立场和感受,并站在他人的角度思考和处理问题。主要体现在情绪自控、换位思考、倾听能力以及表达尊重等与情商相关的方面。叶澜教授说过:"站在孩子的立场上想问题,再帮助他们在学习中提高。"确实,只有设身处地地站在孩子的立场上思考问题、分析问题,只有真正理解孩子的困难与要求,我们的教育才能做得更好。

（3）思维碰撞——用激情点化学生。师生的情感关系对教学活动具有重要的影响,是教学活动得以展开的心理背景,制约着教学的最终结果。因此当教师进入课堂后,必须要有饱满的热情、最佳的心境和高昂的教学激情,以此感染学生。学生自然也会以良好的

精神状态进入学习过程，学生的思维大门就开放，反应敏捷、活跃，从而主动接受教师方面输出的信息。形成师生间、生生间的思维的碰撞。

3. 激活智慧的课堂教学方式，激发学生思维的火花

(1) 预习导学。在学生自主学习的过程中，为了有效地组织、引导学生自主学习，学习任务单像孪生兄弟一样便应运而生，成为自主学习课堂不可或缺的工具，成为推进学生自主学习的重要手段。

所谓“学习任务单”，教师依据教材和学情，设计并提供给学生进行自主学习以达成学习目的的一种支架。它主要从“做什么”、“怎么做”等方面提供学习的要求和指导，是教师指导学习的工具和学生进行学习的阶梯，是教师设计提供给学生进行自主学习以达成学习目的的一种支架，它的三要素是：一是学生做什么？二是为什么学？三是怎么学？

有了这样的学习单学习，整个课堂的原有教学结构被完全打破了。学习任务单的使用，使我们初步找到了一个如何让学生“学”的载体，教师根据学生的学习情况进行“教”。另外，任务单内容的设计过程，也是逼迫我们依据学生的实际情况，在优化教材内容的基础上，抓重点、抓难点，因为任务单的反馈与讨论必须为学生的交流留出足够的时间。

(2) 文本取舍。课堂教学的目标不能仅仅定位于“学会、学懂”，还要求学生“会学、会用”。这就需要我们站在另外一个高度，把教材当作一个“例子”，积极审视教材，用好这个例子，加工这个例子，超越这个例子，那就需要我们教师对文本的内容进行有效的取舍。

语文教材中有许多名家的经典作品，往往蕴藏着“语言的秘密”，即语文知识、语言规律，也蕴藏着“情意的魅力”，即思想的力量、情感的熏陶。教学这样的经典作品，究竟重在语言学习，还是重在文学阅读？抑或两者兼顾？

考虑到一堂语文课的时间有限，不允许我们面面俱到，老师就结合单元训练点“边读边思，学习复述课文”将教学内容进行了大胆的重组。在整堂课的阅读教学的过程，让学生看一看，做一做，说一说，写一写，关注学生的课堂参与、情感体验、能力发展，将文本和课堂有效地整合，充分挖掘文本价值。

(3) 文本再构。文本再构，是教师创造性地使用教材的一种方法，它能有效解决教材与实际教学需求之间存在的差距，使得教学材料更加贴合教学实际，从而有效促进学生的语言习得和运用。英语学科的文本再构是一种系统化、科学化的教学体系，学要求老师能够站在知识系统性的高度，以单元话题为基础，将本单元出现的重要知识结构进行重新整体的编排，组成一个知识整体或意义整体作为教学阶段，并通过文本再构即语篇形式进行呈现。简言之，单元教学是一个具有整体性、系统性、综合性、思考性的教学阶段。

基于单元整体设计的英语教学，是从学生学习语言整体性、应用性的角度出发，摒弃了以往片面注重词句的教学，将英语教学更加推向应用性与生活化，注重语言学习的情感体验与整体认知。

(4) 游戏创生。游戏，作为儿童生活和儿童文化的一个自然而重要的组成部分，并不仅仅意味着玩；甚至也不仅仅是儿童用以理解他生活于其中的世界的手段，它实际上是儿童存在的一种形式，是儿童生存的一种状态。

体育学科有比较多的技能性训练，将技能的学习放在游戏中进行，符合学生年龄特点，让学生在有趣的快乐游戏中不知不觉地掌握动作要领，培养学生兴趣，发展学生的能力，开发运动潜能，达到教与学的的无痕和谐统一。

在体育课堂中融入了大量生活化的场景，将枯燥的热身运动变成了自创的饶有兴趣的辅助拉伸、弹跳、跨越等富有魔力的动作，将音乐带入体育课堂，让学生感受了运动和音乐的双重魅力。

4. 建立多元的课堂评价方式，让每个学生获得成功的自信

皮格马利翁效应及课堂教学实践证明，课堂教学中教师的激励性评价语，对学生学习的进步，成绩的提高都能起到较好的激励作用。课堂上，教师要关注学生的点滴进步，运用各种激励性语言，甚至在低年级中通过画星星，奖励小贴画等进行形象化的荣誉激励，这样一来，能让学生感受到自我的价值，体验成功的喜悦。

(1) 组建评价"朋友圈"。新课程评价体系的核心是"以评价促发展"的多元评价观，目的就是为了促进全体学生综合素质的全面提高。学生是学习的主体，在各类的评价活动中，学生都是积极的参与者和合作者，建立开放、宽松的评价氛围。我们学校在评价时，鼓励学生、同伴、教师和家长共同参与，实现评价主体的多元化，组建评价的"朋友圈"，以此帮助学生在自评、互评、众人评中不断反思，认识自我，从而实现自主学习和发展。

(2) 学习因评价而改变。有人说，世界上没有完全一样的一对树叶，人海茫茫、教海无边，我们既找不到两个完全相似的学生，也不会找到能适合任何学生的一种通用的教学方法。这就说明了我们的评价方式不能是单一的，而是要有多样性，也就是评价方式的多样化。作为教师就是应该针对学科特点、孩子的年龄特点设计多样化的评价方式来激发学生的学习兴趣，提高学生对于学习的自信心和求知欲。而几年来的教学实践，我们不断地尝试多元的评价方式，欣喜地看到了学生们的学习因为评价带来的改变。

(3) 每个孩子都是成功者。土耳其古谚语云："上帝为每一只笨鸟都准备了一个矮树枝。"确实，每一只鸟都有它可以栖息的树枝，每一个学生也应该有他可以闪光的舞台，而教师就是给学生送去"矮树枝"的人。多元的评价形式就是为学生提供了形态各异、长短不一的"树枝"，让每个学生都能找到属于自己的位置，并在不同的位置演绎不同的精彩。

(四) 开展了教研文化建设

1. 教研文化的内涵

"教研文化"，就是学校和教师在长期的教研工作实践和共同学习生活中不断积累、形成和发展并为大多数人认同和接受的深刻的思想境界、正确的价值导向和与时俱进的精神风貌，是全体教师对事业执著追求的工作热情、科学态度、宝贵经验的高度浓缩、总结与提炼，是学校不断传承、发展的精神财富，是学校教育教学持续发展的不竭动力。

我们东展小学的教研文化就是教师在追求个人的专业成长的同时，形成的一种同伴间、组际间乃至整个教师群体间时刻影响着教师的教学行为和教育思想，并构成其成长的氛围、精神与行为。它包括：营造合作的人际氛围、树立进取的专业精神、创造互惠的团队关系、形成共赢的研究效益。

2. 教研文化建设的要点

其一，与学校办学理念相匹配的精神、价值观。我们东展的办学宗旨来源于对人生命价值的信仰。"关爱生命、优化生命、提升生命的质量"成了我们学校教育价值的所在。教育服务于生命个体的成长，尊重和关爱生命、培育和引导生命的成长成为我们学校教育的主要任务。学校提出的"让每一个孩子都有一个快乐的童年"和"立人为本、成人于品"的办学思想，就是提升了学生的生命质量。在这个前提下，教研文化建设有助于教育实践活动品质的改

善，有助于学生的人品的发展，有助于提升教师素养的发展，更是教师专业生命成长的标志。

其二，引导教研组成员共同成长的制度体系。在日常的教研组活动中，每个教研组都有一系列的规范和准则，以约束、限制成员的教研行为，从而保证教研组活动的有序进行。我们的《教研组长工作职责》、《教研组活动细则》、《星级教研组评选标准》等，都是在规范的基础上，引导教研组台阶式地发展。

其三，形成教研组成员共同的生存发展的行为方式。它既包括教研组成员在日常化的教研组活动中是如何行动的；又体现教师对待工作的态度，对待学生的态度，对待同事的态度以及种种教育教学的策略。教研组成员的生存发展的行为方式直接影响着教研组文化的建设。

3. 教研文化的构建

(1) 营造平等和谐的教研氛围

《东展教师人文素养》是东展教师人品素养提出的依据，也是我们教研文化建设的依据，对于教师的人文素养就要这样的要求："东展教师要成为平等的合作者。"因此营造和谐平等的教研氛围是教研文化建设的前提。在教研中大家有平等的话语权。大家可以围绕问题进行研究，拿问题说事。解决教师教学中的问题是我们进行教研的目的所在。教研的问题也是来自于教师教育教学中的问题、困惑，每个人都有平等的发言权，不管是新近教师还是在东展有一定工作资历的教师，只要所提出的问题有代表性、有研究的价值，都有可能是教学研究中共同研究的问题，借助群体的研究力量来解决这些问题，在解决问题的过程中让群体获益，从而不断提高教师群体的实践能力。

(2) 实现积极进取的教研精神

在东展，如果我们不改变教育观念我们就无法生存，如果我们不跨出前进的步伐，我们就不能发展。对于新的教学理念的学习、新的教学手段的掌握、对于新的教学方法的探讨，成了我们教研活动的重要内容，也是考核教研组建设和教师发展的重要指标。这就促使教师个体必须具备一种学习能力、研究能力和创新能力，而这些能力的根本就是必须有一种积极进取的精神，当个体的特征形成一致时，就成为了一个群体特征。因此，教研组自身有一种用于突破的精神，而教研组和教研组之间，又有一种良性的竞争，逐步形成了一种积极进取的教研精神。

(3) 发挥合作互助的教研手段

校本教研是我们教研文化建设的重要形式，其中充分发挥"同伴互助"就是这种教研文化中的一个重要手段。我们要让每个老师都有一种希望同伴获得成功的积极心态。个人成长离不开集体的智慧，离不开教研组共同的帮助，这就需要我们东展教研组成员之间的"合作"，需要教研组与教研组之间的"合作"，这种合作体现在合作备课、合作听课评课、合作进行教学研讨，教师们愿意把自己的资源与大家分享，把自己的成果与大家分享。因为集体的能量碰撞创造的智慧，集体的进步托起个人的成长。这种合作互助，让老师间有了更多的研讨话题，在校园里随时随地可以看见教师间真心的交流。所以"互助"能让教师更乐于承担教研中的研究课，因为他们觉得这会让自己成为受益者。

(4) 完善激励发展的教研制度

教研制度是教研文化建设的起点，是全体教师自觉行为的根本途径和保障。因此，我们主要完善了两个层面的制度建设：一是管理制度，主要有《星级教研组申报制度》等多个项目，汇编入学校的《依法办学》一书中，人手一本，使教师行有所依，言有所可循。二是校本培训制度：学校为东展教师制定了《"240"校本培训方案》，从师德修养、业务素质、专业发展选修三个方面分别制定了相关的培训制度，确保校本教研活动的实施。

(5) 构建以校为本，研修一体的教研形态

• 以学校教学主题为引领的教学专题研究。学校从 2006 学年起，每个学期各教研组都围绕专题开展教学研究，并通过校本研修促进教师以研究的态度改进教学行为。从 2007 学年第一学期的"让学生主动发展"同课异构教学研讨；2007 学年第二学期"转变教学行为，确立学生主体地位"课例分享；2008 学年第一学期"促进学生自主学习"课堂教学经验交流；2009 学年第一学期"让学生成为课堂的主人"课例分享。2010 学年第一学期"走进学生，研究学生"的课例研究；2011 学年第一学期"以学定教，提高学生的课堂学习时间和效益"教学研究活动；2012 学年第一学期"以学定教——让学生学得更有效"的课堂研讨。各个教研组以主题为依据，根据本学科、本年段学生的实际情况，确定研究专题，每个教研组成员根据研究专题确定自己的研究课进行实践研究。"教研组专题研究"一步步走来，一步步提高，逐步成为我们追求课堂教学的有效性有力的研究细胞。

• 以课例为载体的专题研究实践反思。我们的校本教研以教研组为单位，以专题研究的形式展开，经过几个学期的研究于实践，在课例研究、反思的基础上采取行动研究的策略，扎实地开展。具体的流程如下：

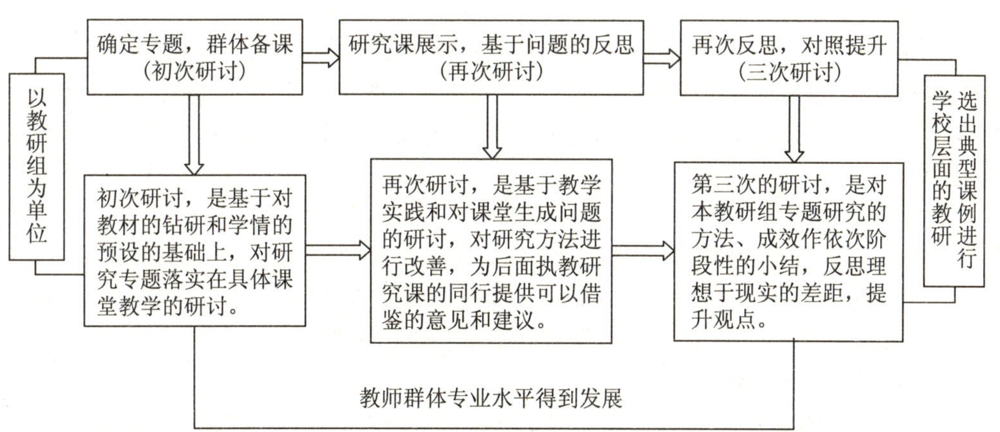

在这个以课例为载体的实践反思流程中，既有教师个体的实践反思于提升，更重要的是，教师个体的行为始终伴随着教研组集体的行动，这样的研究，将个人研究于集体研究、个人成长于集体成长、个人行为于集体紧密地集合起来，在实现教师专业水平发展的同时，也构建了一种"合作、进取，互惠、共赢"的教研文化氛围。

• 专家引领。虽然说校本教研是以学校教师为主体开展的，是围绕"本校"的实际和问题进行的研究，但它不仅仅依靠本校的力量，还需有关专业研究人员的参与和引领。专家引领的实质是理论对实践的指导，是理论与实践之间的对话，是理论与实践关系的重新构建。在校验文化建设的过程中，专家的引领始终伴随着我们的研究，专家引领的不仅仅是专业的引领，更有对我们事业心和敬业精神的引领。近年来，我们的专家参与校本教研的主要形式有：辅导报告、课例研究、专题研究的跟踪指导、个别指导等等，为我们校本教

研的专业性和有效性注入正能量。

四、形成了学生人品素养的评价体系

学生人品素养综合评价是东展小学人品教育的重要组成部分，也是有效开展人品教育的重要保障。有效的评价能对学校的整体发展、学生的全面发展起到积极的作用。因此，制定民办东展小学学生人品素养的综合评价遵循了教育性、发展性、主体性和多元性的原则，为此，我们根据学校人品教育培养目标一级指标："爱笑，会玩；爱学，会说；爱生活，会做人"中培养学生健康的心理特征、积极的学习态度和生活能力三个方面的特点，遵循由浅入深、循序渐进的原则，将16个二级指标分解到一到五年级的上、下两个学期，并提出了具体的评价指标体系。

（一）确立评价原则

教育性原则：是一种价值判断的过程，其终极目的还是为了教育被评价者，规范和提升良好人品的形成和发展。

发展性原则：关注学生自身的发展趋向，注重评价的激励功能，培养、鼓励、激发学生不断进取、不断反思与完善自身。

主体性原则：以学生为主体的原则，学生既作为被评价者，更作为评价者，进行自我评价与伙伴间的相互评价，由此而促进学生自我教育。

多元性原则：内容上既可以从学生的行为德行进行评价，也可以从学生在该主渠道课程的参与程度、发展和改进等进行评价；评价的形式上既可以采取纸笔测试，也可以通过行为实践，还可以通过项目任务的形式进行；在评价人员上主体是学生，但是也可以教师、家长的参与。

（二）形成评价内容

根据人品教育培养目标一级指标："爱笑，会玩；爱学，会说；爱生活，会做人"所对应的16个二级指标："乐观、自信；活力、爱好；兴趣、探究；倾听、擅言；关爱、耐挫、理财、环保；礼仪、诚信、合作、自主"为主要内容，分解到小学一到五年级的五个阶段。

（三）建立评价方法

学生人品素养综合评价指标是根据学校人品教育培养目标的二级指标制定的，而《生活与做人》课程也是根据学校人品教育培养目标的二级指标具体内容编写的，因此，《生活与做人》课程是对学生进行评价指标学习和落实的首要渠道，教师根据教材的课程目标与教学目标，确定每学期重点实施的指标对学生通过知情——激情——导行的教育。其次，基础型课程、选修课程也是渗透人品教育的主要渠道，特别是"擅言、兴趣、爱好"三个指标的评价，就是从基础型课程和选修课程的参与情况中获得评价信息。再次，学生主题教育、行规教育、社会实践等，也是实施教育的学生在这些教育活动中培养良好的人品，为评价提供一个实践的平台。

1. 每个学期16周起，在班主任老师的指导下，根据学生的实际情况对二级指标的完成情况进行评价。评价者根据指标在"具体要求"相对应的"脸"下面打"√"；

学生自评指标，班主任可利用晨会或班队会课组织学生进行自评，要求要能够正确、客观地对待自己在各方面的优势和不足。

学生互评指标，可以小组或同桌为单位进行互相评价，要求能够结合平时的表现公正、公平地对待被评者。

2.“学期评”由教师进行打分，两个及以上“笑脸”评定为“笑脸”；两个及以上为“平脸”评定为“平脸”，有“愁脸”的，下降一档。

3.“学年评”中的小组评：对于二级指标，由学生组成的小组进行评价。以第一学期和第二学期两个“学期评”等第为参考。

4.“综合评定”不作打分要求，教师可根据学生“学年总评”中的得分情况按一级指标得分情况，一级指标为笑脸的，在相对应“达人章”下的方框内打“√”，即被评为此指标的“达人”。（详见附件4）

第三部分　研究的成效与反思

一、研究成效

（一）优化学校课程形态，培育了课程特色，促进了学校特色发展

十年东展从蹒跚学步到茁壮成长，回顾东展十几年发展的过程中，学校是教育之寓，课程之所，课程是学校教育的“心脏”。我们的学校课程从起初主要应对家长和学生需求，到逐步成为落实学校人品教育的主要渠道，到成为创建特色学校的抓手，它伴随着学校的发展、促进着学校的发展，也见证着学校的发展。2006年开始学校开展了《多元文化背景下小学生人品教育的实践与研究》的课题研究。在基于新课程标准理念：“以学生发展为本，坚持全体学生的全面发展，关注学生个性的健康发展和可持续发展”的基础上，结合学校多元文化的特点及人品教育目标，学校把人品教育与基础型、拓展型、探究型三类课程的开发和建设整合起来，构建学校人品课程框架。

东展小学的人品教育目标，就是“爱笑、会玩；爱学、会说；爱生活、会做人”的培养目标以及包括“乐观、自信；活力、爱好”等十六个二级指标。这些指标分别从培养学生健康的心理特征、积极的学习态度和生活能力三个方面来落实人品教育的。这就要求学校既要吸取西方文化中民主、平等、开放等适合当今社会发展要求和学生发展所需的内容和精神，也要吸取博大精深的中华民族传统文化中诚信、宽容、合作等符合社会要求和学生发展所需的内容和精神。为了使学校的办学内涵更加深化，我们对“人品教育课程”进行了进一步的优化，2011年6月份学校建立了《多元文化背景下学校人品教育课程的实施与研究》课题，以课程为抓手，在已经构建的学校人品教育课程框架的基础上，继续优化基础型课程的实施，完善拓展性课程与探究型课程的开发与校本化实施，从而使我们的学校课程与二期课改理念相统一，使课程成为落实学校办学理念的重要载体，突现学校“人品教育”特色。而我们的课程，也是根据各类课程的不同特点，将目标有所侧重地落实在这十六个字的二级指标中。正因为如此，我们的课程文化应在多元的价值取向与时代性的价值取向之间保持适当的张力，使课程呈现出，既关注学生对中国传统文化的传承和发扬，又认同与接纳，甚至欣赏不同国家和地区的文化特色。从文化层次上看，我们的课程在正确对待知识、技能、智慧，塑造人完善与自由的心灵，全面实现课程文化的育人价值上呈现了多元化，那就是，既关注学生知识技能的培养和提高，更关注学生身心乃至人格的健康发展，这也是我们的课程之所以有大量的校园活动、社会活动、团队活动课程内容的原因所在。

学校办学十三年，是二期课改深入进行的十三年，而我们的课程改革，也始终追随着二期课改的脚步、始终引领着学校的教育教学改革、始终坚持着为每一个学生的发展服务，十年中，课程改革遇到过困难和瓶颈，也有成功和收获，这都为我们继续深入地进行人品教育，特别是学校人品教育的课程建设的研究，更是进一步提升了学校的课程领导力，使我们在课程建设的引领下，学校逐步走向了特色发展。2011 年 5 月获得中国民办教育协会中小学专业委员会颁发的“特色建设先进学校”。2012 年 12 月获中国民办教育协会中小学专业委员“办学特色示范学校”，2012 年 10 月，学校被上海市教委评为第一轮民办特色创建学校，2015 年 12 月，学校又被市教委评为第二轮民办特色创建学校。在人品教育特色建设上，我们做到了：人品教育目标的确立始终紧密结合学生的培养目标、人品教育内容的设计始终源于对一个人生活品性的修为、人品教育内涵的发展始终关注教育实效。

（二）开发了校本课程，改革了教学方法，提高教师的育德能力

自从开展了《人品教育学校课程建设》的课题研究以来，我们东展的教师提升了对“课程”的认识，积极主动地参与学校课程的开发，为了落实人品教育的目标，特别是“主题式探究型”课程的开发，更是体现了教师的主体性。随着每个学年学校的教育主题，各年级在《校园生活探究系列》版块中开发的课程近二十多项，不但在对学生的教育中起到了积极的作用，在课程的开发过程中，教师对学校办学理念的理解，对新课程理念的贯彻都得到了提高。我们担任课题研究的是学校的一批骨干教师，在课题研究的过程中，也提升了他们对“课程”在促进学校发展中的重要作用的认识，能以大课程的观点来看学校课程的建设，对学校课程的整体设计能力也有了一定的提高。我们的任课教师，也在课程的开发中发挥了积极的作用，设计了相关的校本课程教案近百份。

教师的生命在于课堂，要提高教学质量，关键在于课堂教学。从 2010 学年第一学期“走近学生，研究学生”的课例研究；2011 学年第一学期“以学定教，提高学生的课堂学习时间和效益”教学研究活动；2012 学年第一学期“以学定教—让学生学得更有效”的课堂研讨。一步步走来，一步步提高，追求课堂教学的有效性。在课堂教学研究的历程中，着力研究解决教师“教”的行为和学生“学”的行为，努力将教师的“教”向学生的“学”转变，让课堂真正成为学生自主学习的课堂。在“以学定教”的教学专题的引领下，各教研组以专题研究为抓手，进行课堂教学的实践与研究。通过研究教师初步转变了观念，基本形成了“以学生学为主”的意识；通过教学研究，教师更关注到了课堂中学生参与度、兴趣与情感的激发；在教学研究的过程中，教师也感受到了提高自身基本的教学素养的迫切性，更多地从自己的教学行为上反思课堂教学的得失。近年来，学校的骨干教师队伍逐渐成熟，部分教师在市、区的各项课堂教学评优和教学论文比赛中获奖。人品教育学校课程建设锻炼了我们的教师队伍，提高了教师的课堂育德能力。

学校生源的多元性使我们的老师每天必须要面对有众多个性差异的学生，为了要掌握学生的个性差异，教师就要去了解孩子、读懂孩子并能够设计适合不同孩子成长的方法去引导孩子。学校课程实施过程中的个别化教育和教学让东展的教师都有着独特的体验，极大地提升了大家的教育理念和教技。个别化教育对象通常是行为有偏差甚至是生理有病症的孩子，每个个体具有独特性。当一个孩子的个性、行为、语言、人际关系和周遭的环境有格格不入的时候，他们往往会成为老师们关注的焦点。关注是因为我们的老师想对这样的孩子有更多的了解。了解他们的成长背景、家庭情况、家长对孩子的教育观点、了解孩子的想法是我们老师面对这些孩子时通常会做的一些事情。

因此,面对学生,他们充满耐心与宽容,尊重每个孩子,理解孩子成长中的"不完美",他们善于从孩子的角度感受学生的思想、聆听他们的声音,在课程的开发与实施过程中,老师们在"爱"的教育中提升了育德能力。

(三) 践行学校教育价值,促进学生人品素养的提升

新课程改革的核心理念就是"以人为本"、"以学生为本",它着眼于新世纪人才素质的需求,体现鲜明的时代特色,重视教材的整体性,重视学生的主体性,引导学生积极主动地学习;传授知识和技能与培养能力和创新意识并重。东展小学办学至今,始终坚持教育的终极目的是服务于每个孩子生命个体的成长,我们期望每个在东展的孩子能真正享受到儿童时代应有的预约和快乐,能够感受到生命历程中关键时刻的意义,从而体会到人生成长的快乐,因此"提升每个孩子的生命质量"是我们追求的教育价值。我们的人品教育课程的目标摒弃了以往片面强调知识与技能的倾向,更多的是注重课程本身在发展学生各种智能,激发学生成就感的同时为学生提供了学会如何学习、如何做人的机会。这是我们创建人品教育学校课程的一个主要目的。

在学生学习方式上,改变了过于强调接受学习,死记硬背、机械练习的现状。倡导学生主动参与、乐于探究、勤于动手、培养学生搜集信息和处理信息的能力、分析和解决问题的能力以及交流与合作的能力。教师在其中只起到了助、引导的作用。在概念与知识的形成过程中教师及教材所展示的背景,不是教师告之结论,而是在教师的帮助、引导下,由学生自主地去观察、发现、搜集信息、并用已有知识对所获信息进行归整。给学生提供了许多创造性思维的学习机会。

同时,我们把课程回归现实生活,注重书本知识与生活实践的结合,体现为以活生生的情景为背景设计问题,要求学生能够在学习过程中解决实际问题,提高了学生的实践能力。

人品教育学校新课程另一个特点以评价促发展,因此评价学生的学习努力体现学生学习的不同层次水平,让每一个孩子都能在课程的学习过程中获得成功,享受成功。因此,人品教育学校课程,在突现二期课改理念的同时,以培养学生学会做人为核心,从兴趣动机、知识技能、生活实践、成就感等促进学生的全面发展。校园是学生每天学习活动的主要场所,人品教育学校课程将学生一天在校学习的所有都纳入了课程的范畴,因此校园也是学生进行课程学习的主要场所。我们的课程,充分利用了校园的空间和时间,将课程于学生在校生活的各个内容紧密地结合起来,使校园生活变得丰富多彩,而在多彩的校园生活中,不同国籍、不同兴趣、不同需求的学生,都能找到属于自己的那份快乐。例如,我们的探究型课程所设置的三十多门课程,都是在对学生的兴趣、爱好进行调查反馈,并结合学生意愿开发的。又如《校园生活总动员》每年都会根据学生的现状设计不同内容的课程,让学生在校园活动中享受童年生活的快乐。总之,小学生活泼、好动,充满着好奇心,从多个方面开展的丰富的课程活动,如运动会、文艺汇演、学科竞赛、社会活动等,满足不同个性学生发展需求,为发掘和激发他们的特长,提供了广阔的平台。

例如:东展"形象大使"是东展学子的最高荣誉,学校每年评选的十位形象大使是东展学子的典型,他们乐观阳光,有才有艺;他们刻苦耐挫,坚韧不拔;他们敢想敢说,开拓创新;他们心地善良,富有强烈的责任感和进取心,他们是东展的骄傲,是东展学子的代表。

2013 年毕业的张云翔是我校的一名形象大使。他是一个阳光快乐的少年,多才多艺，不但是上海市小荧星艺术团的学员，而且是学校的大队委员。他自主能力特别强，带领大队委员设计了许多富有创意的活动，他乐观自信、多才多艺，合作自主的形象成为东展学子的代表，多次评为学校的形象大使、东展小博士、长宁区优秀队员。

十年来，东展小学向中学输送了上千名的学子，他们有的已经进入了大学，有的已回到国籍和户籍的所在地。他们所表现出来的乐观自信、善于交流，学习上后劲强劲，敢于挑战自我，成为东展学子的整体形象。

从课题研究至今的近三年中，我校运动队参加区"希望杯"运动会，成绩喜人，团体总分分别名列前茅，艺术团队参加市、区比赛分别获得了戏剧表演、舞蹈、合唱的一、二等奖；还有其他类的竞赛，如钱忠役同学获得长宁区"新虹桥杯"《驱王遥控越野车模型》第一名；张云翔同学获得长宁区小青蛙故事比赛二等奖；宋铭忠获得剑桥杯全国学生英语国家大赛上海赛区一等奖；经统计，近四年来，我们东展在市、区各级各类比赛中共获得奖项三百人次，孩子们在这些活动中所表现出的耐挫能力与团队合作精神是可贵的。

例如：2015 年毕业生小吴同学，是班级中的一名普通学生，他的名字就像他人一样。其实这个孩子运动天赋并不强，身体素质也一般，但是他有着一种认准目标就铆足了劲的斗志。从小学一年级到五年级，多次获得学校运动会短绳冠军，五年级代表学校参加长宁区小学生运动会，经过自己的奋力拼搏，获得了男子组田径比赛小学 60 米第二名、100 米第五名、4＊100 米第二名。每年寒暑假，他都要参加国内外的跳棋比赛，有时比赛正逢上学时间，他一边参赛，一边自习，从不落下任何作业。这一切的努力换来了他超强的意志力和耐挫力，每次比赛，他都是和比他高好几个年段的选手比，面对强敌他毫不怯弱。

从这些事例中我们可以感受到，学校人品教育课程不但丰富了孩子的学校生活和学习经历，更重要的是，在课程的参与过程中，孩子们初步感受到成长的意义、自我的价值，感受到学习生活的幸福感，所以，无论是从家长还是老师中，都会有这样的话语："东展的孩子是快乐的，是自信的，充满潜力的。"是的，他们的快乐来自内心的丰富与自由，他们的快乐来自身心的健康成长，他们的快乐来自被尊重、被欣赏的满足。

二、研究的反思

(一) 创新课程的实施，加强顶层设计

作为一种重要的课程类型，校本课程在满足学生的兴趣、需要，发展学生的个性和特长，体现学校办学特色上，有着十分重要的意义，而课程的实施却是一个渐行渐近的过程。目前，东展学校的校本课程已经构建了比较完整的课程框架，确立了相对比较系统和稳定的课程内容，但是，如何创新地进行实施，是使课程能在针对不同学生差异、应对社会转型变化、有效整合资源等方面需要我们有更好的顶层设计和统筹规划。例如，这对毕业班学生的校本课程，有《生活与做人——喜欢东展的 N 个理由》，有《童年成长体验——毕业典礼感恩教育》，有《社会大课堂——放飞梦想毕业生夏令营》等，如果能帮这些课程整合，形成一个大的《毕业季课程》，这样形成教育合力，在资源的运用等各方面一定会起到更好的效果。又如，我们已经开展了很多年的，如何在形式上有所创新，每个环节都能将"入学教育"融入其中了，而不是仅仅只是形式上的表现等等。总之，课程的创新实施，不是指将课程推倒重来或改编另起炉灶，而是指在原有的基础上更深入、更宽泛、从不同视角去实施课程，在培育学生的人品上体现更实在的效果。这是我们需要进一步思考的。

（二）整合评价资源，完善评价体系

评价的成效需要从事物本身的价值定位进行思考，校本课程的评价应该是从学生、教师、学校三个维度进行效果评价。而目前我们的评价还存在着以下几个问题：一是对于学生的评价项目过多，聚焦人品教育目标不够，各类评价缺乏统整。目前建立的《东展小学人品教育综合素养》评价在具体操作上、结果的使用上还处在实验阶段，它与学校其他评价，如：美德少年、形象大使等质检的关联度还需要进一步理清；二是对于教师在人品教育课程的开发、实施效果的评价还缺乏比较系统的评价，特别是在课程实施过程中，遇到的困难和问题还有待梳理和完善；第三是，对学校人品教育实施效果上的整体评价还比较欠缺，特别是如何更科学、有效、客观的评价，在评价工具、评价结果等方面还需要完善，充分发挥评级对学生、教师、学校在人品教育上的促进与检测功能。

（三）促进教师队伍建设，提升教师的课程开发能力

师资队伍建设是课程建设的重要组成部分，是决定课程建设质量的关键因素。而教师对课程执行力包含着教师对学校办学理念与课程理念的理解程度、对课程开发的相关内容的解读能力、对课程在实施与落实过程中如何因材施教，处理好生成性问题的灵活度，更重要的是，教师具有怎样的儿童观与教育观是执行好课程的关键所在。课程的建设与教师队伍的建设实际上同步进行，相辅相成。二就目前我们课程在开发研究过程中，相应的在如何借助课程开发和实施在加强教师培训，提升教师课程开发力与执行力上还有待加强。例如，同样的教材，在不同届学生身上运用，其实根据学生情况是要对教材内容进行二次开发甚至三次开发后，针对性才更明显，效果也更好。同时使教师逐步能够从上课程、上教材，转变为真正意义上的育人，借课程育人、借教材育人，这样课程才能发挥好其最大化的效益——既提升学生的人品素养，又提升教师的课程开发能力和执行力，这也是课程的价值所在。

参考书籍：

1. 丁念金：《课程论》，福建教育出版社。
2. 理查德·I·阿兰兹（美）：《学会教学》，华东师范大学出版社。
3. 赵中建：《学校文化》，华东师范大学出版社。
4. 佐斌著：《教师人际关系和谐》，中国轻工业出版社。
5. 罗宾·福格蒂：《多元智能与课程整合》，教育科学出版社。

附件1：《多元文化背景下学校人品教育课程的实施与研究》文献综述。
附件2：《民办东展小学人品教育课程规划》
附件3：《民办东展小学拓展型课程方案》
附件4：《民办东展小学探究型课程方案》
附件5：《生活与做人》课程计划
附件6：《童年成长体验》课程计划
附件7：《社会大课堂》课程计划
附件8：《民办东展小学学生人品素养综合评价方案》及《评价手册》。
附件9：《多元文化节日》、《校园生活总动员》、《社会大课堂》、《童年成长体验》校本教材照片

2016.3

第一章 “人品教育课程”的整体设计

第一节 教育的梦想与追求

——学校的愿景、使命与目标

孔子说：“大学之道，在明明德，在亲民，在止于至善。”这是一种教育的理想，拉伯雷的教育理想是：“要培养全能的人。”而卢梭说，要培养出：“既能行动，又能思想的人。”而蔡元培先生的“人格完成说”：“教育是给他能发展自己的能力，完成他的人格，于人类文化上能尽一分子的责任，不是把被教育的人造成一种特别的器具，给抱有他种目的的人去应用。”从以上古今中外的教育名言中我们不难看出，教育的理想集中体现在教育的目的——培养什么样的人以及让这样的人建设怎么样的社会。

马克思关于人的发展理论指出：人的发展包括全面发展和充分自由的发展两个方面。人的“全面”发展是指人的各种才能的全面发展；人的“自由”发展则是指人在一切活动中的自由自主的发展。一个人只有得到充分自由的发展，他的才能才可能得到全面的发展。进入新世纪，我国教育改革与发展的主潮迎合了世界改革的潮流，进入了教育人本化的研究，提出了全面实施素质教育，开始关注提高受教育者的整体素质，东展小学就是在这样的教育大背景下……

一、相遇在东展

2003 年 8 月，在上海西部淮阴路 581 号，上海市民办东展小学诞生了，她由东展教育发展有限公司举办，长宁区教育局主管。幽静的淮阴路，不算是个交通主干道，那时如果说有什么可以让人们知道淮阴路的话，也许就知是“西郊国宾馆”，淮阴路就在西郊国宾馆的侧门。周围是中高档的别墅区，西临即将开发的（当时）虹桥临空园区，东南连接古北新区，西南对着虹桥机场。东展小学就在淮阴路上，两幢“Z”字型红白相间的四层教学大楼与周边的环境融为一体。

由于学校位于的是上海西部长宁区的一个开放程度很高的区域，区内集聚了上海五分之一的境外人口，还聚有三分之一的外国领事馆，二分之一的外交官邸和 3 000 余家外资企业和办事机构。因此，2003 年开办最初，东展小学有 11 个班级近两百多名学生。其中，境外学生占了近 70%，他们中比较多的来自香港、台湾和东南亚国家的孩子，也有来自美国、法国等欧洲国家的孩子。他们的父母在上海生活，喜爱上了上海，很想在上海发展，也想将自己的孩子送到中国的学校来就读，想让孩子多学点中文，便于今后在上海生

存发展。对于学校的选择，他们既不适应公办学校的办学氛围，觉得学生负担过重，学习太苦；又觉得国际学校学到的中文太浅。因此他们迫切地期待有那么一所学校，既能有国际学校的办学氛围，又能让孩子学到像公立学校那样的中文，于是他们选择了东展小学。

保尔是一个来自法国的孩子，父亲是一位法国土木工程师，被法国机构派往中国工作，母亲是一位热衷于慈善的全职妈妈。这样一个地道的法国家庭，举家来到中国上海工作，他们热爱中国文化，在他们家里，所有的家具摆饰都是选用了具有中国传统文化特点的物品；他们喜欢上海，妈妈经常带着孩子参与各种社区以及慈善机构组织的各种慈善活动。他们希望他们的儿子——保尔不但精通法语，也能熟悉地掌握中文，了解中国的文化，将来无论是在法国发展还是在中国发展，都能成为两国文化交流的桥梁。因此他们选择了东展。保尔在东展一读就是五年，直到小学毕业。有趣的是，保尔的弟弟马聪在哥哥三年级的时候，也进入了东展就读一年级，又是读到了毕业。两个法国孩子毕业的时候，金发碧眼，帅气十足，但是，如果我们不看他们的外形，只听他们的讲话，那么一口流利标准的普通话，连贯、确切的表达以及带有中国式的思维方式，你一定不会感到他们是纯粹的法国人。

而家恩和保尔不同，学校开办时她来到东展就读四年级。她来自韩国，妈妈是韩国人，而爸爸是台湾人。爸爸说：“我是台湾人，希望孩子能够传承一些中华民族的传统文化。”尽管这样，家恩的家庭还是保持着比较多的韩国文化传统，为了能够将来回韩国发展，家恩白天在学校学中文，晚上则是在家里阅读韩国书籍、观看韩国电视，甚至和妈妈对话用韩语，和爸爸对话用中文。她的中文学得有点累，用她的话说：“回家看的都是韩文，白天学的中文有点忘了。”可是，每天到学校和同学们一起生活、学习，她觉得特别快乐。在班级中，她像个大姐姐一样，爱打抱不平，爱照顾比她“弱”的同学，她得到同学们的信赖。家恩五年级的时候，弟弟家星也到东展来了，因为从一年级开始学习，家星在中文的学习上比家恩顺利了好多。姐弟俩在东展总共就读了六年，在家星四年级的时候，举家回到

了韩国发展。

像保尔和马聪、家恩和家星这样的外国孩子，在东展就读的有好多，他们来自不同的国家和地区，有着不同的文化背景和生活习惯，但是他们在东展学习、生活、交友，孩子们成为伙伴，家长们也成为了朋友。据2003年学校在籍人数统计，当时在校就读的一百多名学生中，有来自世界各地24个国家和地区的学生，这些不同文化背景的孩子在一起学习，既彼此间互相尊重与容纳，又各自保持着自有的传统文化、价值观和利益，形成了学校独特的文化背景——多元文化的相互融合。真可谓是“五洲四海，海纳百川”。

那么到底是什么吸引着这些孩子来到东展，并在东展快乐地“扎根”下来呢？

二、我们的办学理念——“立人为本，成人于品”

学校开办初期，由于学生文化背景的不同，家长的教育观念和对学校教育的需求上存在着种种差异，使学校始终在东西方文化的碰撞中寻求发展，不同文化背景家长多样化的价值取向既有交流融合的一面，又有差异碰撞的一面。

酒井是一位来自日本的孩子，是一个看一眼就会记住他的孩子。高高壮壮的体型，即使大冬天，也总是穿着短打。常常在脑门扎一根带子，下课了，他要么就是在操场上飞奔，踢足球；要门就是脚踩滑板车，从你身边“飞”过。可是，对于做作业这件事，老师很头疼，因为他的“选择性”很强，生字抄写这种作业，他几乎不做，父母似乎也很尊重孩子的这种“选择”。当然，对于四年级的他，数学很棒，而语文，有个六十几分已经是很不错了。可是，他和他的父母仿佛并不在乎这个成绩，对于在校生活，父母很满意。酒井因为运动特别好，成为很多女生的“偶像”，为此他和他的父母都特别自豪。

小杨是一位地道的上海女孩，父母都是上海人，白领。从进入东展那一天起，父母就一直在纠结，他们既希望孩子有个健康快乐的童年，希望老师同学家长之间能有一个彼此平等尊重的氛围，但是，又希望孩子的学习也要好一些。周边公办学校孩子一会儿学奥数，一会儿学英语，这给他们造成了很大的压力，学习和快乐孰轻孰重？能统一吗？初入学那段时间，这是困扰他们最大的问题，毕竟孩子有很大可能中学、大学要在国内读下去的。

这样的矛盾有时会产生碰撞。开学初老师就开始家访，没想到学校就接到了家长的投诉电话。家长在电话中责问：“为什么你们的老师在家访中，讲话都是吩咐型的？我的孩子我最了解，老师家访应该向我了解孩子的情况，但为什么现在都是老师在吩咐我该怎么做？”

也是在这个阶段，不少老师反映，因为学生学习成绩不够理想，在与家长的联系中，得到的回答几乎都是：“学习成绩60分可以了，为什么门门都要优秀？成绩不好没关系，只要他们心态好，长大后他们可以自己学习。”

学校为了开发学生的潜能，每周安排了近二十门的选修学科，有艺术类的，也有学科类的，每次报名，家长都会让孩子自己挑选，结果孩子一学期换一门，造成各门选修学科人员不稳定，不利于老师的教学，也不利于出成绩。因此学校希望学生稳定，不要多变动，但却遭到了家长的反对。家长认为，应该尊重孩子的选择，他喜欢了自然会继续参加，只有这样才能真正发掘学生的潜能，培养兴趣。……

面对不同家长对学校的不同需求，我们曾经困惑过，也曾经苦恼过。但经过一段时间的思索和学习，我们感受到这两种教育思想的碰撞实际是学校办学理想的碰撞：学校教育究竟应该培养怎样的人才和应该为学生与家长提供怎样的教育？

在对东西方文化的梳理中，我们感到境外家长向我们传递的正是当前流行的“以人为本”的教育思想。这种教育思想的特点，一，重视研究人的个体、个性的充分、自主、自由、全面和多元的发展；二，研究人与人之间的关系：互相理解、信任、相容、同情、平等、合作、民主、爱；三，研究人与社会的关系，即强调以尊重个性化为前提的社会化和对社会的参与、贡献精神等；四，强调对异域文化与社会的理解、宽容，强调教育的非政治化、功利化和意识形态化。这种教育思想目前已成为世界教育改革的主流，“以人为本”的教育，要求学校必须尊重教育的对象，因为他们是人，是一个个活生生的人，是具有各自特质的人，因此学校教育必须尊重和发展每个人的不同特质，要让它们得到充分和自由的发展。学校思考或制定任何方针、政策都必须从本学段学生的个体特征出发。

他们给我们带来了现代教育的一种国际化理念，那就是小学教育的主要任务不仅仅是教会学生读书，更重要的是应该教会学生怎样做人，学校应创设有利于学生健康成长的环境和氛围，为学生的成长搭建成功的平台。学生文化背景差异是不可避免的客观差异，但是这种差异不应成为学生学习机会的差异，更不应该成为他们发展的障碍。从多元文化教育的角度看，这种差异应该得到充分的重视，获得相同的尊重，需要构建满足不同学生需求的课程来适应不同文化背景学生的需求，为他们创造平等的学习和发展机会。

于是，结合民办学校的特色发展，东展小学将学校定位于“多元化、高质量、高品位的精品学校”。多元化——学校的办学理念、教育教学、师资队伍、后勤服务等能基本满足来自不同文化背景学生发展的需求；高质量——学校的教育质量、教学质量、服务质量应达到较高的水平。高品位——学校的校园环境、人文环境和学校文化应与现代教育接轨。我们期望在东展，孩子们能真正享受到孩童时代应有的愉悦和快乐，能够感受到生命历程

中关键时刻的意义，能够在东展校园内，感受到世界不同国家的优秀文化。

同时依据“以人为本”的理念，提出了“立人为本，成人于品”的办学理念，就是把培养学生做人作为学校的根本任务，把尊重人、关心人、教育人贯穿在教育的全过程，体现在教育工作的方方面面，在遵循教育教学和小学生成长规律的同时着眼于学生的身心健康发展，培养学生热爱生命、热爱生活、热爱身边每一个人的良好情感，为提升学生的生命质量奠定基础。而要培养学生成人，关键又在于培养学生人品，使学生具有良好的品格、品位和品行。一个人只有具有良好的人品，他才可能成为一名堂堂正正的人，一名有道德的人，一名高尚的人。

三、我们的办学宗旨——“让每个孩子都有一个快乐的童年”

巴尔扎克曾经说过：“童年原是一生最美妙的阶段，那时的孩子是一朵花，也是一颗果子，是一片懵懵懂懂的聪明，一种永远不息的活动，一股强烈的欲望。”童年应该是感受爱的岁月，童年应该是回忆起来笑出声的岁月。小学阶段的孩子正是一个人生长发育的关键时期，尤其是在心理素养上，这个阶段的孩子思维活跃，纯真无瑕。为此，学校根据目前6至12岁儿童生理及心理的特点和小学生负担偏重的情况，提出了东展的办学宗旨：“让每个孩子都有一个快乐的童年！”她包含着三层含义，即：让学生开开心心过好每一天；帮助学生过好童年几个坎；为孩子人生奠定良好基础。我们期待在东展小学就读的孩子能轻轻松松，快快乐乐地学习，健健康康地成人。这是我们的教育追求，也是我们的教育理想。

（一）让学生开开心心过好每一天

每天早晨迎着初升的阳光，学生们来到了学校，在快乐的晨锻活动中拉开了一天学习生活的序幕，体育室根据体质健康测试的相关内容以及各个年级的实际情况，制定了不同的体育游戏项目，每个年级5个班级，每天的活动内容都是不同的，低年级学生有锻炼下肢运动的“羊角球”，有训练跑的“迎面接力”，还有学生喜爱的“滑板车”等，而高年级有跳长绳、短绳，有“持球接力”，还有锻炼上肢运动能力的“推小车”等等。这些活动每周一个轮回，既锻炼学生的体质，又培养了学生的健身兴趣，更重要的是，这每天早上的晨锻，让学生在潜移默化中把运动作为了生活的一部分，在运动中感受生活的快乐。每天学生和老师一起参与锻炼，伴随着欢快的音乐声，操场上，跑的跑，跳的跳，玩的玩，一派生气勃勃的景象。人们说，小学生就像早晨八、九点钟的太阳，在东展的校园里，早晨的阳光会被孩子们渲染得更加灿烂，更加温暖。

中午的校园更是一番热闹的

景象。大操场上，孩子们有的在阳光下踢足球、打篮球，操场的南面还竖着两支小篮球架，这是专门给一、二年级小朋友用的，能够感受一下“灌篮高手”的成就感，是多么令人自豪；小操场上，低年级孩子有的在“爬龙”里游戏，有的在玩呼啦圈、跳跳球，有的围着圈圈做游戏；儿童乐园里最热闹，滑滑梯、攀爬架、跷跷板、踏水车，各种器材上都有孩子们快乐的身影；而室内，门厅里，如果是周二或周四，那么艺术角的活动正在开展，自荐的班级或表演乐器，或表演街舞，或表演脱口秀，音乐声阵阵；图书馆、走廊的图书角，总有一些喜欢安静的孩子沉浸在书海里，随意在地上坐着的、在书桌前正儿八经的、两三一群指指点点讨论的都有，周围热闹似乎与他们无关，他们有他们的世界；如果是周四或周五的中午，那么“智慧讲习堂”鸣锣开场了，在“堂主”的主持下，那些“智慧达人”们怀揣“绝技”与大家分享科学的奥秘，谁是“擂主”？谁主“沉浮”？当然要看大众评委的投票结果；还有乒乓房、体育廊……校园迎面而来的就是充满活力的童年的味道，笑容洋溢在每个孩子的脸上，笑声荡漾在每个角落。

下午的三点以后是孩子们选修学科的时间（拓展型学科）。在每学年开学时，学校艺教部会为每一位学生发放一张“拓展型课程菜单”，请学生结合自己的兴趣爱好与父母商量，然后选择自己感兴趣的课程参与。为了能使兴趣相同的学生走到一起，参与相同的课程，学校采取走班制打破了按年段分班的传统分班形式，让学生自由自主地选择自己喜欢的课程，从事自己感兴趣的活动，从而体会“适合自己的才是最好的”道理。于是，在选修课的时候，校园里却又是另外一番景象：琴房里琴声叮咚；舞蹈房里，民族舞映出女孩们婀娜的身姿，街舞班里迸发出的小男子汉们激情的乐动；书法教室里静悄悄的，墨香传递的是对传统文化的那份传承；还有戏剧表演里字正腔圆的台词、足球队里的奔跑、冲刺、射门……在这时，教室里那个沉默的他或许正挥臂高呼，那个腼腆的她或许正忘情舞蹈，那个活跃的他却沉静地挥毫，一样的他们，闪亮着不一样的光芒。一天的学习生活，就是在丰富多彩的选修课程中拉上帷幕。

学校为孩子创设了良好的校园环境，3 000 多平方的前后操场，近 200 米的环型跑道，低年级的儿童乐园，高年级体锻的运动区域，运动器具齐全。操场周边一年四季花红草绿、绿树成荫。就连学校的厕所也巧花心思，女厕取名为“公主梦”系列，意在：每个女孩子在厕所这样的私密场所都应该有一个美好的心情和良好的礼仪，一到四楼以粉红色为主基调，瓷砖墙上的小公主一层楼一层楼长大，预示着孩子们每一年的成长。而男厕则取名为“自然风”系列，意在：男孩子应该崇尚自然，与大自然共同成长，绿色的瓷砖墙上陪衬着充满生机和活力的花草树木、各种动物。学生每天在这样的环境中生活玩耍，对身体和心理发育极其有益。

教室宽敞明亮，设施齐全。教室布置不仅富有教育功能，更富有童趣和创意。以班标为代表的平台，是每位孩子成功的舞台；教室后的版面琳琅满目，展示着每个孩子的作品、班级的奖状、家长的期望和老师的希望，洋溢着师生、家生互动的温馨和情感。每个教室的后窗角落都有一个图书角，堆放着孩子们从家里拿来的书，供全班同学共享。每个教室都是学园、又像家园、更像孩子们的乐园！

在校园里，在教室内，孩子们享受着老师们的尊重和关爱，课堂上，学生可以自由地发表自己的见解；“以学定教”的理念，让老师十分关注和重视学生的学习起点和状态；下课后，师生共同活动、玩耍。

著名的教育家杜威曾经说过：“我们所要求的是使儿童带着整个的身体和整个的心智来到学校，又带着更圆满发展的心智和甚至更健康的身体离开学校。”学校注重学生一天在校生活的幸福感，有计划、有目的、系统地关注学生身体和心智的健康发展，使校园成为孩子成长的乐园。

（二）帮助学生过好童年几个坎

儿童心理学表明，6 至 12 岁儿童是一个人成长的关键阶段，无论是大脑的发育，还是骨骼的成长，健康心理的成熟，6 至 12 岁都是重要的基础阶段。而小学五年期间，由于有几个年段环境突变，学习跨度较大，孩子在生理、心理上明显出现脱节现象，处理不好，孩子很可能从此就消沉下去。因此为了让孩子能较好地渡过这些关口，我们在小学阶段注意了以下三个衔接：“幼小衔接”、“低中衔接”及“小学和中学”的衔接。

幼小衔接。孩子从幼儿园到小学，由于学校环境、学习内容、学习方式、作息时间等发生了太大的变化，一个无忧无虑的幼儿，突然成了要承受 9 门学科压力的小学生，就如一个人在前进的道路上，突然遇到了一座陡坡，不知如何是好？因此处理不好，会使孩子丧失学习兴趣，失去上学的信心，变得沉默，严重的甚至会从此消沉下去，对孩子的成长非常不利。

东展小学为了让刚入学的孩子有一个适应的过程，为了减缓这座“陡坡”，从学校开办之年起，就进行了幼小衔接的研究。对刚入学的孩子采取了不少向幼儿园靠拢的措施，如中午增加一小时的午睡，下午供应一顿点心，上课要求老师寓教于游戏之中，并允许孩子在上课时间外出上厕所……。学校还向幼儿园学习，制定了《对一年级学生生活管理条例》，加强对一年级学生生活上的指导和关心。同时还举办了一年级家长学校，经常与家长沟通孩子在校生活和学习的情况，家校配合，帮助孩子过好这一关。

小杨老师是 2014 年新进东展的老师，刚进东展，有 3 年工作经验的她担任起一年级的语文教学和班主任。她说：“那段时间，我跟在我们组长后面，像个陀螺一样快速的转动，每一个环节、每一件事情，不仅要知道怎么做，还要知道为什么这样做，仿佛自己就像一个新教师。”令小杨老师特别诧异的是，她不仅要备好一年级的语文课，每节课要设计许多识字学拼音的游戏，而且还要创编课间操，每节课中间和孩子们一起跳一跳，放松。上课已经绷紧了神经，下课却更紧张。“要关注每个孩子是否喝水、是否上厕所、课间活动要去儿童乐园指导和巡视，特别是中午，要照顾孩子们午睡，下午还要给孩子们分点心，看护他们吃好点心。一天下来，我都没时间上厕所，也不需要上厕所，因为汗水流得太多了。”

小杨老师的一番话，实际上就是我们一年级正副班主任每天工作的真实写照，为了做好一年级的幼小衔接工作，她们既担当起一个小学教师上好文化课，传授知识的责任，更担当起幼儿园老师甚至大妈妈们照顾、看护好孩子生活细节的责任，一切都是为了能让每个刚入小学的孩子能够跨好入学第一步。

十多年来，我校每届一年级的学生在生理和心理上都能较好地过好这一关。下面是对一年级学生家长对学校幼小衔接工作调查情况汇总：

表一 2012 到 2015 学年一年级新生对小学生活适应度的调查汇总

	2012 年	2013 年	2014 年	2015 年
适　应	75.79%	78.15%	84.4%	77.35%
基本适应	24.21%	21.85%	15.60%	22.06%
不适应	0	0	0	0.59%
适应率	100%	100%	100%	99.14%

表二 2012 到 2015 学年一年级新生对学校环境等四个方面满意度调查汇总

	2012 年	2013 年	2014 年	2015 年
快乐心态	86.29%	89.7%	94.0%	87.8%
校园环境	87.22%	88.7%	87.1%	90.4%
师生关系	85.00%	88.8%	89.8%	89.1%
作息时间	87.91%	81.2%	80.2%	85.3%

一年级新生在短短的两个月时间内能够较好地适应小学生活，并喜欢上了小学生活，一方面源于每一个教室生动、充满童趣的环境布置，比较接近幼儿园，也体现了“学园、家园、乐园”；另一方面，也源于我们对一年级学生在作息时间上的微调：每天超过两个小时的户外活动，每天中午一小时的午睡，都让学生比较好地适应了小学的作息时间。而更为重要的是，学校为了让老师们了解幼儿园的教育情况，暑假都会组织一年级的老师前往幼儿园学习取经，因此每一位一年级的老师对学生都是那么地耐心、和蔼，细致的关怀，消除了学生入学的恐惧感，使他们在小学感受到了母亲般的关怀。

许多家长都说：“孩子进入小学，没有任何不适应，因为，小学里的活动很多很丰富，和幼儿园一样快乐。”有的家长说：“孩子觉得小学里更快乐，因为活动更自由，交朋友更自由。”家长在每学期的问卷调查中留言：“孩子总是回家用他稚嫩的语言告诉我老师很好，总是笑嘻嘻，我在学校很开心学到了本领。”学校幼小衔接工作收到了良好效果，孩子们成功地跨好了入学的第一步。

低中衔接。学生从二年级升入三年级以后，由于教材内容和知识结构在难度上上了一个“台阶”，因此孩子们在学习和生活中也会出现一个低谷：成绩明显下降了，九十几分的成绩，一下子跌到七、八十分；孩子情绪低落，失去自信，家长也着急，不知发生了什么？很多家长会来电来访责问老师，到底是什么原因？其实出现这样的情况不奇怪，因为三年级的语、数教材在学习内容上出现了一个跳跃，语文从以识字、造句为主的学习，一下子提到了以阅读写作为主的学习；数学从万以内的加减乘除一下子跳到了多位数加减乘除。再加上这个年龄段的孩子，正是大脑和小腿骨头发育的旺盛期，因此精力旺盛，特别需要活动。再加上学校在人事安排上，往往在三年级会有较大的调动，安排刚送走毕业班的老师下来接班，这些老师由于刚送走五年级，下来接三年级，往往也不适应，她们会拔高教材的内容，这样更加大了教学内容的跨度，使学生出现了明显的不适应，不适应新接班的老师、不适应教学内容、不适应老师的教学要求……。根据这样的情况，我们从 2007 年开始，进行了低中年段衔接的研究。

首先我们注意了学校人事的稳定，尽可能地让一、二年级的老师跟上三年级，这样可以在教学中注意知识的衔接，慢慢地过渡提高，使学生有一个适应的过程。为了让家长了解三年级学习的内容和要求，我们还举行了中低衔接的家长学校，让家长了解这一阶段孩子的生理和心理特点，了解三年级教材的内容和要求，沟通孩子在校的学习和生活情况，这样家长的心态也有了准备，也知道了应该如何指导和鼓励孩子。

三年级十岁的儿童在意识上，已经开始有了独立的意向，他们对于大人的意见已经不像之前那么言听计从；再加之生理发育的情况，精力旺盛，比较容易发生事故。于是我们根据这个年段学生的生理和心理特点，结合孩子的十岁生日，对他们进行自主和责任教育，提高他们分辨是非的能力和独立处事的能力，正确对待师长的意见。进行责任教育是为了让学生知道父母是如何艰辛地养育我们，从而初步培养孩子的责任意识。我们开展了“十岁生日仪式活动”的系列课程，护蛋活动和倒背书包活动，感受妈妈十月怀胎的辛劳；组织他们进行“寻找目的地”的探究活动，让孩子们自己上网探究，寻找到上海城市规划馆的路线、车辆，以及路上要注意的事项，然后让孩子们小组合作前往目的地，锻炼学生独立处事的能力，让学生的精力发挥到正路上来。学校还建立了“十岁林”，引导学生在十岁生日时，在校园里种上一棵香樟树，象征着我们要像香樟树一样，在东展校园内茁壮成长，成为祖国的栋梁。由于我们重视了低中衔接，我校近几年三年级学生的成长情况正常，无论学生的品行还是成绩，都没有大起大落的情况。

小学与初中的衔接。五年级是孩子在小学的最后一年，通常情况下，有部分孩子会过得很不安宁，因为家长为了找一所理想的初中，会陪着孩子到处去应考，使孩子在小学五年的快乐童年生活都享受不到。为了保证学生的快乐童年，也为了让学生能顺利地进入初中，适应中学的生活，我们在小学的最后一学期，进行了小学与初中的衔接研究。

我们首先根据家长的情况，在五年级上学期就对家长进行小升初的辅导。结合东展教育公司下属还有两所中学的情况，组织家长前往参观。并向家长推荐介绍了其他民办初中，让家长知道小学升初中，100%的学生可以升入公办初中，而民办初中家长是有很大的选择余地，从而减轻家长小升初的担心心理。

而对学生，我们在最后一学期是以感恩教育为主线，向学生进行责任感教育。我们从感恩父母、感恩师长、感恩同学、感恩学校四个方面展开，在畅谈父母、师长是如何尽心尽职地培养教育我们时，要让学生明白父母、师长对你们的养育和教育，是一份责任，是应该的。而我们对于他们的回报，那是一种尽孝，也是一种责任，也是应该的。从而让学生明白什么是责任，责任就是一份担当，一份承诺。如果每个人都有这样一种落地无悔的责任，那我们的家庭、学校、社会将变得越来越好！因此五年级的学生在最后一学期中，特别留恋，特别听话，他们会为母校，为弟弟妹妹做很多好事，或在写给校长的信中，留下很多宝贵的意见。

为了提高学生的自主能力，毕业典礼的汇报演出，完全由学生自编自演，这是学生最期待的一刻。他们在小学的最后一个月里，除了紧张的学习，应付毕业考外，还要做两件事，一件是排练节目，准备毕业演出。还有一件也是必做的，那就是每人要为《毕业纪念册》制作一张内页，记载自己在小学里最精彩的一面和写下自己的毕业感受，然后由家长进行出版。这本《毕业纪念册》我们已经坚持了十三年，每年学生都会将自己制作的《毕业纪念册》送给学校，学校档案室里已经堆放得高高的。这份礼物是无价之宝，她承载了我们东展每位毕业学子对母校的情谊。无论何时，只要你打开这本册子，一个个孩子的身影又会出现在你的眼前，这是多么地美好和幸福啊！

（三）为孩子人生奠定良好基础

“教育是造就全面发展的人的唯一方法。”教育的真谛就是：发现人的价值、发掘人的潜能、发展人的个性。为了能够为孩子未来人生奠定良好的基础，学校还结合了多元文化的特点，提出了各国人士都能接受的，富有个性的学校培养目标：“爱笑、会玩；爱学、会说；爱生活、会做人”十四个字。旨在培养乐观开朗、能说会道、热爱生活、懂得做人道理的学生。

“爱笑会玩”是儿童的天性，也是一个人心理健康的表现，东展小学在培养目标中提出“爱笑会玩”，旨在培养学生乐观开朗的性格和广泛的兴趣爱好，这既符合这年龄段孩子的成长需要，也是孩子成人后工作生活所必须具有的一种能力和态度。

“爱学会说”是一个人做人必需具备的基本能力，尤其在知识经济的时代，知识日新月异，只有爱学习的人，才能跟上时代的步伐；只有会沟通，会交际的人，才能在社会上生存。

“爱生活、会做人”更是一个现代人应具有的态度，热爱生活，热爱人类，懂得珍惜时间，珍惜资源，会理财、会交友、会合作，自主、自立、自强，敢于担当、敢于负责。这些品质是社会发展的需要，也是一个人生存的需要。

为了进一步落实培养目标，学校构建了人品教育的目标体系，形成了十六个二级指标及相关的分年级要求，每个指标都落实具体的内容，紧密地结合在学生的学习生活中进行，培养学生具有适应未来社会发展需要的人品，使学校人品教育内容更具时代性内涵，将学校“成人于品”扎根于每一个教育教学行为中，体现出鲜明的学校特点。

《民办东展小学培养目标及指标要求》

一级指标	二级指标	具　体　要　素
爱　笑	1. 乐观 2. 自信	乐观：校内外生活中都能保持积极开朗的心情，宽广豁达的胸怀。 自信：充分相信自己的能力，对周围的事物充满信心。
会　玩	3. 活力 4. 爱好	活力：健康向上，充满阳光，具有自我保护意识和技能。 爱好：兴趣爱好广泛，在1～2门上形成特长。
爱　学	5. 兴趣 6. 探究	兴趣：对周围事物具有强烈的好奇心，在学习上有兴趣，有热情，善于观察，乐于积累。 探究：初步具有探究意识，敢于提出质疑，能寻找生活中的问题进行思考研究。
会　说	7. 倾听 8. 擅言	倾听：能认真耐心地倾听别人的发言和意见，能养成收听广播、音像资料的习惯，能理解并记住所有内容，并能转述。 擅言：乐于与人交谈，善于表达自己的意见；说话完整有条理，有中心，有自己的想法。
爱生活	9. 关爱 10. 耐挫 11. 理财 12. 环保	关爱：关心家庭、班级、学校，以及社会生活中的人和事物，对之有爱心。 耐挫：不怕困难，有面对困难勇往直前，勇于克服的心态；具有一定的心理承受和调节能力，逐步培养自己坚韧的意志。 理财：勤俭节约，珍惜劳动成果，培养理财意识，学会简单的储蓄、购物等技能。 环保：热爱大自然，具有环境保护的意识，保护自然资源。
会做人	13. 礼仪 14. 诚信 15. 合作 16. 自主	礼仪：仪表整洁，待人处事有礼貌，讲文明。 诚信：与人交往真心诚意，诚实守信，答应别人的事情尽力按时做到，讲求信誉。 合作：乐于与人交往，学习与别人共同合作完成任务，在集体活动中学习合作，服从大局，互相帮助，共同成功。 自主：具有一定的自理能力，能完成自己力所能及的事。关心集体，热爱劳动，在学校、班级和家里有自己的劳动岗位，能胜任岗位工作。会安排自己的作息时间，珍惜时间，按时完成作业和各项工作、任务，成为时间的主人。

而每个二级指标又根据学生的年龄特点，制定了分年级要求，如：“爱学”指标的分年级要求：

		兴　　趣	探　　究
爱学	一年级	1. 以愉快的心情参与学习活动。 2. 喜欢观察周围新鲜的事物，愿意向他人讲述。 3. 每节课能注意听讲；能记忆积累感兴趣的知识。 4. 能记住学习任务，并按要求完成家庭作业。 5. 能选读自己喜爱的书，养成每天课外阅读不少于15分钟的习惯，一年阅读总量5万字左右。	1. 好奇乐问。 2. 乐于在老师的带领下进行社会实践活动。
	二年级	1. 热情地参与各类学习和活动。 2. 喜欢观察身边有趣的事物，愿意向他人描述。 3. 积极参与课堂讨论；乐于挑战课堂中的记忆积累的任务。 4. 积极参加学习活动，认真完成家庭作业。 5. 养成每天课外阅读不少于20分钟的习惯，能把书中感兴趣的内容告诉家人或同学，一年阅读总量10万字左右。	1. 有主动质疑的意识。 2. 能在老师的指导下进行社会实践活动，并从中得到一定的收获。
	三年级	1. 逐渐自觉地参与学习活动。 2. 能按一定条理观察周围事物，能有条理地向他人描述。 3. 能认真上课，不偏科，敢于提问，乐于挑战课堂中自己感兴趣的任务；相信自己的有意记忆，主动检验记忆积累的效果。 4. 自觉完成家庭作业，有摄取课外知识的意识。 5. 养成每天课外阅读不少于30分钟的习惯，能理解所读内容的要点，有自己的体会，一年阅读总量30万字左右。	1. 初步具有自主探究的意识，在老师的指导下具有查找资料的能力。 2. 能在老师的指导下进行社会实践活动，并能通过图片、日记等形式有所展现。
	四年级	1. 能体会到学习的乐趣。 2. 愿意仔细地观察指定的事物，能有重点地向他人描述。 3. 敢于面对学习上的困难，主动寻找解决的方法，愿意记忆兴趣以外的学习内容。 4. 主动完成各项作业，并能摄取一定的课外知识。 5. 养成每天课外阅读不少于30分钟的习惯，能做阅读笔记，一年阅读总量40万字左右。	1. 有独立思考的习惯，能自己查找资料。 2. 能以小组合作形式进行社会实践活动，并通过小组合作进行成果汇报。
	五年级	1. 有较强的学习成就感。 2. 有计划地进行观察，在描述中体现个人的想法。 3. 能有较强的求知欲，在课堂上提出有独创性的问题，自主尝试解决。将记忆内容进行有效整合，成为新的知识进行储存。 4. 能有质量并高效地完成作业，能主动摄取课外知识。 5. 养成每天课外阅读不少于30分钟的习惯，能根据阅读内容写出读书心得，一年阅读总量50万字左右。	1. 能自主确立探究目标，尝试通过思考与调查进行分析。 2. 能用调查报告、辩论会、多媒体、资料等形式，反映自己的探究成果，体验探究的成功感。

《民办东展小学培养目标及指标要求》以及《分年级目标要求》成为学校培养学生做人的目标和基准，它着眼于学生的发展，既倡导人的全面的、综合的发展，同时也尊重个性发展。也就是说，儿童作为一个完整的人在学校里学习，不仅仅是读书，生活应该是丰富多彩的，应该是幸福的、充满阳光的；学生在学校不仅仅是为了获得考试成绩，更重要的是他人生旅途中的一部分，这种生活是多样化的、整体性的，它需要人的全面发展。

四、我们的价值追求——“提升每个孩子的生命质量”

生命质量是一个内涵丰富的概念，它包括许多内容，如个人的生理健康、心理素质、自立能力、社会关系、个人信念等，是人们对自己生活状况的感受和理解。用以衡量和评价的标准是生命存在的生理功能过一种愉快、健康和有意义的生活。因此我们觉得教育的目的应该服务于生命个体的成长，我们期望在东展，孩子们能真正享受到孩童时代应有的愉悦和快乐，能够感受到生命历程中关键时刻的意义，从而体会到生命成长的乐趣。

(一) 拥有健康的体魄

“提升学生生命质量”不仅是教育、教学质量的提高，更重要的是“提高身体素质，确保健康成长”。为了确保学校体育工作的有效实施，学校建立了较为完善的学校体育工作管理网络：由校长直接指导下的副校长负责学校体育工作的整体规划、目标制定等；由课程部主要负责学校课程的设置、体育课堂教学常规的管理、体育教学研究的指导、校本课程的开发；艺教部主要负责学校体育群体活动的组织、班主任体育工作的落实、选修课程的管理等；校务部主要负责体育教师的培训与考核，体育室具体落实学校各项体育工作，包括体育课堂教学、群体体育活动、运动队训练等；班主任全面关心学生的身心健康，配合体育室实施各项健身锻炼措施。

在东展，“阳光一小时”的户外活动是保障孩子们健康的基础。为了加强学生平时课间、午间的锻炼，提高身体素质，学校根据《国家学生体质健康标准》中的有关要求和本校学生的特点，为每个学生赠送了短绳一根，每个班级配置了：三毛板、扯铃、蹦蹦球、跳跳球、乒乓板等活动器材，学校在每个楼面都安置了乒乓台，在一楼、二楼低年级走廊的地面上画了“跳房子”等，鼓励学生进行“阳光一小时”活动。实施上，我们学生除了每天一节体育或体育活动课，上午的晨锻、广播操和下午的韵律操，以及每天中午 30 分钟的午间活动和课间活动，每天的活动时间近 2 个小时。同时，学校还在每天 3:05 分以后的选修课时间内，设置了乒乓、篮球、足球等课程，从兴趣出发，挖掘在这些运动中有潜能的学生，满足学生强身健体的需要。

而“春季运动会”是东展传统的体育盛会。每学年的第二个学期，也就是每年的 4 月，学校都要举行全校性的“春季运动会”，运动会有田径项目、体育游戏、集体项目三大块内容组成，学生参与率是 100%。在运动会上，学生们不但展示了体育方面的特长，跑、跳、投一个个校记录被刷新。而且也培养了集体主义精神，全班和老师组成的啦啦队在助威。更可贵的是家长也加入了运动的行列，一起助威、一起比赛、一起欢呼、一起惋惜。春季运动会在春天来临之时，学生、家长、教师以他们的阳光般运动热情，为健康校园生活添上亮丽的一笔。2015 年度，学校春季运动会的主题是：“我运动，我快乐。”2016 年度的主题是：“我是运动小达人。”运动会从培养学生自主锻炼入手，激发学生“更高、更好、更强”永争第一的奥运精神和集体主义荣誉感。每次运动会全校学生几乎全员参与，每个孩子都有比赛项目，每个孩子都能获得奖项，冠军、亚军、季军还能登上领奖台，挂上“金镶玉”的金、银、铜牌，多么自豪、多么光荣。而所有参赛选手，除了获得前六名同学有奖章外，其他选手也都有参与奖。我们的春季运动会，每次从启动到正式开始有三个星期，比赛当天历时近 5 个小时，比赛项目 30 多个，掀起了学生的运动高潮，激发了学生的集体荣誉感和拼搏精神。

如果说“阳光一小时”是孩子拥有健康体魄的基础，运动会是掀起全员健身的高潮，那么每天的体育课，则是学生掌握运动技能，培养运动兴趣的主渠道。几年来我校体育组老师始终以兴趣激发学生自主锻炼，让学生自主尝试、集体分享、个性锻炼快乐健身，以《体育技能教学游戏化实施的研究》为课题，努力提高体育学科的课堂教学质量，让学生打下扎实的体育健身基本功。

在东展小学，学校从不对每个班级学科成绩作排名，但是，却要对每个班级学生的近视发病率、营养不良率、超重肥胖率进行排名。学校建立了《学生体质健康情况奖励办法》，将这三个指标作为衡量班主任工作的重要标志，对达标情况好的班级进行奖励。

从观念到措施，从体育教师到班主任，大家共同把学生身体素质的提高作为教育的重要任务，正因为这样，东展小学学生近年来，体质健康情况不断提升，连续三年在长宁区小学生体质健康测试中名列前茅，2015 年全区排名第一。具体成绩如下：

	平均分	优秀率	良好率	合格率	平均分				
					小一	小二	小三	小四	小五
东展小学成绩	95.96	68.50%	96%	100%	88.19%	97.28%	100.81%	93.94%	91.78%
区平均成绩	88.54	37.01%	83.77%	99.86%	86.1%	90.18%	88.10%	87.87%	88.01%

而在长宁区小学生运动会上，也是成绩喜人，2015 年长宁区小学生运动会获得女子组团体第一名，男子组团体第二名，男女团体总分第一名的好成绩。而这些成绩的取得，学校没有引进一名运动特长学生，没有利用一次课余时间进行加班加点训练，都是在校的普通学生，都是利用在校的课间活动训练。而获得这些成绩的真正原因是学校具有浓厚的健身氛围，学生具有较强的自锻意识，全体教职工对“健康第一”思想的认同。

2015 年毕业生小吴同学，是班级中的一名普通学生，其实这个孩子运动天赋并不强，身体素质也一般，但是他有着一种认准目标就铆足了劲的斗志。从小学一年级到五年级，多次获得学校运动会短绳冠军，五年级代表学校参加长宁区小学生运动会，经过自己的奋力拼搏，获得了男子组田径比赛小学 60 米第二名、100 米第五名、4＊100 米第二名。60 米的跑道上，小吴同学的起跑并没有占优势，身材矮小的他就是凭着冲劲，在最后 20 米的时候，在同伴声嘶力竭的呐喊声中，突然发力，他大喊着：“冲——”，最后硬是赶上了前面的同学，获得了第二名。其实，这第二名与其说是短跑的胜利，不如说是他意志和精神的胜利。

小吴同学也把这种体育精神带到了日常的学习和生活中。每年寒暑假，他都要参加国内外的跳棋比赛，有时比赛正逢上学时间，他一边参赛，一边自习，从不拉下任何作业。这一切的努力换来了他顽强的意志力和耐挫力，每次比赛，他都是和比他高好几个年段的选手比，面对强敌他毫不怯弱，一次次战胜了对手。

像小吴这样的孩子在东展绝不是个例，手臂骨折依然坚持参加比赛的韩国学生金同学（家长坚决支持）、周日、周六让妈妈陪着到学校进行锻炼的小郁（获得了健康之星）……。在东展，家长也特别重视孩子的健康体魄，据统计，学校有将近70%的孩子利用周末参加校外的体育运动课程，有马术、冰球、垒球、花样滑冰等等。拥有健康的体魄、具有运动的技能，这是东展校园人人崇尚的生活观念，它为提升东展孩子的生命质量打下了亮丽的底色。

（二）形成健全的人格

如果你看到东展的孩子，如果你看到任何一张东展孩子在活动时、上课时的照片，你会发现，东展孩子的脸上有着一种不一样的表情，那就是“童真”，毫不做作、天真无邪、笑得灿烂、乐得尽兴，即使偶尔有不开心的瞬间，也是那么真实，这些“表情”就是东展孩子的名片，他们从内心深处拥有一种属于孩子该有的生命的尊严。在东展我们把老师“关爱学生”作为教师师德规范标准的重要条件，具体内容是：

• 每一位老师要以人文的情怀关爱每一个孩子。

• 尊重孩子的个性，尊重孩子的差异（文化差异、遗传差异等），尊重孩子的童权（话语权、活动权等），从内心认可学生是值得尊重的生命个体。

• 理解孩子的需求（情感需求、成功需求等），走进孩子的心灵，做心与心的对话。站在孩子的角度替孩子着想，以积极的心态接受孩子成长中的错误。

• 相信每一个孩子，对孩子充满期待之心。根据孩子的特点，搭建一个适合孩子成长的平台，能“扬长避短”，让孩子获得自信。

• 对待学生应该做到严格有度和宽容接纳并重，平等公正地对待每一个孩子，引导、引领学生的成长。

• 教师在日常工作中要适时有针对性地对学生进行安全教育，提高学生自护能力。当遭遇突发事件时，教师应首先保护好学生的安全。

• 全面关心学生的身心健康。努力提高学生的身体素质，关注学生的心理成长变化。指导学生用好午餐、关心重视学生体质健康达标情况，并能够在自己的教育工作中进行落实。

• 教师教育学生的时候，语言措辞要规范，不说有损学生自尊、侮辱性的话，注意正面的引导;不体罚、变相体罚学生,不得采用激烈的、惩罚性的行为方式。

当然,在教育过程中老师会遇到各种类型的学生,讨人喜爱的孩子,聪明的孩子、伶牙俐齿的孩子,还会遇到……做老师就是要和不同个性、不同天赋的孩子打交道。在这个过程中,每位师者以什么样的心态看待每个孩子就会产生不同的教育结果。父母爱自己的孩子是天性,老师爱自己的学生是什么?是天职。“珍爱每个孩子”是东展老师的为师之道,2010年10月学校出版的《人品教育之教育手记》30万字由学校教师亲笔撰写的教育日记记载下了我们的老师在和学生们相处的普通日子里的教育感受和体会。没有华丽的辞藻,没有宏伟的场景,但读来感人,因为是我们的老师用心用情写出来的。患有自闭症的孩子在老师的耐心呼唤和引领下变得活泼开朗了;患有多动症的孩子在老师的循循善诱下变得要为班级、为同学做好事了;患有感统失调症的孩子,在老师耐心和科学的教育训导下,变得自信而阳光了……不爱学习的、不合群的、不会交往的、不懂得珍惜和感恩的学生,一个个都变了。

如果说东展的老师在为师之道上有什么法宝,那么一件重要的法宝就是“爱”。“爱”,成全了很多孩子和家庭的幸福,“爱”,让东展的教师寻找到自己工作的意义和价值。因此学校有一支敬业爱生的师资队伍。她们把每一位学生都看成是一个个活生生的生命体,尊重他们的人格权利,理解他们的一言一行,信任他们的意见和决定,珍爱和珍惜他们的生命。记得有一次课题组活动,讨论东展小学老师的特质,有一位老师说:我觉得我们东展老师对学生的爱,用“热爱”两字似乎还不足以表达我们对孩子的情感,是不是应该用“珍爱”更贴切些。说得太好了!“热爱”似乎仅仅是从“爱”的程度上去理解,而“珍爱”更体现了“爱”的心态和程度,那么地认真、慎重、小心翼翼,珍贵、高尚、无价之宝,要像珍惜自己的生命一样地爱孩子,这确实表达了东展老师对待孩子的一种情怀。

初次见到小宇的人,一定会被他可爱的外形吸引,西瓜太郎的发型,胖乎乎圆滚滚的身子,雪白粉嫩的皮肤,这样的男孩子还是个“表情帝”,无论遇到什么事,他的表情总是那么夸张那么丰富。但是如果与小宇接触多了,也一定会被他的任性与莽撞吓一跳:上课他举手,老师没请到他,小则当场大哭,大则把桌子掀了;上课铃声响了,他在操场上没玩够,立即躺在地上大哭:“我不要进教室……啊!”;美术课上,同学没有借给他水彩笔,他就拿起铅笔,一个猛子朝同学背上扎去,幸亏美术老师眼明手快挡住了,否则后果不堪设想。就是这样的一个孩子,在一年级第一学期,没少闯祸,没少家长投诉,没少让任课老师抓狂。但是,他的班主任陆老师,是东展的一名有经验的班主任,她从家访入手,多次找孩子父母谈话,了解了深层次的家庭原因,对孩子进行了耐心、细致的个别化教育。在班级中为孩子梳理信息,为孩子搭建为大家服务的平台,让班级同学认识到小宇还是个热心善良有责任心的人，小宇当上了厕所管理员、执勤班长、升旗手。孩子变了，虽然他的变化还是有反反复复的，但是，他不再拒绝别人善意的提醒，他热爱自己的班级，他和同学有了矛盾知道克制和忍耐，他成了学校的开心果。

小宇的转变就是因为他发现了自己的价值，他感受到了关爱，他体会到被人尊重后获得的自尊是多么令人自豪。小宇是东展那么多个特别的孩子中的一个，在东展无论怎样的孩子，都会被尊重、被呵护、被关爱，这使他们真正感受到爱的温暖。尊重学生的人格，让每一个孩子都能有尊严、有价值，正因为这样，童年的纯真才能无所约束健康地绽放出她灿烂的光彩。

(三) 享受成功的愉悦

东展小学提出的办学宗旨是："让每个孩子都有一个快乐的童年！"在学校特有的多元文化的背景下，为了在此就学的各国孩子在东展小学快乐地生活，获得成功的喜悦，我们开展以积极导向、激励为主的学生评价活动。评价以"立人为本，成人于品"的办学理念为核心，认同学生的多元文化背景，遵循小学生的成长规律，评价着眼于学生的身心健康，促进学生的个性发展；评价激发学生的多元智能，促进学生智慧生长；评价孕育学生的人文素养，提升小学生的生命质量，培养"爱笑会玩、爱学会说、爱生活会做人"的东展学子。

"形象大使"评选活动就是一项学校层面开展的特色活动。为了展示学生的个性风采，促进学生人品的全面发展，树立小学生的爱笑会玩、爱学会说、爱生活会做人的东展小学生的形象，让学生学有目标、做有榜样，促进学生人品的全面发展。学校每年都举行一场轰轰烈烈的十位"东展形象大使"竞选活动。

形象大使的竞选选用的是一个海选的过程。每学期全校所有的同学都能申报"美德少年"，每一位学生都参加竞选的前几轮活动。每周升旗仪式推荐一位"美德少年"作为升旗手，同时向全校师生介绍自己的事迹。

每学期的"美德少年"根据学校的教育主题进行申报，学期的最后几周，大队部组织一学期15名左右的"美德少年"用海报的形式展示自己的特色，全校学生通过进行贴"苹果"的方式选出五位形象大使的候选人。

2013年毕业的张云翔是我校的一名形象大使。他是一个阳光快乐的少年，多才多艺，不但是上海市小荧星艺术团的学员，而且是学校的大队委员。他自主能力特别强，带领大队委员设计了许多富有创意的活动，他乐观自信、多才多艺，合作自主的形象成为东展学子的代表，多次评为学校的形象大使、东展小博士、长宁区优秀队员。

自主性拓展课程包括学科选修和艺术选修，因为选修的门类多达30几种，所以评价内容当然会呈现多元的特点。学校每周二、四下午开设艺术课程，周一开设学科拓展课程，有艺术类、文学类、体育类、科技类、益智类等。每名学生都按照自己的兴趣及特长进行学科和艺术选修课程的学习。不同的课程有自己独特的评价方式及评价内容。艺术课程每月评出“艺术之星”张贴光荣榜在学校艺术展板上，学期末评出“优秀学员”。这些评价活动，让有艺术特长的孩子展示了自己的才能，获得了大家的认可和赞赏。

学校开展的运动会、节日庆典、仪式活动、主题活动等，与之匹配的各项评价活动无不是在激励学生进步。每年学校的运动会不再是运动员的天地，而是所有学生的运动展现。在许多比赛项目中，没有进入决赛的同学，也能获得一张“参与奖”，这极大地鼓励了学生的参与热情，并明白各有所长的道理，为能者加油助威，同时也为自己参与了运动会感到欣慰。“六一”文艺汇演，所有参加的班级都体现出班级的特点，每名学生在贴切的集体荣誉中得到了鼓励，都获得不同名称的奖状，比如：“最富活力奖”、“综合实力奖”、“最佳服饰奖”、“最具创意奖”、“最佳表演奖”等。各种主题仪式教育活动落实学生不同年龄阶段的人品教育目标，精心组织设计，力求规范长效，使学生了解自己的成长历程，激发对生命成长的自豪感，培养乐观自信的生命价值观，唤起对未来生活的美好憧憬。

如果不是运动会，不是运动会“个人达人表演”，小胡也许只是五年级中一名普普通通的男生。但是，今年 2015 年的运动会，使小胡一下子“脱颖而出”，不但成了大家心目中的“跆拳道达人”，在运动场上的出色表现，更使他拥有了众多的“粉丝”。在“个人达人表演”中小胡身着跆拳道服，佩戴着红黑带，在运动场上每一个动作都那么刚劲有力，那炯炯的眼神，专注的神态，获得了一阵阵掌声。由于他在区小学生运动会上的出色表现，这次他还代表东展小学全体运动员作了发言。在接下来的比赛中，小胡同学更是发扬了拼搏精神，获得了男子组跳高的冠军，运动场上那一阵阵呐喊声欢呼声，就是对小胡最大的鼓励。运动是小胡的最爱，运动使小胡在东展小学获得了同学和老师的赞扬与认可，运动使小胡不但拥有健康的体魄和坚强的意志，更使他获得自我的成就感。

在学科学习中，最典型的多元评价方式是期终免考和作业免写制度。在平时学习中，如果每个学期的单元测验都达到了优秀水平，期终就可以享受免考的待遇。还有各学科单项学习的评价也很灵活。比如：低年级语文写字练习的作业，如果达到了优秀水准，可以减少书写次数；如果单词可以在检验中过关，也可以免除抄写单词的作业。这些都称为“作业免写”。课堂行为观察、谈话评价、作业分析、成长记录评价和表现性评价等。要结合实际情况，根据不同的评价目标和评价内容选择恰当的评价方法。获得语文、数学、英语三科免考的学生，如果获得了人品教育积分年级第一被评为优秀少先队员的，可以获得当年的奖学金。这些评价方式可以充分让学生成为学习的主

人，发挥学习的主动性。

小马是三年级男生，他小小的个儿言语不多，如果在人堆里，他一定不是那个能让人看一眼就记住的。但是，若是在东展小学说起他的名字很多人都会竖起大拇指，而在三年级中应该是无人不知无人不晓，因为他连续三年获得奖学金，是个名副其实的“学霸”。小马不但学习好，他有着自己一套行之有效的学习好方法，小马更是一名谦虚好学、乐于助人的好孩子，班级同学都喜欢和他做朋友，爱看书、爱思考成了小马不断进步的“标志”。

每学期各学科都会进行学科竞赛，这也是反映学生多元智能的平台。比如：自然学科的“科学知识竞赛”，美术学科的主题性美术作品创作赛，体育学科的周周赛，语文学科的讲故事比赛、辩论赛，数学学科的口算比赛，英语学科的英语歌曲卡拉OK比赛等。

小李是一位二年级的学生，他有点调皮，有点爱玩，有点马大哈。可是围绕2015学年度主题教育“做一个爱学、善思、会创新的东展”学子而开展的自然学科活动——“四驱车擂台赛”中，小李同学着实“火”了一把。四驱车比赛男生云集，高手很多，需要“赛车手”不但要对自己的赛车性能了解透彻，而且还要根据比赛情况对“赛车”的“装备”进行改装和调整，而“玩车”正是小李的长项，在爸爸的指导下，他认真改装自己的赛车，研究比赛过程中的每一个环节，下课还经常到“赛道”上进行模拟比赛，最后他过五关斩六将，获得了“八强”，要知道，他是进入八强唯一的二年级选手。这些选手比赛的画面、获奖的画面在学校的电子屏幕上滚动播出，小李同学在同学心目中成了“赛车手”，从这次比赛后，小李的自信心和责任心也大大的增强了，课堂上的他变得专注了，敢于发言，敢于提出自己不同的意见。“赛车”使小李获得了不一样的成功，收获了自信。

学校丰富的评价活动，从各个层面、方方面面考虑到不同孩子的优势和特长，尽可能让每个孩子都能在不同方面获得成功的体验，感受自我的价值。马斯洛的需求理论中，最高层次的需求是第五层，那就是自我实现的需求，也就是胜任感、自我的成就感等。这也许是追求有质量的生命的最高目标。而我们，正是基于这样的思考，尊重学生的人格，为学生搭建实现自我价值的平台，虽然对于小学生而言，自我价值的实现也许只是在一些小事之中，但是这难道不是提升学生生命质量的终极追求吗？

第二节　课程，行走在学校发展的前端

——“人品教育课程”的探索历程与思考

一、文化碰撞促起步

学校开办初期，由于学生文化背景的不同，家长的教育观念和对学校教育的需求上存在着种种差异，使学校始终在东西方文化的碰撞中寻求发展。

杰米是一位有着中国人血统，却从出生之日起就在美国长大的孩子，他的中文说得像外国人，而英语就是他的母语。来到东展读书，父母就是想让他学习比较正规的中文。每天下午放学，妈妈总是在校门口等着他。开始，妈妈接杰米时，总是用英语与他对话，随着杰米在学校读书的时间长了，他的中文也渐渐好起来了，终于，妈妈开始用中文与他对话

了。那天下午，杰米和往常一样，随着下课铃声，走出教室，走向校门。可是，今天，他有点垂头丧气。妈妈问：“杰米，今天怎么了？有什么不高兴吗？”杰米轻声说：“我数学测验 70 分。”妈妈抱住他，吻了一下他的额头，说：“太棒了，你能得到 70 分，妈妈特别为你高兴。”“可是，妈妈，别人都是 80 分以上。”妈妈严肃地说：“为什么要和别人比，你就是你，你到中国来就是为了学中文，你的中文，包括你的数学，比你刚来时有了很大的进步，这多么了不起。”杰米抬头看着妈妈，笑了。

杰米不是个例，在东展，像杰米这样的父母很多，他们并不看重分数，他们对孩子的教育很少带有功利性，他们更注重孩子生命的健康成长。于是我们分析了东西方家长对学校教育的不同需求：国内家长比较注重学生的学习成绩，认为学生成绩好就是教学质量高；而境外家长则认为，质量是指学生的整体素质，他们把孩子的身体素质放在第一位。健康的体质、积极的心理素质以及生活生存的能力等是他们要求的质量。在亲子关系上，我们传统观念认为只要孩子听话，成绩好就是家长心目中的好孩子；但是境外家长更关注对孩子尊重，他们觉得只有理解孩子的想法才能取信于孩子，家长与孩子之间是一种平等的朋友关系。在与学校关系上，国内的家长对学校和教师存在着一种敬畏，以被动和配合的姿态对待学校的教育；境外家长需要学校能平等、友善地接纳家长的意见和建议，并以此来调整学校的教育教学行为，他们认为学校应该向家长、社会打开校门，让家长更多的参与学校教育，让学生、老师更多地走进社会，参与社会活动。几年来，不同文化背景家长多样化的价值取向既有交流融合的一面，又有差异碰撞的一面。面对由此而带来的挑战，东展小学在实践中进行探索，从东西方教育的差异中寻求我们的教育价值。

为了能够落实学校办学理念，满足不同文化背景家长对学校的不同需求，创设有利于学生健康成长的环境和氛围，为学生的成长搭建成功的平台。2006 年根据学校的教育理想和办学理念，确立了《多元文化背景下小学生人品教育的实践与研究》这一课题，2006 年课题被立为长宁区重点课题，我们设想通过课题的研究与实践，实现东展人的理想，“人品教育”的研究由此正式拉开帷幕。

“未来的学校必须把教育的对象变成自己教育自己的主体。受教育的人必须成为教育他自己的人；别人的教育必须成为这个人自己的教育。”（——李小鲁《教育作为人的生存方式》）这种以学生为本、以学生的发展为本的教育，就是“以人为本”的教育，它体现了对人的尊重、爱护和关心，体现了一种对主体与权利意识的张扬。而当我们将“以人为本”作为教育的价值选择时，教育便具有了创造人的价值的意义：它以充分开发个体潜能为己任，以丰富的知识、完整健全人格的培养为目的，强调“以人的发展特别是作为教育对象的具体的个人的和谐发展为根本”。如果说，人的本质力量是人的自觉自为，教育则凸显出

对这个自觉自为的生命主体不断生成与和谐发展的动力特性，这一特性要求我们今天的教育必须从传统的知识性教育向发展性教育转变，从教师对学生的控制向学生的自觉发展转变。

因此，我们的人品教育就是依据“以人为本”的理念，把尊重人、关心人、教育人贯穿在教育的全过程，体现在教育工作的方方面面，在遵循教育教学和小学生成长规律的同时着眼于学生的身心健康发展，培养学生热爱生命、热爱生活、热爱身边每一个人的良好情感，为提升学生的生命质量奠定基础。

“人品”是指人在社会生活中表现出来的个人的行为习惯、道德品质，人格特征和气质修养，是人从自然人成为社会人所必须具备的要素，是一个人的品行、品格、品位的综合体现。我们的人品教育是以“人品”为抓手，以促进每个学生形成健康积极的人格和学会基本的生存能力为主要目标，培养学生良好品行、品格、品味，促使每个学生得到充分发展的教育。它以马克思“教育不仅是提高社会生产的一种方法，而且是造就全面发展的人的唯一方法”的理论和“以人为本”的思想为依据，立足于每个学生的充分发展，它既包括知识能力的发展，也包括情感、态度、价值观的获得，从而提升了学生的生命质量，让学生成为一个符合社会发展要求的现代人。

“人品教育”就是以马克思关于人的全面发展理论为指导，依托和利用学校多元文化背景的教育优势，以“人品”为抓手，以促进每个学生形成健康积极的人格和学会基本的生存能力为主要目标，引导学生的规范品行、培养学生的良好品格、提升学生的健康品位，促使每个学生得到充分发展的教育。

“人品教育”的课题研究以构建人品教育的目标体系为龙头，加强“课程”和“班级文化”这两大块学校工程的建设，在建设中，注重评价的杠杆作用。为了确保以上的研究，我们还注意了教师队伍和学校管理两个保障体系的建设。

二、初步探索结成果果

经过四年的研究，在多元文化的背景下，吸收国际化的教育思想和理念的基础上，课题努力探索“以人发展为本”开放式的培养人的现代学校教育。首先是在如何贯彻实施素质教育上，从课程建设、教师队伍建设及学校管理等方面的研究经验，有一定的推广价值；其次是面对上海这样的国际化大都市，教育如何提升国际化水平，在教育观念、教育思想和方法上具有一定的借鉴作用，特别是对新时期素质教育背景下，我们应该培养怎样的人？怎样培养人？初步形成了经验。

(一) 绘出学校内涵发展的蓝图

1. 勾画人品教育的目标体系

我们以学校培养目标为一级指标，构建了人品教育的目标体系，建立了包括：“乐观、自信；活力、爱好等”十六个二级指标及相关的分年级要求和具体的内容，分别从健康的心理特征、积极的学习态度和良好的学习能力、积极的生活态度和基本的生存能力入手，全面提升学生的整体素养。

2. 构建学校人品教育的课程框架

我们的人品教育的课程设置基于新课程标准的基本理念：“以学生发展为本，坚持全体学生的全面发展，关注学生个性的健康发展和可持续发展。”结合学校多元文化的特点及人品教育目标，构建促进本校学生人品发展的课程框架，丰富学生的校园生活，发展综合素质，使学校培养目标落到实处从而提升学生的人品。

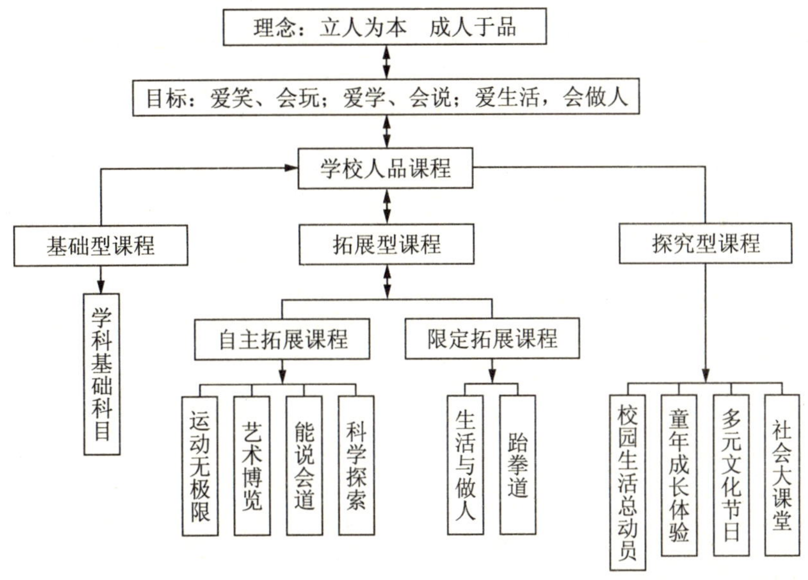

学校坚持把人品教育与基础型、拓展型、探究型三类课程的开发和建设整合起来，形成学校人品课程框架。

基础型课程——实现与人品教育的目标整合。我们把学校人品教育所提出的培养目标与学科的教学内容进行整合，充分挖掘教材中蕴涵的人品教育因素，形成《人品教育目标与学科教学整合意见》。

拓展型课程——开发人品教育的课程资源。自主拓展课程中四个板块共三十多门课程是根据学生兴趣与需求开发的，学生自主选择参加。限定拓展课程中我校开发的《生活与做人》课程，则有效利用社会和家长资源，让学生在生活中、并从家长的言传身教中获得对生活的感悟与感知。《跆拳道》是由我校两位具有跆拳道黑带资质的教师自主开展的课程并设计与实施，培养学生坚韧、克己的品质。

探究型课程——拓展人品教育的实施渠道。探究型课程的四个板块的课程，将学校的主题活动、学科探究活动、社会实践活动、仪式活动等进行整合，以学生的现实生活为基础，让学生走出课堂用自己的眼睛观察社会，用自己的心灵感受世界，用自己的行动尝试去研究解决生活中的问题。

3. 创建孕育学生良好人品的班级文化

我们将班级文化内涵定义为以下四个方面：环境文化、行为文化、制度文化和精神文化。通过实践，我们感受到班级环境文化是基石，行为文化是外现，制度文化是保障，精神文化是核心，它们四者相辅相成，缺一不可。

在实践中我们形成了勾画阳光健康的班级愿景——创设温馨、平等的环境文化——营造自治、激励的制度文化——凸显“童真、童趣”的行为文化的实践流程：

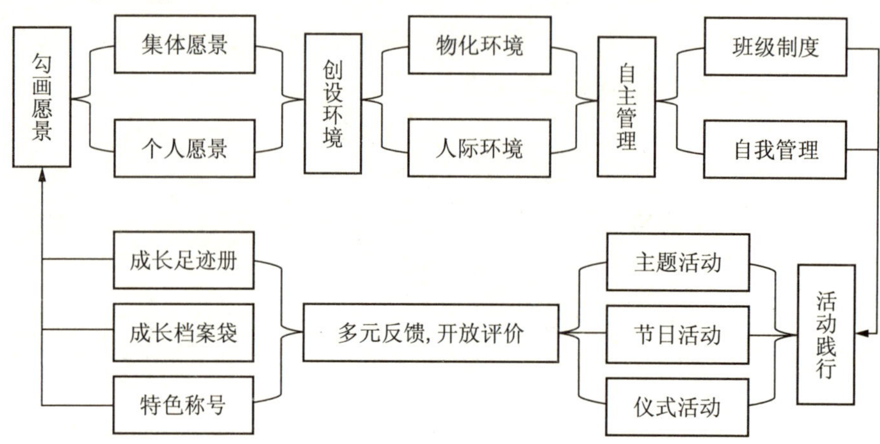

4. 开展激励学生成长的人品教育评价活动

我们构建了人品教育的评价原则，勾勒了评价与实施的流程图，开展丰富多彩的评价活动。通过评价活动为学生的差异发展、个性表现搭建舞台，更培养了学生的品行修养。

5. 建立家校联动的合作伙伴关系

学校建立了校、班两级家委会，家委会的角色是：学生活动的服务者、学校教育的资源者、家校联系的沟通者、学校管理的推动与监督者、学校发展共同经营者。在合作的过程中，家庭与学校、家长与教师之间互相尊重，彼此理解，合作共赢。形成了家校联动“策划参与——交流共享——监督协调”的运行模式。

6. 提升适应人品教育的教师队伍素养

学校在开办之初就把实施“人品教育”作为我们每个东展员工的首要任务。教师德性的提升有助于教育实践活动品质的改善，有助于学生的道德发展。教师德性的提升也是教师教育生命存在的确保，是教师生命成长的标志。因此通过确立教师人品素养特征、创建激励成长的目标导向、开展关注教师发展的校本培训、设置拾阶而上的成就激励机制、建立自我完善的评价机制提升适应人品教育的教师队伍素养。

（二）初显人品教育研究成效

1. 形成了学校独特的办学思想和追求

我们对“快乐”的理解，从最初的轻轻松松，吃喝玩乐，提升到：培养学生快乐的心态，以积极的态度对待成长中的成功和烦恼；让学生充分享受孩童时代应有的愉悦和幸福，感受生命历程中关键时刻的意义；为学生一生奠定扎实的做人基础。在课题研究的过程中，逐渐形成了东展小学的教育价值：“提升孩子的生命质量。”

2. 初步构建了人品教育的课程框架

在课题的研究过程中，教师根据人品教育的目标体系和学生实际，开发对拓展型课程、探究型课程进行了设计，初步形成了由基础型课程、拓展型课程和探究型课程构成的人品教育的课程框架，并尝试开发拓展型课程。特别是在基础型课程在课堂教学的研究也开始从关注教师的“教”向学生的“学”的转变，使课堂成为落实学校人品教育的重要途径，成为孕育学生良好人品的重要阵地，使人品教育课程执行力进一步提高。

3. 组建了一支适应多元文化背景教育的教师队伍

来到东展的教师，都有一个从不适应到逐步认可、接受、理解的过程。在教育的价值观上，他们逐步从智育第一向培养学生做人转变；在教育方法上懂得要尊重、理解、信任学生，走进孩子的心灵。在课题研究的过程中，老师们用他们的行为践行了东展的理念，逐步形成了：“热爱学生、注重细节、挑战自我、乐于创新、个性鲜活” 个体素养特征，“和谐宽容、善学创新、合作互惠、尽责高效”的团队人品素养特征，初步适应了学校多元文化背景的教育。

记得 2006 年 10 月，课题的开题评审会议在学校二楼的会议室进行。这是东展小学开办以来第一个区立项课题。就在当时，虽然葛校长是课题组的组长，但是，葛校长明确表示，为了锻炼队伍，促进年轻干部的成长，课题就由当时担任校长助理的姜老师负责。葛校长的这一决定是大胆的，因为姜老师也是第一次真正意义上搞课题研究，没有任何以前可以借鉴的经验，但是千斤重担却要化成千倍的动力，才不负校长信任，不负学校重任。

就这样，课题在葛校长的指导下，由一批年轻的中层干部组成的课题研究小组，开展了研究。研究以总课题为龙头，下设四个子课题，分别是：《多元文化背景下小学生人品教育目标的构建于评价》、《多元文化背景下班集体文化建设》、《多元文化背景下学校课程建设》、《人品育人品——教师人品素养提升的策略研究》，四个子课题分别由课程部主任沈老师、艺教部主任钱老师、校务部主任楼老师担任。这在当时，不得不说，校长的这种研究思路是高瞻远瞩的。其一，三个部门主任担任子课题组长，通过研究，梳理部门工作，使部门工作站在科研的高度开展；其二，对于这三个部门主任而言，也是一种历练，教育科研是磨炼人的，他们分别领衔三个子课题，是一次提升研究能力的绝佳机会；其三，由校长助理领头，三个部门主任共同组合的研究团队，是一次团队建设的机会，锻炼他们之间的沟通、协调、合作能力，提升学校行政班子的执行能力。其四，为今后学校继续以教育科研为龙头，推动学校整体发展铺路打基。2006 年课题立项，2010 年课题结题。整整四年，对于课题组的研究团队来说，是不容易的四年。班级集体建设、课堂教学、教师队伍是学校发展的关键因素。如何将研究与日常工作结合起来，是最初困扰课题组最大的难题，不能两张皮，只有形成一体，才能真正起到科研引领的作用。于是，课题组建立了课题实施小组，将教研组长、年级组长甚至一些骨干教师引入课题实施小组，其次将教研组的专题研究、每学期校本培训的主题、班级的班标班级形象物设计纳入到了研究的范围，这样人员的融合、教育教学内容的融合，使科研与日常工作有机地组合起来。渐渐的，老师们开始关注课题研究的走向，因为他们的专题研究要与课题研究靠拢，而这种关注最终演变成融合，

就是不分教研组和骨干教师将教研组专题研究以及个人的课题研究与学校课题紧密地结合起来，日常工作与教育库而言紧密地结合起来。

每学期的寒假和暑假，学校都要召开封闭式课题研讨活动，每次活动的收获是巨大的。三天的封闭式研讨，往往从上午一直持续到深夜，经验的交流分享、思维的碰撞、研究阶段成果的讨论、案例故事的撰写，一位经验丰富的教研室研究员曾参加了一次学校的寒假研讨活动，他深有感触地说："东展小学的研讨活动，密度大、强度高、效率明显，我在公办学校参加了那么多次研讨，还没有遇到像东展小学这样的。"而寒暑假的课题研讨，对于课题组全体研究人员、实施人员而言，这无疑是一次高强度的强化培训，提高了他们的研究能力与合作能力。

4. 初步打造了学校的办学品牌——人品教育

热情大方，阳光、自信成了东展孩子特有的精神底色。学校校风、学风、教风良好，学生艺术、体育、学科等各方面天赋得以开发，在市区的竞赛中取得了良好的成绩。东展的毕业生总体面貌是：乐观开朗、活力阳光，具有自我保护的意识和能力；且尊敬师长、礼貌待人、关心集体、关心他人、诚实守信、注重环保凸显人品教育的价值取向。

2011 年 2 月《多元文化背景下小学生人品教育的实践与研究》成果获得了长宁区教科研成果评审一等奖，同时获得了上海市第十一届教科研成果三等奖。在葛校长的主持下编辑的《人品教育与多元文化》和《人品教育之教师手记》两本记载了东展小学的办学历程和教师团队精湛的教育技艺的丛书于 2010 年 8 月出版了。"人品教育"课题的研究深化了学校的办学内涵，反映了当前教育的核心："学校教育应该培养出什么人和怎样培养人"，它从整体出发推进了素质教育在学校的有效实施，已经逐步成为东展小学的品牌。同时，学校也培育出一批具有鲜明的个性特征，有具有良好人品的东展学子。"乐观自信"成了东展学子品格的底色，"活力爱好"成了东展学子的特质，能合作善交际，讲诚信懂关爱，有礼貌讲环保，东展学生健康阳光，东展校园到处洋溢着时代的新风。学校每两年举办的"东展十佳好事"的评选，已历时两届，每次的评选都会涌现出许多感人的事例，有学习上刻苦好学的，有在家长或老师的引导下关心资助贫困地区儿童的，也有团结合作取得可喜成绩的……

2012 年，对于东展小学而言，是继续享受着"人品教育"第一轮研究"红利"的年份，3 月，学校被评为全国民办特色创建示范学校。10 月份，学校被评选为首轮上海市民办特色创建学校，当时，整个上海正是民办学校在新的转型时期一个发展上升的台阶处，由于东展小学第一轮人品教育所呈现的实效，人品教育的品牌逐渐响亮起来，它成为推动特色创建的引擎，引领着学校的发展。

三、迎风杨帆再起航

素质教育是指依据人的发展和社会发展的实际需要，以全面提高全体学生的基本素质为根本目的，以尊重学生主体性和主动精神，注重开发人的智慧潜能，注重形成人的健全个性为根本特征的教育。当前，推进素质教育已成为国家意志和全民族的共识，东展小学是一所民办学校，办学理念先进、办学设施齐全、初步拥有了一支能够适应多元文化需求的教师队伍。第一轮“人品教育”的研究已经为学校的整体发展构建了较为完整的框架，那么我们如何能在素质教育的大背景下，继续传承学校办学理念，深化办学宗旨，使人品教育不断向纵向发展，成就学生的快乐童年呢？

（一）人品教育的纵深思考

第一轮的研究刚刚结题，在葛校长的带领下，学校课题组成员（第一轮成员）就召开了研讨会，讨论“人品教育”如何继续向纵深发展。大家在回顾第一轮研究中发现，我们的人品教育培养目标已经构建了较为完整的分年级指标体系，但是如何将这些指标有效地落实在各项教育教学活动中，是后续研究的重点。葛校长语重心长地说：“我觉得，我们的人品教育课程虽然构建了三类课程框架，但是仅仅是框架，如何将基础型课程校本化实施，又如何真正使我们的拓展型课程从兴趣活动的形式提升到课程的形式，以及探究型课程在以往主题活动、社会实践活动的基础上开发出几个课程，是我们需要思考的。”校长的话使大家茅塞顿开，课程是学校教育的核心，我们的课程从课程的规划到课程的教材到课程实施等，还只是一个十分初步的框架，的确还有很多事情要做。于是，我们决定将人品教育的第二轮研究，从“学校课程”出发进行思考。

学校课程，即校本课程，它（基于学校、为了学校）是学校在确保国家课程和地方课程有效实施的前提下，针对本校学生的兴趣与需要，结合学校的传统和优势以及办学理念，充分利用学校和社区的课程资源，自主开发或选用的课程，是基础教育课程体系中不可或缺的一部分。在实施国家课程和地方课程的前提下，通过对本校学生的需求进行科学评估，充分利用当地社区和学校的课程资源而开发的多样性的、可供学生选择的课程。其目的在于尽可能满足各社区、学校、学生之间客观存在的差异性，因而具有一定的适应性和参与性。

学校课程建设的显著特征就是以学生为本，为学校和学生的特色发展服务，它着眼于学生的发展，既倡导人的全面的、综合的发展，同时也尊重个性发展。也就是说，儿童作为一个完整的人在学校里学习，不仅仅是读书，生活应该是丰富多彩的，应该是幸福的、充满阳光的；学生在学校不仅仅是为了获得考试成绩，更重

要的是他人生旅途中的一部分，这种生活是多样化的、整体性的，它需要人的全面发展。学校课程作为人品教育的基本阵地，它的建设是学校发展的一大动力，在提高学校办学质量、形成学校办学特色中起着十分重要的作用。

于是，第二轮的研究重点有了方向，大家你一言，我一句，在葛校长的思路上纷纷提出对第二轮的设想。2010 年下半年，第二轮课题的研究初步有了方向，于是就开始着手建立课题研究小组、讨论思考具体的研究方案，年底申报。2011 年 3 月，课题组接到通知，课题被正式立为长宁区重点课题。同年 5 月，课题被列为上海市 2011 年度市教委教育科学研究项目立项课题。“人品教育”的第二轮研究终于又扬帆起航了。

（二）人品教育课程建设的关注点

1. 回归教育的本源

“为了每一个学生的发展”是二期课改的核心理念，它包括：强调形成积极主动的学习态度，学会学习和形成正确价值观；强调课程结构的均衡性、综合性和选择性，以适应不同地区和学生发展的需求；加强课程内容与学生生活以及现代社会和科技发展的联系，关注学生的学习兴趣和经验，精选终身学习必备的基础知识和技能；倡导学生主动参与、乐于探究、勤于动手，培养学生搜集和处理信息的能力、获取新知识的能力、分析和解决问题的能力以及交流与合作的能力；发挥评价促进学生发展、教师提高和改进教学实践的功能；增强课程对地方、学校及学生的适应性等。

随着二期课改的深入，对教育本质的探求更关注到回归教育的原点——真正关注到人的发展，关注如何让教育过程更丰富、师生关系更和谐、多样化学习需求更充分满足，这是对人作为生命个体的重新打量和深度审视。人的发展理应成为一所学校关注的起点和终点，关注到每一个学生内心世界，进而通过课程的浸润使得其内心世界丰富而有追求，这是我们学校课程建设的核心追求。

“学校教育功能的实现有赖于课程，知识技能、主流价值观、行为规范等等都需要课程这个载体加以表现，因而课程就成了教育的‘心脏’。而学校课程就必须根据国家课程纲要和标准，结合学校实际，在办学理念指导下，对基础型课程、拓展型课程和探究型课程进行优化和整合，使之凸显学校办学理念、实施人品教育的重要载体。因此，我们的学校课程应该是促进学生全面发展、个性发展和主动发展。

学校课程应当促进学生的全面发展。课程不仅是给学生以丰富的知识，更应当给学生以自主学习的方法、发现和解决问题的能力以及创新的意识；不仅要让学生获得显性知识，还应该获得更多隐性知识；课程还应该让学生获得生活能力和实现更好发展的能力和素养。

学校课程应该促进学生的个性发展。学生的个性是学生身上最为独特和最具有魅力的品质，也是关系学生一生可持续发展的重要潜质。学校课程应当创造条件，为孩子提供展示自己个性的舞台。课程的设计、课堂教学、教师的优势智慧等，都应当服务于学生的个性发展。让学生在快乐的学校生活中获得个体发展的自信，实现自身素养的提升。

课程应当促进学生的主动发展。学生发展最为重要的前提是做自己命运的主人，能够把握自己的现在与未来。课程应当更多为学生提供从幕后到台前导演自己的生活和发展。在这样的过程中，促进学生自我意识的觉醒，提升学生的自我认知能力以及自我规划和自主发展的能力。

因此，我们人品教育课程正是依据二期课改的核心理念来确定课程的目标，设置课程的结构，开发课程的内容，努力使课程成为教育回归它的本原的抓手，努力实践着“为每一个学生发展”的理念。

2. 促进学校的特色发展

近年来伴随《民办教育促进法》颁布，我国民办教育又进入了一个快速发展期，风生水起的民办学校群雄并立，要在竞争中求得生存和发展壮大，就一定要有鲜明的特色，一流的管理和过硬的质量。但是一所学校的特色并不完全体现在学校建筑、学校环境、教学设施等物质形式上，它更多地表现在学校办学的理念和办学特色等精神文化层面。《中国教育改革发展纲要》明确指出：“中小学要从‘应试教育’转向全面提高民族素质的轨道，面向全体学生，全面提高学生的思想道德、文化科学、劳动技能和身心素质，促进学生生动活泼地发展，办出各自的特色。”学校创建特色学校就是创造满足学生个性和特长发展所需要的条件，培养学生的特长和爱好，促进学生成才。因此创建特色学校是实施素质教育的又一个有效途径。

而形成先进的办学理念是创建特色学校的行动指南，特色学校的本质是学校的个性化，这种个性化首先体现在办学理念的个性化。一所有特色的学校一定有自己鲜明的办学理念，它凝聚着这所学校的办学风格、文化品位和人才培养的特色。

2011 年 5 月份学校建立了《多元文化背景下学校人品教育课程的实践与研究》课题，人品教育课程建设的重要价值之一就是凸显学校“立人为本，成人于品“的办学理念，人品教育课程的建设过程就是践行学校办学理念的过程，即以学校办学理念为指导，通过发挥教师的主体性和创造性，促进学生全面地发展。

2012 年 9 月，学校申报了上海市民办特色创建学校，更是将学校人品教育课程建设作为创建特色校的一项主要举措，它承载着重要的任务：一、课程的内容凸显东展小学多元文化背景下独特的办学理念；二、课程的设置尊重和发展学生的个性特长；三、课程的执行发挥校长和教师的创造能力；四、课程的管理体现了学校人性化的管理策略；五、课程的实施将教育和教学工作组合运作。“教育是一个复杂的系统工程，只作个别的单项的实验，显然不足以揭示其全部的客观规律，一定要综合的整体的研究。”学校人品教育课程建设，将进一步提炼学校办学思想，提升学校的办学内涵，促进学生人品发展，提高教师的创新意识和创造能力，从而使东展小学成为一所社会、家长、学生认可和喜爱的特色学校。

3. 培育学生良好人品

学校课程建设的愿景目标之一，就是彰显“立人为本，成人于品”的办学理念。新课程标准的基本理念是：“以学生发展为本，坚持全体学生的全面发展，关注学生个性的健康发展和可持续发展。”

课程建设作为学校特色建设和系统变革的核心要素，具有牵一发而动全身的功能。学校课程建设的过程和结果是践行和彰显学校“立人为本，成人于品”办学理念的过程，我们围绕着“立人为本，成人于品”的办学理念和“让每个孩子都有一个快乐的童年”的办学宗旨，基于社会发展对人才素质的需求，培养学生爱笑、会玩——健康的心理特征，爱学、会说——积极的学习态度和良好的学习能力，爱生活、会做人——积极的生活态度和基本的生存能力。通过深化课程改革、夯实学生文化知识的基础上，以学校多元文化为背景，将"人品教育目标"融入到三类课程之中，不断开发校本课程。目前，学校已经在自主拓展型课程上开发了少儿高尔夫、街舞、机器人、足球、篆刻等30多门课程。每个学年，学校在探究型课程板块中根据教育主题开发《校园生活总动员》课程，2012年的《我健康，我快乐》、2013年的《亲亲东展一家人》、2014年的《快乐阅读，伴我成长》，各个年级又根据年级特点开发了相应的课程，家长也积极参与课程的开发，每年根据课程内容设计《九宫格》课程活动，使我们的《校园生活总动员》真正动员了全体的教师、学生、家长投入到课程的开发和实施过程中。在特色课程中发展学生能力、养成学生习惯，丰富学校的内涵，彰显学校魅力，探索出了一条深化素质教育的新途径。

课程使东展学子的身心健康得以提高。我们在限定拓展型课程中开发了《跆拳道》课程，通过跆拳道的礼仪、基本技术、品势的学习，提高学生身体素质，培养学生自信向上、克己礼让的集体主义精神；在自主拓展的《运动游戏系列》课程板块中，开发了《跳踢游戏》、《篮球》、《足球》、《少尔夫》等7门课程，不但激发学生的健身兴趣，使学生在小学阶段能够掌握1—2项健身技能，更重要的是，让学生从小培养健身习惯，感受到运动是生活的一部分，良好的身体是快乐生活的重要保障。在课程的推动下，东展小学学生喜爱运动、乐于运动，良好的体质保障了学生的身心健康得到充分发展。

课程使东展学子的个性品质得以完善。每一个来到东展的人，都会有同一种感觉，那就是东展孩子的笑容特别的灿烂，东展孩子神情特别大方，阳光、自信成了东展孩子特有的精神底色。我们的课程不但关心学生的知识、技能，更关注课程对于学生个性品质的锻炼。限定拓展《生活与做人》课程以学生社会生活为基础，培养学生乐观、自信、关爱、合作作为课程的目标。乐观：在校内外生活中都能保持积极开朗的心情，宽广豁达的胸怀；自信：使学生在课程活动中充分相信自己的能力，对周围的事物充满信心；关爱：能关心家庭、班级、学校，以及社会生活中的人和事物，对之有爱心；合作：乐于与人交往，学习与别人共同合作完成任务，在集体活动中学习合作，服从大局，互相帮助。课程倡导在活动中"自主实践、体验感悟"的学习方式，促进学生积极参与课程，激发学生对生活的热爱，培养他们积极向上的生活态度和健康的个性化人格。

课程使东展学子的才艺特长得以发挥。学校开设了三十多门不同种类的拓展课，《艺术博览系列》以提高学生参与艺术创作的兴趣、培养学生欣赏美的课程，《运动无极限》是培养学生健身兴趣和健身技能的课程；《科学探索系列》是激发学生探究兴趣，提高学生思维能力，使学生能养成用科学方法解决问题的习惯；《能说会讲系列》则是提高学生语言表达能力。每学期学生课程的参与率都是100%，这些课程的学习激发了学生的兴趣，挖掘了学生潜能，让学生在更大、更广的课堂中开发了自己的潜能，发挥了自己的特长，在不同的层面获得成功。东展的孩子是快乐的，他们的快乐来自于学有所获，他们的快乐来自内心的丰富与自由，他们的快乐来自身心的健康成长，他们的快乐来自被尊重、被欣赏的满足，这就是东展孩子的快乐童年！

因此，学校人品教育课程理念是：以德育为核心，以人品为抓手，培养学生健康人格；

课程为学生创设丰富学习经历，提高童年生活的快乐度；课程通过对评价方式的改善，提高学生的成就感，让每一个学生成为成功的学习者。具体表现在课程实施的各个要素和环节之中，从课程的设置、课程内容的开发、课程实施的开放性、教学的主体性、教师的教研合作等，都反映了学校："立人为本，成人于品”的办学理念和“提升每个孩子的生命质量”的价值追求。可以说，课程建设是学校办学理念的集中体现，践行和彰显学校办学理念是学校课程建设的愿景和目标之一。

（三）人品教育课程建设的探索历程

1. 研究的思路

运用马克思主义关于人的全面发展理论和《中共中央国务院关于深化教改推进素质教育的决定》中指出的“尊重学生身心发展特点和教育规律，使学生生动活泼、积极主动地得到发展。”在实践的基础上，以《多元文化背景下小学人品教育课堂文化建设的研究》、《多元文化背景下人品教育校本课程的开发与实施》两个子课题进行研究，同时开展校本教研的研究，这是实施人品教育的保障。两个子课题在总课题《多元文化背景下人品教育学校课程的实施与研究》为引领，整体推进学校各项工作，全面促进学生良好人品的形成，进而提升学生的生命质量。

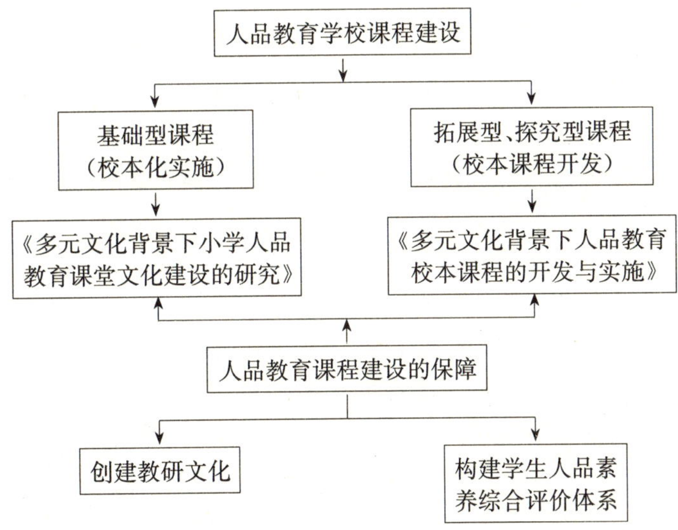

2. 研究的目标

通过多元文化背景下小学生人品教育的课程建设，尝试运用调查研究、行动研究、案例研究等方法，探索“人品教育”与三类课程相融的课程机构、课程内容及相应的实施策略；探索具有多元文化特点的人品教育课堂文化的特点、理念和方法；并通过构建有效的校本教研，保障人品教育课程与课堂的建设与推进，从而提高学校的课程领导力和教师的课程执行力，促进学校的办学特色的形成。

3. 课程建设的过程

《人品教育学校课程》（简称）从 2011 年初立项至 2016 年初结题，历时整整 5 年。这五年与第一轮研究的五年相比，我们研究的队伍成熟了，辐射的人员更多；研究的思路更聚焦了，目标明确；研究的过程更清晰，注重与日常的工作相结合；研究的成果更丰富，实效更明显。当然这过程中，我们也遇到困难和瓶颈，一路走来，累并幸福着。

第一阶段，2011.2—2011.8，研究启动阶段。

在这一阶段，我们进行课题设计、申报，课题组组建，形成了以《多元文化背景下学校人品教育校本课程建设和实践》、《多元文化背景下人品教育课堂文化建设》两个子课题，抓住“基础型课程的校本实施”和“校本课程方案的深化研究”两个方面进行研究，并对“拓展型学科的现状调查”和“课堂文化建设现状调查”调查研究，分析学校课程建设的现状和课堂文化建设的优势于不足，为研究提供实践依据。虽然只有半年的时间，但是形成《多元文化背景下小学生人品教育的实践与研究》的课题研究方案和两个子课题的研究方案，形成《拓展型课程现状调查报告》、《课堂文化建设现状调查报告》。这五份报告的形成，为课题的后续研究奠定了基础，明确了方向。

与第一轮研究相比，第二轮研究的起步要顺利和迅速多了，这不仅是因为葛校长在前期立项准备会上为大家梳理了思路，更重要的是有“不变”和“变了”的原因。“不变”是因为课题研究的核心人员没有变，有姜老师担任执行组长，楼老师担任副组长，钱老师和沈老师担任两个子课题的组长，这几乎就是第一轮的原班人马，他们了解学校的发展历史，理解学校的办学理念，更是第一轮研究的亲历者，对“人品教育”有着深厚的感情基础和研究基础。而“变了”却是，经过第一轮校长的手把手指导和历练下，他们成熟了很多，对教育科研如何开展有了自己的经验，初步了解了教育科研的基本规律，同时在大量的实践工作中，有了自己的思考，这与第一轮的懵懵懂懂相比，变了不少。6个月的时间，三份方案从统领到分内容，有分有合，虽说各有任务却是一起共同商讨完成；两份调查问卷，从内容的设计到组织调查，到调查报告的撰写，也是一气呵成。副组长楼老师作为学校教育科研的负责人，更是制定了每月一次课题组研讨活动的规定，这保证了课题在今后五年有充裕的时间开展研究。而子课题组的建立，也是通过教师自荐产生，研究人员已经从学校骨干教师延伸至了普通教师，总课题、子课题研究人员总共25名，占当时教师数的近40%。

第二阶段，2011.9—2015.1，研究实践阶段。

本阶段主要研究制定《学校人品教育课程规划》，在此基础上研究制定了《民办东展小学拓展型学科课程方案》、《民办东展小学探究型学科课程方案》以及拓展型学科下属四类课程的课程计划、探究型课程下属四个系列课程的课程计划，以及《生活与做人》课程的课程计划；开展“人品教育的课堂文化”的内涵及建设策略的研究；开展了课程的实践活动，并在实践的基础上，初步完成了《生活与做人》校本教材的编写，以及《童年成长探究系列》、《节日文化系列》、《社会生活探究系列》校本教材的编写；开展学生综合素养评价研究。

每年的寒暑假，学校总要组织课题组进行为期两天的封闭式研讨活动，这是东展课题研究的传统，从第一轮研究延续至今。而对于第二轮研究，具有里程碑意义的应该说是2014年寒假崇明的研讨活动，因为从这次研讨活动后，课题研究上了一个台阶——正式进入了校本教材的编写过程。

说起校本教材的编写，还要说到2013年年底，在葛校长的牵头下，课题组成员们来到蓬莱路二小参观了“蓬莱小镇”课程，课程给大家留下了深刻的印象，在座谈会上，余校长给大家介绍了小镇课程的自编教材，当大家看到这本充满童趣、印制精美、语言简洁的教材时，被蓬二小扎实的研究精神所感动。回校路上，课题组成员一致认为，我们的“人品教育课程”也应该有自己的教材，我们要向蓬二小学习，让东展的孩子也有东展自己的教材。

于是，经过讨论，将原来的《生活与做人》课程进行再定位与再设计，因为这门课程实施多年，它将部分培养目标中的二级指标作为课程内容，又融合了品社教材的拓展内容以及学校社会实践、主题教育等内容，有一定的再开发的基础和价值，它应该成为我们人品教育的核心课程。

崇明的研讨会在寒冬中却是热火朝天，课题组首先研讨决定了《生活与做人》教材将全面落实学校培养目标，并将16个二级指标作为课程目标；然后分组对每个目标进行讨论，制定了一到五年级的分年级目标；最后，对将要编写的教材结构进行了研讨，确定了每篇教材以明理——激情——导行这样的德育认知规律组织结构，以生动有趣的学生现实生活作为教材内容的主要来源，以游戏、竞赛、探究、交流等形式作为教材的上课形式。两天的研讨是高效的，在宾馆的会议室里，思维因为碰撞而火花灿烂，观点因为进行争论而更加清晰……研讨会后，课题组趁热打铁，利用寒假，就开始编写起教材。

后面的两个学期，课题组经历一段边试用教材，边修改教材的日子。如果说刚开始编写教材热情高于水平，那么后面的修改的这段日子，就是理性思考更多了，有些教材甚至被整篇推翻再重新编写的经过，没有一篇教材不经过三番两次的反复修改。

2015年9月，教材正式出版，在简单的新书发送仪式后书到了每个孩子的手里，孩子们是新奇和兴奋的，因为这是属于东展的第一本校本教材。后来，课题组又陆续编写了《童年成长探究》、《多元文化节日》、《社会大课堂》三本校本教材也陆续编成。

第三阶段，2015.2—2015.7，反思调整阶段。

在这个阶段，课题组进行课堂实践的反思与研究，包括教师案例、课例交流活动，组织观课、评课活动，同时继续做好探究型课程的开发，修改完善《民办东展小学人品综合素养评价手册》；初步形成子课题结题思路；梳理汇总课程建设与课堂文化建设案例，形成《成果集》框架。

第四阶段，2015.8—2016.6，总结提炼阶段。

在这阶段，课题组对以往研究进行总结与反思，组织专家进行诊断；同时进行文献学习，深化认识，提炼总结研究经验；对子课题的结题报告（初稿）及总课题及进行探讨与交流，收集案例，撰写《成果集》。

自从开展了《人品教育学校课程建设》的课题研究以来，我们东展的教师提升了对“课程”的认识，积极主动地参与学校课程的开发，为了落实人品教育的目标，特别是“主题式探究型”课程的开发，更是体现了教师的主体性。随着每个学年学校的教育主题，各年级在《校园生活探究系列》板块中开发的课程近二十多项，不但在对学生的教育中起到了积极的作用，在课程的开发过程中，教师对学校办学理念的理解，对新课程理念的贯彻都得到了提高。我们担任课题研究的是学校的一批骨干教师，在课题研究的过程中，也提升了他们对“课程”在促进学校发展中的重要作用的认识，能以大课程的观点来看学校课程的建设，对学校课程的整体设计能力也有了一定的提高。我们的任课教师，也在课程的开发中发挥了积极的作用，设计了相关的校本课程教案近百份。

东展在持续发展的这几年，紧紧抓住了课程建设这一要领，充分发挥课程在学校发展中的各个要素，提升了办学质量，我们可以自豪地说：“课程，行走在学校发展的前端。”

第三节　满足孩子发展需要，成就孩子快乐童年

——“人品教育课程”的结构与特点

一、人品教育课程的理性认识

（一）人品教育课程的理论依据

人品教育的学校课程建设依据马克思：“教育不仅是提高社会生产的一种方法，而且是造就全面发展的人的唯一方法”为指导思想，坚持人的全面发展应该是人的全面的生存方式的展开，要使这种全面生存方式从可能转化为现实，教育是关键。而现代教育就是以人的发展和解放为最高使命。而当我们将“以人为本”作为教育的价值选择时，教育便具有了创造人的价值的意义：它以充分开发个体潜能为己任，以丰富的知识、完整健全人格的培养为目的，强调“以人的发展特别是作为教育对象的具体的个人的和谐发展为根本”。

人品教育的学校课程建设遵循的是多元智能的理论。20世纪80年代哈佛大学认知心理学家加德纳所提出的多元智能理论，定义智能是人在特定情景中解决问题并有所创造的能力。他认为我们每个人都拥有八种主要智能：语言智能、逻辑—数理智能、空间智能、运动智能、音乐智能、人际交往智能、内省智能、自然观察智能。元智能理论有助老师从学生的智能分布去更了解学生，我们可以将理论用于两方面：一是可以利用多元智能理论来发掘资优学生，并进而为他们提供合适的发展机会，使他们茁壮成长；二是可以利用多元智能理论来扶助有问题的学生，并采取对他们更合适的方法去学习。因此，我们的拓展型课程的设置就是依据了多元智能理论，从不同角度设计课程内容。

人品教育的学校课程建设贯彻的是新课程的基本理念:“以学生发展为本,坚持全体学生的全面发展,关注学生的健康发展和可持续发展。它要求课程要为学生提供多种学习经历,丰富学生的学习经验;课程要以德育为核心,注重培养学生的创新精神、实践能力和积极的情感;拓展内涵,加强课程的整合;完善学习方式,拓展学习时空。”

(二) 人品教育课程的概念

以新课程标准的基本理念:“以学生发展为本,坚持全体学生的全面发展,关注学生个性的健康发展和可持续发展”为指导,以市教委颁布的《上海市中小学生课程方案》为依据,根据学校多元文化的特点构建的融合人品教育的基础型课程、拓展型课程和探究型课程的总和,它涵盖基础型课程的校本实施、人品教育校本课程的开发、人品课堂的建设等元素。

(三) 人品教育课程的理念

人品课程基于新课程标准的基本理念:“以学生发展为本,坚持全体学生的全面发展,关注学生个性的健康发展和可持续发展。”结合学校多元文化的特点,聚焦人品教育目标:“爱笑、会玩;爱学、会说;爱生活、会做人”,丰富学生的童年生活,发展学生的综合素质,从而提高学生的人品素养。

1. 课程以德育为核心,以人品为抓手,培养学生健康人格

在重视品德和行为规范教育的基础上,以人品教育为抓手,通过各种途径,包括学科教学、社会实践、团队活动、主题教育等有重点地落实人品教育的培养目标,培养学生良好品格、引导学生正确品行,提升学生审美品位,在提升学生健康的心理品质和身体素质的基础上培养学生健康的人格。

2. 课程为学生创设丰富学习经历,提高童年生活的快乐度

通过课程体系的构建,不但使学生掌握小学阶段必要的基础知识,更应该让他们通过课程的学习,打开了解世界的大门,体验生命成长的快乐,感受到童年生活的快乐。课程关注学习过程中学生知识与情感的统一,通过合作、探究、创设情景、社会实践等渠道,不但使学生体验、感悟、构建并丰富学习经验,更在这一过程中培养学生的学习兴趣,养成良好的学习习惯,形成良好的人格素养。

3. 课程通过对评价方式的改善,提高学生的成就感

激发学生的学习兴趣,从学生的学情出发,倡导“以学定教”,通过学生自己发现问题、自己解决问题、自己总结规律的教学过程,通过多途径满足不同差异学生多样化和个性化发展的需要,并创设符合学生个体发展的评价方式,帮助他们认识自我的价值,让每一个学生成为成功的学习者。

二、全面育人的课程目标

(一) 关注核心素养

这几年来,学校、课程的意义已经发生了重要的转向。在《国家中长期教育改革和发展规划纲要(2010—2020 年)》、《上海市中长期教育改革和发展规划纲要(2010—2020 年)》、《基础教育课程改革纲要(试行)》等中,一个明晰的政策标杆是学校教育包括课程应该"以学生为本位","为了每一个孩子的终身发展"。这就提醒我们,在当下的时代背景中,评判课程的品质应该首先看课程是否关注学生,是否为学生提供必需的素养,课程的最终目的在于让学生拥有特定的素养。可以说,"核心素养"是当前教育领域最受关注的热词之一。近日在第二届"北京教育论坛"上,专家表示,时代变化了,要求变了,呼唤核心素养的出现。

学生发展核心素养,是指学生应具备的、能够适应终身发展和社会发展需要的必备品格和关键能力,综合表现为 9 大素养(征求意见稿),具体为社会责任、国家认同、国际理解;人文底蕴、科学精神、审美情趣;身心健康、学会学习、实践创新。而每项素养中又有具体的指标,如:"社会责任"主要是个体处理与他人(家庭)、集体、社会、自然关系等方面的情感态度和行为表现。它包括:

• 诚信友善。重点是自尊自律,诚实守信;文明礼貌,宽和待人;孝亲敬长,有感恩之心;热心公益和志愿服务等。

• 合作担当。重点是积极参与社会活动,具有团队合作精神;对自我和他人负责;履行公民义务,行使公民权利,维护社会公正等。

• 法治信仰。重点是尊崇法治,敬畏法律;明辨是非,具有规则与法治意识;依法律己、依法行事、依法维权;崇尚自由平等,坚持公平正义等。

• 生态意识。重点是热爱并尊重自然,与自然和谐相处;保护环境,节约资源,具有绿色生活方式;具有可持续发展理念和行动等。

学生的核心素养是整个学校课程的灵魂,统整学校课程规划和建设的各个要素。当然核心素养要结合校情、学情,哪些素养是需要学校特别关注、我们的学生所需要的,还需要一定的校本化。

东展小学的培养目标:"爱笑、会玩;爱学、会说;爱生活、会做人"6 个一级指标,在多年的实践与研究中,我们又形成了相应的 16 个二级指标及行为要求,分别涉及健康的身心特征、积极的学习态度和生活能力这三个领域，而我们的学校课程，正式将课程“三爱三会”渗透到三个领域中：健康的身心特征、良好的学习态度、积极的生活能力。学校课程中的“三爱三会”能力和领域的具体结合，这其实就是东展小学学生的核心素养培养目标。

例如，在“爱生活”这一指标中，包括：“关爱”、“耐挫”、“理财”、“环保”四个二级指标。而其中“环保”指标的具体要求是这样的：

• 环保：热爱大自然，具有环境保护意识，保护自然资源。

又如，在我们“会做人”这一指标中，它包括：

• 礼仪：仪表整洁，待人处事有礼貌，讲文明。

• 诚信：与人交往真心诚意，诚实守信，答应别人的事情尽力按时做到，讲求信誉。

• 合作：乐于与人交往，学习与别人共同合作完成任务，在集体活动中学习合作，服从大局，互相帮助，共同成功。

• 自主：具有一定的自理能力，能完成自己的劳动岗位，能胜任岗位工作；会安排自己的作息时间，珍惜时间，按时完成作业和各项工作、任务，成为时间的主人。

从以上内容我们看出，一些关于中国学生核心素养的关键词在《中国学生发展核心素养》(征求意见稿)中有表述，而在《民办东展小学学生培养目标》也有明确的指标要求，如“合作”、“诚信”、“环保”等。这就说明，东展小学的培养目标聚焦了当代社会学生普遍应该具有的核心素养。而这些指标也一一落实在课程目标之中，成为我们课程所要引导、培育孩子核心素养的目标。例如：《社会大课堂》课程的总体目标就是培养学生“爱学”这一指标：

• 培养学生对周围事物的好奇心，乐于亲近并探究自然，增进对自然的认识，逐步形成关爱自然、保护环境的意识和能力。

• 培养探究意识，积极参与校园、社区和社会服务，增进对社会的认识与体验，发展社会适应能力和社会责任感掌握相应的生活技能，提高学生独立生活的能力，培养学生实践体验能力和团队协作精神。

《社会大课堂》课程总目标中所提及到了“对周围事物的好奇心”、“亲近自然、关爱自然、保护环境”、“积极参与校园、社区和社会服务”、“培养探究意识”等等，都关注到了学生发展的核心素养中的“社会责任”、“科学精神”、“实践创新”等这些核心素养。因此我们努力将学校的课程目标和课程元素间保持清晰的一致性，各课程的目标是建立在清晰的育人目标上，而育人的目标则具体关注学生发展的核心素养。

(二) 构建课程目标

课程目标是某一课程门类或科目学习完以后所要达到的学生发展状态和水平的描述

性指标，是课程设计的基础环节和重要因素，直接影响和制约着课程内容。课程组织、教学实施等后继课程因素的设计和操作，直接影响和制约着日常的教育教学行为。课程目标是教育理想、教育目的的体现，是培养目标在特定课程门类或科目中的具体化、操作化表述，是期望一定教育阶段的学生在发展品德、智力、体质等方面达到的程度。

东展小学的"人品教育学校课程"在《上海市中小学义务教育课程设置方案》(2009)、《上海市义务教育新课程标准》的统领下，依据学校办学理念、办学宗旨和培养目标，构建了三类课程的总目标，同时根据学生年龄特点构建了分年段目标。

1. 人品教育学校课程总目标

• 初步形成正确的人生观、价值观和世界观，具有多元、包容的胸怀和良好的道德品行。

• 具有适应终身学习的基础知识、基本技能和学习方法。

• 具有健康的个性和良好的身心素质，养成优雅的审美品位和适应不同文化的积极的生活方式，成为"爱笑、会玩；爱学、会说；爱生活、会做人"的世界公民。

2. 一、二年级阶段目标

• 对学校生活有着较为浓厚的兴趣，初步了解身边伙伴、班级的基本情况，具有爱自己伙伴、爱班级的情感。

• 养成各学科基本具备的学科习惯，初步掌握所学学科的基本知识。

• 能基本达到人品教育培养目标所规定的一、二年级段目标要求；参与学校各项体育、艺术等活动；能积极参加班级、校园、社会实践活动，初步形成乐观、自信的个性品质。

3. 三、四、五年级阶段目标

• 知道东展小学多元文化的特点，了解学校中一些不同国家、民族的基本知识，具有热爱学校、热爱不同民族文化的情感。

• 具有各学科良好的学习习惯，能够掌握小学阶段各学科应该掌握的基本知识。

• 初步掌握自己喜欢的健体、艺术等项目的基本技能，并能丰富自己的课余生活；能积极参与各项实践活动，在活动中能与伙伴合作完成相关项目。

• 能基本达到人品教育培养目标所规定的三、四、五年级段目标要求，在学校生活中具有主人翁精神，敢于表达自己的观点。

我们的课程目标，关注了知识与技能、过程与方法、情感态度与价值观的三维统一。

知识与技能(一维)。所谓知识目标，这里主要指学生要学习的学科知识(教材中的间接知识)、意会知识(生活经验和社会经验等)、信息知识(通过多种信息渠道而获得的知识)。例如在高年级目标中的"初步掌握自己喜欢的健体、艺术等项目的基本技能，并能丰富自己的课余生活"。

过程与方法(二维)。所谓过程，其本质是以学生认知为基础的知、情、意、行的培养和发展过程，是以智育为基础的德、智、体全面培养和发展的过程，是学生的兴趣、能力、性格、气质等个性品质全面培养和发展的过程。例如：能积极参与各项实践活动，在活动中能与伙伴合作完成相关项目。

情感、态度、价值观(三维)。所谓情感，是指人的社会性需要是否得到满足时所产生的态度体验。所谓态度，这里不仅指学习态度和对学习的责任，它还包括乐观的生活态度，求实的科学态度，宽容的人生态度等。例如低年级目标中的对学校生活有着较为浓厚的兴趣，初步了解身边伙伴、班级的基本情况，具有爱自己伙伴、爱班级的情感。

没有低年级目标的积累，就难以到达高年级的目标。也就是说，课程目标受教育目的以及培养目标的制约和影响，是对于某一阶段课程与教学预期的结果。因此我们在制定目标的过程中也注重由低年段向高年段循序渐进的过渡。

三、立体型的课程结构

（一）“一体两翼”的课程结构

学校人品课程体系依据教育部颁发的《上海市中小学义务教育课程设置方案》(2009)、《上海市义务教育新课程标准》，构建了包括：基础型课程、拓展型课程、探究型课程的“一体两翼”的课程结构。市教委提出的“一切为了学生发展”的课程理念和“立人为本，成人于品”办学理念既是学校所有课程的引领和导向，同时学校的三类课程也是落实市教委课程理念和学校办学理念的渠道。

“一体”是指基础型课程，它着眼于让每一个孩子公平地获得优质教育资源，是全体学生必修的课程。课程根据学生的身心发展规律，在“全面育人，和谐发展”教学价值观的引领下，转变学习方式促进学生人品素养的提升；在学习中注重学生的学习兴趣、学习习惯和行为的养成。按市教委规定，主要包括语文、数学、英语、体育、美术、自然、音乐、信息技术（三年级）、劳技九门学科。在学校的人品教育的课程结构中是主体，拓展型课程和探究型课程既是对基础型课程的拓展和延伸，也是对基础型课程补充，而这三者之间，基础型课程的课程定位、课程设置、课程内容、课程实施依然是学校课程的重心和关键，也是其他两类课程建设的依据。

“两翼”是由拓展型课程和探究型课程组成。拓展型课程总目标聚焦在“会玩、爱学、会说”这三项人品教育目标，为学生积累更宽泛的知识与经验、能力与方法，养成健康的个性和良好的心理品质，使学生掌握各自兴趣的学习领域的基础知识与基本技能，形成自我规划和自主学习的能力，形成广泛的兴趣和积极健康的生活态度。拓展型课程以满足学生兴趣为出发点，在课程设置上能够为每个学生提供丰富的选择项目。

学校拓展型课程下属的四个板块的课程，包括“运动游戏类”、“艺术博览类”、“能说会讲类”、“科学探索类”四个领域的 37 门相关课程，努力为学生提供丰富多彩的、有利于学生个性发展的、具有学校特色的课程内容，使课程更具选择性、开放性、实践性。课程的开发充实了人品教育的课程资源，挖掘了学生的潜能。

三年来，我们完善了《民办东展小学拓展型课程方案》，制定了《运动游戏类课程计划》、《艺术博览类课程计划》、《能说会讲类课程计划》、《科学探索类课程计划》。目前学校开设的课程，涵盖全校 1—5 年级的所有学生，每学期总课时量是 96 课时，每周一、二、四下午 3:05 分—4:05 分，每周活动总量共计 6 课时。它以亲和儿童生活，尊重学生生活的已有经验，注重培育学生的人文情感，迁移和发展学生各项能力为目标，促进学生全面和谐发展为根本。

其中限定拓展《生活与做人》课程以培养目标位课程的基本目标，培养学生学会做人；自主拓展型课程以激发学生的兴趣、挖掘学生潜能为主要目标，培养学生丰富的兴趣爱好与特长；探究型课程以生活实践为主要手段，丰富学生多元文化素养和多种学习经历，让学生在校园、社会生活的探索、实践和感悟中学到做人的道理。

我们的探究型课程立足于对人品教育实施渠道拓展，将学校的主题活动、学科探究活动、社会实践活动、班队会等各项活动进行整合，以课程的形态实施，全面生动地落实人品教育目标。

课程总目标：强调以学生兴趣为起点，激发、培养学生的探究兴趣；强调学生以探究方式学习，走进自然、走进社会；提高发现问题与解决问题的能力，学会学习；在活动中建立学生的实践体验体系，促进学生身心全面、和谐、富有个性地发展。

课程内容：以《校园生活探究系列》、《童年成长探究系列》、《节日文化探究系列》、《社会生活探究系列》四个板块的课程形态全面生动地落实人品教育目标。

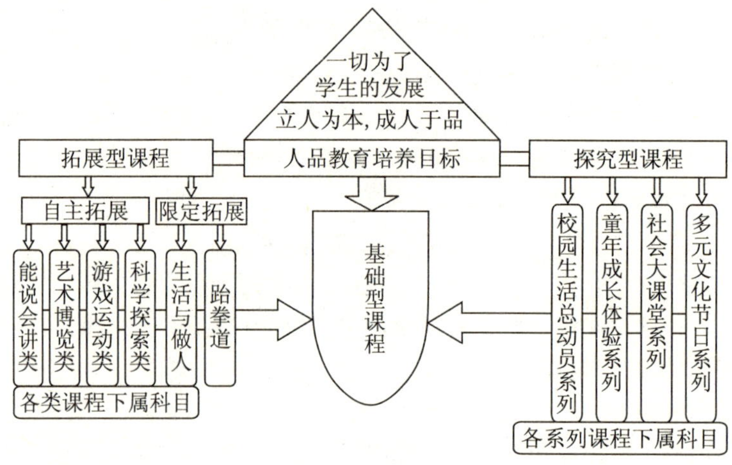

（二）课程结构的特点

人品教育学校课程根据多元智能理论以及二期课改的精神，构建了立体型的学校课程结构。

首先从课程框架的纵向看，课程在“立人为本，成人以品”的办学理念的统领下，以学校培养目标：“爱笑，会玩；爱学，会说；爱生活，会做人”为总目标，引领三类课程的建设。而基础型课程、拓展型课程、探究型课程，根据课程本身的特点，下设各类学科。如，基础性课程根据市教委课程计划下设包括语文、数学、英语、音乐、美术等9门学科；拓展型课程下设四个板块针对学生不同智能开发的课程：《能说会道》(语言类)、《运动无极限》(运动类)、《艺术博览》(艺术类)、《科学探索》(动手类)，而这些课程分别又根据学生的兴趣等特点，分年级形成不同的科目，如：《艺术博览》开设了舞蹈、书法、戏剧等课程；探究型课程下设四个板块课程：《校园生活总动员》、《童年生活体验》、《多元文化节日》、《社会大课堂》，同样每个板块下面又都根据学生年龄等特点，开设了不同的课程。这些课程的目标的终极指向，其实都回归于我们的培养目标，都为实现办学理念而服务。

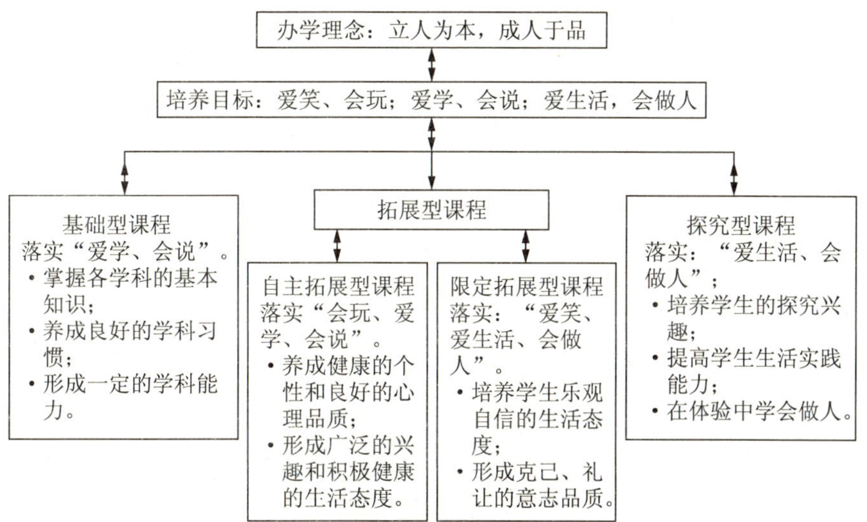

其次从课程框架横向看，我们的课程在办学理念的引领下，努力尝试三类课程的整合，无论是基础型课程还是拓展型、探究型课程，都是以学校的培养目标作为课程目标的导向，在培养学生人品的提升上形成合力。同时，在三类课程下设的具体课程，又是互为作用，彼此间既有拓展，又有补充。例如，拓展型课程是对基础型课程的拓展，《科学探索》是对小学自然学科各个年段内容的拓展，运动无极限是对体育课的内容的拓展，《艺术博览》是对音乐、美术课程的拓展和补充。而《生活与做人》课程，又对基础型课程中《品社》学科、探究型课程中的《校园生活总动员》等课程的补充与完善。因此，各类课程横向间的作用，更使我们的人品教育课程体系更加紧密。

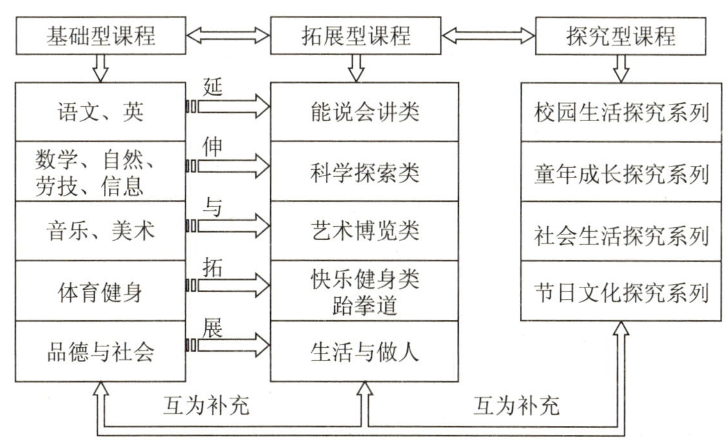

另外，我们的人品教育学校课程，不但在横向与纵向间构成了课程的网络，更是根据学生不同学段的特点，确定不同的阶梯形的目标，有着层次性的内容上的递进。例如，《童年生活体验》五个年级的目标分别从培养学生作为小学生的自豪感到培养集体主义精神到培养自主自理能力到培养感恩情怀，依次递进，而每个年级根据不同目标，设置了不同的课程。

因此，我们人品教育学校课程形成了纵向落实办学理念于培养目标，横向三类课程整合、不同板块互补，纵深又有不同年级的目标和具体的课程内容，形成了立体型的课程结构，全面落实学校的人品教育。

四、多元化的课程内容

(一) 涵盖多元文化的价值追求

在我们东展小学，每个班级都有来自不同国家和地区、有着不同文化背景的孩子和家长。不同的国家有不同的文化，不同的文化必然会有自己的价值追求。而我们的教育就是要在坚持我们社会主义核心价值观的前提下，体现的是：

• 理解与欣赏：尊重并学习不同种族的文化，理解与欣赏本国及世界各地历史文化，并深切体味“地球村”的概念，培养互相依赖、互信互助的世界观。

• 包容与接纳：文化差异产生的正面效果是学习和欣赏，而负面效果则是不了解、不理解、不接受，当然更不会操作，因此很可能导致尴尬和出丑，及沟通障碍和误解，所以应当特别注意。

• 引导与积累：文化本身不仅要经过长时间的培训引导和积累，由于它具有浓重的感情色彩，所以还需要通过众多已经形成相对固定模式的丰富多彩的活动和仪式，进行强化和氛围的熏陶，才能收到效果。

例如，学校从2003年起开始开设跆拳道课程。跆拳道作为一样刚兴起的运动，深受来自韩国、日本和东南亚的学生的欢迎的，开始我们怀着尝试的心情先在全校的男生中试行。没想到通过一个学期的试行，跆拳道课程得到了学生，家长的认可与支持，并有许多女生的家长建议女生也要参加学习。2004年我们在全校1—5年级全面开设跆拳道课程，每班每周利用一节体育活动课，开展《跆拳道》课程。

但是，课程全面推开之初，也受到了一部分国内家长的质疑：“让孩子在学校学习跆拳道，拳打脚踢，孩子会不会受伤?”“学了跆拳道，平时孩子会不会经常打架?”“我们干嘛不开设中国的武术，要开设韩国人的跆拳道呢?”

经过综合考虑，我们将跆拳道精神中的精髓部分和我们《新课程标准》倡导的以学生发展为本，坚持全体学生的全面发展，关注学生个性的发展和可持续发展的课程理念的指导下相融合，在坚持“健康第一”的指导思想，提出了跆拳道课程的定位：贯彻“以道育人”，重视对学生在跆拳道技术的训练中的进行礼仪和意志的培养，为学生强身健体、提升人品奠定良好的基础。同时课程也在落实人品教育培养目标：“活力、爱好”上进行了拓展，使每一个东展的学生初步能掌握跆拳道的基本技能，培养学生“耐挫能力”和“克己礼让”的品质。

这样的课程定位，既传承了跆拳道中“道”的精神，又符合国情校情，使来自各个国家和地区的家长都能接受。在东展小学，多元文化的生源背景是客观存在的，我们既注重融合，又尊重差异；既欣赏优势，又坚守中华传统，只有这样才能使我们社会主义核心价值观得以落实和体现。

（二）整合多元资源的课程内容

我们的课程以宽广的视野关注不同国家、民族的文化精华，整合教材、校内外及家长等多种资源，开启了学生更宽广的视野，在培养学生民族自尊心和自豪感的同时，也促使学生实现着对不同国家、民族文化的认同和接纳。

1. 基础型课程校本化实施

基础型课程是实施人品教育的主渠道，以人品教育培养目标为导向，通过课堂教学中师生人际关系、教师的“教”为学生的“学”服务的教与学的行为以及师生与文本的对话等多种因素综合作用，形成的课堂中教师和学生所共享的价值观、思维方式、信念以及行为所呈现出来的精神面貌。

我们不仅要充分挖掘教材中人品教育因素，通过对教材的深入解读和研究，使其与人品教育培养目标相匹配。同时营造人品教育课堂文化，通过对师生关系、学习方式的研究，构建“以学为主”的教学策略，促进学生“爱学、会学”，在传授知识中培养学生做人。

例如：我们通过建立灵动的课堂人际关系，促进师生情感交流。在教学过程中，教师和学生都是作为有丰富情感生活的个体而存在的，在展开教学活动的基础上，也进行着特殊的人际交往活动，它不但是信息交流的过程，同时也是情感交流的过程。我们的人品课堂建立在灵动的师生关系基础上的，尊重孩子的生命和需要，还原了孩子本真的天性，涌动着生命的灵性的课堂，它是师生间真情交融、平等尊重、协作分享的互动的课堂。

平等尊重——用真情感动学生。苏霍姆林斯基指出：“情感如同肥沃的土壤，知识的种子就播种在这个土壤上。”在教学过程中，教师和学生都是作为有丰富情感生活的个体而存在的，在展开教学活动的基础上，它不但是信息交流的过程，同时也是情感交流的过程。这个过程，始终以情感为动力，与学生形成平等与尊重的特殊的人际交往活动。

同心共情——用热情感染学生。共情，是站在对方立场设身处地思考的一种方式，在人际交往过程中，能够体会他人的情绪和想法、理解他人的立场和感受，并站在他人的角度思考和处理问题。主要体现在情绪自控、换位思考、倾听能力以及表达尊重等与情商相关的方面。叶澜教授说过：“站在孩子的立场上想问题，再帮助他们在学习中提高。”确实，只有设身处地地站在孩子的立场上思考问题、分析问题，只有真正理解孩子的困难与要求，我们的教育才能做得更好。

思维碰撞——用激情点化学生。师生的情感关系对教学活动具有重要的影响，是教学活动得以展开的心理背景，制约着教学的最终结果。因此当教师进入课堂后，必须要有饱满的热情、最佳的心境和高昂的教学激情，以此感染学生。学生自然也会以良好的精神状态进入学习过程，学生的思维大门就开放，反应敏捷、活跃，从而主动接受教师方面输出的信息。形成师生间、生生间的思维的碰撞。

2. 制订拓展型课程方案

自主拓展型课程的建设旨在开发学生潜能，促进学生个性发展。学校根据人品教育培养目标及家长资源、学校条件、学生需求等要素，制定学校人品教育拓展型课程实施方案，并在此方案的指导下，设置包括：《游戏运动类》、《艺术博览类》、《科学探索类》、《能说会讲类》四个板块的自主拓展型课程和生活与做人、跆拳道限定拓展型课程，通过灵活多样的课程活动，发展学生个性，培养学生综合能力。

我们的研究着重完善《东展小学人品教育拓展型课程方案》以及下属四类课程《课程纲要》的构建。限定拓展以《生活与做人》课程为重点，构建课程方案，开发校本教材，开展课堂教学，落实学校培养目标。

3. 开发探究型课程

整合学校各项活动及校内外资源，形成"主题式"的探究型课程方案，进行探究式的课程学习方式的研究。学校探究型课程是将学生一日在校的所有活动纳入了课程的范畴，以《校园生活总动员系列》、《童年成长体验系列》、《多元文化节日系列》、《社会大课堂系列》四大系列课程的开发和实施。

探究型课程的实施如何更进一步体现系统性、层次性，更好地达成学校培养目标，在此，以《社会大课堂》课程为例首先确定了课程的内容和要求，如下：

《社会生活探究系列》课程内容与要求

<table>
<tr><th>年级</th><th>学期</th><th>课程内容</th><th>课　程　要　求</th><th>活动基地</th></tr>
<tr><td rowspan="4">一年级</td><td rowspan="2">第一学期</td><td>参观体验：
《我是绿色小苗苗》</td><td>1. 通过团课教育懂得"五爱"意义，激发入团意愿。
2. 培养学生初步的爱学校、爱班级的情感。</td><td>中山公园</td></tr>
<tr><td>校园服务：
《小桌子擦干净》</td><td>1. 学会简单的自我劳动的本领。
2. 培养学生初步的自己的事情自己做的意识。</td><td>自己教室</td></tr>
<tr><td rowspan="2">第二学期</td><td>参观体验：《玩转想象》
参观儿童博物</td><td>1. 通过参观儿童博物馆感受奇妙想象创造的玩具世间给我们带来的乐趣。
2. 培养学生的好奇心，鼓励学生的创造力。</td><td>儿童博物馆</td></tr>
<tr><td>校园服务：
《儿童乐园擦擦乐》</td><td>1. 学会简单的公益劳动本领。
2. 初步感受到为大家做好事能给自己带来快乐。</td><td>儿童乐园</td></tr>
<tr><td rowspan="4">二年级</td><td rowspan="2">第一学期</td><td>探究考察：
《小鬼当家》菜场买菜</td><td>1. 能够认识一些蔬菜，认识简单的货币。
2. 初步学习买菜的简单方法，能用礼貌的方式与营业员进行沟通。</td><td>附近菜场</td></tr>
<tr><td>校园服务：
《校园捡落叶》</td><td>1. 学会简单的公益劳动本领。
2. 初步感受到校园服务能给自己带来快乐。</td><td>校　园</td></tr>
<tr><td rowspan="2">第二学期</td><td rowspan="2">参观体验：
《缅怀先烈》宋庆龄陵园
社会考察：
《超市购物学理财》</td><td>1. 通过参观宋庆龄陵园感受我们的幸福生活有着先辈们的付出。
2. 更珍惜今天的幸福生活。</td><td>宋庆龄陵园</td></tr>
<tr><td>1. 通过制定购物单，学习简单的理财购物方法。
2. 初步尝试通过小组合作完成任务。</td><td>联华超市</td></tr>
</table>

续表

年级	学期	课程内容	课　程　要　求	活动基地
三年级	第一学期	探究考察： 《上海风采》城市规划馆 《民间文化看一看》新泾镇民间文化展示馆	1. 了解上海城市的规划和发展，培养关心、爱护自己的家园的情感。 2. 了解上海传统的民风、民俗。 3. 学会根据问题、兴趣点，小组合作进行探究、分享。（此两项根据实际情况可选择一项进行）	上海城市规划馆
		校园服务： 《我是护绿小卫兵》	班级认领校园内的绿化区域，由学生组成护绿小队，进行护绿活动。 培养学生爱护绿化、爱护环境的意识。	校　园
	第二学期	探究考察： 《探寻人类进化的脚步》 参观体验： 《我是小军人》	1. 初步了解人类的发展进程，培养学生热爱大自然，具有环境保护意识，保护自然资源。 2. 学会根据问题、兴趣点，小组合作进行探究、分享。	上海自然博物馆
			1. 了解消防知识，掌握简单的火灾逃生技能。 2. 学会简单的内务整理。	消防中队
		校园服务： 《护厕小卫士》	学会文明如厕的礼仪。 养成文明如厕的好习惯，同时培养爱劳动的习惯。	校　园
四年级	第一学期	参观体验： 《读书乐》长宁图书馆 《畅游艺海》美术馆	1. 培养阅读兴趣，初步学习在图书馆这样的公共场所基本的借阅礼仪。	长宁图书馆
			2. 培养在艺术方面的学习兴趣，有热情，善于观察，有一定的审美欣赏能力。	刘海粟美术馆
		劳动服务： 《百善孝为先》敬老院	1. 知道老人为社会和小辈作出的贡献和付出的辛劳。 2. 通过去敬老院表演、服务，学会关心、关爱老人。	敬老院
	第二学期	探究考察： 《百善孝为先》敬老院 参观体验： 《读书乐》长宁图书馆 探究考察： 《天圆地方》上海博物馆	1. 知道老人为社会和小辈作出的贡献和付出的辛劳。 2. 通过去敬老院表演、服务，学会关心、关爱老人。	敬老院
			1. 培养阅读兴趣，初步学习在图书馆这样的公共场所基本的借阅礼仪。	长宁图书馆
			1. 初步了解人类文化发展进程，培养对人类文化兴趣。 2. 学会根据问题、兴趣点，小组合作进行探究、分享。	上海博物馆
		劳动服务： 《百善孝为先》敬老院	1. 知道老人为社会和小辈作出的贡献和付出的辛劳。 2. 通过去敬老院表演、服务，学会关心、关爱老人。	敬老院
五年级	第一学期	探究考察： 《探索地铁发展史》地铁博物馆 参观体验：《健康美味DIY》曼可顿面包制作	1. 初步了解世界上各种地铁发展进程，培养对社会生活的兴趣。 2. 学会根据问题、兴趣点，小组合作进行探究、分享。	地铁博物馆
			了解营养早餐的组成，探究健康的饮食；提高自主动手的能力，珍惜劳动成果。	曼可顿面包房
		校园服务： 《我们都有名字噢》	主动帮助一年级的弟弟妹妹在校服上写上名字，以防丢失。	一年级教室

续表

年级	学期	课程内容	课　程　要　求	活动基地
五年级	第二学期	探究考察： 《天更蓝，水更绿》天山污水处理厂 参观体验： 《放飞梦想》毕业夏令营	1. 了解污水是怎么变清的科学处理过程。 2. 培养保护意识，敢于提出质疑，能寻找生活中的问题进行思考和研究。	天山污水处理厂
			1. 通过实践活动进一步培养学生集体生活中的合作意识、自理能力、交往能力。 2. 激发学生对小学生活的热爱和留恋。	金山廊下
		校园服务： 《我是小小修补匠》	会使用简单工具绿化、美化班级、学校环境，学会寻找身边的“漏洞”进行修补。	校　园

在确定课程内容和要求的基础上，进行了教材的编写。在实施过程中，遵循了从实践体验到感悟明理到主动发展的孩子的成长轨迹，既凸显了课程的社会性、生活性和实践性，又将探究型课程的特点融入其中。二年级的《小鬼当家》一课，深受孩子们和家长的喜爱。

周三下午，新泾菜场热闹非凡，只见许多小学生在各个摊位前流连驻足。他们时而认真地挑选着菜，时而拿出小钱包仔细地付钱数钱，时而又拿出小本子写写算算……菜场里怎么来了一群小学生呢？原来，这是东展小学二年级开展的社会实践课程——“小鬼当家，菜场买菜”。

活动前准备课上，老师说要用 30 元钱给家人安排一顿爱心晚餐，这对二年级小朋友来说可是一道难题。30 元钱要买全家人都够吃的菜，而且还得考虑到每位家人的喜好，还要讲究健康，最关键的是自己还要能做出这些菜，还真不容易。课堂上老师进行了指导，先让每个小朋友想想家人爱吃哪些菜，再列出菜单，然后对菜的总价进行了计算，小朋友们这才心里有了底。准备课后，小迪回家又向奶奶询问了几样菜的价钱，精打细算后，他列了一份详细的菜单，这才有了今天在菜场里的胸有成竹。

卖鱼的摊位前，小萱在踱步，她今天打算做的菜里有一道昂刺鱼汤，这道菜是她特地为自己 10 个月大的妹妹准备的。原来，在上活动准备课时，小萱已经有了自己的打算。妹妹是全家最小的家庭成员，不能吃其他的菜，所以她打算像妈妈一样做鱼汤给妹妹喝。多么纯真可爱的孩子啊！

在菜场的另一端，小宇正用小本子飞快地记录着买的菜，并迅速做着加减法，他时刻在计算着自己花了多少钱，还剩多少钱。放眼望去，菜场里像小宇这样的小朋友还真是不少，看着孩子们认真计算的模样，真让人感到忍俊不禁。就这样，二年级小朋友在菜场里尽情演绎着“小鬼当家”！

晚上，各班级的微信群沸腾了！家长们纷纷秀出了自己孩子做的菜，交流着对这次活动的看法。一张张图片，一句句激动的话语无不记录着家长们的感动。

这次买菜活动让孩子从课内走向课外，来到了菜场这个社会大课堂中，学习了生活的技能，提高了孩子自主理财的能力，更重要的是孩子们体验了父母平时的辛苦，懂得了要关心家人，并能用实际行动为家人送去关爱。作为一名即将加入少先队的队员，这次的活动为他们成长注入了动力。

看到买菜活动取得这么好的效果，我们感到非常欣慰。不过这都要归功于活动前的准备课。活动前，老师都拿到“小鬼当家，菜场买菜”的教材，活动课还有教材，我们还是第一次碰到。拿到教材后，老师们不禁被编写教材老师的认真细致而感动，教材对活动的开展做了系统性的思考，如“认识菜场”版块让孩子们事先对菜场的布局有了了解，买菜时孩子一点也不慌乱。再如“小调查”让孩子们悄悄了解家人最爱吃的菜，“试一试”让学生尝试自己设计一份菜单，“算一算”让孩子们提前规划 30 元钱怎样用，这些都为活动取得较好效果提供了保障。而拿到教材后，怎样利用好教材，二年级老师也进行了深入讨论，我们创造性地将买菜活动和入队活动进行整合，把教学生懂得关爱家人作为活动的重点，所以孩子们不论是买菜前的思考，还是买菜时的表现，或是做菜时满满的爱心给了家人很多感动，孩子们可贵的童心在闪耀！

以课程的形式开展活动，对提升活动的有效性，提高活动的价值起到了至关重要的作用。

五、开放型的课程实施形态

（一）开放办学的理念

东展小学地处虹桥开发区，学校附近中高档住宅区林立，区域内外籍人士居住数量是上海之最。因此学校接纳了来自世界各地特别是港澳及海归人士的子女就读。他们接受过西方文化的熏陶，有着开放的心态和先进的教育观念，他们对子女就学的期望就是在童年阶段能拥有快乐的校园生活，能学到具有现实意义的科学文化知识，但是更能在成长的经历中获得的丰富生命体验。这就要求学校办学必须与社会发展保持一致、必须遵循学生发展的客观规律、必须紧密联系家长对教育的各种需求。陶行知先生在《教育的新生》一文里说：“不运用社会的力量，便是无能的教育；不了解社会的需求，便是盲目的教育。”倘使我们认定社会就是一个伟大无比的学校，就会自然而然地去运用社会力量，以适应社会的需求。因此，我们的学校课程必须是建立“打开校门”办学的基础上，以开放的形态来实施。

（二）让课程跨越校园

1. 开放的课程内容

课程内容的开放包括功能的开放和结构的开放。功能的开放主要体现在让学生走出过去的封闭式的课堂文化，在生活中建构课程，即在活动、探究、体验中学习，形成一种开放的文化。课程结构的开放性主要是打破过去“学科课程”为主体的课程组织结构，构建适应时代发展的体验课程形态，将知识逻辑、学生兴趣和社会(问题)三者予以整合，既提供满足学生的兴趣和需要的课程素材，也包括各门学科的系统知识之间的统整。

联系学生家庭生活。如果说父母是孩子的第一任老师，那么家庭应该是孩子的第一所学校，随着孩子年龄的日益见长，家庭在孩子身上留下的烙印也越来越明显。但是同样，孩子在家庭生活中遇到的问题也会越来越多。我们的课程内容走出学校，走进学生的家庭生活，让学生学会关爱。

在我们编写四年级《生活与做人》教材中的“关爱”这一指标的教材时，编写组的老师议论开了，这个教材内容可以选择的范围很广。而家人中，我们选择了相对比较“弱势”的老人——爷爷奶奶。于是《我为爷爷奶奶》送快乐的教材就这样开始编写了。课前有小调查，采访爷爷奶奶或外公外婆，讲讲发生在他们身上的故事；课中交流：老人在年轻时为家庭为社会做出过哪些贡献？同时，也延伸至家庭之外：了解社会是怎样关爱孝敬老人的；同时开展敬老院慰问老人，从关爱家中老人拓展到关爱社会中的老人。这样课程与家庭生活乃至社会生活紧密地联系起来，课程现实意义进一步加强。

联系学生校园生活。孩子们每天的大部分时间是在校园中度过，在校园生活中，孩子们学会交往与合作，学会游戏和活动等，在这过程中，一定不是一帆风顺，孩子们需要有引导他们克服困难的勇气，我们的教材就是要抓住这些点进行教育。

《社会大课堂》一年级课程内容中有一篇《校园擦擦乐》教材，就是要学生学会简单的公益劳动的本领，初步感受在校园里为大家做好事带来的快乐。内容包括：小组合作，找一找校园里有哪些我们可以劳动的场所；议一议，我们怎样为这些校园的景物服务；秀一秀，说说自己的劳动感受与收获。劳动完，孩子们还要填写一份“校园擦擦乐实践活动表”。这对于一年级的孩子来说，走出教室，走进校园，学习为大家服务，课程为这些行动提供了很好的平台。

秀一秀

我们的劳动成果。以个人的形式，来说一说在校园服务中自己的感受与收获。

联系学生的切身感受。对于孩子来说，自己就是教育自己的最好教材。在我们《童年成长体验》课程中，内容的设计上就紧紧抓住学生自己，通过各种形式的体验与感悟，让孩子们从自己的感受中学会做人，感受成长。

三年级十岁生日仪式活动是《童年成长体验》的系列课程，孩子们从第一个“倒背书包”的课程中感受妈妈怀胎十月的辛苦，从“护蛋”课程中感受到父母养育自己的艰辛，从“十岁林”种香樟树课程中感悟到要从小梳理理想。这些课程关注学生切身感受，让孩子在实践活动中获得成长体验。

开放的课程内容是开放实施课程的基础，因为有了课程内容，才能真正保障课程的有效实施。这些内容的设计和开发，也是东展教师群体十几年教学经验的积累，最终的目的是使孩子在课程的实施中获得个体的成长。

2. 开放的课程实施

让学生走出校门，进入生动丰富的现实社会大课堂。现代社会的学校教育已经不是一个自我封闭的教育环境，学生对知识信息的获得也不是单通道的。这就需要我们的教育必须充分拓展课堂的空间，延伸学习的领域，拓展学习的渠道，才能满足学生对现代社会日益变化的知识的需求，使学生在真实的生活实践中学得书本上没有的生成性的知识，获得做人的道理与成长的体验。

将社会搬进课堂。教育所培养的人，总有一日会走向社会，学校培养的人，如果不能适应社会的生活，那么教学就是失败的，因此学校十分重视对社会资源的合理利用，不但将学生带入社会大课堂，也运用各种方式将大社会搬进小课堂，例如学校开设校本课程《生活与做人》——“小鬼当家”一课，就是在课堂中创设一个小的社会场景，让学生模拟生活中的家人的角色，进行“当家”学做家务、学习互相关心。在创设真实的社会生活场景中，培养学生关注社会、关注生命的态度，培养学生一些基本生存知识和自主学习的能力。

3. 开放的课程资源

学校在课程的开发上注重社会资源的运用，组织学生利用各种途径参与社会活动课程，在活动中习得知识，在活动中学会做人。在基础型课程的实施中，我们开发现有的教材资源，将学生生活与教材内容进行整合，让学生在实践中获得知识。例如，在二年级数学“认识元、角、分”的教学中，教师带学生去超市购物，在购物的过程中认识钱币，并学会使用低数额的钱币。在探究型课程——《社会大课堂》的实施过程中，学校每学年为每个年级的学生确定了十个社会实践的场所，充分利用这些社会资源作为我们课程所需要的教材。例如五年级去东方绿洲，感受名人成长的经历；四年级去超市购物，学习初步的理财本领；三年级去城市规划馆，感受上海的变化等。这些实践活动带给孩子不同的成长感受，具有现实的教育意义。因为人是社会的人，人的思想道德是社会化过程中、实践过程中形成的，在当今开放化的社会里，学生除了受学校教育的影响外，还应充分利用社会上鲜活的教材教育学生，使学生健康成长。

在课程的实施过程中，教育者不再仅仅只是教师，家长的知识储备、生活经历、人生感悟、都是学生成长的又一丰富的教育资源。何况我们东展的家长来自世界各地，让家长走进学校走进课堂，给孩子上课、指导孩子活动，更能发挥学校多元文化的教育优势。因此学校为家长的参与创设了良好的环境，家长自行设计开发了《爱心妈妈故事课程》，班级家委会还根据各个班级的实际情况由“妈妈老师”进班为孩子上“语言课”、“生理课”等，同时，我们也将社区警察、心理工作者、作家，甚至是已经毕业的学生等，请进学校，走进课程，成为我们的教育者。由家长参与《爱心妈妈讲故事》课程、《九宫格活动》等就是开发和运用了家长的教育资源。

总之，对课程资源的开发利用，是新课程改革的重要内容之一，在人品教育学校课程的规划和建设中，进一步证实了，学生现实生活中的家长、老师，学校、社区，甚至是自然环境都是课程的资源，合理开发和运用课程资源是实现学校课程建设的必要条件。

第二章　课程，让孩子拥有快乐童年

本章节所阐述的课程是指东展小学的校本课程，即与学校培养目标相匹配的人品课程，它基于学校校情，是学校在确保国家课程和地方课程有效实施的前提下，针对学生的不同文化背景、兴趣与需要，结合学校的优势以及办学理念，充分利用社会、学校和家长的课程资源，自主开发或选用的课程——拓展型和探究型课程，是对基础型课程的补充和拓展，是东展小学“一体两翼”课程体系中不可或缺的重要部分。

第一节　从“活动”到“课程”

东展小学一贯重视课程建设，学校开办初就开展了很多丰富的活动：从最初的班级活动、亲子活动到学校层面的仪式活动、主题教育活动等等，这些活动不但每年进行，而且每年在活动开展的基础上不断传承、丰富和拓展，随着学校的发展，渐渐的，我们发现“活动”内容多、面广，但是缺乏系统性、内在的逻辑性不强，显得比较零敲碎打，目标指向性也不强。

随着学校人品教育的逐步深入，在第二轮课题研究中，我们的“课程”意识明显加强了，我们将学生一日在校所有参与的活动进行整合，都纳入课程的范畴，制定了拓展型课程、探究型课程方案，依托课程落实学校办学理念和培养目标。

一、基于价值追求，让课程“有魂”

(一) 课程追求孩子童年的价值

在人的一生中，童年是最令人难忘的。孩子们钟爱玩耍，善于梦想，仿佛在无所事事挥霍着宝贵的光阴。可是，这似乎最不起眼的童年其实是人生中最重要的季节。粗心的大人看不见，在每一个看似懵懂的孩子身上，都有一个灵魂在朝着某种形态生成。

童年是短暂的，如果只看数字，孩提时代所占的比例确实比

成年时期小得多。可是,这似乎短暂的童年其实是人生中最悠长的时光,我们仅在儿时体验过时光的永驻,而到了成年之后,儿时的回忆又将伴随我们的一生。童年无小事,人生最早的印象因为写在白纸上而格外鲜明,旁人觉得琐碎的细节很可能对自己性格的形成发生过重大的作用。

如果说教育即生长,那么教育的使命就应该是为生长提供最好的环境。今天许多家长唯恐孩子虚度光阴,给予他们无穷的作业,不给他们一点玩耍的时间、自由,自以为这样就是尽到了做家长的责任。把儿童看作“一个未来的存在”、“一个尚未长成的大人”,在“长成大人”之前似乎无甚价值,人生各个阶段皆有其自身不可取代的价值,没有一个阶段仅仅是另一个阶段的准备。尤其是儿童期,是身心成长最重要的阶段,也应是人生中最幸福的时光,教育所能成就的最大功德便是给予孩子一个幸福而有意义的童年。

如果说教育唯一的目的是使儿童为未来的成人生活做好准备,其实不全然,童年的价值一方面体现在为未来生活做好准备,更有价值的是让孩子充分享受童年的快乐与幸福,养成成就他一生的习惯与品格,为其将来成长为大写的“人”奠定基础。而这些快乐与幸福,习惯与品格将通过学校的课程,以课程活动的形式传递给孩子们,以此为他们幸福而有意义的一生创造良好的基础,从这意义上说,我们的课程追求童年的价值,课程的价值就在于让孩子开开心心度过童年的每一天。

(二) 课程追求孩子全面的发展

马克思主义认为:人的发展包括全面发展和充分自由发展。人的“全面”发展是指人的各种才能的全面发展;“自由”发展是指人在一切活动中能自由自主的发展。因此,我们的课程遵循了多元智能的理论,追求孩子全面的发展。

霍华德·加德纳的多元智能理论认为,每个人均有自身的智能特点,给予适当的教育和培养都会成为优秀的人才。每个人都拥有八种主要智能:语言智能、逻辑—数理智能、空间智能、运动智能、音乐智能、人际交往智能、内省智能、自然观察智能。多元智能理论有助老师从学生的智能分布去更了解学生,我们可以将理论用于两方面:一是可以利用多元智能理论来发掘资优学生,并进而为他们提供合适的发展机会,使他们茁壮成长;二是可以利用多元智能理论来扶助有问题的学生,并采取对他们更合适的方法去学习。因此,我们的拓展型课程的设置就是依据了多元智能理论,从不同角度设计课程内容。有发展语言、思维的《能说会讲类》课程;有培养协调、柔韧的《舞蹈》、《快乐健身类》课程;有发展表演、培养创造力的《科学探索类》课程;有人际交往、团队合作的《棋类》课程等。从各方面来开发孩子的多元智能,用多元智能的理论培养、指导我们的教育，能够使得孩子在各个方面得到很好的提高，也就能够使得一个人的综合素质得到提高。关键的是，我们能够让孩子都得到自己固有（先天因素）能力的极大发挥，从而开发、挖掘自身特点或特长，将来能成为对社会有用的人才。我们的课程着眼于孩子多元智能的开发，为其成为全面发展的人而做准备。

（三）课程落实学校的办学理念

学校提出了“立人为本，成人于品”的办学理念，将教会学生做人作为全体教职工的首要任务。“关爱生命、优化生命、提升生命质量”是我们落实办学理念的思想核心，尊重每位学生生命个体是东展办学之源。“让每个孩子都有一个快乐的童年”的办学宗旨使东展的孩子童年时代享受到真正的快乐。

“学校教育功能的实现有赖于课程，主流价值观、知识技能、行为规范等等都需要课程这个载体加以表现，因而课程就成了教育的‘心脏’。而学校课程就必须根据国家课程纲要和标准，结合学校实际，在办学理念指导下，对基础型课程、拓展型课程和探究型课程进行优化和整合，使之凸显学校办学理念、实施人品教育的重要载体。因此，我们的学校课程应该是促进学生全面发展、个性发展和主动发展。

我们在国家课程的框架下，利用限定拓展板块，开设了《生活与做人》课程，它是直接将培养目标作为课程目标的显性课程，从培养学生“爱笑、会玩”——健康的心理特征，“爱学、会说”——积极的学习态度和良好的学习能力，“爱生活、会做人”——积极的生活态度和基本的生存能力三个方面构建了完整的课程框架。围绕培养目标的一级指标，提出了作为现代人气质要求的二级指标：“乐观、自信；活力、爱好；兴趣、探究；倾听、擅言；关爱、耐挫、理财、环保；礼仪、诚信、合作、自主。”同时制定各年级的目标要求，立足于每个学生充分的发展，它既包括知识能力的发展，也包括情感、态度的获得，必须以培养学生的创造性、主体性、合作性和适应社会变化需求，培养健康积极的人格和基本的生存能力为主要目标。

二、基于目标引领，让课程“有序”

（一）课程的目标——层次性

东展小学拓展型课程、探究型课程分别下属四个板块，分别是：《校园生活探究系列》《童年成长探究系列》《社会实践探究系列》《节日文化探究系列》，它们立足于对人品教育实施渠道拓展，将学校的主题活动、学科探究活动、社会实践活动、班队会等各项活动进行整合，以课程的形态实施，回归儿童立场，全面生动地落实人品教育目标。课程总目标强调以学生兴趣为起点，激发、培养学生的探究兴趣；强调学生以探究方式学习，走进自然、走进社会；提高发现问题与解决问题的能力，学会学习；在活动中建立学生的实践体验体系，促进学生的身心全面、和谐、富有个性地发展。同时按照年级的不同，探究型课程下属的不同板块课程各自有着分年级目标，体现了课程目标的层次性。

如：《社会实践探究系列》按照年段制定了目标，社会实践课程从“探究实践”、“考察体验”、“公益服务”三个方面形成不同年段的序列，按照年级进行不同的社会实践探究活动。

《社会实践探究系列》课程各年级安排

<table>
<tr><th>年级</th><th>学期</th><th>课程目标</th><th>课题</th><th>实践基地</th></tr>
<tr><td rowspan="4">一年级</td><td rowspan="2">第一学期</td><td>1. 通过团课教育，懂得“五爱”的意义，激发学生入团意愿。
2. 培养学生初步的爱学校、爱班级的情感。</td><td>参观体验：
《我是小苗苗》入团活动</td><td>中山公园</td></tr>
<tr><td>1. 学会简单的自我劳动本领。
2. 培养学生具有“自己的事情自己做”的意识。</td><td>校园服务：
《小桌子擦干净》</td><td>教　室</td></tr>
<tr><td rowspan="2">第二学期</td><td>1. 通过参观儿童博物馆，感受奇妙想象创造的玩具世间给我们带来的乐趣。
2. 培养学生的好奇心，鼓励学生的创造力。</td><td>参观体验：参观儿童博物
《玩转想象》</td><td>儿童博物馆</td></tr>
<tr><td>1. 学会简单的公益劳动本领。
2. 初步感受到为大家做好事能给自己带来快乐。</td><td>校园服务：
《儿童乐园擦擦乐》</td><td>校儿童乐园</td></tr>
<tr><td rowspan="4">二年级</td><td rowspan="2">第一学期</td><td>1. 能够认识一些蔬菜，认识简单的货币。
2. 初步学习买菜的简单方法，能用礼貌的方式与营业员进行沟通。</td><td>探究考察：
《小鬼当家》菜场买菜</td><td>校附近菜场</td></tr>
<tr><td>1. 学会简单的公益劳动本领。
2. 初步感受到校园服务能给自己带来快乐。</td><td>校园服务：
《校园捡落叶》</td><td>校　园</td></tr>
<tr><td rowspan="2">第二学期</td><td>1. 通过参观宋庆龄陵园感受我们的幸福生活有着先辈们的付出。
2. 更珍惜今天的幸福生活。</td><td rowspan="2">参观体验：
《缅怀先烈》宋庆龄陵园
探究考察：
《超市购物学理财》</td><td>宋庆龄陵园</td></tr>
<tr><td>1. 通过制定购物单，学习简单的理财购物方法。
2. 初步尝试通过小组合作完成任务。</td><td>联华超市</td></tr>
<tr><td rowspan="5">三年级</td><td rowspan="2">第一学期</td><td>1. 了解上海城市的规划和发展，培养热爱、关心自己的家园的情感。
2. 了解上海传统的民风、民俗。
3. 学会根据问题、兴趣点，小组合作进行探究、分享。（此两项根据实际情况可选择一项进行）</td><td>探究考察：
《上海风采录》城市规划馆
《民间文化看一看》新泾镇民间文化展示馆</td><td>上海城市规划馆</td></tr>
<tr><td>参与校园实践活动，给绿化浇水、除草；清除绿化带里的垃圾等劳动。</td><td>校园服务：
《我是护绿小卫兵》</td><td>校　园</td></tr>
<tr><td rowspan="3">第二学期</td><td>1. 初步了解人类的发展进程，培养学生热爱大自然，具有环境保护意识，保护自然资源。
2. 学会根据问题、兴趣点，小组合作进行探究、分享。</td><td rowspan="2">探究考察：
《探寻人类进化的脚步》上海自然博物馆
参观体验：
《我是小军人》体验活动</td><td>上海自然博物馆</td></tr>
<tr><td>1. 了解消防知识，掌握简单的火灾逃生技能。
2. 学会简单的内务整理。</td><td>消防中队</td></tr>
<tr><td>参与校园岗位服务，清洁厕所的垃圾；做好宣传员，及时提醒小朋友文明如厕。</td><td>校园服务：《护厕小卫士》</td><td>校　园</td></tr>
</table>

续表

<table>
<tr><th>年级</th><th>学期</th><th>课程目标</th><th>课题</th><th>实践基地</th></tr>
<tr><td rowspan="7">四年级</td><td rowspan="3">第一学期</td><td>1. 培养阅读兴趣，初步学习在图书馆这样的公共场所基本的借阅礼仪。</td><td rowspan="2">参观体验：
《读书乐》长宁图书馆
《畅游艺海》刘海粟美术馆</td><td>长宁图书馆</td></tr>
<tr><td>2. 培养在艺术方面的学习兴趣，有热情，善于观察，有一定的审美欣赏能力。</td><td>刘海粟美术馆</td></tr>
<tr><td>1. 知道老人为社会和小辈作出的贡献和付出的辛劳。
2. 通过去敬老院为老人表演、服务，学会关心、关爱老人。</td><td>劳动服务：
《百善孝为先》敬老院服务</td><td>敬老院</td></tr>
<tr><td rowspan="4">第二学期</td><td>1. 知道老人为社会和小辈作出的贡献和付出的辛劳。
2. 通过去敬老院为老人表演、服务，学会关心、关爱老人。</td><td rowspan="3">探究考察：
《百善孝为先》敬老院服务
参观体验：
《读书乐》长宁图书馆
探究考察：
《天圆地方》上海博物馆</td><td>敬老院</td></tr>
<tr><td>1. 培养阅读兴趣，初步学习在图书馆这样的公共场所基本的借阅礼仪。</td><td>长宁图书馆</td></tr>
<tr><td>1. 初步了解人类文化发展进程，培养对人类文化的兴趣。
2. 学会根据问题、兴趣点，小组合作进行探究、分享。</td><td>上海博物馆</td></tr>
<tr><td>1. 知道老人为社会和小辈作出的贡献和付出的辛劳。
2. 通过去敬老院为老人表演、服务，学会关心、关爱老人。</td><td>劳动服务：
《百善孝为先》敬老院服务</td><td>敬老院</td></tr>
<tr><td rowspan="6">五年级</td><td rowspan="3">第一学期</td><td>1. 初步了解世界上各种地铁发展进程，培养对社会生活的兴趣。
2. 学会根据问题、兴趣点，小组合作进行探究、分享。</td><td rowspan="2">探究考察：
《探索地铁发展史》地铁博物馆
参观体验：
《健康美味 DIY》曼可顿面包</td><td>地铁博物馆</td></tr>
<tr><td>了解营养早餐的组成，探究健康的饮食；提高自主动手的能力，珍惜劳动成果。</td><td>曼可顿面包房</td></tr>
<tr><td>主动帮助一年级的弟弟妹妹在校服上写上名字，以防丢失。</td><td>校园服务：
《我们都有名字噢》</td><td>一年级教室</td></tr>
<tr><td rowspan="3">第二学期</td><td>1. 了解污水是怎么变清的科学处理过程。
2. 培养保护意识，敢于提出质疑，能寻找生活中的问题进行思考和研究。</td><td rowspan="2">探究考察：
《天更蓝，水更清》天山污水处理厂
参观体验：
《放飞梦想》毕业夏令营</td><td>天山污水处理厂</td></tr>
<tr><td>1. 通过实践活动进一步培养学生集体生活中的合作意识、自理能力、交往能力。
2. 激发学生对小学生活的热爱和留恋。</td><td>金山廊下</td></tr>
<tr><td>会使用简单工具绿化、美化班级、学校环境，学会寻找身边的“漏洞”进行修补。</td><td>校园服务：
《我是小小修补匠》</td><td>校　园</td></tr>
</table>

这是根据低年级学生年龄特点与年段教育需要进行安排的社会实践探究活动。公益服务：主要是低年级学生在教室、校园进行简单的劳动，既有自我服务的项目，也有为他人、为学校的服务。考察体验主要是通过实地的观察、观看、参与活动地点的活动，获得真实的体验和感受。探究实践让孩子们带着问题和感兴趣的地方，有目的地对活动地点进行观察、阅读，发现问题，搜集数据，形成解释，获得答案并进行交流、分享。

（二）课程的内容——序列化

探究型课程内容以《校园生活探究系列》、《童年成长探究系列》、《节日文化探究系列》、《社会实践探究系列》四个板块的课程形态全面生动地落实人品教育目标，每个版块的内容又呈现了序列化。

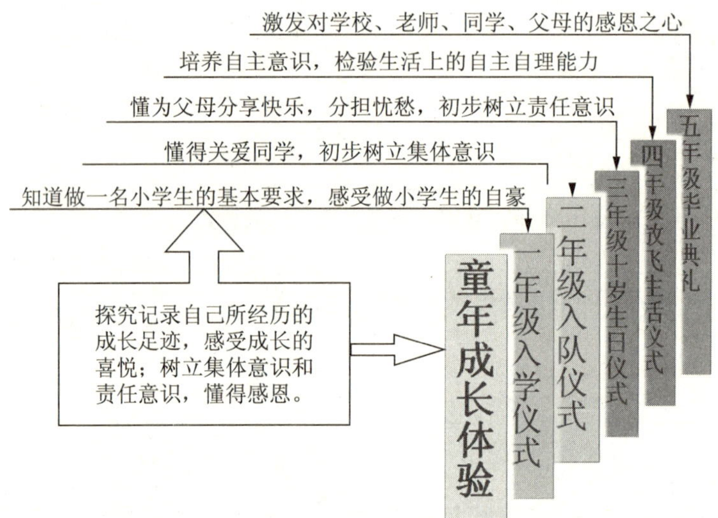

例如，《童年成长探究系列》五个年级的目标分别从培养学生作为小学生的自豪感到培养集体主义精神到培养自主自理能力到培养感恩情怀，依次递进，而每个年级根据不同目标，设置了不同的课程内容。东展的孩子从进入东展到毕业，要经历五次仪式，参加二十项活动，从这些内容丰富、形式各异的活动中，感受童年成长的快乐，记录人生中童年最幸福的回忆。

《童年成长探究系列》课程各年级教材内容

年　级	课　程　名　称	课程内容（使用教材）
一	《跨好入学第一步》	《给你一把金钥匙》1、2、3、4
二	《我入队了》	1.《走近少先队》 2.《热爱红领巾》 3.《祭扫宋奶奶陵园》 4.《做诚信、自主的少先队员》
三	《我十岁啦》	1.《护蛋一周做妈妈》 2.《倒背书包》 3.《香樟树伴我成长》 4.《寻找目的地》

续表

年　级	课　程　名　称	课程内容（使用教材）
四	《生活放飞》	1.《生活放飞我能行》 2.《生活小主人》 3.《学习小主人》 4.《班级小主人》
五	《感恩的心》	1.《送给母校的礼物》 2.《感恩师长》 3.《小天使在行动》 4.《为母亲洗脚》

以三年级《我十岁啦》课程为例，进入三年级，孩子们自主的意识也在渐渐加强，从对父母的依恋逐步向同伴转移，班集体的意识逐渐加强，我们抓住十岁这个人生第一个十年，让孩子过得有意义。

“我十岁啦”课程活动以了解、讲述自己出生的故事为序幕，开启了课程活动的历程：“讲述出生的故事”了解自己出生时候的趣事，感受生命降临的意义；“倒背书包”感受妈妈怀胎十月的辛苦；“护蛋活动”每人保护蛋宝宝一周，这一周蛋宝宝始终要带在身边，不离不弃，让孩子体验到父母养育自己的不容易，既要有责任心，更要知道感恩父母的养育之恩。在课程活动中孩子们自主探究香樟树它所蕴含的意义，希望将来孩子们都能成为像香樟树一样的有用之才，每一届三年级孩子都会在校园里种下一棵香樟树，现在渐渐地成为了“香樟林”，我们把它称为“十岁林”。“种植香樟树”、“十岁生日主题会”……我们期待孩子们感悟到父母的养育之恩，懂得在今后的生活和学习中要养成好习惯，学会自主，懂得什么是责任……还开展了“寻找目的地”的活动，孩子们分成小组利用电脑课，上网查找出行路线，规划线路图，然后分组按照自己的线路各自到达目的地——上海城市规划馆，进行考察活动。孩子们还把“我十岁啦”课程活动写成日记，记录自己当下的感受与感悟，篇篇真实而生动。

闭目静思，一幕幕真是让我们难以忘怀。从孩子们对课程的参与热情和日记中反映出来的思想状态，我们真切地感受到课程的效果和其深远的意义。

三、基于活动设计，让课程“有味”

（一）课程菜单，丰富多彩

二年级孩子拓展型课程菜单

序号	选修科目	课　程　介　绍
1	舞动黑白 ——钢琴课程	分成专家班、普通班两种，聘请师大音乐系专家授课，采用面对面的授课方式，根据孩子不同程度进行教学。
2	力与美的组合 ——跆拳道	跆拳道是我们的特色课程，展示的是力量与美的组合，是勇敢、坚毅品质的体现，又是礼让、克己的教育，展示的是东展学子的形象。

续表

序号	选修科目	课　程　介　绍
3	高雅运动 ——少儿高尔夫	学习高尔夫礼仪、基本技能训练，以及高尔夫体操，增长高尔夫知识、培养对高尔夫时尚运动的兴趣。（除上课时间以外，还能按照自己的时间每周再去学习场地练习一次）
4	黑白保卫战 ——围棋课程	聘请长宁区围棋学校的老师专门为孩子们上课，根据低年级孩子的特点，将复杂的围棋规则变成一个个简单的图案，便于理解，基本掌握围棋的下法和简单的战术，激发孩子的拼搏精神。
5	艺术的翅膀 ——动漫课程	在科技发达的当下，采用传统的手工绘制的方法，致力于研究动画叙事语言的研究。
6	律动的世界 ——舞蹈课程	以现代舞的学习为主，让学生在美妙的音乐中，体验节奏的魅力，感受肢体语言的美。
7	与汉字零距离 ——书法课程	聘请上海市书法家协会有着多年教学书法经验的老师任教。将书法用笔的技巧与方法教给孩子，培养耐心和毅力，感受中国传统文化。
8	相约传统文化 ——经典国学	是中国传统文化与学术，是对传统文化在今日中国乃至世界多元文化中的重新定位。
9	巧手天地 ——艺术课程	外聘专职手工教师，利用各种大小、颜色的珠珠，通过孩子的巧手，制作出各种精巧小物件，美化生活。
10	乐高小超人 ——乐高课程	“乐高”一个能吸引所有孩子的名字，它培养我们的动手动脑，它激发我们的创造力，今天它走进了我们的校园，你还能拒绝吗？
11	科学总动员 ——科学课程	“科学好好玩、好好玩科学”，在这样的理念下带领学生走进科学，开启探索科学奥秘的神秘之旅。

近两年来学校不断调整、开设了学生喜爱的具有现代气息的课程，它包括“快乐健身”、“艺术博览”、“能说会讲”、“科学探索”四个领域的37门相关课程，还增设了少儿高尔夫、乐高机器人、多元智能、乐器类多门学生喜爱又时尚的课程，努力为学生提供丰富多彩的、有利于学生个性发展的、具有学校特色的课程，课程的开发充实了人品教育的课程资源，挖掘了学生的潜能。

（二）课程项目，自主选择

拓展型课程总目标聚焦在“会玩、爱学、会说”这三项人品教育目标，为学生积累更宽泛的知识与经验、能力与方法，养成健康的个性和良好的心理品质，使学生掌握各自兴趣的学习领域的基础知识与基本技能，形成自我规划和自主学习的能力，形成广泛的兴趣和积极健康的生活态度。拓展型课程以满足学生兴趣为出发点，在课程设置上能够为每个学生提供丰富的选择项目。孩子们在选择的过程中也各有各的思考。

1. 选择擅长的课程

学生在选择拓展型课程时一般会以自己的兴趣爱好为主要的考量依据，大部分孩子会选择扬长，比如有的孩子在外面学习钢琴，有了一定的钢琴基础，她希望在学校课程中发扬钢琴的特长，进一步提升钢琴演奏水平，他会选择钢琴。有的孩子特别喜欢舞蹈，希

望在舞蹈课程中能够凸显自己的特长，像出于这样考虑的孩子占了大多数。

2. 选择补短的课程

也有将近30%的孩子他的课程选择是补短，比如有的孩子五音不全，家长却给他选择合唱队，希望在合唱队中学习音乐；孩子身体协调能力差，你却在舞蹈队里看见她一展身手，原来家长希望她多锻炼，通过舞蹈的形体训练等提高协调性；有的孩子好动，常常静不下来，妈妈为他选择了书法课程的学习，为的是让他学习静心，静下心来练习写字；还有的孩子先天条件并不好，说话都不是很清楚，他在《能说会讲类》课程学习中得到了锻炼，找到了自信，经过一段时间的学习，能够讲述动听的故事，成为了故事大王呢！

3. 选择拼盘型课程

如果把大部分的孩子在课程选择上比作一盘菜的话，那么还有20%的孩子他们的选择就比较有个性了，虽然大家拿到的是同样的菜单，却可以有不同的组合，选择一门课程，二门课程，甚至三门课程的，就像一道拼盘，里面都是自己喜欢吃的菜品。比如：有个孩子想学习钢琴，又想学打高尔夫，她还想学习剪纸，那可怎么办呢？一个下午一小时学得了三门课程吗？她把想法告诉家长，家长跟校方进行沟通，校方的理念只有一个，只要孩子有需求，学校都努力去实现她的愿望，旨在激活孩子身上的每个细胞，让他充分展示自己，成就那个最棒的自己。钢琴时间每周一次，进行调整，高尔夫也是每周一次，放在周二下午学习，那么周四的时间他就可以去学习剪纸了，当孩子知道自己的愿望被满足以后，高兴极了。

在课程的选择上，不管是扬长还是补短，是一个菜还是拼盘，它背后体现的都是孩子的自主，体现的是家长不同的育儿理念。从一张小小的菜单开始孩子们拓展课程的旅程，让它变得有滋有味。

（三）课程实施，形式多样

拓展型课程受到学生欢迎的理由很多，其中有一点就是孩子的自由，在一定的学习时间与空间中，他可以有自由发挥的余地。

1. 学习方式更开放

就学习方式而言，拓展型课程的学习更强调学生质疑、发现问题，然后在小组内自主、合作方式中获得学习体验。

2. 学习时空更开阔

就学习时间而言，不同于日常35分钟的固定课时，延长至60分钟，让学生有充分体验、学习、交流、展示的机会。

就学习空间而言，学生采用走班制，与不同年级、不同班级学生组成新的团队，教室的座位各种各样，便于互相交流、分享，有小组学习、有个别辅导、有作品展示，学习资源更为多元、开放。有的拓展型课程采用教师走课制，同一单元不同主题，由不同教师合作完成教学设计，学生也是蛮喜欢的。

除了基础型课程中有美术以外，我们的拓展型课程中也有美术，那么两者之间又有什么区别呢？学习的时空更开阔，学习的内容更时尚。三年级的美术课程由孟老师一手带上来，学习的内容由学生与家长、老师共同决定，学习的视野更加广阔，这个美术班孩子们自己命名为柯乐梦美术课程班，爱画画的孩子都有一个七彩的梦，他们的课程班有自己的班标——章鱼魔画，是孩子们自己动手创作的；有自己的班服，有每学期不同的课程内容，家长、老师共同参与，将学习的课堂延伸到美术馆、到外滩、到江南水乡朱家角……

3. 成果交流更精彩

每年两次的展示“六一”和圣诞是孩子们最期待的，这个舞台属于他们，几乎每门课程都有个性化的展示不同的学习成果，有的课程静态展示，例如：美术、手工艺作品、书法等，有的课程动态展示，舞蹈、戏剧表演、古诗吟诵等，展示学习成果的背后还有许多小故事呢！

东展的校本课程“有魂”“有序”“有味”，促进学生的全面发展、主动发展，更多地为学生提供从幕后到台前导演自己的生活和发展。在这样的过程中，促进学生自我意识的觉醒，提升学生的自我认知能力以及自我规划和自主发展的能力。

一年级孩子在入学仪式上背上小书包；三年级孩子倒背书包、保护蛋宝宝；五年级的毕业生穿上博士服、头戴博士帽，站在台上……这些丰富的课程活动或许今天在孩子们看起来只是有趣，我们有理由相信当孩子们长大以后，回想起在东展曾经开展过的课程活动，一定是值得回味的。

第二节　走进生活　学会做人

根据东展的人品教育目标，结合学校生源多元化的特点，我们开发了人品教育核心课程——《生活与做人》，作为《品德与社会》教材的补充和延伸，实现国家课程的校本化实施。《生活与做人》课程是人品教育课程中的核心课程，它是以学校人品教育培养目标：“爱笑、会玩；爱学、会说；爱生活、会做人”为出发点，是落实学校培养目标的显性课程。

一、《生活与做人》课程的开发历程

（一）最初的模样

记得2003年建校初期，根据学生多元化的背景，家长的不同需求，在华师大博士生导师崔允漷教授的指导下，学校就开设了这门课程，它的目标就是走进学生实际生活，在生活中学会做人，这门课程的名字就叫《生活与做人》，当时制定了课程目标，确立了课程三大板块“人与自我”“人与环境”“人与社会”，在每个板块中分别有不同的课程内容，每周上一到二节课，相对比较粗线条，老师们基本按照自己对课程的理解，以课程活动的形式开展教学活动，经常把一些教育内容按照自己的想法设计成一个个学生感兴趣的教育活动进行实施，比如“三八妇女节”到了，班主任组织学生了解“三八妇女节”的来历，知道“三八妇女节”是为了提高女性的社会地位专门设定的节日，是所有成年女性的节日。然后再引导学生感受妈妈抚养自己长大的不易、懂得老师为我们成长付出的辛劳，再启发学生自己动手制作一些小卡片、小花朵等送给她们表达自己的心意。这就是《生活与做人》课程最初的模样。

渐渐的，课程实施一、二年以后，我们发现课程三个板块之间缺少内在联系，年级的序列、系统性不清楚，课程内容没有指向学校培养目标，不完整、不系统，教育的目的性、针对性都不强，因此，学校对《生活与做人》课程做了重新的规划与思考。

（二）初版的尝试

面对学校的发展和挑战，学校要实施“人品教育”，真正做到提升每个孩子的生命质量，就必须抓好学校实施的整体课程的优化，特别是注重在科学实施国家课程的前提下，努力开发体现学校办学理念、满足多元化需求和学生兴趣需要、促进学生和谐发展的校本课程——《生活与做人》。于是结合第一轮课题的研究，重新规划、设计了课程，以“促进学生以良好人品形成为核心的自主发展”、“关注、整合、提升学生的现实生活经验”、“倡导在活动中‘自主实践、体验感悟’的学习方式”、“采取‘多主体、开放性’综合评价方法”为课程理念，课程定位“自主性”、“综合性”、“开放性”和“实践性”。课程的总目标是：通过课程的实施，培养学生在校内外生活中都能保持积极开朗的心情，宽广豁达的胸怀；充分相信自己的能力，对周围的事物充满信心。同时能关心家庭、班级、学校，以及社会生活中的人和事物，对之有爱心。能主动、及时、独立地完成自己力所能及的事，成为自己的主人；乐于与人交往，学习与别人共同合作完成任务，在集体活动中学习合作，服从大局，互相帮助，共同成功。

2006年将《生活与做人》课程分成“乐观自信”、“关爱合作”、“自主自理”三大板块，制定了分年段目标，有课程内容，教师根据课程内容，进行教学设计，然后开展教学活动。

就这样，《生活与做人》校本课程在各年级进行实践，我们将教师们在实践过程中的活动案例进行了汇总和装订，于是有了我们的第一本校本课程的初版。很多丰富的课程活动，经典的案例被传承了下来，为《生活与做人》校本教材的出炉打下了基础。

（三）再版的提升

在第二轮课题的研究的同时，我们重新审视校本课程，我们发现作为学校人品课程的显性课程、龙头课程，显然还存在着许多不足：课程目标没有很清晰地指向学校培养目标，年级之间的层次性不够，课程内容不够全面，没有涵盖所有的二级指标，因此，我们重新审核、修正校本课程《生活与做人》的课程计划，形成了新版的课程方案。

1. 新版《生活与做人》课程特点

(1) 关注学生现实生活

教育要回归生活、重视生活的教育价值，其中特别关注的是学生正在进行中的现实生活。这也是《生活与做人》课程追求的一个基本理念。学生有他们自身与成人不同的生活需求与特点，只有关注学生的现实生活，我们的教育才能做到有效、针对性。

这种关注的意义在于：一方面，学校教育要为学生的未来生活做准备。另一方面，更要重视、关注怎样去改善、促进学生正在进行中的生活。我们争取通过本课程的开发与实施让学生学会营造一种属于他们自己的乐观、自信；关爱、合作；自理、自主的生活。

课程以学生的现实生活为基础，它重视现实生活经验，但是它不是学生生活的简单翻版，它要高于生活，力求做到从学生自己的世界出发，用自己的眼睛观察社会，用自己的心灵感受世界，用已有的经验与知识去研究解决生活中的问题，并在这个过程中提升原有的生活经验，巩固、深化，变成自己的精神财富，从而促进他们在生活中发展，在发展中生活。

(2) 关注学生学习方式

课程倡导“自主实践、体验感悟”的学习方式，就是以学生生活实践经验为核心内容，主动参与对实践生活探究、调查等，注重学生在体验这个学习过程中发自于内心真实而自然的感受。

生活化的《生活与做人》课课堂教学分为生活指导式教学和生活实践性教学。生活指导式教学以活动的形式使学生参与、体验，把生活的知识、做人的道理寓理于其中，着重培养学生的生活观念与生活态度。生活实践式教学使学生直接参与实践，提高生活的技能，重在培养学生的生活技能和生存能力。本课程在学习的过程中通过学生的“自主实践、体验感悟”找到一条通向热爱生活，学会做人的道路。

(3) 关注学生自主发展

《生活与做人》的课程理念是以学校人品教育培养目标：“爱笑、会玩；爱学、会说；爱生活、会做人”为出发点，从“健康人格、人际交往、主体意识”这三个方面促进学生良好人品的形成。

学生作为发展中的人，他们自身具有受教育、接受引导的需要。课程在引导学生方面负有责任，因为学生只有在教育引导下才能不断发展和提高，使他们的价值观不断提升。课程就体现了这种引导所产生的促进作用，本课程所涉及的关于学生个性品质、人际交往、生存能力的良好积极的促进作用必定是：一方面建立在对当今社会对个体发展需求的领悟上，同时也必定是建立在以学生为主体的对自身内心世界所存在的期待、愿望的关注和发展上。

“学生品德的形成源于他们对于生活的体验、认知与感悟。”这就决定了人品的呈现方式也基于他们的实际生活，即通过他们的言行体现出来。因此，对学生的评价，本课程强调对学生生活、活动过程的评价，采用“多主体、开放性”的评价方法，通过竞赛、组织活动、同学间互评、家长评、个人成果展示等进行。促进学生的积极性，激发学生对生活的热爱，培养他们积极向上的生活态度和健康的个性化人格。

2.《生活与做人》课程的实践意义

多年来，学校在办学中已经对人品教育作了一定的实践与研究，人品教育以品行、品位、品格依次递进，在小学阶段人品最外在的表现就是品行，学校赋予了人品教育丰富的内涵，提出了具有学校特点又符合多元文化需求的培养目标："爱笑、会玩、爱学、会说、爱生活、会做人"。还形成了具有现代人气质要求的二级指标："乐观、自信；活力、爱好；兴趣、探究；倾听、擅言；关爱、耐挫、理财、环保；礼仪、诚信、合作、自主。"同时制定各年级的目标要求，立足于每个学生充分的发展，它既包括知识能力的发展，也包括情感、态度的获得，必须以培养学生的创造性、主体性、合作性和适应社会变化需求，培养健康积极的人格和基本的生存能力为主要目标。

为了更好地落实人品教育的培养目标，学校确定了培养目标的实施途径，包括：主题教育活动、仪式活动、社会实践活动以及基础型课程、拓展型课程与校本开发课程。而《生活与做人》课程是直接将培养目标作为课程目标的显性课程，从学生的健康人格、人际交往能力以及主体意识的培养上全面促进学生良好人品的形成。

二、自编教材白手起家

要落实课程理念和目标就必须落实教育内容，也就是应该有一套与课程目标相匹配的教材，因此，课题组引领课题组人员，从制订《生活与做人》课分年级目标着手，编写《生活与做人》课程教材。

（一）制订分年级课程目标

围绕《生活与做人》课程的总目标。我们细化了十六个二级指标的分年级目标，依据"适切性"、"导向性"和"层次性"等原则完成了初稿，然后组织多次研讨，最终按十六个二级指标确定了分年级目标，作为《生活与做人》课程教材开发的依据。

如：

人品教育课程"环保"指标分年级课程目标

<table>
<tr><th></th><th>总目标</th><th>年级</th><th>分年级课程目标</th><th>课　题</th><th>内容与要求</th><th>实施形式</th></tr>
<tr><td rowspan="2">环保</td><td rowspan="2">热爱大自然，具有环境保护的意识，养成保护自然资源和美好环境的习惯。</td><td>一</td><td>1. 了解我们生活的环境。
2. 知道良好环境与人生活的密切关系。
3. 初步具有爱护环境的意识。</td><td>《爱护环境》</td><td>1. 知道我们要热爱大自然。
2. 懂得人生存需要一个良好环境。
3. 知道资源有限，从吃饭、洗手、如厕开始节约用水爱护绿化。</td><td>实践活动</td></tr>
<tr><td>二</td><td>1. 知道地球上与人类生存密不可分的几种主要资源。
2. 了解地球资源被破坏的情况及原因。
3. 懂得保护环境的重要性。</td><td>《救救地球吧》</td><td>1. 介绍地球上的淡水、树木、空气等资源的分布情况以及目前被破坏的现状。
2. 了解以上这些资源被破坏的原因。
3. 初步树立保护地球资源的意识，学会应对目前雾霾天气的办法。</td><td>手工制作</td></tr>
</table>

续表

	总目标	年级	分年级课程目标	课题	内容与要求	实施形式
环保	热爱大自然，具有环境保护的意识，养成保护自然资源和美好环境的习惯。	三	1. 懂得垃圾分类的意义和方法。 2. 初步养成垃圾分类的好习惯。	《垃圾分类好方法》	1. 懂得垃圾分类的意义。 2. 学习垃圾分类的相关知识。 3. 从身边开始尝试进行垃圾分类。	动手实践
		四	1. 知道一次性物品给人类生活带来的利与弊。 2. 养成减少使用一次性物品的习惯。	《一次性物品利与弊》	1. 了解一次性物品在生活中的使用情况。 2. 探究一次性物品给人类生活带来的利与弊。 3. 通过环保小报向周边的人宣传一次性物品的利与弊。 4. 养成不用一次性杯子、筷子、塑料袋等物品的行为习惯。	实践活动
		五	1. 懂得生活中利用废旧物品变为有用资源的意义。 2. 培养自己的创新意识和动手能力，学会变废为宝的本领。	《环保创意总动员》	1. 了解目前变废为宝的相关资料或实例。 2. 开展一次环保创意活动。	主题班会

分年级目标注意了从低到高的层次递进，由近及远的视野拓展；行为实践从身边做起，认知发展向高端挑战。

（二）编写《生活与做人》课程教材

学校由课题组牵头，组成了三十多位骨干教师及班主任组成的教材编写小组，在总结和提炼以往各年级社会实践活动的基础上，梳理适合学生年龄需求、能够充分体现学生的主体性。根据课程特点，开发编制教材。

1. 教材编写原则

（1）现实性原则：教材的编写努力体现学生的现实生活，包括学校生活、家庭生活、社会生活；素材及典型事例的撷取也来自学生的现实生活；实践活动及评价的开展结合学生的实际生活进行。

（2）发展性原则：以兴趣为出发点，教材内容和活动形式有利于学生全面发展和长远发展，从而为学生树立良好的人生观和培养学生终身学习能力打下基础。

(3) 多元性原则：既传承中华民族优秀的传统文化，又融合现代教育思想和西方文化精华，对多元文化包容与欣赏。

(4) 科学性原则：教材编写遵循学生德育的认知规律，由易到难，由简单到复杂，每篇教材的编排体现知、情、意、行循序渐进；不同阶段的教学内容有所侧重，呈现形式各有不同；着重培养学生的道德认知能力、社会实践能力和现代人的交往能力。

2. 教材内容

(1) 来自于学生的现实生活

内容的选择来自于学生的实际生活或贴近于学生的实际生活，有学生在校学习的事例，有家庭生活中发生的故事，有社会实践中积累的个案等，这使学生在教材中感受生活就是学习，生活就是教育。

例如二年级"耐挫"《贵在坚持》一课中的事例"耐挫男孩"就来自于东展小学2011届五(5)班的毕业生的太喜，他四年级从韩国学校转来。不懂汉语的他上语文、数学课比听天书还难。但在困难面前，太喜没有退缩，他开动脑筋，想到对照学习的办法，例如：他先弄懂韩文版数学书上的内容，再根据理解看中文数学书，不懂的地方马上到学校问老师。说起来容易做起来难。每天，太喜五点钟就起来看书、学中文，晚上完成作业后开始对照学习。同学们睡得正香，他已经从温暖的被窝中起来，同学们在嬉戏玩耍，他静静地坐在教室温习功课……天天如此，从不间断。在老师和同学们的帮助下，五年级毕业考，太喜以三门功课总分全班第三名的成绩顺利从东展小学毕业，进入国际学校。在东展，还有许许多多这样的同学。他们相信学习、生活中遇到困难不用怕，只要积极面对，努力坚持一定会摘到成功的果实。

(2) 来自于生活中的励志故事

对于小学生来说，具有榜样作用的励志故事有着良好的激励作用，这些他们平时在媒体中、新闻中、书本报纸上看到过、听到过的人物，生动感人的故事不但感动他们，更可以激励他们。例如：《华盛顿砍樱桃树的故事》、《悬梁刺股》；有的是发生在社会上的感人故事，《中国达人秀》第一季冠军"断臂钢琴师"刘伟的故事感人肺腑，他就是家喻户晓的生活中的强者。这样鲜活的形象激励性很强，可以激发学生情感，联系学习生活的实际，努力挑战自我，能对学生的导行起到帮助。有的则是童话故事；还有的是老师们根据教材需要自己编的故事。

(3) 来自于《品德与社会》学科拓展型内容

《品德与社会》课程是以品德教育为核心，促进学生社会性发展的综合性基础课程，是小学德育工作的主导渠道。为了能更好地达成《品德与社会》的课程目标我们《生活与做人》课程有一部分内容是《品德与社会》学科教材内容的拓展与补充，使品社课更具有现实性和针对性。

3. 教材特点

(1) 结构编排符合德育认知规律

每篇教材基本上有"明理"、"激情"、"导行"、"评价"四个部分组成。明理就是说明道理，教材中《故事园》、《知识窗》等栏目，通过活泼生动的形式向学生阐明本教材呈现的道理；激情就是激发学生学习、明理的热情，通过《辨一辨》、《议一议》等栏目，让学生在现实生活中可能遇到的问题的辨析中进行思维的碰撞，从而激发学习情绪；导行就是引导行为，通过《实践园》等栏目，让学生通过游戏、活动、校园及社会实践，进一步引导良好道德行为的养成；评价就是学习成果的检测和反馈，通过生动、有趣，充满生活化的评价方式，让学生在自我检测中进一步明确行为。

处处都有爱

学校是个大家庭

社会处处充满爱

(2) 内容插图亲切鲜活，与孩子直接对话

由于教材的编写者是来自于一线的教师，她们了解学生的喜好及语言表达的特点，因此编写过程中，在文字的表达、插图的编排、案例的选取等，都尽量贴近孩子年龄特点。低年级的教材内容以游戏活动、童话故事、图片辨析等方式为主，而中高年级则为学生提供了合作探究、思辨对话的形式，在插图的选配上，也采用了儿童画和来自东展学生自己校园、家庭生活中的照片，受到了孩子们的喜爱。

(3) 配套活动丰富有趣

每一篇教材都有“活动”的部分，将良好的行为习惯或品质落实于孩子日常的生活中，配套活动都与教材内容相关的，或检测、或强化、或拓展。

如：四年级“理财”《今天我当家》一课中的“小当家我能行” 配套活动

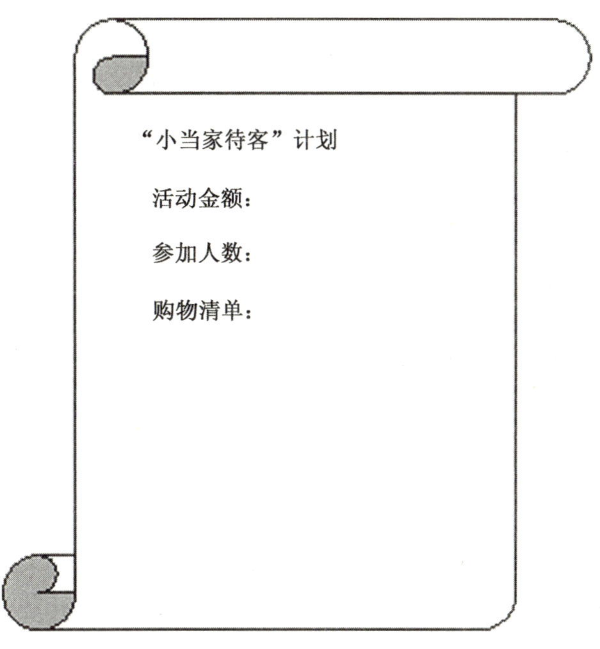
“小当家待客”计划

活动金额：

参加人数：

购物清单：

今天我当家

我的生日快到了，想邀请几位同学到家庆祝，今天我当家，用100元的零花钱开展一次生日活动，你能帮我制定一份“小当家待客”计划吗？

具体要求：

(1)“待客”计划总价不能超过100元。

(2) 能科学、合理地搭配食物。

(3) 100元中含生日中要用的其他物品。

交流：晒一晒，谁的小当家待客计划更合理，更好？并且请你根据计划进行实施，写下自己的感受吧！

____

____

同学们分成小组，通过课后理财实践活动，初步树立理财的意识，也养成同学们节俭的品质。

(4) 过程性评价跟进及时，可检测、易反馈。

绝大部分《生活与做人》教材，编写者根据教材的特点，结合日常学校的教育，将评价及时跟进。每篇教材设计了不同的评价，有不同的评价内容，如："辨一辨"、"实践园"、"评价台"；有不同的评价时机，有的评价课中完成，打"√"或打"×"；有的评价课后完成，有的甚至需要延续一周；有不同的评价人员，有的同伴评价，有的家长评价，也有老师评价等。

如：二年级"环保"《保护我们的地球》一课中的评价内容——"爱护绿化、节约资源"体验活动为美丽的花瓣涂上颜色！（一周每天坚持做到就可以为花瓣涂上颜色）

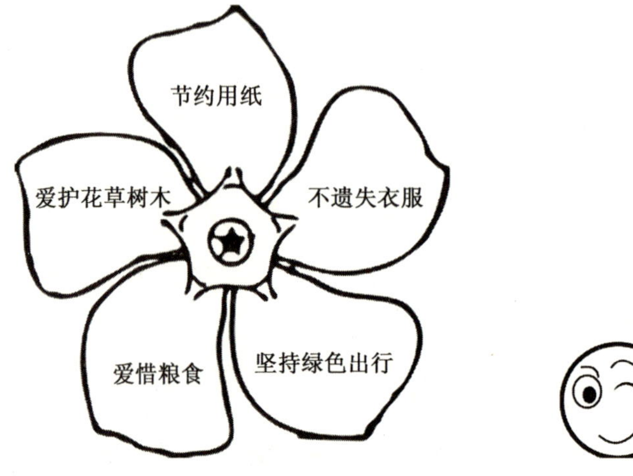

评价：如果花瓣全部涂上颜色，祝贺你成为环保小勇士！

类似这样的评价在教材中有很多，运用各种图示、孩子喜欢的评价方式，在教材学习完成以后还有后续的评价，不仅仅是在课上，让孩子们明白环保是每个人生活中的一部分，将这样的理念从小根植于孩子头脑当中。

三、《生活与做人》课程实施

（一）实施原则

1. 遵循"知情意行"的德育认知规律

在教育过程中坚持明理、激情，培养学生道德判断力，焕发内驱力；重视导行、辨析，提高学生行为的自觉性，养成良好的习惯。

2. 活动性与实践性相结合的原则

以学生现实生活为背景，以课堂教学和活动为载体，注重学生的自主参与，引导学生积极参与社会实践，在体验与感悟中培养学生良好人品的形成。

3. 评价体现激励性和差异性

课程的评价关注学生活动的过程性内容，以及他在体验中的态度，在课程活动中，给予正面的鼓励。同时课程的评价关注每一个孩子的差异，重视学生在其原有的水平上的发展，纵向比较，不用统一的标准去衡量学生，促进学生更好地发展。

（二）课时安排

《生活与做人》课程每个年级每个学年 13 课时，分上、下两学期完成，每周三下午在

“快乐拓展日”活动的“主题教育”板块，以年级组为组织单位根据《生活与做人》课程计划及教材内容全面实施，确定课程教学与实践活动的进度表。

如：一年级《生活与做人》课程内容

序　号	二级指标	课　　题	实施时间
第一课	活　力	欢乐小天地	第一学期
第三课	倾　听	倾听宝贝	第一学期
第四课	耐　挫	遇到困难我不怕	第一学期
第六课	礼　仪	我是懂礼貌的小学生	第一学期
第七课	自　理	小小书包自己理	第一学期
第十课	关　爱	处处都有爱	第一学期
第二课	探　究	爱提问的孩子更聪明	第二学期
第五课	环　保	爱护环境	第二学期
第八课	乐　观	说说心里话	第二学期
第九课	自　信	秀秀我自己	第二学期
第十一课	理　财	货币知识大冲浪	第二学期
第十二课	诚　信	匹诺曹的烦恼	第二学期
第十三课	合　作	大家一起玩	第二学期

（三）实施形式

1. 采取生动有趣的教学形式

《生活与做人》课程的课堂教学形式注重活动性和趣味性。低年级以游戏活动为主要形式，中高年级以小组合作的形式开展探究、辩论等，同时还结合社会实践活动，走出校园参与社会生活进行体验和探究。

三年级孩子在学习《互助合作好处多》一课时，邓老师刚接手新的班级，由于多种原因，导致这个班的状况并不如人意。主要体现在孩子们习惯各行其事，缺少凝聚力，没有集体荣誉感。班级孩子们也时常因为小事闹纠纷。在这个教材中有“实践园”，设计了一个心理游戏——无敌烽火轮，就是将报纸做成一个超大的圆环状道具，让同学们分成几组，每个组内的7—8个人都站到轮子里，一起协作向前滚动报纸做成的轮子，如果不配合，报纸就会被扯破，或者轮子滚动不起来，游戏就失败了。实际这个游戏里就蕴含这一种团队合作精神。玩游戏之前，小组讨论得可热闹了，怎样使自己制作的报纸轮子既美观又牢固，怎样运行才不会使报纸破损等等。游戏玩好后，孩子们经过讨论，从小组失败的经验中发现了团结合作是那么的重要。自此，一扇窗就像被打开了，孩子们开始懂得关注他人，关注集体，懂得要做好一件事需要彼此的努力合作。

2. 注重课程的整合，发挥教育的合力

在《生活与做人》课程实施过程中，我们充分挖掘各种资源，争取发挥其最大化的教育效益。如，实践活动部分与校本课程《社会实践探究系列》、《童年成长探究系列》中的相关内容进行整合;德行教育则与《品德与社会》学科进行整合;另外还将家委会活动、班队活动的相关内容与该课程进行了整合,使课程的教育效益进一步提升。

五年级《生活与做人》第十课“感恩的心”,有三个学习任务:懂得“感恩”是我们中华民族的美德,要继承和发扬;通过回顾小学五年生活,感受自己的成长离不开学校、师长的关心和教导,激发感恩母校的情感;为学校、师长、弟妹做一件有意义的事情,奉献自己感恩的心。

为完成学习任务,以生动的活动做载体,与《童年成长探究系列》课程中五年级的“感恩教育”相整合,开展“小天使在行动”活动,悄悄为伙伴做一周的好事,记录自己做好事的感受。每个人做好事的同时也被别人关爱着,一周后的生活与做人课上,大家开始了“寻找天使”的活动,揭晓了那个默默在背后为自己做好事的人,此情此景,孩子们感动、欣喜、快乐……同学情油然而生,心中播下感恩的种子。课程中的“为弟妹做一件好事”,就结合《社会实践探究系列》中的内容“校园服务”来实践,为一年级弟弟妹妹的校服写名字,得到了低年级孩子的赞誉,也让毕业生奉献了感恩的心。

(四)课程评价

《生活与做人》课程的评价不是简单地给予孩子一个成绩,我们关注的是学生活动的过程性内容,以及他在各种体验中的态度,在课程活动中,保护学生积极性,发现学生闪光点,给予正面的鼓励,并改变传统的评价方式,让每个孩子在《生活与做人》课程的学习中获得成功,体验成功,感受不同的成功带给他们的快乐。具体评价形式有:

1. 说一说:说说知识性的学习内容,可用智力竞赛形式增加趣味性。

2. 做一做(或画一画、写一写):做做实践操作性的学习内容,可用小组分工合作的形式结合考查学生的合作能力。

3. 演一演:演一演“遇到这样的情况你会怎么做?”,根据情境考查是非辨别能力。

4. 看一看(教师角度):观察学生的行为、情绪情感、操作的情况、活动的状态等。

(学生角度):走出校门看一看大千世界,从不同的角度认识世界,感知世界。

5. 评一评:学生互相评判以上考查内容的效果,可用三星级的标准进行打分,教师小结点评情况,以提高学生的辨别评判能力。对平时的课堂、课后作业进行自评、互评和教师评相结合的评分,课外实践活动可请家长、亲友或社会人士配合评价。

《生活与做人》是学校人品教育校本化实施的主要课程,课程结合学生的年龄特点、认知规律分年级选择教育内容、制定教育目标、设计教育活动与评价。实实在在站在学生的角度考虑问题,切切实实为学生健康成长解惑立行。在贴近学生思想和实际的情况下进行生动而持续的评价,给孩子带来了童年的快乐,也带来了同样令人欣喜的变化。

第三节　课程里的快乐童年

课程实施的主体是学生，关注学生的认知基础，关注学生在学习过程中的体验、感悟与行为是课程学习目标的保证，课程亲和儿童生活，尊重学生生活的已有经验，注重培育学生的人文情感，迁移和发展学生各项能力为目标，促进学生全面和谐的发展，让儿童在课程的学习、实践过程中享受着童年的快乐。

一、我的课程我做主

我校的拓展型课程为学生提供更加丰富的课程，成为学生成长的加油站；课程的设置上与时俱进，增设了学生喜爱、时尚、面向未来的课程，拓展课程更加倡导由学生按兴趣需求选择，凸显学生主体地位，促进学生主动、富有个性地学习，使学生尝试选择、规划人生，适应社会发展的多样化需求。

（一）我的课程我设计

每周一、二、四下午三点到四点是孩子们一天中比较自由放松的时段，他们结伴去参加课程学习，学校为了让学生在拓展型课程学习中获得更多的收获，不断听取学生的意见和建议，在 2014 年，专门设计了一份调查表，了解学生对拓展型课程开设情况，其中有一道题："你还想参加什么样的课程？"让孩子们来设计他们喜爱的具有现代气息的课程，结果孩子们提出了好多设想，征求了学生的意见，有的课程是学生在外面学习的，他们非常感兴趣，向学校建议能否增加？比如机器人课程、街舞课程等；有的课程是学生希望学习的，但是外面针对孩子开设的不多，比如少儿高尔夫球、足球课程等。

对于孩子们的想法，学校进行了研讨，在现有的课程菜单上增加学生向往的课程，尽量满足学生需求，课程的设计尊重孩子们的意愿。

四(1)班有一位非常清秀的男生叫霖霖，他个子不高、身体看上去很消瘦，说话声音很轻，始终看不到与人交流时直视的目光，从班主任老师那里了解到，霖霖性格比较内向，家庭教育良好，是一个儒雅的男孩子，会弹钢琴、还会跳街舞。

班主任鼓励他，还让他教伙伴一起跳，开始只有一个孩子喜欢，大家都感觉他很怪，但是后来在霖霖的带动下，中午跟着他一起跳街舞的男生渐渐多了，后来他们自己成立了一个俱乐部，自编自演，班级同学可崇拜霖霖了。

霖霖非常喜欢街舞，而且也跳得好，如果街舞也能成为学校拓展型课程中的一项，那该多好啊！霖霖向学校提出了自己的想法，如果让像霖霖这样爱好街舞的学生能够邀请专业的老师进行指导，发挥男孩子的能量，对喜欢街舞的男孩子一定有吸引力。

说干就干，学校采纳了霖霖的建议，尊重他的意愿，经过努力邀请了专业的街舞教练，一位阳光帅气大男孩，街舞课程正式启动啦！学生报名的热情高涨，霖霖更是自豪，因为这门课程源自于他。

引进了街舞课程后，孩子们设计的热情更高涨了，从 2014 年 9 月开始逐渐增设了少儿高尔夫、网球、乐高机器人、多元智能、尤克里里、桥牌这些学生喜爱又时尚的课程。这些课程的加盟丰富了原来课程的四大板块内容，分门别类地融入了“快乐健身类”、“艺术博览类”、“能说会讲类”、“科学探索类”四个领域，目前我们的拓展型课程总共有四大类，二十七门相关课程，六十八个班级。

随着时代的不断变化与发展，新的课程一定还会层出不穷，我们将继续努力为学生提供丰富多彩的、有利于学生个性发展的、具有学校特色的课程内容，使课程更具选择性、开放性、实践性。

（二）我的课程我选择

拓展型课程深受孩子们的喜爱，它是学生根据自己的学习能力和兴趣，选择自己喜欢的课程，打破原有的班级界限，走班进行课程的学习，是一种不固定的班级、流动性的学习模式。这种流动性的学习模式扩大了师生、生生交流的机会，也是在以往教学中难以做到的，因材施教原则得到充分实施。孩子们在不同的班级学习不同的科目，展现不同的风采。

1. 选择擅长的课程

学生在选择拓展型课程时一般会以自己的兴趣爱好为主要的考量依据，大部分孩子会选择扬长，比如有的孩子在外面学习钢琴，有了一定的钢琴基础，她希望在学校课程中发扬钢琴的特长，进一步提升钢琴演奏水平，他会选择钢琴。有的孩子特别喜欢舞蹈，希望在舞蹈课程中能够凸显自己的特长，像出于这样考虑的孩子占了大多数。

2. 选择补短的课程

也有将近 30%的孩子他的课程选择是补短，比如有的孩子五音不全，家长却给他选择合唱队，希望在合唱队中学习音乐；孩子身体协调能力差，你却在舞蹈队里看见她一展身手，原来家长希望她多锻炼，通过舞蹈的形体训练等提高协调性；有的孩子好动，常常静不下来，妈妈为他选择了书法课程的学习，为的是让他学习静心，静下心来练习写字……还有的孩子先天条件并不好，说话都不是很清楚，他在《能说会讲类》课程学习中得到了锻炼，找到了自信，经过一段时间的学习，能够讲述动听的故事，成为故事大王呢！

期末，看到轶轶拿到了拓展课程——童话故事的“故事大王”称号，爷爷奶奶喜上眉梢，而轶轶也高兴得合不拢嘴。

望着他，我不由得回想起第一次去轶轶家家访的情景……

家访中，孩子也常常禁不住想要和我们说话，但等我们仔细聆听时，却发现他表达不够清晰，有些词不达意……家长介绍说孩子在三岁以前都不怎么说话，一开始担心孩子会是自闭症，也去看过医生，后来诊断并非自闭症，也进行了一段时间的训练，孩子能说话了，但是比起同龄的孩子，表达能力要弱得多。家访时，家长特意提到了孩子的表达问题，也希望学校能给予更多的机会训练他的表达能力。于是，顺理成章的，在选择拓展课程时，家长给孩子报了“童话故事”。

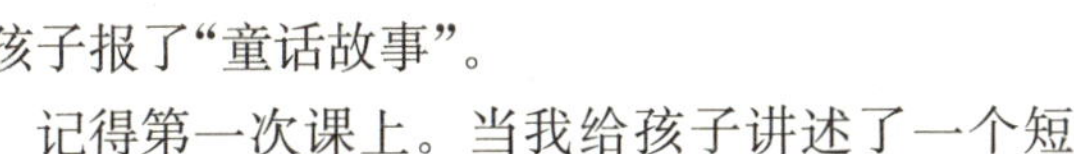

记得第一次课上。当我给孩子讲述了一个短小的童话故事后，孩子们都非常感兴趣，纷纷跃跃欲试，唯有轶轶，一个人趴在桌上。还不断地嘟哝着：“我不行，我不行……” 童话故事的课程照旧进行着，每次操练时，我总会多关注轶轶一些。一直到那天，清晰地记得，故事的主题为“伊索寓言”——《肚胀的狐狸》。当学生自己练习讲述故事的时候，老师见到轶轶的小手举了一下，但是不坚定，又把小手缩了回去。见到轶轶缩回的小手重新举起，虽举得不高，但我还是请了他。轶轶站起身来，涨红了脸，小嘴最终迸出了三个字：“我试试!”这时候，我带头鼓了掌，孩子们也都给予了轶轶掌声。

自从上次故事讲述之后，我明显感到轶轶积极表达的主动性增强了许多，大家的鼓励与认可又重燃了轶轶的自信。接着就是要帮助轶轶怎么把故事讲流畅。而轶轶表达最大的问题就是他的思维要比表达的速度要快，所以常常会出现他在说一句话的时候，前半句的意思还没说清楚，就急着把第二句话的内容表达出来。于是，我经常耐心指导他一句话一句话慢慢讲。

深刻地记得是课程活动的“故事大王擂台赛”，当我宣布比赛开始，谁愿意来讲故事时，轶轶主动举手，表示：“我来讲!”而当轶轶绘声绘色地讲述《田鼠与家鼠》故事时，台下孩子们的掌声给予他最高的支持率，也是为轶轶在童话故事班里的进步画上一个圆满的句号。

在学校多年来的《能说会讲类》课程的学习中，不乏轶轶这样的孩子，很多时候家长都是为了给予孩子更多锻炼的机会，培养孩子口头表达、表达自信而替孩子选择的课程。而正是此拓展型课程的开展，给予学生更多自主表现的空间和时间，从而在学习的过程中，不断地变得自信，成为学习的主人!

3. 选择拼盘型课程

如果把大部分的孩子在课程选择上比作一盘菜的话，那么还有 20%的孩子他们的选择就比较有个性了，虽然大家拿到的是同样的菜单，却可以有不同的组合，选择一门课程，二门课程，甚至三门课程的，就像一道拼盘，里面都是自己喜欢吃的菜品。

有个孩子想学习钢琴，又想学打高尔夫，她还想学习剪纸，那可怎么办呢？一个下午一小时学得了三门课程吗？她把想法告诉家长，家长跟校方进行沟通，校方的理念只有一个，只要孩子有需求，学校都努力去实现她的愿望，旨在激活孩子身上的每个细胞，让他充分展示自己，成就那个最棒的自己。钢琴时间每周一次，进行调整，高尔夫也是每周一次，放在周二下午学习，那么周四的时间他就可以去学习剪纸了，当孩子知道自己的愿望被满足以后，高兴极了。

在课程的选择上，不管是扬长还是补短，是一个菜还是拼盘，它背后体现的都是孩子的自主发展，体现的是家长不同的教育理念。从一张小小的菜单开始孩子们拓展课程的旅程，掌握各自兴趣的学习领域的基础知识与基本技能，形成自我规划和自主学习的能力，形成广泛的兴趣和积极健康的生活态度。

（三）我的课程我实践

经过选择以后，孩子们开始了课程的实践学习之旅，课程实施的主体是学生，教师常常会根据学生的需求来设计、选择教学内容，教学内容不拘泥于形式；教学时空的开放，从课内延伸到课外，高尔夫课程走出校门到校外场地进行学习实践；美术到校园内写生、走出校门到水乡到动物园写生、到美术馆临摹大师的作品等等……

每个人学习的课程内容不同，实践的方式也就不同，大多数的课程学生走班以后，比较多的还是按照班级授课制进行，或表演或动手动脑实践完成作品，抑或在操场上驰骋；在跆拳道室“搏斗”，孩子们在不同的课程内容学习实践中找到了自身的兴趣爱好与特长，在各自的舞台上绽放着最棒的自己。

1. 剪纸艺术我传承

五年级的小李同学跟着民间艺术家学习剪纸已经三年了，从一点都不会到今天信手拈来；从对剪纸陌生到现在了解剪纸艺术，走进剪纸艺术。三年学习剪纸艺术来，每次上课那份认真劲别提了，小小的剪刀在他手里舞动着，一会儿工夫，一个个憨态可掬的圣诞老人出炉了；一朵朵栩栩如生的雪花、一只只可爱的南瓜诞生了。

现在剪纸不仅是他擅长的本领了，而且成了他课余生活的一部分，作业做累了，他会拿出剪刀剪窗花，形状各异的窗花让他找到了快乐；逢年过节，给家里和亲戚朋友剪个“福”字，增添过年的喜气。他的作品还被素不相识的加拿大的夫妇拍卖了，他将50美金捐给了慈善机构。学校小记者采访他时，他说道：“剪纸艺术是中华民族的瑰宝，是中华非物质文化遗产之一，自己不仅是要努力学习剪纸艺术，肩上还有着传承中华文化的责任。”

2. 走出校门学画画

三年级的美术课程班有个很好听的名字——柯乐梦，来自于全体孩子的智慧，美术课程班的学生从一年级学习美术一直到毕业，柯乐梦组织了许多艺术类的活动类的活动，随着年龄的增长逐步提升艺术修养。

第一届柯乐梦美术课程班在校举行了毕业班孩子的画展，当时就有孩子说：“我觉得很可惜，我们没有去看过一次画展……”于是，第二届的孩子们就有了每学期的走出去活动：观看画展和写生活动，孩子们来到朱家角、外滩、上海动物园写生，一幅幅精彩而有充满童趣的作品诞生了。第三届又增添了请进来活动：邀请家长走进课堂，和孩子们一起学习不一样的《魔法妈咪落叶画》，还举办了《梵高展欣赏入门讲座》，听完讲座再去实地欣赏梵高的作品，孩子们津津有味，似乎很懂这位艺术大师的作品。

美术课程丰富的活动让孩子们有了不一样的实践，正如一位家长所说，不是希望孩子未来真的从事和美术相关的工作，而是想让孩子对事物有点不同的想法创意，更想让他们有一个美育审美的人生底色；外出写生和参观画展是美术的一项重要的教学内容，弥补了学校各项活动中缺乏艺术方面的体验活动，打开了这片不同的教学天地，让孩子们在课程的参与中快乐成长。

像柯乐梦这样学习课程的孩子很多，不仅在课堂上展现自我，同样也是在课程实践中，增长见识，学习本领，从而更加自信，让自己变得更精彩！

二、精彩课程我玩转

东展小学探究型课程目标旨在促进学生以良好品德形成、以人的全面发展为核心，让学生成为有爱心、有责任心、有良好行为习惯和个性品质的人，为学生逐步成为现代合格公民而奠定基础。课程关注、拓展、提升学生的社会生活经验，注重对生活的体验、感悟和认识；让学生走进生活、走近社会，用孩子自己的方式观察、感受、探究社会，从中学会做人的基本道理，是促进学生形成良好人品的综合性校本课程，是学校落实人品教育的主渠道。

增强课程生活性。以学生现实生活为背景，以学生已有生活经验为基础，将课程内容、知识、方法与学生社会生活经验整合，实施人品教育。它将学生的健康人格、人际交往和主体意识的教育为一体，体现课程的生活性。

凸显课程综合性。体现在内容的综合性与活动方式、评价方式的综合性，还包括学科的综合性。课堂教学依托自编教材，注重“知情意行”的综合，以实践活动为载体，引导、鼓励学生积极参加所有实践探究活动，在体验与感悟中培养学生良好的习惯、良好的人品，体现学生整体发展与个性发展的统一。

强调课程开放性。在课程内容、活动组织、成果评价等各方面，课程都强调与重视它的“开放性”，“开放校门”将家长资源“请进来”，走进课堂，师生、家长角色互换；同时“打开校门”，让学生走出校门，将课堂融入广阔的社会生活之中，开阔眼界。

体现课程自主性。探究型课程注重学生的自主参与，处处体现学生自主的特点，自主活动、自主评价、自主展示。

（一）童年成长中学会自主

探究型课程中的《童年成长探究系列》课程五个年级的目标分别从培养学生作为小学生的自豪感到培养集体主义精神到培养自主自理能力到培养感恩情怀，依次递进，而每个年级根据不同目标，设置了不同的课程 。从一年级进入东展到五年级毕业，现在各年段都有了丰富的课程内容，孩子在这五年时光里，从身体、心理、思维、习惯等都发生了很大的变化，在孩子童年成长的过程中，让他经历不同的过程：上小学了、戴上红领巾了、十岁了、生活自理了、小学毕业了，这些重要的人生阶段，举行不同的仪式，让孩子自主探究其中的秘密，充分感受成长的快乐。在这课程最初阶段，其实并不完善，一、三、五年级先行一步，在孩子入学、十岁、毕业时候有隆重的仪式，渐渐地在实践的过程中，我们逐步完善了二、四年级的课程内容，把入队和学会自理作为了课程内容，这样就形成了比较完善的《童年成长探究系列》课程。

在一年级针对“自理”的内容，就有相应的十项自理本领的学习与检测，比如学会自己系鞋带、理书包、穿衣、刷牙、洗脸、洗手、洗手帕、吃饭、整理学习袋等，二年级巩固这十项本领，三年级在自理方面的要求就是初步学会一至二项家务劳动，进入四年级则重点聚焦生活能力的培养，通过“生活放飞”课程活动，锻炼、培养孩子们的自理能力。

四年级“生活放飞”课程持续一个学期，通过“我是生活小主人”、“我是班级小主人”、“我是学习小主人”三个版块的学习，分别在生活上、学习上、班级里都有不同的目标要求。“生活小主人”通过“叠被子”、“套被套”、“折衣服”、“钉纽扣”、“整理出行物品”等比赛活动中，学生不但学会这些生活的本领，并且要在家庭中承包一到两项小家务，如扫地、洗碗

等，坚持做家务，家长共同参与评价，让孩子在生活中学会生活。“学习小主人”通过明理、辨析、探究等方式，在完成作业、珍惜时间、自主学习、探究等方面为自己设立目标，有不同程度的进步。“班级小主人”则通过“班级岗位认真做”、“班级日志我来记”、“我的班级我装扮”等活动，让每个孩子自主参与，积极成为班级的主人。

经过前期的课程学习，最后一项内容是每个人将参与一次难忘的“生活放飞”活动，旨在进一步提升和检验学生生活的自理能力，“放飞”是课程内容之一，绝不是简单的一次出行活动而已，有具体放飞内容，指标要求，不同的评价人员，“放飞”按照分数分成“优秀”、“良好”、“合格”、“不合格”四等，如果没有达到 6 分，就是“不合格”，是要重新放飞的，学生将拿不到“放飞证书”。

能参加两天一夜的“生活放飞”活动，孩子们别提有多兴奋了。根据活动评价指标，提前一周，都在家里练习折衣套被，大伙儿练得格外认真，课间还会请教同学，晚上会请教家长。活动前的晚上，爸爸妈妈们要帮忙整理行李，孩子们都一口回绝，自己按照小组商量的出行清单，一样样整理好。爸爸妈妈只负责按照评价表进行打分。在东方绿舟的各项课程活动中，孩子们学会了很多生活技能，收获了自信，收获了快乐……

小彤从一个只知道弹钢琴的女孩到现在会洗碗收拾房间的生活自理的女孩，这期间是生活放飞活动改变了她。让她认识到掌握基本生活技能和学习知识、弹琴一样重要，而且在这些活动中小彤养成了爱劳动的习惯，尤其是放飞活动结束后，小彤还是一如既往地坚持每周的家务劳动，分担父母的辛苦。悦彤妈妈说：“这次放飞也是她第一次离家，第一次自己准备东西，期间学到了好多成长需要的知识，如：独自准备行李包，学会套被子，钉扣子等，相信这个活动对今后的成长产生深远的意义。”

四年级“生活放飞”中的折衣服比赛、叠被子比赛等，通过紧张激烈而富有童趣的比赛，让孩子们在多彩的活动中体验了的生活、学习的快乐，激起了孩子们向上

的欲望，孩子们的自理能力、表达能力得到了提高。

一个周三的下午，四(1)班举行了大家期待已久的折衣服比赛。比赛前，孩子们抓紧最后的练习机会。洋洋也不例外，一会儿和同桌比赛，一会儿让同学点评，看样子不拿个小组第一决不罢休。然而“人外有人，天外有天”，没想到洋洋小组“高手如林”，第一轮比赛就被淘汰了。看得出，洋洋沮丧极了，在同学们为决赛选手加油助威时，他心不在焉的愣在那里……

下课后，老师拍拍洋洋的肩膀，对他说：“男子汉，失败是成功之母，继续练习，我相信你会是个折衣小能手！”这句话给了洋洋力量，晚上，洋洋的爸爸也来安慰他，并帮他从电脑上查到了三秒折衣法，然后走到床边，拿了一件T恤衫比画了几下。一阵眼花缭乱之后，T恤衫平平整整地折好了。洋洋眼前一亮，迫不及待地对爸爸说：“你怎么也会这种方法，赶快教教我吧！”爸爸教了洋洋秘诀。按照口诀，洋洋首先把T恤衫平整地铺在床上，接着用手掌横着划出中心线，捏住对准肩膀垂直线的点，另一个手捏住同侧肩膀的中间点，然后顺着拎起来对着衣服下沿对应点捏牢。拎起衣服，两个手往外一扯，再一抖，最后顺着衣服反折，铺平。一件平整的衣服呈现在洋洋眼前，洋洋的心激动地和哥伦布发现新大陆一样。这时，妈妈下班回来，洋洋马上告诉妈妈：“我学会了三秒折衣方法，妈妈你看！”说着，把T恤衫放在桌子上，转眼间就变得平平整整了。妈妈给了洋洋一个大大的拥抱：“儿子，你真棒！”

洋洋学会了这个叠衣秘诀，他告诉我：一定要和同学比赛一次，以后为班级争得荣誉！虽然仪式活动结束了，但孩子们意识到：它不仅是一次活动，更是自己应该具备的生活能力。洋洋爸爸说：“对于生活放飞系列活动的各种趣事，洋洋总是津津乐道。通过这次活动，孩子回家参与家务的热情高了许多，尤其是折衣服，他总是抢着做。”

不同内容的活动，采用不同的探究方法，通过轻松活泼的课堂形式，积极自主的学习氛围，使学生课内所学与生活有效结合，真正体现了学习中有快乐，快乐中有收获。

(二) 节日文化探究乐趣无穷

东展生源多元，节日活动是东展小学人品教育课程的一个重要组成部分。每一个民族的节日都凝聚着这个民族文化的精华，是一个民族文化的体现。而我们东展小学结合学校的特点，在家长、学生、教师的共同参与下，将一些具有特色、能比较集中反映一个民族和国家特点的节日作为我们的课程进行开发。

《节日文化探究系列》课程通过进行课程体验和参与，学生能了解各个不同国家和民族的节日，了解不同国家的文化、民俗、饮食等内容；能欣赏和尊重各种文化差异，培养学生理解包容、和谐共处的交往能力；通过课程，能感受东展校园多元文化相融合的和谐氛围。一、二年级小朋友通

过听听、看看、玩玩的学习方法，初步知道本国的节日和西方传统的节日。三、四、五年级学生通过探究、实践体验的学习方法，深入了解节日的来历，对中西方主要的节日传统文化有比较全面的了解。

《节日文化探究系列》的课程涉及中外具有代表性的、传统的节日一共十个，中国的传统节日6个，国外的4个，每个节日都蕴含着文化，在这门课程实施的过程中，我们注重学科的整合，品社、英语、体育、自然、主题活动这些学科为孩子搭建了不同的平台，围绕节日文化的主题，让孩子们在学习课程的同时，不光知道人们是怎么过节的，更要了解相关的来历、传说、习俗等等，还深入探究节日背后蕴藏的文化，中国的传统节日，在探究的过程中告诉孩子，你们肩上的责任，那就是把中华文化一代一代传承下去。

在探究同时，还组织学生参与各种节日文化活动，亲身体验节日文化。课程与品社学科整合，品社教材中本身就有“清明节”、“中秋节”等节日内容，那么就发挥其1+1大于1的功能；在英语学科中，了解“复活节”、“圣诞节”、“感恩节”等相关内容，制作英语小报，在家、在校开展节日丰富活动，万圣节的时候，孩子们穿上各自节日盛装，课间到处讨糖吃，校园里洋溢着英语版的节日话语；复活节体育和英语老师共同上阵，滚彩蛋、翻煎饼游戏开展得不亦乐乎。在中国传统节日元宵节到来之时，孩子们自己动手写灯谜、写对联，知道元宵节的来历，吃元宵、学着包元宵，猜灯谜，拉兔子灯，校园里热热闹闹过元宵。

除去比较大的节日，我们在“三八妇女节”、“重阳节”、“母亲节”等等，年级组、学科教师都会组织开展各种活动，通过节日探究、节日活动让孩子们感受不一样的氛围，接受不一样的教育，快乐多多。

（三）社会实践探究快乐多多

到社会中去，到广阔的大自然中去，社会实践活动是孩子们最喜欢的，学校探究型课程板块中的《社会实践探究系列》课程关注学生现实经验，培养学生实践能力；以人品教育为核心，培养学生积极的生活态度；完善学习方式，拓宽学生实践体验的渠道。是一门强调以学生的经验、社会实际和社会需要和问题为核心，倡导自主探究、实践体验、合作交流的学习方式，倡导“发现”、“活动”、“交流”有机统一的实践过程，充分整合多种资源，让每个孩子在实践课程中培养各项能力，让学生在活动、体验、实践中获得发展，丰富阅历。因而，课程比其他任何课程都更强调学生对实际的活动过程的亲历和体验。

一、二年级目标定位在亲近并探究自然，增进对自然的认识，逐步形成关爱自然、保护

快乐实践：参观儿童博物馆

环境的意识和能力，三至五年级学生积极参与校园、社区和社会服务，增进对社会的认识与体验，发展社会适应能力和社会责任感，掌握相应的生活技能，提高学生独立生活的能力，培养学生实践体验能力和团队协作精神。

《社会实践探究系列》课程共设置“考察体验”、“探究实践”、“公益服务”三个方面的内容，根据学生年龄特点与年段教育需要进行安排。公益服务：低年级学生主要是在教室、校园进行简单的劳动；中高年级既有自我服务的项目，也有为他人、为学校的服务。考察体验：主要是通过实地的观察、观看、参与活动地点的活动，获得真实的体验和感受。探究实践：带着问题和感兴趣的地方，有目的地对活动地点进行观察、阅读，发现问题，搜集数据，形成解释，获得答案并进行交流、检验。课程安排在“快乐活动日”中“社会实践”板块，要求每个学期课程实践活动共计三次，每次至少 2—4 课时，一日为 6 课时，以年级组是课程实施的组织单位，根据《课程计划》及教材内容，确定课程教学与实践活动的时间表。根据课程特点，本课程的实施分成“学习”与“实践”两个部分。“学习”主要是根据教材内容进行知、情、意、行的课堂学习；“实践”是根据教材要求，开展校外（或校内服务）的实践活动。

《社会实践探究系列》课程每学期每个年级都有相应的课程内容安排表，比如：四年级《社会实践探究系列》课程内容如下，

年级	学期	课程内容	活动基地
四年级	第一学期	考察体验： 《读书乐》体验长宁图书馆 （4 课时） 《畅游艺海》参观刘海粟美术馆 （4 课时）	长宁图书馆 刘海粟美术馆
		公益服务： 《百善孝为先》敬老院服务 （4 课时）	安馨敬老院 逸仙敬老院
	第二学期	考察体验： 《读书乐》体验长宁图书馆 （4 课时） 探究实践： 《天圆地方》参观上海博物馆 （4 课时）	长宁图书馆 上海博物馆
		公益服务： 《百善孝为先》敬老院服务 （4 课时）	逸仙敬老院 安馨敬老院

我们在实施过程中，除了课程内的实践活动以外，有的班级还会根据本班情况，设计、选择更有趣的实践活动，课程的开放性更大，带给孩子的挑战与快乐也越多。

四年级学生的一次“朱家角”考察活动或许会带给我们一些启发。活动要求学生自主分成小组，按照任务单上的要求，小组合作完成，遇到困难自行解决，然后在指定地点集

合，进行汇报。

一到朱家角，四(5)班的家长们就布置任务，提出要求。然后小组成员开始研究地图，制定寻访路线。那天，老天不作美，下起了大雨，孩子们冒雨冲了出去。这场雨给孩子们完成任务带来了很大的困难，但孩子们的毅力非常坚强，衣服、鞋子淋湿了还是不放弃，大部分小组基本完成了任务。此时，这次亲子活动成了一个微型的生存体验。我们来看看，他们的任务完成得怎么样？

小组名	景点	最难忘的景点	品尝的美食	遇到的困难	怎么克服
红组	18	放生桥、课植园、阿婆茶楼、水乐堂	粽子、芝麻糕臭豆腐、	迷路了	看地图，问路
蓝组	19	放生桥、圆津禅院珠溪园、大清邮局	酒酿饼、青团拉丝、臭豆腐	方向反了	折回来重走
黄组	16	城隍庙、童天和药号水乐堂泰安桥	油墩子、臭豆腐、袜底酥	有人走丢了	手机联系、寻找
绿组	14	延艺堂、廊桥、翰林匾额博物馆、课植园	袜底酥、糖画、臭豆腐	走不动了	坐船返回
粉组	8	放生桥、城隍庙水乐堂、北大街	粽子、臭豆腐、香酥鸡	地图淋湿了	提早返回

那天雨下得很大，孩子们的裤子和鞋子都淋湿了，有的鞋子还能倒出水来，但是没有一个有怨言，这些孩子在家娇生惯养，今天的表现却很出色，让人刮目相看。正如有同学在作文里写道：今天的亲子游是最狼狈的一次，也是最难忘的一次。

雨中寻访古镇，孩子们遇到了前所未有的困难：有的任务图和线路图淋湿了，有迷路的，有方向走反的，有同学走丢的……面对突如其来的困难，队友们没有慌张，通过问路、手机联系、走回头路、坐船等方法克服了。此时定向游戏成了微型生存体验。圆满完成任务。大家同进退，共患难。品尝美食的时候，小组成员你买一包袜底酥，我买一盒臭豆腐，大家交换着吃，彼此分享美食，分享友谊。

孩子们对于活动后的评价是“最有劲”，为什么呢？他们遇到了很多麻烦的事，为啥还觉得有劲呢？因为亲身实践了，与别人告诉他的经验完全不同，实践是探究方式之一，是更深一层次的探究，通过亲身的实践、感悟，我想孩子们的感受一定是深刻的。

(四) 校园生活培养探究品质

探究的方式除了外出考察以外，知识的探究也是其中一项内容，在不同的课程板块中有着不一样的探究内容。

校园生活探究系列，也就是我们每年的主题教育活动。每学年为了落实人品教育中不同的指标要求，由艺教部设计不同的“校园生活探究系列”课程活动方案，各年级组根据年级的特点，制定各年级主题课程的方案。课程以激发学生关注身边以及社会生活中人和事物的兴趣；培养学生热爱生活、爱大自然、爱自己和身边的伙伴、亲人的良好品质；从小养成爱阅读、环保、健康等作为现代人的生活习惯；引导学生乐于探究、自主探究、善于合作等好习惯为目标。

东展小学生源背景多元，有三分之二学生来自境外、港澳台地区，不同的家庭文化背景是学校教育很好的资源，因此，学校在2012学年开展了“亲亲东展一家人”的系列主题探究活动，引导学生了解自己以及同伴生活的国家或地区的国旗、语言、饮食习惯、风土人情、服饰特点等内容，达到不出国门，了解世界，拓展知识面，培养学生宽容、礼仪、合作、关爱的品质，形成“东展是大家，班级是小家，亲亲东展，爱满校园”的氛围。各年级根据不同的课程内容，运用不同的实施途径进行自主探究。

在“亲亲东展一家人”的课程实施过程中，无论学校还是班级到处渗透着多元文化的气息，走进东展，一排排各国家和地区的彩旗高高飘扬，你忍不住会去猜，这是哪个国家，那是哪个国家，校门口的大屏幕滚动播出着学校各种多元文化的活动内容，是东展流动的风景。走廊里悬挂着来自各个国家孩子的照片，多元文化活动的照片，营造了东展一家亲的氛围。

班级环境气氛的烘托是十分重要的，各个班级都在环境的建设上动足了脑筋。有的版面上出现了世界地图，标上了孩子们的国家和地区；有的班级抓住一个国家，做深、做细，从地理位置、基本国情到美食文化、建筑特色等等，深入而全面；有的班级探究的内容来自于学生，他们感兴趣的内容是最好的学习，让孩子真正成为了主人。于是乎，走进班级，仿佛进入了世界之旅，在班级的墙面上，你可以看到世界各国、各地区的风情，学到许多知识，为孩子们打开了一扇认识和了解世界的窗口。

在开展“亲亲东展一家人”主题活动时的升旗仪式可有特色了，每周都会有一位来自不同国家的孩子当升旗手，他们穿着自己国家或民族的服装，讲述着自己国家的风俗，有的孩子还请来爸爸妈妈一起助阵呢！记得当时有个日本孩子，妈妈特地穿上和服，非常隆重地介绍日本，孩子还跳了一段日本的民间舞蹈，让大家印象非常深刻！升旗仪式上让大家了解了奥地利、美国、日本、韩国等十几个国家和地区的不同风俗，增长见识，更为自己能生活在东展大家庭而自豪。

各个年级探究的内容各有侧重，各班利用周三的“快乐活动日”实施者主题教育内容，一、二年级孩子以图片为主，画一画家乡具有代表性的实物；找一找家乡风光的照片等。三年级孩子围绕自己国家的美食和风光进行探究，将探究成果用图片进行展示。四、五年级学生通过探究国家的地理位置、地理环境，历史背景、历史人物等，制作了探究小报，通过作文赛、服装秀、知识竞赛等形式进行展示，让孩子们增长见识，开阔视野，增进友谊，同时提高学生的动手能力、表达交流能力、合作能力、探究能力等。

任何活动的开展，学生的兴趣相当重要，老师一直在思考如何更好地激发孩子们的合作意识与快乐体验。学生来源的多样性，是此次活动顺利开展的保障，当我问及孩子的家

乡是哪个国家的时候，有些孩子都还搞不清楚。为此，在活动之前我让学生去向家长了解自己的家乡，让他们对自己的家乡有一个初步的认识。同时，也鼓励孩子与父母共同搜集相关的资料（文字记录、照片等）做成小报，以孩子在生活中的真实情景再次展示在集体面前。当他们带着完成的小报或搜集的资料一一确定地向同学们介绍自己的家乡在哪里时，他们对于学习的积极性、主动性被完全调动。介绍自己家乡的环节使得不少默默寡闻的孩子也勇于参加，表达自己对家乡的一种喜爱。尤其是当全班孩子全部介绍完自己的家乡，知道我们班级 32 个学生竟然来自于 5 个国家 7 个地区的时候，他们的惊讶劲不言而喻了！

例如在“我的家乡在哪里”的活动中，一张硕大的世界地图的出示马上吸引了孩子的兴趣。在老师创设的情境中，孩子们听着老师的指令，分组上台在世界地图上寻找伙伴们的家乡……活动得好不愉快！如果说“趣”能激发学生的好奇心，那么“亲身体验”则更能帮助学生对多元文化的相关知识有更为明确的认知，在情境的体验中判断对与错，明辨是非。

如“各地方言我来学”活动中，孩子们积极拿腔拿调地学习着不同语言的问好方式，学得快乐高兴，感受了不同国家的语言文化……

通过活动的开展帮助学生形成良好的集体意识，以校为家，把同学老师视为家人，有助于缩短新环境下，学生之间的差距，并建立爱班级、爱同学的情感。

班级围绕“亲亲东展一家人”的教育主题，通过各种形式了解不同国家和地区的同学及他的故乡，感受东展小学如同一个快乐、温暖的大家庭，包容和悦纳这不同文化背景的学生，在各类活动中引导、培养学生学会尊重、宽容、合作、友爱。

开学初孩子们选取适宜合作探究的内容。他们最喜欢看《探秘》，对远古世界，世界上的奇迹都很感兴趣，于是讨论，一致把我班的探究内容定位世界四大文明古国之一——埃及。接着同学们构建探究小组，班级 28 名学生，以性别、能力倾向、兴趣爱好等方面分成 4

组，每组7人。在每月的探究活动中，将探究的内容分成四大主题，由组长认领后再将大主题分为小主题，分派给组员。组长会在规定时间内查看组员工作，并整合资料，制作媒体。在探究活动中同学们对埃及进行了各方面的探究：有地理位置、气候；有国旗、国徽、国歌、国花、官方语言；有服饰特征、饮食文化、传统习俗；有名胜古迹——金字塔、阿布·辛贝勒神殿等，都有了较多的了解。在圣诞游园活动的场馆布置上，他们也有了自己的想法。于是所有的装饰、道具、服装都由孩子们一手策划、制作，整个活动的汇报、展示就体现了“亲亲东展一家人”的理念，收获颇丰。

“亲亲东展一家人”我们把它写进了校歌，每天升校旗的时候全校师生大声歌唱，我想孩子们在东展温馨、和谐的氛围中定能健康成长！

三、童年的快乐成长

（一）奠定了乐观自信的精神底色

东展孩子身上最明显的特质就是乐观、自信，充满活力，不管是每周的升旗手，还是学期的“十佳快乐之星”，或是东展的“形象大使”们，都给人以阳光、自信的第一印象，东展的孩子无论是站在台上发言还是表演节目，或是外出参加活动、比赛，大多数孩子都能以阳光、乐观、自信的心态去对待。东展的孩子不太会因为考试成绩的不理想而哭泣；也不太会为没有成为大队干部而发脾气。他们会在竞选的时候，想出各种方法为自己加油，为自己作宣传；他们会在外出比赛的时候，去和评委攀谈；他们中午会在阳光底下尽情地运动，释放能量；他们敢于在课堂上向老师提出意见。

我们曾经调查过家长，关于孩子的个性品质，调查结果表明，对于东展的培养目标，家长最认可的个性品质，排名前三位的是：活力66.9%，乐观65.84%，自信51.8%，或许这在某一程度上反映出东展孩子身上的特质，“乐观自信”正在成为了东展

孩子的标志。

（二）养成了良好的行为习惯

在培养目标中有“兴趣”“探究”“倾听”“擅言”等学习的指标要求，教育即养成好习惯，在校本课程中，变成一篇篇课文，一个个故事，一次次游戏活动，聚焦学生“乐学爱学”良好习惯的养成，探究意识增强了，探究本领学会了，耐心倾听的人多了，遇到学习上的困难不怕了等等。孩子正朝着这方面努力呢！

一年级选择了“礼仪”、“环保”、“活力”作为好习惯教育的重点课，结合生活、活动好习惯，利用课堂进行扎实有效的教学，还开展了理书包比赛作为课外活动的拓展，通过行为实践、具体操练，让学生学会十项自理的本领。还开展了各项有趣的评比活动，孩子们争得了小海豚守纪奖、小企鹅礼仪奖、小松鼠自理奖等。四个月来，他们逐步适应了小学生活，也有了初步的规则意识，行为习惯也有明显提升，上课铃响进教室，课上不喝水，拿放餐盒要排队、玩游戏守秩序等。

排队有序玩

课程以学生的现实生活为基础，以良好习惯的养成为目标，好习惯从小养成，好习惯会伴随孩子一生的成长。习惯是一个人存放在神经系统的资本，一个人养成好的习惯，一辈子都用不完它的利息；养成一种坏习惯，一辈子都偿还不清它的债务。蔡元培先生也曾说过：“教育者，养成人格之事业也。”我国伟大的教育家叶圣陶先生则说：“教育是什么？往简单方面说，只是一句话，就是要养成良好习惯。”四(2)班尼莫中队以班报的制作为载体，凝聚班级每个学生的心，用实际行动从小养成好习惯。

三年级下学期，《尼莫火箭报》开始陆续将学校主题活动、文明游戏、安全等做人习惯暗寓于报刊中，让孩子们在阅读墨香的同时，将许多良好的习惯、做人的道理潜移默化渗透进他们的心灵。如，该班的男生特别调皮，总会无意识地破坏学校的公物：今天把水龙头拧下来了，明天将厕所门撞坏了，后天又把玩具箱压扁了……于是，老师预约全体小尼莫们利用周末时间，做一项“公共设施小调查”的探究活动，对家周边，或学校的公共设施被破坏或占用情况进行调查，通过：找一找、拍一拍、调查分析、建议感想，来呈现自己的调查结果。小尼莫们积极行动起来了:小区地下库的电源开关盒、地铁站的扶手、行人道旁的栏杆、学校的垃圾桶、盲道上的花盆……“广场的工作人员应该每天检查,将花盆全部移出盲道。同时建议电视、报纸应该多宣传盲道的重要性,呼吁全社会来关注盲人的安全问题。”就这样,十几个孩子的小调查图文并茂地在第5期小报中刊登了,而后,又有学会交往、安全在我身边、贵在坚持、珍惜水资源等系列报道。

小尼莫们进入了四年级,在行为习惯的养成上更进了一步,通过班报的制作,在自主活动中得到交往、合作、赏识、感恩等能力,品质得到进一步提升。

行为形成习惯,习惯决定品质,品质决定命运。从小养成良好习惯,优良素质便犹如天性一样坚不可摧。教育的核心是培养人的健康人格,而培养健康人格应从培养良好行为习惯、良好品质入手。

(三) 初步具备了健康的生活态度

1. 好奇好问有兴趣

小学生正处于长知识长身体的阶段,精力充沛,兴趣广泛。通过探究活动,可以激发学生的求知欲望,发展他们的兴趣和特长。更重要的是,给学生提供了展示才能的广阔天地,可以独立地运用自己的知识、智慧,去发现问题、分析问题、解决问题、克服困难等。

兴趣是学习的基础,没有兴趣,就没有学习;学习的兴趣发生之后,就可以促进他们主动从事学习。对于一个孩子来说他或许不知道自己的强项,但是他懂得自己对什么感兴趣?舞蹈?围棋?画画?孩子的特长或许是大人们自己认可的,孩子身上显现的或许没有定论,今天他对这有兴趣,明天对那感兴趣,学校要做的或许是保护、鼓励那一点火苗,将来能够点燃、燃烧他的生命之火。

在科学探索课上,王老师鼓励学生的做法很具代表性,他常会这样来调动学生的好奇性:大家一起来找找造成陀螺不平衡的因素有哪些?

“我的卡纸没剪得很圆,有点椭圆了,这边重,另一边轻,怪不得转起来东摇西晃的。”

“我的卡纸两边都翘起来了,不平整,压一压应该就能成功了。”

大家各自分析可能的原因,渐渐成功的同学越来越多了

A君却是依旧愁眉不展,卡纸也剪圆了,压也压平了,可就是旋转不起来。“老师,救救我啊!”他向我求助了。“谁能帮助下A君啊?”已经成功的伙伴聚拢过来,纷纷帮他出谋划策。“你打孔的位置不对啊,一定要在最中央的,不然就歪掉了。”“那怎么办?”“我有办法,圆多的一边剪掉小半圈,这样轴就在中间位置了,那不就平衡了。”

A君恍然大悟,一试,陀螺终于欢快地旋转起来“耶,成功喽!”

“大家的陀螺都成功了,不过都是一种颜色的,来看看老师这个会变色的陀螺。”

“陀螺还会变色?!”孩子们又好奇地聚拢到我身边……

小小的陀螺蕴含着许多的知识,一个小小的陀螺不断引发着

学生的兴趣，学生在玩陀螺、做陀螺、改陀螺、变陀螺中不断享受着玩的快乐、动手的快乐、改变的快乐，获得成功的快乐。而《科学探索》课程也培养着学生探究身边的科学，在生活中发现问题、解决问题。

教师通过着意创设各种有效情境，不失时机地点燃学生的兴趣之火，树立学生的自信心，充分调动学生的积极性、主动性，使学生觉得“学习有味”，主动参与到课程的学习中来，加速完成他们的认知过程，使学生由“厌学”到“好学”，由“好学”到“乐学”，这一良性循环的学习链中。这一策略，是激发学生潜能行之有效的策略。

学生对于学习的兴趣如何，我们调查了全体 845 位家长，有 696 位家长认为自己孩子在学习上有比较浓厚的兴趣，占到了 83.4%。这给了我们极大的鼓励。

2. 身心健康有提升

教育要回归生活、重视生活的教育价值，其中特别关注的是学生正在进行中的现实生活。学生有他们自身与成人不同的生活需求与特点，只有关注学生的现实生活，我们的教育才能做到有效、针对性。这种关注的意义在于：一方面，学校教育要为学生的未来生活做准备，让学生具备面向未来生活的能力，比如：环保理念、创新意识、理财能力、懂得感恩、学会生存等；另一方面，更要重视、关注怎样去改善、促进学生正在进行中的生活，比如：礼仪、学会玩耍、健身、诚信等。学生身上存在着无穷的潜能，通过课程的实施充分挖掘学生的潜能，使他们成为身心健康的现代公民。

四年级结合特有的游泳课程，抓住校本课程中“耐挫”这一节课的内容，让孩子们有感而发，从他们的生活中感悟、养成坚强的意志品质，让意志力变得坚强。《生活与做人》课程的最大亮点，就是通过课程评价激发学生的内驱力，“我是小泳士”的课程活动设计了“小泳士”的奖章标准：得到二十个“笑脸”即可得到三星级“小泳士”。游一次泳就能得到一个笑脸，克服一个困难也能奖励一个笑脸，考核优秀能得三个笑脸。为了得到“小泳士”的奖章，寒冷的冬天，孩子们没有打退堂鼓；去年，四年级有 45 人坚持上好游泳课程，一次也没请过假，比往年提高了 30%。经过挑战自我、突破自我，拿到小泳士的称号，收获的绝不仅是战胜了游泳的困难，更重要的收获是将来面对困难时的态度、勇气和方法。良好的人品也在这个过程中慢慢形成。孩子们凭借自己的坚持拿到了“小泳士”奖章的时候，有的哭了！从他们的眼泪中仿佛看到了战胜自我的勇气和欣喜。

有一个学生晓蕾的实例很说明问题：听说四年级要开始学习游泳，晓蕾心事重重的，要知道她非常怕水，每次洗头，都会大喊大哭，到了二年级还是由妈妈抱着洗头。之前，她还一再因为怕水不敢游泳。

开学第二周，游泳课开始了。第一次到泳池，晓蕾一幅愁眉苦脸的样子，教练再三鼓励，晓蕾终于鼓起勇气，战战兢兢地下了水……班级里像晓蕾这样的孩子还不止一个，

四年级《生活与做人》课程中正有《生活小“泳”士》的教材。针对“耐挫”指标，对四年级学生在游泳中胆小、怕水、怕冷等困难，通过故事明理，情景辨析以及对克服困难办法的讨论，培养学生在成长过程中勇于战胜困难，养成坚强的品格。

周三下午的课程开始了。首先是“故事园”讲“东东学游泳”的故事，故事里的东东所遇到的情形，其实和晓蕾很像。大家边听边议，畅谈了在自己游泳过程中遇到的困难，勇敢的孩子还交流了自己的“秘诀”。晓雷也吞吞吐吐地说：“我会用‘自我激励’和‘情绪转移’的方法来提醒、鼓励自己。”大家报以掌声。

第二次去游泳，虽然还有一些害怕，但最终晓雷勇敢地下了水。在教练的指导下，尽管呛水，尽管感觉要沉下去，但她还是一遍一遍练习……就这样，她慢慢学会了游泳。终于战胜了对水的恐惧，变得喜欢游泳了。原来游泳并没有那么可怕。困难挫折面前只要坚持一下，是可以跨过去的。

如果我们没有抓住孩子个性上的弱点，他不想游泳就不游了，那么好多孩子游泳的技能就会被埋没，潜能也无从谈起，其实更多的时候，孩子有什么潜能我们并不了解，也是在做的过程中不断发掘的。让孩子们看到自己在克服困难以后就是成功，不要轻言放弃，坚毅的品质也就这样渐渐成就了。

3. 兴趣特长挖潜能

二(3)班的小王小朋友，在老师的印象中是一个默默无闻的小男生，在戏剧班里，他认真刻苦，珍惜每一次在课堂上练习的机会，得到了老师和同学的一致好评，在“六一”文艺会演中活灵活现地展现了“红蚜虫”这个角色。剪纸班的孩子们非常喜欢剪纸这一技能，课堂上认真刻苦，勤练技术。五年级的小李在剪纸大师华兴富老师的推荐下，还参加了上海市学生艺术团工艺分团，他的两幅剪纸作品还参加了加拿大的拍卖，被外国友人拍走了。围棋课程每学期都开展了“东展杯”围棋赛。从学期初的海选淘汰赛，再到最后的总决赛。围棋班的小棋手们通过自己掌握的围棋技能，层层突破。最终有 9 名小棋手获得冠军，17 名小棋手获得亚军，29 名小棋手获得了季军。小小比赛，不但增进每个小棋手的棋艺，也在与对手的过招中取长补短，逐渐成长。艺教部紧紧抓住学校的宣传阵地：荣誉廊、电视媒体和 LED 展示屏不断展示学生在拓展型课程中学习的成果，一个学期下来，一共有 107 名学生的 171 副作品静态滚动展示，得到了家长和孩子们的欢迎。每学期末的表演更是学生喜欢的，戏剧、舞蹈、钢琴、小品、朗诵等尽显才华。

近三年学校每年都有近百名学生参加长宁区学生艺术单项的比赛，以自主报名的方式，通过作品 PK 筛选后，有五十人次参赛，共涉猎声乐、民乐、西乐、舞蹈、戏剧、钢琴、工艺、少儿模特和动漫画 9 个项目。有 30 人次的学生获得了三等奖，有 8 人获得了二等奖，有 2 人获得了一等奖。其中有 4 名学生在声乐、钢琴、工艺和戏剧这四个单项中脱颖而出，被推选参加上海市学生艺术单项比赛。

东展的孩子爱好运动，有将近 70%的孩子在校外学习各种体育项目，马术、击剑、跆拳道、空手道、棒球、足球等，涉及很多领域，项目有十几种，有的从小坚持，还参加全国比赛，这些都是有助于孩子身心健康的活动，使他们身上的各种潜能都有所展现。

从学校拓展型课程和探究型课程的实施过程中，展现了一幅幅生动、丰富的画面，它让我们看到了东展孩子阳光、自信、活泼、会玩的一面；看到他们勇于克服困难、挑战自我的一面；更看到了东展学子自主探究、乐于合作的一面。

童年的课程是多彩的，童年的生活是快乐的……

第四节　评价，记录成长的足迹

评价是根据一定的教育价值或教育目标，运用可行的科学手段，通过系统地搜集信息资料和分析整理，对教育活动、教育过程和教育结果进行价值判断，从而不断自我完善和为教育决策提供依据的过程。

美国教育心理学家布卢姆提出，根据学生在教育活动中的不同阶段可以分为即时性评价、过程性评价、总结性评价。学校在课程方案制定的初期，就关注并建立了评价学生全面发展的指标体系。评价指标体系包含了学生全方位，立体化的发展目标，并搭建各种学生所喜爱的评价平台，促进孩子们在日常行规、课堂学习表现、主题活动参与、个性与情感以及创新意识和实践能力等方面的发展。

一、即时评价——积分银行

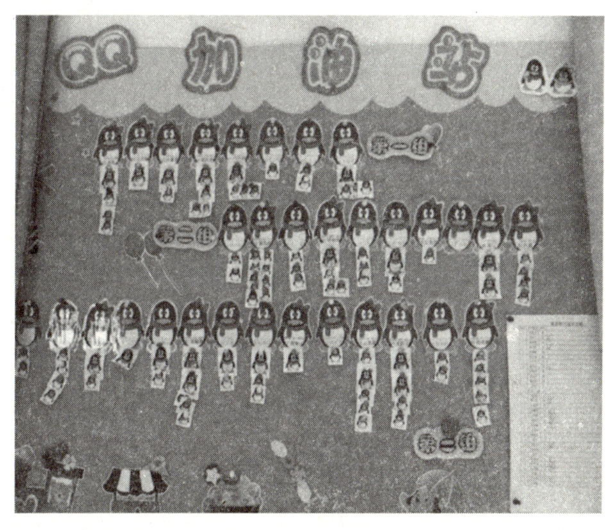

即时性评价是教育教学过程中依据一定的评价标准对学生的行为表现作出的实时评价，它贯穿于教育教学活动的每一个环节，通过调整、控制学生的后续行为取得最佳教育教学效果，是一种有效的形成性评价方式。即时性评价体现了及时性、激励性、全面性和公正性的原则。积分银行是为了加强班级管理模式，老师积极引导学生参与到积分银行的各项活动中。它作为一种即时性评价对学生的平日行为表现起到了有效的推进作用。积分银行是评价学生在校所有行为表现的一种形式，出现在班级的墙报上。每个孩子都有自己独立的一个账户——“积分卡”，但账户内不是钱币，而是行为积分。学校在这方面充分运用这一评价方式，最大限度地为每一个学生的发展提供空间。

（一）积分卡——激励的方式

积分卡是孩子们最喜闻乐见的一种评价方式。各班老师对积分卡的使用各有特色，一张小小的卡片上记录了班级老师的智慧。每个班级的积分卡都和班级形象物结合，有的印制尼莫奖券，有的刻制拇指图章，还有是 snoopy 班标，就用骨头的多少替代积分。积分形式多样，有的是十分制，有的是百分制。而积分内容也是丰富多彩，参加活动有积分，活动创意有积分，课堂表现有积分，作业进步有积分，行为文明也有积分。这些积分都会存入孩子的积分卡上，等到学期结束，孩子们累计自己的所有积分，以积分多少来换置相应等值的物品。那一刻是孩子们收获喜悦的时刻。孩子们充分认识到运用积分卡的重要

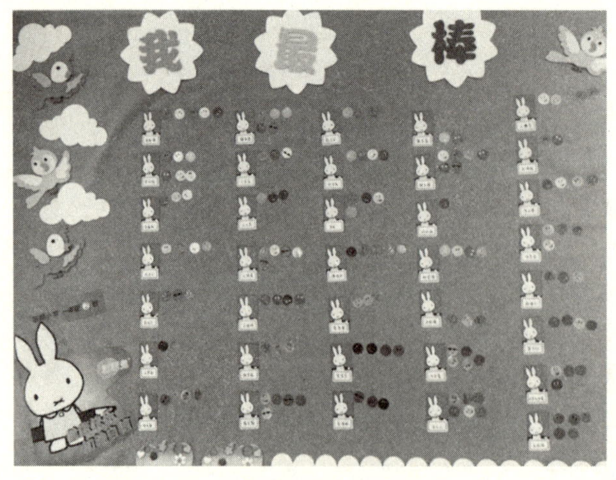

性，重视积分，以积极的态度投入到各项活动中。

例如在三年级“护蛋活动”，为了促使孩子们活动成功，老师运用积分卡这一即时性评价措施帮助孩子们获得成功感。孩子的一篇篇护蛋日记让老师激动不已。而这中间就是积分卡起到了至关重要的作用。孩子在日记中这样记载：“突然，教室里传来了一阵尖叫，馨仪的蛋——碎——了——！老师忙上去安慰她，最后说：‘哎，真遗憾！本来护蛋成功的话就要加……’。她一提到加分就兴奋，‘两百分’，哈哈哈，我加上两百分的话，不就一千分了吗？那我在学期末的拍卖会上就可以拍到最喜欢的东西了！”无论是第一颗蛋（一胎）护蛋成功能获得的200分，还是二胎护蛋成功的100分，也包括认真参与的50分，对于每个孩子来说，都是那么富有激励性。这种立竿见影的奖励机制，对于三年级孩子来说，实际上会发挥出很重要的作用，那就是支持他们面对困难，鼓起勇气坚持到底的信心。所以，这次护蛋活动，三年级学生取得了前所未有的战绩，即使护蛋失败的学生，也都写出了感人至深的日记，体验到了做母亲呵护生命的不容易。

积分作为一种评价形式，有他不可小觑的激励作用，在低段学生中尤为突出，因为这种物质上的刺激引发了孩子们的积极向上。但也有其弊端，就是它只靠外界强化维持这种积极状态。所以在高段学生的积分评价上，老师们更多地侧重于将累计的积分与学期结束时的班级评优挂钩。积分的要求目标更高了，积分的内容也更有挑战性的内容，特别在创新意识、自主管理、学习方法上的激励。将物质的激励化为了更上位的精神层面的评价，弥补了评价中的缺憾。

积分制满足了孩子的喜好，避免孩子对实物本身作为强化物的那种满足感，同时激励了更多孩子勇敢地去尝试去挑战更多更高的目标。各个班级的日常管理及主题教育活动中的体验过程，都和积分卡挂钩，让教育实现最大化。这小小的积分卡，陪伴着孩子们度过了每一学期快乐的时光，记录下孩子们在东展成长的每一个足迹。

（二）奖券——孩子们的最爱

根据不同主题教育内容，设计不同评价奖项。这些奖项有针对性，有层次性，还附有相应的目标。例如在“爱学善思会创新”的主题教育活动中，我们设定了各年级不同等级的相关目标，一年级在“乐学小蜜蜂”中设立的指标为“阅读自然书籍（不少于5本）；上课专心听讲，获得6次倾听章”，并分了金、银、铜奖项。“阅读关于恐龙的自然书籍（不少于5本），获6次倾听章”为金奖；“阅读关于恐龙的自然书籍（不少于5本），获4次倾听章”为银奖。“阅读关于恐龙的自然书籍（不少于3本），获2次倾听章”为铜奖。孩子们根据目标，在课堂上努力实施。老师在课堂教学中学科全方位参与评价，奖券分为“倾听章”、“阅读章”、“书写章”、“表达章”，以及“语文之星”、“数学之星”、“英语之星”等项目，在课堂中将孩子们的即时表现予以奖券鼓励。这一奖券制度得到了学科老师的认同，学生课堂表现更棒了，而学生的学习积极性，课堂专注度也得到提高。奖券制不仅在课堂中实施，在平时的学生行为规范方面也同样有所体现。我们的“好习惯奖券”是孩子们的最爱。

积分银行对于学生的行为表现给予即时鼓励从而调控及引导的评价活动。它贯穿于教育过程的始终。积极开展积分银行有助于发挥评价对教育教学的管理和促进功能。

二、阶段评价——蓝色档案

在过程性评价中既有即时性评价，也有阶段性评价。阶段性评价以过程性评价生成的事实材料为依据，是过程性评价的积累和总结。阶段性评价中有注重过程的积累，同时在活动运行的过程中，为使活动效果更好而修正其本身轨道所进行的评价。阶段性评价促使学生学会成长，激发学生努力追求目标和不断自我完善。我们在这里的具体做法是：一、小小操练场，记录每天行为表现；二、“小金人”，激励主题教育活动中的标志物；三、蓝色档案，一本记录每个学期成长进步的档案袋。这些都是一个个阶段性的评价。

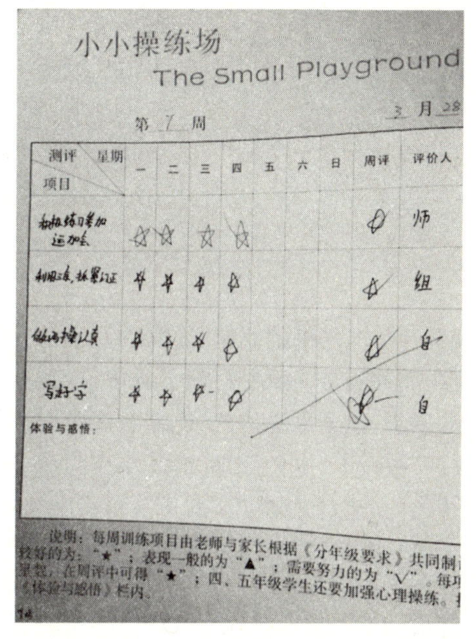

(一) 小操练场——每天的陪伴

东展小学每个孩子们的书包中都有一本特别的册子——《成长足迹》，它跟随着孩子们上学放学。这十几年中，我们积累了大量的操作经验。那里面不仅仅有每天的作业内容，更重要的是有一块特定的栏目时刻伴随着孩子。“小小操练场”就是孩子们日常行规的练兵台。在这个栏目里，有四档评价指标，这个指标制定有学校层面的要求，也有年级组层面具体要求，主题可以是如“文明午餐”、“走廊不奔跑”、“保管好衣物”等，还可以是孩子们根据自己的需求自主制定的目标。每天我们会利用课间几分钟进行指标的评价，用“五角星”、“三角”和“勾”表示不同表现，表现最好的是“五角星”。评价人以学生为主体，加上同伴、老师和家长的共同参与。有些评价内容涉及家庭，如“完成家庭小岗位”、“每天阅读二十分钟”这些都是需要家长了解并参与关注的评价指标。一周都获得“五角星”，将在周评中获得四颗“五角星”，累计 2 分。一个学期以十五周计算的话就能得到 30 分满分，记录在学期末的品社考查成绩中。这是形成性评价中的即时性评价和阶段性评价相结合的结果。

评价指标的确定上，评价操作的方式上，评价结果的处理上，都充分体现了学校年级组层面的共性，体现了班级和学生的个性。多元的评价丰满了小小操练场的平台，也陪伴着孩子们健康快乐的成长。

(二)蓝色档案——收获的乐园

蓝色档案,一本蓝色的厚厚的文件夹,它是孩子们在东展的成长记录袋。里面收集着孩子们每个阶段的活动照片、记录孩子成长的足迹、还有教师或同伴做出评价等有关材料。以此来评价、记录学生学习、成长的方方面面。蓝色档案里的成长“故事”,是孩子在东展五年的快乐童年。

蓝色档案里有老师用相机摄录下一个个精彩的瞬间,有学生用铅笔描绘出一个个感人的故事。档案的整个记录过程通常由学生和教师共同完成。档案中的整个内容通常涵盖了每一项任务中最精彩的瞬间从起始阶段到完成阶段的完整过程。在期末的时候,由孩子们自己完成档案的摆放,照片的张贴,感受的抒发。如孩子在五年级毕业的时候,常常会翻看这本档案,当他们看到自己一年级刚入学时的照片,幼稚的表情、天真的话语常常会情不自禁地笑出声来,对比自己五年级时的照片,那种满足的感受写满了心田,我想此时作为老师是满足的,他们用心来成就孩子快乐的童年;孩子是满足的,他在东展有回忆、有快乐。

被贴上“皮大王”标签的小卢同学,当他翻开蓝色档案看到那张为班级服务的劳动照片,开心地对老师说:“这是我第一次劳动,搓洗抹布也是第一次噢。”并在“我的感受”里写上了几个字:“很开心!”孩子因受学习压力的影响,往往将劳动意识抛之脑后,学生的喜好和能力发展都被忽略了。而在东展有各种发展的平台,他在这里可以尽情地展示自己。他得到了肯定,得到了机会,得到了同学的赞扬,这种喜悦与满足是难以忘怀的。再往后翻,一张礼仪奖状又映入眼帘。那是他得到的第一张奖状。这奖状对他的意义更是重大。

同时,蓝色档案为老师最大程度地提供了有关学生学习与发展的重要信息,既有助于教师形成对学生的准确预期,方便教师检查学生发展的过程和结果,更是将评价与教育、教学融合在一起,与课程和学生的发展保持一致,提高了评价的效度。

三、个性评价——群星舞台

即时评价、过程评价或许大家都在做，那么个性评价就是东展独特的了，“群星舞台”是对教育教学全过程的检验。在这里看到的是每一个孩子的闪光点；展现的是每一个孩子的与众不同；肯定的是每一个孩子的点滴进步，所谓“一花独秀不是春，百花齐放春满园”。放大孩子的长处是激励进步的很重要的教育策略。

（一）富有个性、不同内容的称号

1. 我是健康儿童、我是小书迷、我是小金人……

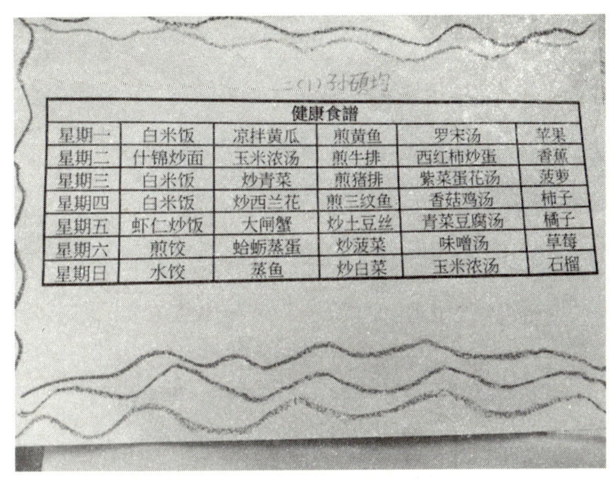

健康食谱					
星期一	白米饭	凉拌黄瓜	煎黄鱼	罗宋汤	苹果
星期二	什锦炒面	玉米浓汤	煎牛排	西红柿炒蛋	香蕉
星期三	白米饭	炒青菜	煎猪排	紫菜蛋花汤	菠萝
星期四	白米饭	炒西兰花	煎三纹鱼	香菇鸡汤	柿子
星期五	虾仁炒饭	大闸蟹	炒土豆丝	青菜豆腐汤	橘子
星期六	煎饺	蛤蛎蒸蛋	炒菠菜	味噌汤	草莓
星期日	水饺	蒸鱼	炒白菜	玉米浓汤	石榴

《校园生活探究课程》每学期有不同主题教育内容，有不同的评价标志物。它们带给孩子不同成长空间。2012 学年度的健康节活动至今让人难忘。三、四、五年级学生在 9 月开学初，东展健康儿童的标准分成四个方面：即“健康体质”、“健康心态”、“健康知识”、“健康习惯”，具体的如：积极参加知识竞赛，得分在 90 分以上；体质测试合格；乐观开朗、能和同学和睦相处；积极参加学校组织的“东展健康小达人”展示活动；身高、体重、视力达标；养成良好的健康饮食习惯，不挑食、不偏食；读写姿势正确、认真做好眼保健操；能够认真执行自己制定的“健康计划”；认真上好体育课、学期没有病假，积极参加晨锻、两操；具有 2—3 项运动技能或才艺。每人对照学校健康儿童的标准，制定了属于自己的健康计划，进行阶段自评，还对照标准逐一给自己打分，总分在 8 分以上的学生可以申报首批“东展健康儿童”，在 2012 年年底有 151 位健康儿童得到表彰，占全校学生 22%。学生在为期一年的健康节主题教育活动中，通过各种形式的活动，了解健康知识，知道健康的重要性，树立“健康第一”的理念；参与各种体育活动，学会健康本领，提高学生运动技能；养成良好健康习惯，落实健康行为。

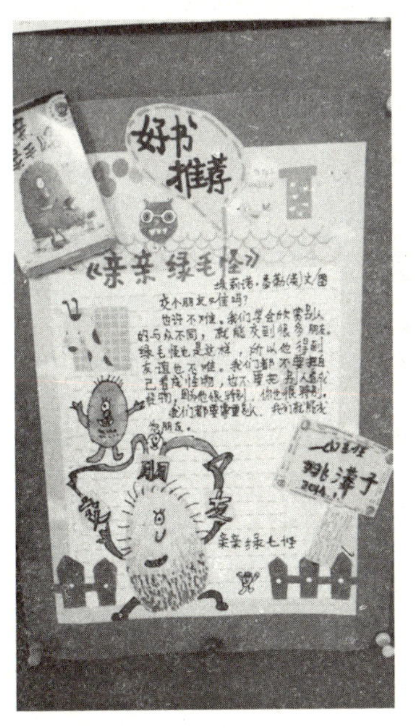

2013 学年度开展的读书节活动，以“阅读”为主题，我们设计了不同的等级，让孩子们自由设立目标，先后涌现了一大批“小书虫”、“小书迷”、“读书小硕士”、“读书小博士”；到处是孩子们阅读的身影，经过一个学期的努力，全校学生一共阅读了 12 924 本书，人均 17.85 本；写

了400份读书心得，完成480份读书小报，读书最多的班级人均34.9本，读书最多的个人读了100本书。全校有741孩子获得了“小书虫”的称号；有709位“小书迷”，670多位“小硕士”，130位“读书小博士”。学期末，通过教师问卷，92.2%的教师认为活动提高了学生阅读兴趣，增强了读书意识；在家长、学生问卷中，对读书节活动的开展认可率是91.5%，尤其得到家长、学生的欢迎。

2015学年度“爱学善思会创新”活动，由年级组设计评价栏目，既有年级组共性的特征，又有学生自己个性的特征。有学习习惯的“小蜜蜂”，有学习品质的“小海豚”，还有富有创新的“聪聪猴”，孩子们根据个人不同努力成果，获得不同的等级的“金银铜”达人，这样的评价促进了学生学习品质的养成，得到了老师和家长的好评。

2. 我是艺术之星、我是学科能手……

在所有课程的实施过程中，强调对学生生活、活动过程的评价，通过组织竞赛、活动、同学间互评、家长评、个人成果展示等进行。促进学生的积极性，激发学生对生活的热爱，培养他们积极向上的生活态度和健康的个性化人格。

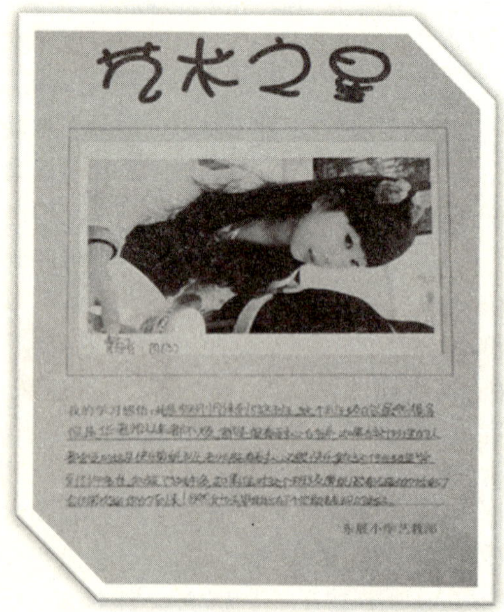

在拓展型课程的学习中，“艺术博览”板块中每月评出“艺术之星”张贴光荣榜在学校艺术展板上，学期末评出“优秀学员”。学科拓展课程有期中、期末两次评定，再结合平时成绩，评出学期“学科能手”。

同时课程的评价充分考虑学生的年龄特点和心理需求，尽量采取学生熟悉的、活泼的、喜闻乐见的多种形式进行评价，这些评价方式除了能调动学生参与评价的积极性和主动性，增强评价的实效性，还能多侧面反映学生的多元智能发展。例如：自然学科的“科学知识竞赛”，美术学科的主题性美术作品创作赛，体育学科的周周赛，语文学科的讲故事比赛、辩论赛，数学学科的口算比赛，英语学科的英语歌曲卡拉 OK 比赛等。这些评价方式可以充分让学生成为学习的主人，发挥学习的主动性和潜能。

学生豪豪的例子能够说明问题：豪豪是个不爱与人沟通的孩子。平时喜欢用动作来与人沟通，往往会与同学发生冲突。同学对他不满，说他总爱打人，不太愿意与他交往。本来就不爱说话的他，变得更内向。豪豪平时做广播操特别认真，动作节奏都能很到位。不经意发现他随着音乐扭两下，还很协调，老师发觉了这一特点，这样的孩子能不能有更多的潜能挖掘呢？艺术课程的学习或许是个很好的机会，参加男孩街舞的学习吧，自从参加了街舞班，豪豪整个人像变了一样。他的表现得到了老师的认可，专心琢磨每个动作，反复练习。几个街舞班的老队员也对他刮目相看。渐渐的，他已经从站队的最后一排变为了第一排。平时课间，他也会情不自禁地练习每个动作。看到他那么投入，我打心眼里为他高兴。期末他自然毫无疑义地当选为“艺术之星”，还代表学校参加区舞蹈大赛呢！

（二）优秀的个人和集体

班级个人和集体评选的标准由各年级组根据一学期的教育主题以及人品教育二级指标相结合，在班级中进行自荐和他荐，并通过班级学生共同举手表决，选出班级优秀队员、队干部和校级优秀队员、队干部。另外孩子们还依据学期人品教育中其中的六或七个指标，每个指标有两个推荐名额，这样一学期期末时间，班级就有三分之一以上的学生获得学期个人综合奖和个人单项奖。班级集体申报则根据各班特色进行申报。这样的评价具有个性化，尊重和激励了更多学生进取性，营造了班级的特色。

（三）奖学金的颁发

为了鼓励学生在学习上能够向更高目标奋进，每个学期学校特地设立了奖学金制。在新学期开学典礼上颁发。奖学金的获得者除了三科总分年级组前三名外，还必须同时获得校优秀队员或校优秀队干部的称号，激励孩子全面发展。东展从 2003 学年度设立奖学金至今有 125 人次获得，其中有十几位学生连续获得奖学金三次以上。

（四）东展美德少年

根据学校培养目标中的 16 个二级指标，每个学生都可以自主参与，由各班级自下而上推荐，自我推荐与他人推荐相结合。每班每学期可向大队部推荐一至二名美德少年。学生在某一方面有突出事例的,如“美德关爱少年”、“美德勤奋少年”、“美德环保少年”等,在每学期期末将一学期的十几位美德少年进行全校性的投票评选活动。每个孩子都能参与评选,每人五票,评出他们心目中的五位最佳美德少年。一学年产生“十佳美德少年”,并与上一学年的形象大使共同组成新学年的形象大使候选人。

(五) 东展形象大使

根据学校优秀学生的评选条件,每学期期末评出校优秀队员和队干部,班优秀队员和队干部。根据学生在拓展型课程中的学习表现,学习成果等评选出该选修课程的艺术之星。在东展总结性评价中比较高的荣誉就是“年度的东展形象大使”。东展形象大使是东展学子“爱笑、会玩,爱学、会说,爱生活、会做人”方面的代言,是东展学子养成良好人品素养方面的榜样。每年的形象大使评选的激烈程度要用“过五关,斩六将”来形容一点儿也不为过。激烈体现在形象大使的候选人经过各中队全体队员投票层层筛选而产生,他们都是队员们心目中的榜样;激烈体现在“竞选三部曲”,孩子们要分别进行“我型我秀展才艺”、“东展学子比才智”、“亮眼睛看东展”三个比赛项目,更是全方位考验着孩子们的综合素养。通过比赛,展现东展的孩子是否有广泛的兴趣爱好,多才多艺;是否有扎实的学科能力,能运用所学知识解决生活中的实际问题;是否能以小主人的姿态,用实际行动来关心东展大家庭。

东展小学从2006年开始评选年度形象大使,至今已有十年整,一共有100位东展学子获此殊荣,他们是东展的形象代言,是东展的骄傲。

(六) 东展小博士

为进一步促进东展学生健康成长,树立典型,激励先进,引导东展学生全面发展特设立了此奖项。在校优秀队员、优秀队干部、东展形象大使的基础上,每年根据学生比例的20%产生“东展小博士”的人选。按1∶2∶5的比例产生金、银、铜奖。

四、综合评价——成长印迹

前面提到的所有的评价最终的归口都应该在《东展小学学生人品素养综合评价》上得以体现,“成长印迹”是见证孩子在东展五年学习生活成长的点滴。学校从建校以来一直以人品教育十六个二级指标来培养教育学生。学生人品素养综合评价是东展小学人品教育的重要组成部分,也是有效开展人品教育的重要保障。有效的评价能对学校的整体发展、每一个学生的全面发展起到积极的作用。微笑印章这是孩子们在评价自己人品素养中使用频率最高的。它记录了每一个孩子的每一个点滴进步。

评价具有可操作性、连续性、综合性和灵活性的特点,学生五年中所有的要求、内容都随着年级的升高而层层递进,最终都指向他良好人品的形成。每个学期结束时,老师会组织学生结合每一条指标要求根据自己的实际情况进行评价。经过一学期的试运行,课题组听取了老师们在运作过程中的建议,对评价手册的具体指标、评价方式、评价人员进行了修改,努力使之更加完善、合理、科学。老师们都感觉,调整后的评价化繁为简、操作更简单；评价更有针对性，对学生更有促进。

每个学期从第16周起，在班主任老师的指导下，学生可以根据学校人品教育培养目标的二级指标的具体内容进行自我评价，并在“具体要求”相对应的“脸”下面打“√”。“笑脸”、“平脸”、“愁脸”中，“笑脸”的点击率是最高的。可见，学生人品素养综合评价让孩子们身、心、智、行都得到了全面发展，从入学一年级起到五年级毕业的人品发展轨迹中，我们更关注的日常活动的过程性评价及学生互评，教师、家长评等形式的加入，将评价的内容延伸至社会生活及家庭。同时，人品素养的综合评价结果又可与学校学生评优相结合，“达人”可作为“好习惯之星”或“美德少年”，起到了推动和整合学校教育评价的整体效应。但因评价实施只有半年之多，在评价操作上等诸多方面还不够成熟，有待做进一步思考和调整。

民办东展小学四年级学生人品素养综合评价(试行稿)

班级________ 姓名________

一级指标	二级指标	具体要求	第一学期				第二学期				学年总评	
											小组评	教师复评
爱笑	乐观	1. 学会发现和欣赏他人的优点，在与伙伴的分享中获得快乐。										
		2. 与伙伴形成良好的沟通习惯，大家快乐、融洽地相处。										
		3. 能积极地接受成长过程中的挫折，逐步学会自我激励。										
	自信	4. 能阅读书籍，说出3—4种遇到困难保持自信的方法。										
		5. 能在挫折面前自我疏导，激发自信，并觉得有效。										
		6. 遇到挫折时，能向老师父母寻求帮助，并能获得信心。										

续表

一级指标	二级指标	具体要求	第一学期				第二学期				学年总评	
											小组评	教师复评
会玩	活力	7. 学会2—3种传统体育游戏，能和同学一起设计新游戏，在课余尝试开展。										
		8. 在学校组织的活动中，自信地秀出自己的才艺。										
		9. 能说出体育课上三种安全事项并学会两种自护本领。										
	爱好	10. 学会1—2种不同泳姿，并有一定速度成为爱好。										
		11. 学会1—2中乐器，并能表演。										
		12. 学做小小厨艺师，会做饼干、小蛋糕等简单食品。										

上表截取了四年级学生的人品综合素养评价表中的两个评价指标“爱笑”、“会玩”，每条指标对应不同的具体要求，学生在一年的课程学习中，要基本达到要求，一年两次进行综合性评价。

本章呈现了东展小学丰富的评价内容，多角度的评价维度和学生喜爱的灵活多样、具有开放性的、个性化评价手段，帮助学生认识自我、建立自信，激发学生内在发展的动力，从而促进学生在原有水平上获得发展，实现个体价值。

第五节 案例故事

这节收录了二十多篇案例，每个案例演绎着一个生动的故事，它是真实的，又是典型的；每个案例或者是有完整的故事情节，或者是把某个片断定格或放大；每个案例都从不同的视角展示着东展孩子身上的特质：自信、乐观、会玩、爱学……每个案例也呈现着东展人在课程实践探索中的艰辛与不易……

它或许对您有些启示，或许对您走进东展有些帮助……

【故事1】

小鬼当家

周三下午，新泾菜场热闹非凡，只见许多小学生在各个摊位前流连驻足。他们时而认真地挑选着菜，时而拿出小钱包仔细地付钱数钱，时而又拿出小本子写写算算……菜场里怎么来了一群小学生呢？原来，这是东展小学二年级开展的社会实践课程——“小鬼当家，菜场买菜”。

各摊位前，孩子们忙碌起来了。蔬菜摊前，小迪拿着事先开好的菜单，一样一样挑选着。他今天打算为家人做番茄炒蛋、凉拌黄瓜、小排海带汤，这些菜都是全家人最爱吃的。为了买好菜，小迪可没少花心思。活动前准备课上，老师说要用 30 元钱给家人安排一顿爱心晚餐，这对二年级小朋友来说可是一道难题。30 元钱要买全家人都够吃的菜，而且还得考虑到每位家人的喜好，还要讲究健康，最关键的是自己还要能做出这些菜，还真不容易。课堂上老师进行了指导，先让每个小朋友想想家人爱吃哪些菜，再列出菜单，然后对菜的总价进行了计算，小朋友们这才心里有了底。准备课后，小迪回家又向奶奶询问了几样菜的价钱，精打细算后，他列了一份详细的菜单，这才有了今天在菜场里的胸有成竹。

卖鱼的摊位前，小萱在踱步，她今天打算做的菜里有一道昂刺鱼汤，这道菜是她特地为自己 10 个月大的妹妹准备的。原来，在上活动准备课时，小萱已经有了自己的打算。妹妹是全家最小的家庭成员，不能吃其他的菜，所以她打算像妈妈一样做鱼汤给妹妹喝。多么纯真可爱的孩子啊！

在菜场的另一端，小宇正用小本子飞快地记录着买的菜，并迅速做着加减法，他时刻在计算着自己花了多少钱，还剩多少钱。放眼望去，菜场里像小宇这样的小朋友还真是不少，看着孩子们认真计算的模样，真让人感到忍俊不禁。就这样，二年级小朋友在菜场里尽情演绎着“小鬼当家”！

晚上，各班级的微信群沸腾了！家长们纷纷秀出了自己孩子做的菜，交流着对这次活动的看法。一张张图片，一句句激动的话语无不记录着家长们的感动。

小惠妈妈说：“我的孩子自理能力一直都是非常弱的，连衣服都不大会穿，我们以为今天她一定不会烧菜的，没想到她也做出了一道番茄炒蛋，她还记得我爱吃的菜，虽然做的菜还很笨拙，但是我太感动了，没有什么比孩子的成长更让爸妈高兴的！”

小阳妈妈说：“我们家的孩子 30 元只买回了 3 样菜，肯定是算错账了，要么就是找的钱没拿。不过这倒是很好的教训，这会儿孩子把自己关在小房间里写买菜日记呢，这种成长的体验比什么都宝贵。”

这次买菜活动让孩子从课内走向课外，来到了菜场这个社会大课堂中，学习了生活的技能，提高了孩子自主理财的能力，更重要的是孩子们体验了父母平时的辛苦，懂得了要关心家人，并能用实际行动为家人送去关爱。作为一名即将加入少先队的队员，这次的活动为他们成长注入了动力。

看到买菜活动取得这么好的效果，我们感到非常欣慰。不过这都要归功于活动前的准备课。活动前，老师都拿到“小鬼当家，菜场买菜”的教材，活动课还有教材，我们还是第一次碰到。拿到教材后，老师们不禁被编写教材老师的认真细致而感动，教材对活动的开展做了系统性的思考，如“认识菜场”版块让孩子们事先对菜场的布局有了了解，买菜时孩子一点也不慌乱。再如“小调查”让孩子们悄悄了解家人最爱吃的菜，“试一试”让学生尝试自己设计一份菜单，“算一算”让孩子们提前规划 30 元钱怎样用，这些都为活动取得较好效果提供了保障。而拿到教材后，怎样利用好教材，二年级老师也进行了深入讨论，我们创造性地将买菜活动和入队活动进行整合，把教学生懂得关爱家人作为活动的重点，所以孩子们不论是买菜前的思考，还是买菜时的表现，或是做菜时满满的爱心给了家人很多感动，孩子们可贵的童心在闪耀！

以课程的形式开展活动，对提升活动的有效性，提高活动的价值起到了至关重要的作用。

撰写：杨　韵

点评：

《社会实践探究》课程中有二年级的实践活动内容是“菜场买菜”。一群二年级的孩子走进菜场，叽叽喳喳引来了大人们的好奇，有备而来、有条不紊，选中了自己满意的菜，结账走人；回家像模像样做菜给家人品尝，你相信吗？这是二年级还不到十岁的孩子的经历。就是这些小不点们，让爸爸妈妈们刮目相看。

【故事2】

乐高乐高乐乐乐

乐高积木是儿童喜爱的玩具，形状有1 300多种，每种形状都有12种不同的颜色，以红、黄、蓝、白、黑为主。小朋友自己动脑动手，可以拼插出变化无穷的造型，令人爱不释手。

这学期学校开设了乐高课程，班级好多同学都想参加这门课程的学习，但名额有限，好多孩子没有能够如愿以偿，孩子们想在班级开展Lego Kingdom的活动，我给予了支持。大家立刻投入了相关计划的制定。通过外教课和探究小报的制作了解乐高来历；利用快乐活动日，举行班级乐高拼搭秀英文演讲赛。

晨会课上，我班热闹非凡。

“孩子们，这学期，我们的‘乐高王国’活动要开始了，你们家里有没有乐高积木？”我抛出了一个问题，引发大家七嘴八舌地回应。

“我家有！”

“我家也有！”

“我家有2套！”

……

通过摸底调查，我惊喜地发现乐高是每个孩子都喜爱的玩具，每个家庭都拥有至少一套乐高积木。

当我把这次‘乐高王国’活动的三个具体内容告诉孩子们后，大家都激动万分，恨不得马上就进入活动状态。接下来外教老师的乐高简介课，John制作PPT简单介绍了乐高的来历和起源，还精心挑选了一部2014年美国3D动画电影《乐高大电影》，影片人物形象来自乐高玩具。看完影片，孩子们都惊叹乐高太有趣了！

通过欢乐的英语简介课，制作乐高探究小报就水到渠成了。孩子们自己经过讨论，他们觉得可以从乐高的基本情况、发展历史和自家的乐高等方面进行探究，利用周末时间，进行了探究小报的制作。当我收到孩子们各具特色的探究小报，内心充满了喜悦，安排了小报交流和展示。

今天是班级乐高拼搭秀英文演讲赛，大家先讨论制定了比赛的评价标准，“态度认真、语音准确、内容丰富”。然后，按照孩子们自己制定的评价标准开始比赛，我打开电脑，按学号点开孩子们利用双休日在家里制作的视频，一起认真观看视频。

我们发现第 4 号小姜的视频介绍内容与众不同，他分别介绍了乐高标示的由来、乐高在不同年份的重大事件和自己的乐高作品，信息量大，构思巧妙。

打开第 11 号小王的视频时，动感的片头一下子就吸引了大家的眼球。这段视频还配上了活力四射的音乐，结尾还打出了制作者人员的字幕，是个非常精巧完整的视频短片。

等到第 16 号小刘的视频播放的时候，大家都赞叹她给乐高配上了完整的故事，营造出一个有声有色的乐高世界。

最后，这三位学生的视频得到大家的一致好评，因为他们不但努力地拼搭乐高，精心准备乐高的英文介绍短文，还精心录制了视频，表现非常出彩。

撰写：陶耘雷

点评：

整个 Lego Kingdom 课程活动热闹非凡，快乐无限。孩子们通过这个系列活动对乐高有了更加深入的了解，在独立拼搭乐高中锻炼了思维和动手能力，在录制英文介绍的视频过程中提高了英文表达能力，展示了自己的演讲风采……

怪不得孩子们异口同声地喊出一句口号：“乐高，乐高，乐乐乐！”

【故事 3】

自编自导，乐在其中

对于我来说，“3”可是个神奇的数字。它既可以是结束，也可以是个开始。来到东展至今，正好 3 年，这 3 年里发生太多故事，让我不断成长，一件一件，似乎都是昨天。2013 年我加入了东展小学的课题组，开启了一段不一样的教师生涯；《动物世界知多少》是我编写的“社会生活探究系列”课程中的第三篇教材，在编写完修改三次后，终于于今年的 10 月 21 日星期三在全校的三—五年级秋游前试推行。我兴奋不已，孩子们的开心之情也溢于言表。

以往每年的春、秋游，孩子们在去之前都要仔细聆听着老师们的一番口头说教及各种注意事项，枯燥而乏味。“周老师，您能不能不要那么啰嗦啊？你的这些话，我们都听了四年了，我们的耳朵都听出老茧了。”……诸如此类的话至今还在我的耳边回响。现如今这篇教材的出现也解了我的尴尬，更让孩子们耳目一新。孩子们一拿到教材，看到这教材里的三个小探究：“上海野生动物园的主要景点”、“与同学们分享你喜爱的一种野生动物”、“插上想象的翅膀编演一个与动物有关的童话故事”无一不激起孩子们那颗好奇的心，令他们兴趣盎然、一副跃跃欲试的样子。还清晰地记得从动物园回来后，孩子们一个个兴致勃勃地对我说：

“周老师，我们在动物园参观游玩的时候就想好了童话故事呢！”

“是啊！是啊！周老师，能不能让我们演一演我们的故事啊？”

……

看到那一张张笑得像花一样的脸庞，我的心也醉了。是啊，这是孩子们的实践活动，干嘛不让他们自己试试？我这个老师也乐得做个甩手掌柜！一举多得的事，何乐而不为呢？

孩子们经过一周的准备，又是一个星期三的下午，我满怀期待地静待花开。

故事表演赛成功落下帷幕，看到孩子们投入的表演，我心飞扬。这久违的导演梦终于实现。

撰写：周慧

点评：

我的编导梦是孩子们成就了我，教育离不开知识的传递，但知识的传递并不是教育的终极目标，知识是鲜活的、立体的，绝不是死板的，孩子们通过他们自己认可的学习方式进行学习活动，是最有效的，使知识成为了他们成长的精神之舟。

【故事4】

舞台让他精彩

五年级毕业典礼正在进行中。在聚光灯渲染的舞台上，一个瘦瘦高高的男孩站在舞台的第一排，随着音乐的旋律，尽情地舞动。他身上的红色领带特别的绚丽，黑色背心加上迷彩长裤让他更显帅气。看他的脸上洋溢着的是满满的快乐和自信。

他是我们班的豪豪。原来在这一年里，他参加学校艺术街舞班的学习。在街舞班里，一个零起点的男孩能一跃成为街舞班的领舞者，这么大的转变，背后还有一段小小的故事呢。

豪豪是个不爱与人沟通的孩子。平时他喜欢用动作来表达与人沟通的方式，往往会让自己与同学发生肢体冲突。同学对他不满，说豪豪总爱打人，但他好像若无其事，不知道后果的严重性。本来就不爱说话的他，变得更加内向。他的唯一爱好就是足球，在足球场上的他能尽情奔跑，传球、射门，足球也是他唯一能和大家一起玩的方法。为此家长还特地给他在外面进行了专业培训，周末的足球班，他从不会拉下。

豪豪平时做广播操特别认真，动作节奏都能很到位。平时课间，我会不经意发现他随着音乐扭两下，还很协调呢？我暗暗发觉他对音乐的敏感度，以及身体律动的协调性，都特别的好。这样的孩子能不能有更多的潜能挖掘呢？五年级新学期开学了，学校新一轮艺术选修又报名开始了。豪豪一直是报足球班的。这次能不能借此机会，让豪豪参加街舞班去试一试呢。

晚上，我与豪豪妈妈电话联系了一下，说明了自己的想法。我把自己观察到的孩子平日里的表现，以及孩子与人沟通方面表现出的那种不自信，都与豪豪妈妈进行了交流。换在家长和孩子立场的思考让家长特别的心慰。于是这件换班之事就达成了统一。

自从参加了街舞班，豪豪整个人像变了一样。他在街舞班上的表现得到了老师的认可，专心听讲，认真琢磨每一个动作，反复练习。几个连续参加街舞班的老队员也对他刮目相看。渐渐的，他已经从站队的最后一排变为了第一排。平时课间，他也会情不自禁地练习每一个动作。看到他那么投入，我打心眼里为他高兴。

撰写：周冬梅

点评：

有智慧的人，会关注当下。当下的种子中蕴含了无限的未来。孩子们本身就是一颗颗种子，我们不需要多考虑未来孩子会长成什么样，不需要为了塑造孩子成为什么样而不断努力，只需要发现孩子身上优秀的品质，发现孩子优秀的做法，并不断鼓励。

【故事 5】

旋转吧！　陀螺

陀螺是中国民间最早的娱乐工具，其间蕴含着不少奇妙的力学知识，很受孩子们欢迎。二年级学生形象思维活跃，对身边的事物充满了兴趣，因此《科学探索》板块二年级课程中就开设了《陀螺的奥秘》一课。

随着动画片《陀螺战士》的热播，更是在孩子们间刮起一阵陀螺热，允许把陀螺带进课堂，学生们一阵雀跃。

一进教室，就看见男孩子们围成一圈，兴致勃勃在桌子上“战斗”起来，原来聪明好胜的 A 君已经在开始玩陀螺，他对各种游戏比赛无不精通，每次都要争第一。

铃声响起来，大家玩得还意犹未尽，仍沉浸在玩陀螺的快乐之中。

“会玩陀螺不算厉害，会做陀螺才是真本事！”

“陀螺还能自己做？”孩子们听到我的一番话都跃跃欲试

我给每个学生一个近乎圆形的纸片，一个塑料的旋转轴，每个人开始制作自己的陀螺，动作快的 A 君花了 2 分钟就完成了自己的陀螺，迫不及待开始试验，屏气凝神，手指一搓动，纸陀螺飞离指尖，落在课桌上，蹦跳了两下，歪倒了。

“这次不算，我没转好，再试一次！”A 君拿起陀螺，小心翼翼用力一转，陀螺晃晃悠悠在桌子上转了 3、4 圈，倒了下来。失望、沮丧之情出现在他的脸蛋上。

“老师，我的陀螺转不起来！”A 君着急地叫了起来。

“这个陀螺一直歪着总是转不了几下，快来帮帮我！”“我的陀螺转了几下就歪倒了。”“老师，快看，我的陀螺转得多快！”这时旁边传来喜悦的叫声。循声望去，B 君的陀螺正在飞快的旋转着，丝毫没有停下来的意思，A 君急忙走过去，仔细端详着 B 君的陀螺，和自己的再一比较，没啥不一样啊？

看着 A 君一筹莫展的样子，我招呼大家坐下，说道：“陀螺为什么能旋转而不倒下呢？”

全班鸦雀无声，都瞪大了眼睛看着我。

“想想看，光有中间这个轴，能不能旋转起来？卡纸放上去的作用是什么呢？”边说边在黑板上画了陀螺的结构示意图。

“卡纸就像走钢丝的杂技演员手里拿着的长棍子，起平衡作用的。”

“你真厉害，答对了，不过和走钢丝的杂技演员手里拿着的平衡不一样的是：陀螺是一种动态平衡，也就是在旋转的过程中保持平衡。”

学生似懂非懂的点着头，我再鼓励大家讨论并得出结论：只要旋转时维持平衡，就能稳定地旋转了。

A君自言自语道:“不保持平衡的话陀螺就转不起来,那我的陀螺哪里不平衡呢?”

大家一起来找找造成陀螺不平衡的因素有哪些?

“我的卡纸没剪得很圆,有点椭圆了,这边重,另一边轻,怪不得转起来东摇西晃的。”

“我的卡纸两边都翘起来了,不平整,压一压应该就能成功了。”

大家各自分析可能的原因,渐渐成功的同学越来越多了

A君却是依旧愁眉不展,卡纸也剪圆了,压也压平了,可就是旋转不起来,“老师,救救我啊~”他向我求助了。“谁能帮助下A君啊?”已经成功的伙伴聚拢过来,纷纷帮他出谋划策。“你打孔的位置不对啊,一定要在最中央的,不然就歪掉了。”“那怎么办?”“我有办法,圆多的一边剪掉小半圈,这样轴就在中间位置了,那不就平衡了。”

A君恍然大悟,一试,陀螺终于欢快地旋转起来:“耶,成功喽!”

“大家的陀螺都成功了,不过都是一种颜色的,来看看老师这个会变色的陀螺。”

“陀螺还会变色?!”孩子们又好奇地聚拢到我身边……

撰写:王金辉

点评:

小小的陀螺蕴含着许多的知识,一个小小的陀螺不断引发着学生的兴趣,学生在玩陀螺、做陀螺、改陀螺、变陀螺中不断享受玩的快乐、动手的快乐、改变的快乐、获得成功的快乐,而《科学探索类》课程也在培养学生探究身边的科学,在生活中发现问题、解决问题。

【故事6】

美丽的心,七彩的梦

爱画画的孩子都有颗美丽的心!爱画画的孩子都有个七彩的梦!这两句话一直张贴在美术室,仔细回味一下,真是如此。

真善美,真善为前提的。真,美术课不是作秀的表演课,也不是外行也能上的媒体PPT全程展示课,更不是各个教学环节全部武装到位的完美课,美是感觉平淡的,当场不出彩也挑不出刺,但课后回味有余味,我希望美术课是真实自然讨巧,老师教得不累,学生也学得不累,学生最终的作品呈现,实实在在地学到了东西,师生间的互动也反应出平时美术课的教学常态和专业知识铺垫的素养。

善,你是真的喜欢孩子,你会贴近聆听他琐碎的创作构思想法,走近埋头创作的他,多给予夸奖表扬和指导修改建议,认识到各年龄段孩子的认知和表现特征,大胆表现反映他们真实的生活场景,不拔高和降低作品的要求,不制造精加工的作品。

美的种类有精致美、婉约美、简洁美、粗犷美等等,每个学生都是不同的,再现美的内容和方式也会是不同的,美术往往只把精致美、婉约美当作美,老师的视野格局要开阔,简简单单草草几笔大片留白也是美,毕加索狂野的变形夸张也是美,梵高粗犷的厚笔触短线也是美。

术是表现美的技能技巧。老师的示范画要到位,示范画是从起稿开始一步步展现出来,让学生观察、比较、纠错等等,学生会直观而印象深刻,我们往往说创作和欣赏课教学是最难的,从构图到比例、动态变化、层次穿插,老师都要巧妙地讲解示范到位,每一步骤

都强调要求，特别要强调可以不要和老师画得一样，要训练学生的求异绘画思维，激发学生呈现出每个人不同的作品风貌。

二十多年的美术教学，从无知无识→盲目模仿纠结摸索→现在的具备成熟的教学内容体系和个人的教学风格，摆脱教书的匠气，向学生的“学”转变。美术课堂上本体的知识技能、趣味和创意，三者缺一不可，知识技能要符合学生年龄段的认知和表现，不要拔高和降低，观察讲解示范要到位；趣味是教态松弛幽默诙谐，你的教学对象是可爱的孩子，埋有伏笔伏线，掌控课堂节奏，创意是教学中给得恰恰好、正正好，做做减法，不要框住学生，鼓励独创、原创，接纳不同风格的孩子，作品要留有孩子表达自己想法的创作空间。

在美术拓展型课程的教学中，我会更用心耕耘经营，挑选有绘画才能和培养前景、喜欢美术的种子。

控制在25人以内，每颗种子都是宽裕的时间被阳光关注雨水浇灌到，多些师生间的互动，做美术老师最大的收获是，学生时不时地给我不一样的惊喜，打开我的教学思路，改变我的思维方式，真是受益匪浅的共同成长，谢谢他们改变了我。

撰写：孟昭伟

点评：

不光是教美术，更是给予孩子鼓励与欣赏。鼓励以真诚为前提，真诚地鼓励孩子有自己的独创；其次是接纳，老师的一颗接纳的心绘就孩子对画画的热爱；最后是帮助，帮助孩子寻找生活中的美、寻找艺术的美，当孩子需要帮助的时候给予点拨，教师不断地超越自我，在艺术的天地里与孩子们共同成长。

【故事7】

“小泳士”出炉记

在学校人品指标中，有“耐挫”这一指标。耐挫，五个年级分别怎么设定分年级目标？在寒假研讨活动中，我和老师们一起讨论，我们认为：“耐挫”可以两方面内容组成：一方面是“战胜困难”，另一方面是“培养意志”。随后，按照各年级设定的目标，要确定一年级到五年级的教材课题。最后只剩下四年级的课题还没有确定下来，定什么内容呢？

大家纷纷回忆四年级学生的学习生活中会遇到什么困难？接着，大家不约而同地把眼光投入到游泳活动中。学生遇到最大的困难就是游泳课程了，有的学生游泳“零”基础；有的学生怕水，甚至不敢下水；有的学生一到冬天气温下降，就交来了请假条，到十二月份，一个班级中参加游泳课的学生寥寥无几，一个学期能坚持每次参加游泳的学生更是不多了。

说到这里，大家不约而同地想到：四年级“耐挫”就以“游泳”为主题，引导学生战胜游泳过程中遇到的各种困难。

课题定下来了，可是，要编教材可不是件容易的事情。要知道我是一名学科老师，不要说教材从来没有编写过，连品社课都没有上过，教材从何编起？

硬着头皮，我找了一篇小学生写的关于学游泳的作文：《东东学游泳》。可是不能只有一个故事呀！接下去该怎么做呢？我请教了葛校长，她真不愧为德育专家，她告诉我：我们的人品教材编写要遵循“知、情、意、行”的规则，可以从“故事导入、明理激情、辨析导行”这些环节入手。

噢，原来教材编写是这样的！我恍然大悟，带着《东东学游泳》的故事回家继续写。故事后面我设计了思考题，引导学生思考。

在编写过程中，葛校长又提醒我：在行为辨析部分，最好能罗列出以往四年级学生在游泳课程中遇到过的困难，让学生辨一辨，在辨一辨的过程中，他们会更明理。于是，我回忆了以往四年级学生在游泳过程中遇到的困难：怕水；天气凉了，水也冷了；教练太凶，有点怕；有点感冒，不想游泳了……这些都是我们的学生在游泳过程中的困难。是呀！何不引导学生在辨析过程中明理？这些对学生来说，都是他们的想法，当孩子们能够辨析的时候，也是一步步走向明理的过程。

教材学到这儿，可以说“知、情、意、行”都有了，我呼了一口气，终于完成了。我得意地拿着初稿给一位四年级的老师看，本想听她对教材的“美言”，没想到，她直言不讳地说：你编写这份教材的目的是什么？我们怎么检测学生是否达到了四年级的“耐挫”目标呢？

哎呀！我怎么没有想到呢？评价是检测学生是否达到目标的标准，为什么不在教材中设计评价板块呢？可是评价要包括什么内容呢？在我一筹莫展的时候，葛校长又指点迷津：评价的内容应该指向学生是否能够战胜游泳过程中的困难；是否能够坚持参加游泳课：参加一次游泳课就可以得一个笑脸；能否战胜困难，战胜一个就可以得到一个笑脸；最后通过游泳测试的，根据测试成绩分别获得一个到三个笑脸。

《我是“小泳士”》教材经过了四个反复，历经两个月时间，中间还有对教材中细节部分的修改，终于“出炉”了。我看着自己编写的第一份教材，心中的成就感油然而生。编教材，要有切合学生生活的素材，要遵循知情意行的德育规律，要注重明理、激情、导行。有了这第一份教材的编写基础，我信心满满地准备投入到第二、第三份教材的编写中。

撰写：殷　艳

点评：

谈到“课程开发”两个字，作为一线教师，想必大家一定会和我有同样的感觉，这个活太“高大上”，离我们本职工作太过遥远，要做的话也全应该是专家干的。可没想到的是，一不留神，自己竟然也成为了校本教材“爱生活、会做人”的编写者之一。当拿到这本新鲜出炉、印制精美的教材时，学生们爱不释手地翻阅，教师们啧啧称赞，我的眼前浮现出教材从编写至今的点点滴滴，感慨万千，尤其是从中收获的成长……

【故事 8】

从“山穷水尽”到“柳暗花明”

学校第二轮人品教育的课题研究即将结题，在课题中有一项非常重要的内容就是要编写落实学校人品教育的课程，并将这件事作为 2014 学年第二学期的重点工作。作为子课题的负责人，要负责编写《社会大课堂》这一板块的相关教材。于是，“教材编写”，成为课题组教师的核心词。

我和同组的老师根据自己的特长和爱好进行了编写篇目的分工，可是我们谁也没有接受过专门的编写教材的培训，该怎么办？大家只能“现学现卖”了，在网络上收集了一些编写的资料，又把《社会大课堂》课程目标，年段要求好好琢磨了一番后，好像有了一些想法。经过慎重考虑，仔细斟酌，虚心求教，于是，大家就白手起家了，开始了教材编写的生涯。

又到了周五课题组活动的时间，大家围坐在一起，把前段时间大家编写的教材内容进行交流，看得出在交流的过程中，大家信心普遍不足，感觉自己才思枯竭，彼此都有一种“山穷水尽”的感觉，毕竟是“大姑娘上轿子”头一回。

听完我们的交流，校长首先肯定了我们的工作，为我们加油鼓劲，并针对出现的问题提出了自己的建议，如：编写的教材要与人品教育的年段指标相结合；要把学习的内容和学习的评价方式结合；教材内容要有操作性，不要过于复杂。然后组织大家就编写的方式进行了交流，在交流的过程中，大家畅所欲言，小王老师提出：“编写的教材要注意年段之间的差异……”小金老师建议：“要注意资料小百科、大家来交流、成果评价表彼此之间的联系……”听着大家热烈的讨论，我不禁暗暗赞叹，真不能小看我们的老师。

又是一个编写组交流的日子，每次当大家觉得“山穷水尽”的时候，就会要求进行碰头交流。因为在会上，大家除了探讨编写设计的思路，内容呈现的方式，互相提供收集的课程素材，也会借这个机会叹叹苦经，发发牢骚，或者是为一个问题面红耳赤地争辩不休。当然这个时候，校长也会从我们的探讨中，提出修改的意见或者下一步的实施的方案。于是这样的日子被大家称为“催生日”。可是说也奇怪，就是在这样的催生日里，我们却常常收获着“柳暗花明又一村”的喜悦。

撰写：沈　炜

点评：

一篇篇教材就这样如同一个个新生的婴儿，在我们这些教师头脑中孕育，在我们的一字一键下诞生，我们每一人都享受这样的过程，她使我们这些普通的教师也能成为自己的专家，使我们一起关注人品教育实施的载体，为我们东展的孩子打造属于自己丰富的课程，大家也尝到了编写教材的甜头，经历和即将经历的困惑、喜悦，将伴随着我们每一个人一起成长……

【故事 9】

阳光男孩成长记

还记得 2012 届四(1)班的那个街舞俱乐部吗？当时在我们学校可是小有名气呢，还拥有不少的“小粉丝”。他们的队长霖霖阳光、自信、在舞台上散发着耀眼光芒的形象一定还深深地刻在大家的脑海中。然而，你知道他成长的故事吗？

• 转学背后的故事

每学期都会有一些插班生成为东展的新朋友，2010 学年第一学期也不例外，四(1)班就转来了一个非常清秀的男生，他个子不高、身体看上去很消瘦，说话声音很轻，始终看不到与人交流时直视的目光，总是躲躲闪闪的样子。

从班主任老师那里了解到，霖霖性格比较内向，家庭教育良好，是一个儒雅的男孩子，会弹钢琴、还会跳一些街舞。只是以前的学校比较注重学业，与学生的沟通不够、孩子很少有机会玩耍，展示才艺的机会也不多，少言寡语，天天背着书包去上学、再安静地背着书包回家完成作业。妈妈希望孩子阳光、自信、热爱生活，她四处打听有没有适合她孩子的学校，最终在朋友的介绍下来到东展小学。

• 打开心扉、透出阳光

来到东展，小王就像来到了"刘姥姥的大观园"，每天有充足的活动时间，班主任得知小王会跳街舞，鼓励他教伙伴一起跳，开始只有一个孩子喜欢，大家都感觉他很怪，但是后来他们自己成立了一个俱乐部，还带动班级另外两名男生参与进来，渐渐的霖霖的心灵就像推开一扇小窗户，透出了一丝阳光。

学校每学期都会开发一些时尚的、学生喜爱的课程来丰富拓展型课程。如果将街舞课程融入我们的"艺术博览"板块，让像霖霖这样爱好街舞的学生能够邀请专业的老师进行指导，对学生的帮助定会更大。说干就干，我们的街舞班正式启动啦！学生们也迎来了他们的街舞老师，一位阳光帅气大男孩。学生报名的热情高涨，其中就有霖霖。

街舞课开始了，这个大男孩老师与学生沟通起来非常顺畅，常常与学生一起笑得前仰后合，就像朋友一样。学生喜欢怎样的音乐他就采用什么音乐编排舞蹈、也能用学生易于接受的教学方式进行教学，即便一些枯燥的基本动作训练也会因为他的幽默变得有趣起来。在这样的氛围中，学生敢说敢跳，这对于内向的霖霖来说是一个再好不过的机会。

一段时间后，霖霖在街舞方面的天赋逐渐显露，在同学和老师一致推选下他当上了街舞班的课代表，这对他来说可是个不小的鼓励。从那以后他不仅自己练习更加刻苦，而且还当小老师教其他同学，脸上的笑容也越来越多了。

学校每年都会为"艺术博览"课程的学生提供两次大型的展示机会，100%的参与率让每位学生都能成为小明星！记得霖霖第一次上台，要么不断地在后台练习着动作，要么双手搓来搓去，紧张得一脑门汗。老师鼓励他："不要紧张，只要拿出你平时练习的水平你就是最棒的！"在老师的鼓励下，当音乐响起霖霖和伙伴们一起勇敢地冲上舞台尽情地随着音乐舞动起来。随着动感的音乐、变幻的灯光，霖霖充满爆发力的表演带动了小伙伴，获得了全场热烈的掌声！这一次表演的成功让我们看到一个阳光男孩正在成长！

• 阳光男孩、无限精彩

之后的每次表演中，霖霖越来越自信，不但能够很完美地表现自己，还能够在舞台上与老师、与伙伴进行即兴表演，每次都会把舞台的气氛推向高潮。班级的俱乐部也越来越有人气，他们以迈可·杰克逊命名"MJ 俱乐部"，还一起参加长宁区学生艺术单项比赛，荣获了舞蹈专场一等奖。2012 年霖霖申报"才艺美德少年"称号。毕业后进入世外国际部，由于他在街舞方面的突出才艺，顺利地当上了文艺委员和中队长。还代表中国去德国参加街舞大赛交流夺得了金牌！

撰写：乔　博

点评：

看着霖霖由一个内向、胆小的男孩成长为今天这样一位了不起的阳光男孩，不能不说街舞给了他自信和力量。每一个孩子都是不同的，我们所能做的就是把孩子的每一个可能都变成现实，让每个孩子都拥有一个美丽的梦……

【故事 10】

我也能当故事大王

期末，看到轶轶拿到了拓展课程——童话故事的“故事大王”称号，爷爷奶奶喜上眉梢，而轶轶也高兴得合不拢嘴。

望着他，我不由得回想起第一次去轶轶家家访的情景……

一进门，这个虎头虎脑的小男孩就让人好生喜欢之情，家访中，孩子也常常禁不住想要和我们说话，但等我们仔细聆听时，却发现他表达不够清晰，有些词不达意……家长介绍说孩子在三岁以前都不怎么说话，一开始担心孩子会是自闭症，也去看过医生，后来诊断并非自闭症，也进行了一段时间的训练，孩子能说话了，但是比起同龄的孩子，表达能力要弱得多。家访时，家长特意提到了孩子的表达问题，也希望学校能给予更多的机会训练他的表达能力。于是，顺理成章的，在选择拓展课程时，家长给孩子报了“童话故事”。作为孩子的班主任，又是童话故事的执教教师，我觉得更有信心帮助孩子在表达能力上有所提升。

• 第一次：我不行

童话故事授课内容从简单来说，就是听故事、讲故事。一般一小时的课程，我会花 15 分钟进行故事的讲述，给予孩子大约 15 分钟准备时间，剩余的 30 分钟都为孩子的操练时间。

那天，记得第一次上课。当我给孩子讲述了一个短小的童话故事《小猪唏哩呼噜诞生记》后，孩子们都非常感兴趣，纷纷跃跃欲试想要上台来讲述。唯有他——轶轶，一个人趴在桌上。我走近他，拍拍他的肩膀，让他来试试，他不管怎样都不愿意上台，还不断地嘟哝着：“我不行，我不行……”我表示先在台下帮他操练，他也表示不愿意。因为是第一次，课堂上毕竟还有其他孩子。于是，这节课轶轶只能以旁观者的身份结束了学习。

• 第二次：我试试

应该说，第一次的课程结束后，我也找轶轶聊了许多，发现他其实非常喜欢童话故事，也挺爱说话的，只是因为每次在家说话时，表达不清，爷爷奶奶就会说他，慢慢地对于说话自身也有一定的害怕，轶轶告诉我，在学校他也怕说不对，同学会笑他。于是，我安慰道：“傻孩子，其实你来学校不就是学习本领的嘛？如果什么都会，还需要学吗？所以，不必害怕别人说你什么，一次次锻炼，你一定会进步的，老师相信你！”说罢，我摸了摸他的小脑袋。

自那次聊天之后，童话故事的课程照旧进行着，每次操练的时候，我总会多关注轶轶一些，也给他安排了同班的两个表达能力较强的孩子帮助他，看到轶轶在每次的训练中，由默不作声，到尝试参与，我的心也慢慢释然起来。

一直到那天……

那天，清晰地记得，故事的主题为“伊索寓言”——《肚胀的狐狸》。当学生自己练习后，进行班级故事讲述的时候，我亲眼见到轶轶的小手举了一下，但是不够坚定，当他见到我的目光直视他时，又把小手缩了回去。

于是，我说道："经过这几次课程的学习，陆老师发现很多小朋友的胆子大了许多，故事也越讲越好，其实，我一直相信，你只要勇敢迈出这一步，敢讲，那么你的故事一定会越讲越好的。"说话间，我还把"敢讲"这两个字的字音进行了强化，而且，特意看了一下轶轶。

见到轶轶缩回的小手重新举起，虽举得不高，但我还是请了他。轶轶站起身来，涨红了脸，小嘴最终迸出了三个字："我试试！"这时候，我带头鼓了掌，随即，孩子们也都给予了轶轶掌声，见他勇敢地迈出了一步，我欣然地笑了。

• **第三次：我来讲**

自从上次故事讲述之后，我明显感到轶轶积极表达的主动性增强了许多，其实，因为长期在家，家长的评价，让轶轶对于"开口说话"这件事情产生了一定的障碍，变得一点自信都没有，而在童话故事班里，大家的鼓励与认可又重燃了轶轶的自信。接下来，我就是要帮助轶轶怎么把故事讲流畅。而轶轶表达最大的问题就是他的思维要比表达的速度快，所以常常会出现他在说一句话的时候，前半句的意思还没说清楚，就急着把第二句话的内容表达出来。于是，我经常会走到他身边，耐心指导他一句话一句话慢慢讲。

清楚地记得在"故事大王擂台赛"上，当我宣布比赛开始，谁愿意来讲故事时，轶轶主动举手，表示："我来讲！"而当轶轶绘声绘色地讲述《田鼠与家鼠》故事时，台下孩子们的掌声给予他最高的支持，也是为轶轶在童话故事班里的进步画上一个圆满的句号。

撰写：陆　怡

点评：

在学校多年来的《能说会讲类》课程的学习中，不乏轶轶这样的孩子，很多时候家长都是为了给予孩子更多锻炼的机会，培养孩子口头表达及自信而替孩子选择此课程。正是此拓展型课程的开展，给予老师更自主的教学空间和时间，让我们的孩子在参与课程学习的同时，不断地变得自信，成为学习的主人！

【故事11】

十分钟也精彩

"十分钟队会现在开始——"五(4)班的教室里又传来欢声笑语。

"你们班的小朋友开十分钟队会特别积极，你们怎么有这么多的内容和形式?"不少老师好奇地问。

先卖个关子，看看妙妙同学的一则日记吧：

这次的十分钟队会由我们风铃小队负责，队会的主题是知识竞赛。小队长吴优组织，李多珉和姚舜语负责奖品，吴优和崔颖娜设计知识问答，我主动要求制作PPT。总算到了周三那激动人心的时刻啦！黑板上"十分钟队会"五个彩色的大字十分醒目，旁边被我们装饰着各种精美的图案，同学们都夸我们的版面设计新颖漂亮，我心里暗暗高兴，看看吴优也一副得意洋洋的模样。

第一个节目成语接龙，我用第6课学到的一个成语“地久天长”做龙头，大家争先恐后，开始抢答。“地久天长”——“长篇大论”——“论”什么？大家面面相觑，一时谁也想不出来。“我也来参与好吗？”陈老师这时起立了，“‘长篇大论’后面可以接‘论功行赏’。”哈哈我们渡过了难关，李多珉也奖给了陈老师一颗糖，拿到奖品陈老师像小孩子一样又蹦又跳，逗得我们哈哈大笑。成语接龙继续进行，“赏心悦目”——“目光炯炯”——“炯炯有神”——“神态自若”……这条“龙”越来越长，真是热火朝天。

时间紧迫，同学们意犹未尽地进入第二个环节猜谜语。“五个兄弟，高矮不齐，住在一起，名字不同。”同学们议论纷纷。不一会儿，“我知道”、“请我吧”大家都陆陆续续地举起了手，心急如焚地请求发言：“这就是手指。”接下来的谜语一个比一个精彩。

到了最后一个环节——知识抢答，还有不少同学没有拿到奖品，他们坐立不安。我们问：“中国古代四大名著分别是哪几本书？”大家举起手时，只有我们让谁发言，他才能回答。真是有一种高高在上的感觉，哈哈！……

十分钟队会结束了，我们最紧张的时刻到来了。同学们要按照人品课程上的6项要求给我们小队评分，每项3颗星，我们得了17颗星，这么好的成绩，我们小队别说心里有多高兴——我们有望成为这学期的优秀小队啦，哈哈！

其实我哪有什么秘诀，不过是把评价引入到了十分钟队会。对每个小队开展的内容、形式、是否充分发挥队员长处、主题是否明确、分工合作是否合理、受欢迎程度六个指标进行评价。老师或同学们自己确立一个主题，运动会前举办“团结力量大”队会，教室卫生退步了，举办“我是班级小主人”，学习期间开展“音乐之旅”、“美术欣赏”，期末考将近，同学们自己定了“期末考个好成绩”……他们或是组织游戏，或是排练小品，或是设计知识问答，吸引同学们的目光，期待自己的小队能拿到班级的第一名。

“等闲识得东风面，万紫千红总是春。”在东展校园，同学们亲近大自然，感受生活，认识世界，陶冶性情，尽情享受快乐学习赋予的美。

撰写：陈　琳

点评：

中小队活动在东展是孩子们当家作主的见证。不同阶段不同主题、不同内容、不同形式，孩子们的十分钟队会创意非凡，十分钟在欢笑的同时有了更多的思考，更是快乐童年的回味。

【故事12】

爱上洗碗的钢琴女孩

提起小彤，教过她的老师都会称赞不已。活泼可爱、才思敏捷，而最让人津津乐道的是她那一手娴熟的钢琴技艺。的确，她是班级中一个音乐才能突出的女孩，每学期都会到各地参加钢琴比赛，家中的奖杯、证书不计其数。去年暑假，还参加了中央电视台举办的钢琴小提琴大赛，获得了业余组第四名。也因为这方面的潜能，小彤的梦想是考上音乐学院，这就意味着每天只能上半天课，其余时间都在练琴。

虽然学习任务繁重，但对小彤来说，每天从妈妈的微信上了解同学们学做家务的信息，却是她的一大乐趣，渐渐地她陷入了沉思：我也要练习自理本领，要不然今后我除了会弹琴，可能连自己的生活也照顾不了。于是，她郑重其事地向父母提出了申请——晚饭后，主动学习洗碗，收拾厨房。她还提出了“条件”，爸爸妈妈只能用语言指导她，不准动手帮忙。于是，在红霞飞上西天的时候，厨房间传出的是稚嫩的锅碗瓢盆交响曲。开始，小彤经常是手忙脚乱，一会儿盘子没洗干净，一会儿自己的衣服溅上了菜汤，一会儿爸爸伸出了援手被她挡在了门外……渐渐地，小彤动作麻利了，不仅碗洗得干净，而且厨房收拾得井井有条。现在只要时间允许，她就要求做这项工作，“洗碗”俨然变成了兴趣爱好了。小彤觉得和同学们一样学习洗碗、叠被这些家务活，是她练琴之余的最好休息方式。课间，她和同学在一起，聊得最多的是家务劳动。一讲起她最爱的洗碗，小彤就会眉飞色舞，滔滔不绝。

能参加两天一夜的“生活放飞”课程活动，小彤别提有多兴奋了。根据活动评价指标，提前一周，悦彤就在家里练习折衣套被，因为没有参加班级的比赛，她练得格外认真，课间会请教同学，晚上会请教家长。活动前的晚上，妈妈要帮她整理行李，她一口回绝，自己按照小组商量的出行清单，一样样整理好。在东方绿舟的各项活动中，小彤学会了很多生活技能，收获了自信，收获了快乐……

生活自理本领是人最基本的素质，是人生存与发展的基本能力，是学生走向社会的必备能力。小彤从一个只知道弹钢琴的女孩到现在会洗碗收拾房间的生活自理的女孩，这期间是生活放飞活动改变了她。让她认识到掌握基本生活技能和学习知识、弹琴一样重要，而且在这些活动中小彤养成了爱劳动的习惯，尤其是放飞活动结束后，她还是一如既往地坚持每周的家务劳动，分担父母的辛苦。小彤妈妈说：“这次放飞也是她第一次离家，第一次自己准备东西，期间学到了好多成长需要的知识，如：独自准备行李包，学会套被子，钉扣子等，相信这个活动对今后的成长产生深远的意义。”

撰写：鲍乃玲

点评：

课程中体现了学生“自理”能力的培养，从一年级开始的自己整理书包、学习袋，学习系鞋带，到了四年级参加“生活放飞”的仪式活动，自己整理出行物品、套被套、钉纽扣等，自己事情自己干，就是要培养学生独立生活的能力，长大后就会有自力更生的信念，不依靠别人。让学生在有趣的课程活动中学会“自理”本领，学会做人。

【故事13】

我是“小泳士”

四年级开始有游泳课了。游泳，对于会游的同学来说是件轻松愉快的事，但是对于不会游泳的同学，每周一次的游泳课是一件很艰难的事，尤其是对于害怕水的同学来说，这简直就是一只“拦路虎”，无法战胜，他们真的需要勇气来面对这个困难。

记得我们班的一名小于同学，第一次上课时，原本高高兴兴进了游泳馆，但是一进到水里，就害怕极了。死死抱住游泳护栏，不肯松手。教练要进行摸底测试，怎么催促都不管用，吓得嘴唇发青、脸色苍白，后来就开始哭个不停。这节游泳课终于结束了，教练自然也很恼火地到我面前叨念了一大堆。我也很着急，但是一时也无计可施。

回来后，针对同学的上课状况，上了这一课——《我是小泳士》。这课的人品教育指标就是“耐挫”，目的是让学生懂得只有不断克服困难，坚持锻炼才能养成坚韧的毅力和坚强的意志。同时，也要学会面对困难时调节自己的心态。

教材设计是这样的：首先，一个发生在本校的真实的故事，带大家进入一个情境：东东同学从一个完全不会游泳的状态，到努力调整心态面对困难，坚持不懈地锻炼学习，最终学会游泳的过程，揭示出他克服困难的酸和甜。讲完故事后，再引导同学经过进一步的讨论，孩子们无形中得到了正能量——要迎难而上，坚持不懈。东东都能做到，我们也可以克服游泳课中的困难。明理结束后，展开小小的交流会，讨论三个问题：1.自己在游泳中的困难是怎样对待的。2.班级里有没有克服困难，最终学会游泳的同学。3.给遇到困难的同学出金点子。接着，教材提供了一份资料——学会几种战胜困难、调节心态的好方法。这是有关心理板块的内容，学生还不会运用，甚至不太了解。所以需要教师直接正向引导。这里集中介绍了6种调节方法：自我认知法、自我鼓励法、自我暗示法、语言调解法、转移情绪法、反向思维法等。最后是行动评价的板块：根据学生日常游泳课的表现，设计了一个表格，从评价内容、标准、评价人及阶段收获来进行跟踪评价，最终以三星级、二星级、一星级“小泳士”为同学做了两个学期的系统评价，学期末颁发“小泳士”证书，两个学期都评上三星级小勇士的学生，学校将授予“泳士”奖牌。

那节课，我们又按照《生活与做人》课的内容进行延展，专门讨论了关于怕水的困难该如何克服。孩子们出了许多好主意，我也按照这节课的内容告诉小于如何针对自己的情况给予心理暗示进行调节。第二节课，我们还请了一位热心又耐心的同学在她身边，鼓励她、帮助她，转移她怕水的注意力。（这些办法都来自于教材中的引导）。慢慢地她开始松开了护栏，再后来，她漂起来了，还能闷水了。看来，这一课的效果还是很明显的。接下来的评价效果就更加明显了：因为孩子们十分重视这个“小泳士”的称号，每个人都在努力突破自己的困难，小于自然也在这种氛围下更加努力。而今，上了十几次游泳课，小于已经不需要同学的帮助，自己能游一段距离了。随着小泳士评价记录的跟进，她越发有信心了，因为按照《我是小泳士》这一课，的评价：每次参加游泳课就得一张笑脸，克服了困难，又可以拿一张笑脸。12张笑脸她已经拿到了，可以获得“一星级小泳士”了。随着自己的勇气和游泳技术的进步，她开始冲刺二星级小泳士了。那个一下到泳池就脸色发青、浑身发抖、哭泣不止的小女孩，而今的笑脸绽放得那么灿烂。

还有一名已经毕业了的男生小徐，他发现如果同学的身体状况不好，经常因为感冒而不能游泳缺席，那样就不能夺取小泳士。他决心从身体健康的角度为自己做准备，每天坚持锻炼身体，并用冷水洗脸，包括大冬天。最终，他整个学期不但没感冒，还拿下了三星级小泳士称号。

撰写：刘志平

点评：

对于这些同学的变化，我还是感慨我们的《生活与做人》课的功效，它是实实在在站在学生的角度考虑问题，切切实实帮学生解决问题。在贴近学生思想和实际的情况下进行生动而持续的评价，给孩子带来了信心，从而给孩子带来了这样令人欣喜的变化。我想：

对于学校中无数个小于和小徐同学来说，经过挑战自我、突破自我拿到了小泳士的称号，收获的绝不仅仅是战胜了游泳的困难，更重要的收获是将来能面对困难时的态度、勇气和方法。良好的人品也在这个过程中慢慢形成。

【故事14】

秀秀我自己

周三下午，按照原定计划，一年级老师来到教室里进行《秀秀我自己》的教学，在讲述故事园里的小故事时，孩子们纷纷对故事主人公的做法发表了议论，表示应该学习小花的乐观与自信。于是，老师便让孩子们自己静静地思考，自己有哪些长处（包括优势），并且打算用开火车的方式进行交流。"我会踢球，而且经常进球！"小腾连忙站起身来回答。"我会跳舞，舞蹈已经跳到了三级啦！"小盟也不示弱。"我乐于关心别人！"小芸也大声说道。"我……我……"轮到了小玥，一向害羞的他只是摸着脑袋，低下了头……

看着孩子们交流的场景，老师不仅暗暗思考，课程本身的教学时间只有一节课，如何把课程内容进行延伸，进一步促进孩子相关指标的落实才是更为重要的。于是，老师决定开展"秀秀我自己"的发布会。

"叮铃铃！"随着上课铃声响起，同学们都坐得端端正正的，大部分的孩子都希望先展示自己的作品。老师不紧不慢地打开了电脑，播放起了视屏。只听一阵激昂的鼓声，随即悠扬的旋律响起，屏幕里出现了一个模糊的影子，人影近了，大伙这才发现，原来那敲着爵士鼓的正是新来的小东，"小东，是小东！""没想到他平时喜欢打人，鼓却敲得挺好的嘛！"同学们议论道。当大家的目光"唰"地投向小东时，他害羞地低下了头。

别看小豪平时上课总是思想不集中，有时也会惹惹周围的同学，可这次当老师问道："下面有谁来秀秀自己？"时，他的手举得高高，身体坐得笔直，看得出他对这次"秀秀"活动很积极。"我今天要给大家介绍我制作的乐高模型，这是一个模拟的摩天轮，如果你按动这个开关，就可以让它旋转起来……！"小豪如此专注地介绍，让台下的孩子惊叹不已。小豪一介绍完，老师立刻插播一曲"小苹果"（电子琴版），随着熟悉的旋律，孩子们的身体扭动了起来。"你们知道这是谁弹奏的吗？"孩子们你看看我，我看看你，随口猜了起来"是小柳？""是小宇？""是……"听到一个个孩子嘴里迸出的都是平时相对胆子较大较为自信的孩子，老师把眼光投射到坐在第一排，不太声响的小倪身上。"难道是小倪？"机灵的孩子立刻说道。"不会吧，他会弹琴？"立刻有同学反驳道。"我们一起来看看！"随着视频的播放，出现的就是小倪的身影，这回，大家无一不佩服地朝他竖起了大拇指！而小倪露出害羞的笑容。

通过《秀秀我自己》一课的教学，再加课后的展示活动，推进了孩子的自信心，在活动中，每个人都寻找到了自己被人认可的成功感，自信心也被非常好地激发了出来！很多孩子通过那次活动之后，也敢于上台发表自己的意见了。班级的小夏更是从一个胆怯的小男孩成长为学校"六一"活动的主持人，妈妈回顾起孩子的成长，感慨万分！

撰写：陆　怡

点评:

就是这样,每个孩子都会在课程中找到自己进步的空间,寻到进步的起点和方法,又从课堂学习和生活实践中得到自信和持之以恒的动力,从而形成良好的习惯,进而为良好的人品的形成打下基础。

【故事 15】

超市购物趣事多

2014 学年的第二学期,我们一年级学生学习了学校的校本课程《生活与做人》中的一课《货币知识大冲浪》。孩子们认识了美国、英国几个重要国家的钱币及符号,知道了钱在生活中的作用及其来源,还懂得了从爱惜自己身边的各种物品做起,养成节约用钱的好习惯。通过调查,我们发现一年级孩子虽然生活条件优越,但在实际生活中接触钱的机会还是不多的,父母很少会让自己的孩子去用钱,甚至有的孩子都不敢用钱。于是,我们一年级组老师根据课程中"钱在生活中的作用"设计了一次"超市购物"的活动。活动内容是:请每位一年级小朋友每人带 10 元钱,去超市购买一件小于 10 元的商品,试着算一算找回多少钱,并学习看收银条。活动时间是:第十二周的周三下午。活动地点是:学校隔壁的小超市。

第十二周的周三,还没到下午,各班的微信群里的家长们就开始聊开了。有的说:"听说今天要到超市购物,我家的那位一大早就起来了。"有的说:"是的,是的,我们家的也很兴奋。"有的说:"孩子们会很开心的!"还有的说:"这个活动好,贴近生活。"中午刚吃完饭,各班就有孩子在问:什么时候买东西啊?还时不时的拿出钱包摆弄。孩子们对于超市购物期待满满。

在等待中,终于到了购物时间,每个班按照安排好的时间去超市购物。进入超市,孩子们有的动作很快,挑选了正好是十元的一件物品;有的不紧不慢左看看,右找找;还有的拿起一件物品,过一会儿又换成另一件物品。孩子们挑的物品有吃的、喝的、玩的。小超市里热闹非凡。不一会儿,收银台前就排起了一条小长龙。孩子们付钱,老师在一旁指导孩子算一算找回多少钱,收银的叔叔则耐心地等待着孩子们算钱。"10 元减 8 元等于 2 元,应找给我 2 元钱。"有的孩子很轻松地算出了找回的钱。"10 元减 5 元 6 角,10 元减 5 元还剩 5 元,5 元再减 6 角,嗯……"有的孩子在算钱时遇到了困难,小眉毛皱了起来,小眼睛吧嗒吧嗒望向老师求助。超市购物趣事多!

小故事一:找我一元钱

小宇同学买了一件 7 元钱的商品,给了收银员叔叔 8 元钱(一张 5 元,三个 1 元硬币),叔叔笑着对他说:"你只要给我 7 元就可以了。"小宇还是把 8 元递了过去。叔叔又耐心地说了一遍:"小朋友,你只要给我 7 元钱。"小宇仍旧执著地把 8 元递到叔叔的面前,叔叔只好收下 8 元,找回 1 元。事后我们问小宇为什么一定要给叔叔 8 元钱,小宇一脸认真地说:"我想让他找给我 1 元钱。"原来小宇并非不知道只要给 7 元钱就够了,而是想要体验找钱的这一过程。

小故事二:少了一角钱

当所有孩子买好东西走出超市后,有一个孩子却站在超市门口,迟迟没有离开,低着头仔细看着手里的收银条,还时不时地抬头思索着什么。他的行为引起了班主任的好奇心,于是走过去问他:"你在看什么呀?"小达若有所思地说道:"老师,我觉得这张收银条有问题?""什么问题呀?"老师抚摸着她的脑袋问道。"我觉得钱少找了,我买的东西应该是6元8角,给了叔叔10元钱,应该找回3元2角,可是叔叔只找回我3元1角,少了一角啊!"老师鼓励小达去找收银叔叔,小达转身来到收银台把自己的疑惑告诉了叔叔,叔叔和小达一起认真地核对,最后确认小达说的是对的,叔叔退给小达1角钱,小达高兴地接过钱。

《货币知识大冲浪》中的这一个活动,让孩子收获颇多,不但买到自己喜爱的一件商品,还激起了他们对货币使用的兴趣,更可贵的是他们在活动过程中那一份认真。

撰写:陆海芹

点评:

从小在孩子的头脑中建立"理财"的概念,作为现代公民是必不可少的。对于低年级的孩子,"理财"课程通过超市活动,让他们亲身经历购买商品的过程,丰富了生活中理财的经验,激发了兴趣,也为后续中高年级理财教育作准备。

【故事16】

自主自动小火箭

"我们的尼莫火箭报火热出炉啦!""太棒了,我的文章刊登啦!""快看,快看,我画的插图被选用啦!"……

2014年12月6日,三(2)班的教室里一片沸腾,每一位尼莫们手上都拿着一份彩色的"尼莫报",个个神采飞扬,或阅读,或分享,或轻轻抚摸,每个孩子脸上的神情都是那么激动,因为,这是一份属于他们自己的班报。

随着孩子们升入三年级,如何在习作教学的同时,帮助孩子养成善于观察生活,勤于动笔的学习好习惯,以及坚持的学习好品质?通过近一个月的积极筹备:班会谈论,孩子们发表意见,一致同意出版尼莫报;小尼莫们积极出谋划策,想出了21个报名,当场投票,28票产生"尼莫火箭报",寓意我们尼莫班齐心协力,如同小火箭般快速前进;家长们积极报名,参与班刊打字、校字、排版、印刷等幕后工作,成立"报刊编辑组";周三快乐活动日孩子们自主报名,挑选其他同学的一篇周记动笔为其配插图;副班主任金老师修饰、扫描插图,发送编辑组;家委妈妈们全员动员,对小报初稿再讨论、修改稿……就这样,我们2周一期的"尼莫火箭报"一期期如期出版,孩子们写作的积极性也日益高涨,观察生活,勤于动笔记录的学习好习惯正在逐渐养成。

三年级下学期,《尼莫火箭报》开始陆续将学校主题活动、文明游戏、安全等做人习惯养成暗寓于报刊中,让孩子们在阅读墨香的同时,将许多良好的习惯、做人的道理潜移默化渗透进他们的心灵。如,我们班的男生特别调皮,总会无意识地破坏学校的公物:今天把水龙头拧下来了,明天将厕所门撞坏了,后天又把玩具箱压扁了……于是,我预约全体小尼莫们利用周末时间，做一项“公共设施小调查”的探究活动，对家周边或学校的公共设施被破坏或占用情况进行调查，通过：找一找、拍一拍、调查分析、建议感想，来呈现自己的调查结果。小尼莫们积极行动起来了：小区地下库的电源开关盒、地铁站的扶手、行人道旁的栏杆、学校的垃圾桶、盲道上的花盆……“广场的工作人员应该每天检查，将花盆全部移出盲道。同时建议电视、报纸应该多宣传盲道的重要性，呼吁全社会来关注盲人的安全问题。”就这样，十几个孩子的小调查图文并茂地在第5期小报中刊登了，而后，又有学会交往、安全在我身边、贵在坚持、珍惜水资源等系列报道。

小尼莫们进入了四年级，我开始组织他们参与报刊的制作、发行，让他们在自主活动中得到交往、合作、赏识、感恩能力的提升。我们成立了编辑组、输入组、美工组、校对组、印刷组、发行组。于是，课间、走廊上、电脑房、美术室小尼莫们忙碌并收获着：小编辑们懂得了要用赏识的眼光去欣赏小伙伴的文章，用鼓励的口吻写出自己的评语；打字员们明白了指尖下那一篇篇文章的输入需要仔细的态度；美工编辑们伙伴合作，相互给予插图的创意；全体小尼莫们更是在忙碌中明白了父母、老师的辛勤付出，懂得了感恩……

撰写：钱海艳

点评：

通过班报的设计、制作，孩子们找到了成功的自信，自信是一种美丽、一种动力、更是一种希望。人有了自信，就会找到自身的价值，有了自信，就是成功的开始。是这份自信让孩子们有了集体荣誉感，有了责任感，让他们成为区的优秀中队，让这份自信伴随孩子们快乐的童年吧！

【故事17】

积分存折，记载我们的好习惯

“快，快，坐好！老师来了！”班长一宣布老师来了的消息后，孩子们一个个端坐在座位上，那种专注，一定是即将发生对于每一个孩子都非常重要的事情。原来，那天是周五的晨会课，也将是一周小结发放“周薪”的时候啦！

“周薪”其实就是班级里的每一个孩子在一周里，习惯养成的相应积分，包括：完成自己的岗位工作或者参与班级各项活动所得的相对应的积分，每周由老师和同学互相根据评价规则反馈每一个学生的达成度，发放与之周薪相对应的积分卡，由学生自己存入个人的存折——“超级玛丽班积分存折”。

“首先，由小班长宣布本周重点习惯训练项目——午餐好习惯的得分情况！”我起了个头，让小班长进行第一轮积分的发放。“本周，在午餐方面所有同学都能够做到铃声响了之后，及时拿餐盒、放餐具。在午餐的时候，除了个别同学，都能够做到安静午餐。但是，在吃饭不挑食、不浪费上做得不够。所以，本周午餐好习惯得到满分5分的同学是……！”巡视整个教室，发现每一个孩子都是那么认真地听小班长的评价，尤其是那些得满分的孩子。但是也不乏有些许孩子低下了头，显然，他们没有得到这个项目的满分。

“那么，你们对于小班长的评价有没有什么意见啊？”毕竟才一年级的孩子，在极力培养队长的评价能力的时候，也不忘记关注每一个孩子的感受。

“我觉得班长评价得很好，但是，我自己觉得这个星期，我在午餐方面有进步了！”又是他，班级里的小豪，是个非常有主见的孩子，也乐于在班集体中发表自己的意见。“因为，上个星期，我没有一天做到四个空(指的是餐盒一共有四格，他把四个饭菜全部吃完了)，但是这个星期，我有两天做到了四个空，所以我觉得，我这个星期可以得个 2 分，至少我进步了嘛！”看着小豪摇头晃脑，非常有道理而且思路清晰地表达了自己对于评价的意见之后，我问了问同学。“大家看呢，毕竟班集体是大家的，不是陆老师一个人的，你们觉得他说得有道理吗?”“可以，我觉得可以的。”“这样的话，我下次也要努力进步！”在座的孩子不仅纷纷议论起来。“那好，这周午餐有进步的同学同样也能得到相应的积分。”“耶！太棒了！”顿时，教室里传来孩子们的欢呼声。

附：评价表

超级玛丽“好习惯”加油站

名称	内　容	具　体　内　容	相应积分
好习惯赞赞贴	准时上学	1. 根据行规细则，每天准时上学不迟到，不无故缺席。	1 个积分/周
	走廊礼仪	1. 走廊里面不奔跑，不大声喧哗。 2. 上下楼梯靠右走。 3. 按班级制定路线进行行走。	5 个积分/周
	“上课”好习惯	1. 上课铃响回座位，课前准备要做好，认真读儿歌。 2. 课堂上能尝试耐心听别人讲话，不随意打断，有事先举手。 3. 养成正确的书写姿势，写字认真。 4. 上课回答问题时人要站正、声音要响亮。	5 个积分/周
	文明如厕好习惯	1. 小便要入池，不小在外面。 2. 上完厕所要冲水，要洗手，用完擦手纸后将纸巾丢入纸篓。 3. 节约使用厕纸。	5 个积分/周
	活动好习惯	1. 排好队按顺序滑滑梯，不倒着滑，不推挤同学。 2. 跷跷板每次只能 2 名同学玩耍，其他同学在一旁排队等候，玩耍时间为 1 数到 20 的时间长度。 3. 攀爬架的第 3 格不能攀爬，攀爬时小心不踩到小朋友的头。 4. 肋木架最高只能爬 5 格。 5. 水车一次只能由 2 名同学玩耍。	5 个积分/周
	自理好习惯	1. 每天能够自己整理书包、准备好学习用品。 2. 能够自己换跆拳道服。	5 个积分/周
	卫生好习惯	1. 下课及时喝水上厕所，每天喝水要自觉。 2. 用厕完毕要冲水、洗手、节约用水、用纸。 3. 不乱丢纸屑、不在桌子、墙面上乱涂乱画。	5 个积分/周
	礼貌好习惯	1. 进校门时立正站好，向老师鞠躬行礼问好。 2. 进教室能大声和老师同学问好。 3. 在校园里见到老师能大声并主动问好。	5 个积分/周
	午餐好习惯	1. 饭前洗手，排队领饭盒。 2. 用餐时保持安静，不挑食、不浪费。 3. 用餐结束理桌面，“三净”(嘴巴、桌面、地面)。	5 个积分/周

除此之外，还可以根据班级实际活动的开展情况，获得相应积分。如：参加"小岗位"劳动，可以获得相应的积分（每周 5 个积分）；参加班级活动，获得 10 个积分；参加学校活动，获得 20 个积分。

撰写：陆　怡

点评：

对于低年级学生而言，科学有效的评价方案一定会让教育的效果事半功倍。作为班主任，面对的是入学不到一年的孩子。一年级的孩子，童年成长课程的主题就是"好习惯教育"。因此，如何用一些让孩子有兴趣的评价方式来稳固孩子的好习惯养成一直是教师所思考的。

开学时，当教师把积分卡拿出来亮相的时候，孩子们的目光都聚集在积分卡上，表示会通过自己的努力来获得积分。教师为每个孩子准备了一本以班标命名的"超级玛丽班积分存折"，希望能够把孩子在一个学期的好习惯养成情况都记载在积分存折里。对于低年级孩子来说，这样的即时评价有效、有趣。

【故事 18】

积分卡的妙用

终于可以交稿了！我揉揉干涩的双眼，看着这 166 篇来自我班孩子的日记——孩子们的第一本书《我十岁了》，长长地舒了一口气。虽然辛苦，却感觉很有意义。因为这是精选孩子们三年级一年中所写的关于"十岁生日仪式活动"的日记，篇篇真实而生动。

闭目静思，一幕幕真是让我难以忘怀。从孩子们对课程的参与热情和日记中反映出来的思想状态，我真切地感受到课程的效果和其深远的意义。"寻找目的地"、"讲述出生的故事"、"倒背书包"、"种植香樟树"、"护蛋活动"、"十岁生日主题会"……我们期待孩子们感悟到父母的养育之恩，懂得在今后的生活和学习中要养成好习惯，学会坚持，学会自主，锻炼耐心和意志力，懂得什么是责任……

咦？这是什么？哦！我摸到了无名指上的一枚戒指，心中一阵温暖，这不是淘气大王约瑟亲手捏制的玫瑰戒指吗？我又开始翻看起他的日记：

护蛋第三天，我手里捧着"二胎"（第二颗要护的蛋），就像"尼莫"的爸爸保护"尼莫"一样细心地保护我的蛋。"五一"放假了，我像只老母鸡一样守护着我的蛋。经过千辛万苦，终于，护蛋结束了，但是我的第一胎没有保护好。不过我还是长长地松了一口很大很大的气。啊，我长大要向一胎护蛋成功的同学一样把"宝宝"养好！也要回报父母，感谢他们的养育之恩。

这真的是那个对任何人都不管不顾，只顾在自己的世界里玩闹的约瑟吗？他对护蛋怎么会如此上心，又会有如此深刻的感悟呢？

我开始回顾这个护蛋的过程。嗯，为了让孩子体验当妈妈的感觉，用保护一颗生鸡蛋七天不碎还要随时随地带在身边不离开自己视线的方式来体验，这种教育形式无疑对孩子来说是很感兴趣的。但是要坚持一周何等容易！尤其是对于约瑟这种毛手毛脚，做事莽撞的孩子来说，护蛋本身很容易失败，更难预料他能真正体悟到什么了。对了，为了促使孩子们活动成功，我运用了一个激励性的评价措施起到了很重要的作用。对，就是那张积分卡！分明他的日记中有记录：

周一早上，我们都带着一个个奇形怪状的护蛋工具走进了教室。老师把蛋发到了每个人的手里，大家都小心翼翼地，生怕他（她）被摔碎。突然，教室里传来了一阵尖叫，馨仪的蛋——碎——了——！老师忙上去安慰她，最后说："哎，真遗憾！本来护蛋成功的话就要加……"。她一提到加分就兴奋："两百分"，哈哈哈，我加上两百分的话，不就一千分了吗？那我在学期末的拍卖会上就可以拍到最喜欢的东西了！

看来，对于他来说，这个积分卡起到了很重要的作用，对于其他同学当然也会有不可小视的作用。无论是第一颗蛋（一胎）护蛋成功能获得的200分，还是二胎护蛋成功的100分，也包括认真参与的50分，对于每个孩子来说，都是那么富有激励性。这种立竿见影的奖励机制，对于三年级孩子来说，实际上会发挥出很重要的作用，那就是支持他们面对困难，鼓起勇气坚持到底的信心。所以，这次护蛋活动，我们班级取得了前所未有的战绩：16人一胎护蛋成功，7人二胎护蛋成功，仅有7人连二胎也没保住，护蛋失败，但是他们都写出了日记，体验到了做母亲呵护生命的不容易。

想到这里，我心里一阵窃喜，不由得回忆起今年开学第一天，我给班级每名同学发的"红包"的事：新学期新气象嘛，给孩子一个美好的开端。这红包里没有人民币，却有一张积分卡。老师都知道，这个卡的作用可大了，相当于代币制的一个记录卡，按照师生公约，我们将学生所做的良好行为通过积分的形式进行正增强。当然出现不良行为时，也会适当减分。学期末的时候，我们会进行班级拍卖会：孩子们从家里带来一些大家喜欢的物品，用卡内的积分当做货币进行买卖，既环保，又有趣，更重要的是孩子的积分是自己用良好的行为换取的，很有成就感。所以孩子们对这张卡十分在乎，我还清晰地记得当时约瑟的欣喜若狂的样子。尤其是当我宣布本学期要开战的"十岁生日仪式"活动中的所有体验项目都可以积分时，他眼神中似乎看到了前所未有的希望。

其实，我心里清楚，这代币制属于变化增强，要注意引导孩子行为表现的社会和心理意义。从某种程度上说，这种积分制可以满足孩子的喜好，同时也避免孩子对实物本身作为强化物的那种满足感。所以，班级的日常管理及三年级的仪式活动中的体验过程，我们都和这张积分卡挂钩，这无疑给孩子们体验活动的成功注入了一股支持力量。加上每项活动我们都有前导课，孩子们在理解活动意义、方法的基础上，在积分卡的评价激励机制下，就能够投入而顺利地参与各项体验活动了。连约瑟都能达到这样的效果，难怪今年的十岁生日课程活动显得格外成功！

撰写：刘志平

点评：

十岁，真是美好的时段！十岁，孩子人生中第一个十！这小小的积分卡，陪伴着他们度过了非同一般的十岁！在东展度过童年的孩子，真是幸运的……

【故事19】

小小生命历险记

为了让孩子们感受父母养育自己的辛苦，三年级开展了童年成长课程中十岁生日篇。从听父母讲述出生的故事、倒背书包、护蛋、到十岁生日主题会，孩子们积极参与，亲身体验，虽然只有短短的两个多月，但孩子们在各项活动中收获了许多，其中的护蛋活动尤为精彩。

蛋宝宝就是“孩子”，护蛋过程就是保护好自己的“孩子”，让它安全地成长。活动前，告诉孩子们要护一个生鸡蛋，为期一周，要时刻带在身边，不能离开自己的视线范围。刚说完要求，教室里就炸开锅了，有的说这太简单了，有的说这太难了，还有的和同伴悄悄商量了起来。过了好久，他们终于安静下来了，我又提出了新的要求，要先给自己的蛋宝宝准备一个“家”。

第二天一早，第一个进教室的同学给我展示了她给蛋宝宝准备的“家”，是一个小小的塑料方盒，里面还铺了一层厚厚的棉花，她说这样能保护蛋宝宝，真是个细心的女孩。我摸着她的头说：“你会是个好妈妈。”陆续有同学走进教室，各自带着蛋宝宝的“家”，这些“家”形状各异，材质不同。晨会课开始了，我把写有学号、印有海豚章的蛋宝宝发给孩子们，正当大家都小心翼翼地把蛋宝宝放进各自的“家”里时。忽然听到“啊！”的一声，热闹的教室顿时安静下来，原来是文诛的蛋碎了，只见她呆呆地望着地上，张大了嘴巴。大家也一下子没了主意，不知该如何安慰她。望着她快要流出的眼泪，我快速走到她身边说：“别伤心，我们一起把你碎了的蛋宝宝处理一下吧！”她轻轻地点点头，默默地坐回到座位。在第一天的护蛋日记中她这样写道：孙老师给我蛋宝宝时，我忘记打开“家”的盖子了。于是我就把蛋宝宝往桌上一放，想快速打开盖子，但我忘了蛋宝宝是圆的，我就眼看“他”滚下去，伸手去接却来不及了。当“他”落地时，我的心也碎了，真想大哭，又怕同学笑话，还是忍住了。唉！我真是不负责的妈妈。

第一天，由于种种原因 4 位同学的蛋宝宝碎了，他们的护蛋活动无法进行下去了，但这个活动的目的是为了体验父母养育孩子的辛苦，怎么办呢？于是，在放学前我宣布了一条新政策：允许养二胎。蛋宝宝碎了后可以用自己家里的鸡蛋继续护蛋活动。这时调皮的孩子说：“老师可以养第三胎吗？”我笑着说：“根据目前政策，只能养第二胎，我相信养第二胎的同学一定会细心呵护他们的蛋宝宝的。”那几个孩子的脸上立即露出了灿烂的笑容。晚上，我收到了致贤妈妈的一条微信：现在政策放宽了就是好。

以后的日子里，孩子们护得更认真了。去厕所时，会委托同学临时看护；去专用室上课时，会慢慢行走在走廊里，生怕同学被撞到；去上体育课时，会把蛋宝宝放在草丛里。

为了检测他们护蛋的情况，一次体育课上，我悄悄来到操场寻找他们的蛋宝宝，想取走一个。可我还没实施计划他们就纷纷跑过来了，原来他们早就发现我了。好奇地问我：“孙老师，你来这里干什么呀？”我只能说：“来看看你们的蛋宝宝呀！”他们立即自豪地说：“你说过的，蛋宝宝不能离开自己的视线范围。”天予说“我虽然在踢球，但我一直想着蛋宝宝的。”承儒说：“玩一会儿，就会来看看我的蛋宝宝。”文博说：“我还给蛋宝宝找了个阴凉处呢！这样就不会晒伤了。”……孩子们七嘴八舌地诉说着，我会心地笑了。

撰写：孙　容

点评：

短短七天的时间，一篇篇日记不仅记录了孩子护蛋的过程，更多的是让他们感受到了父母养育自己的不容易与辛苦，学着感恩父母、感受生命的珍贵，在他们的童年生活里留下美好的回忆。

【故事20】

给孩子一片天空，定将还你一份精彩

我们班级围绕学校“亲亲东展一家人”的教育主题，通过各种形式了解不同国家和地区的同学及他的故乡，感受东展小学如同一个快乐、温暖的大家庭，包容和悦纳这不同文化背景的学生，在各类活动中引导、培养学生学会尊重、宽容、合作、友爱。

我班有28名学生，根据他们的兴趣，平日最喜欢看《探秘》书籍，对远古世界，世界上的奇迹都很感兴趣，于是经过讨论，一致把探究内容定位于世界四大文明古国之一——埃及。接着同学们合理构建探究小组。以同学的性别、能力倾向、兴趣爱好等不同的方面构成，成员之间有互补性，在三个多月的探究活动中，同学们对埃及进行了各方面的探究：有地理位置、气候；有国旗、国徽、国歌、国花、官方语言；有服饰特征、饮食文化、传统习俗；有名胜古迹——金字塔、阿布·辛贝勒神殿等都有了较多的了解。在圣诞游园活动的场馆布置上，他们也有了自己的想法。于是所有的装饰、道具、服装都由他们一手策划、制作，博得了所有来埃及场馆活动人员的好评。

“六一”文艺会演中，孩子们再次展现风采，把班级的“亲亲东展一家人”主题活动搬上了舞台。灯光暗了。充满异域风情的音乐响起，两个埃及商人坐着仆人牵着的骆驼，缓缓走向舞台中央，商人穿着丝绸长袍，反映出埃及的阶级特色。灯光越来越亮，预示着他们穿越了沙漠，清晨，埃及街头的景致清晰地出现在人们眼前：远处宏伟的金字塔在阳光照耀下熠熠生辉，繁华的街市上不同阶层的人穿梭其间，欢快的音乐声中埃及姑娘跳起了肚皮舞……大家都浸染在这浓郁的异域风情中。

在活动中，学生的自主探究、合作交流、动手实践能力得到了很大的发展，在实践中学会合作，培养参与意识、合作意识和竞争意识。

撰写：邓美琴

点评：

我想说：“给孩子一片天空，他们将还你一份精彩！”活动是孩子成长最好的媒介，放手让孩子自己思考、自己交流、自己参与，或许得到的比我们想象的要多得多。

【故事21】

品古镇文化，展学子深情

四月的一天，四(5)的同学、家长、老师一行67人，来到江南古镇朱家角，进行为期一天的亲子游。以往的亲子活动重在吃喝玩乐，意义不大。这次亲子活动要求学生根据任务图和线路图完成寻访古镇文化的任务。这对于在母亲羽翼下成长的宝贝们来说，是一次艰难的挑战。

• 组织踩点，做到有的放矢

踩点的家长任务十分艰巨。首先要给开自驾车前往的家长提供线路；其次要熟悉朱家角景点的分布情况，为拟定活动方案做好准备；再次，要联系好酒店，提供午餐和休息。

听说光是定饭店的餐单，家长和酒店用电子通讯的方式一来二去，反复了三次。

• 制定活动方案

活动目标	1. 寻访古镇文化、品尝古镇美食，领略江南水乡的魅力。 2. 学习、掌握基本的户外生存的技能，学会看地图，学会问路。 3. 在活动中，培养学生的团队意识和合作精神。
活动说明	1. 活动方式：以小组为单位，小组成员合作独立完成。 2. 参加对象：以本班学生为主，家长、老师参与。 3. 实施方式：以寻访为主，根据任务图和线路图完成相应任务。 4. 活动成果：小组汇报，并提交任务报告。要有照片为证，以示完成任务。
活动内容	1. 游一游：你能找到几个小镇古迹？ 2. 逛一逛：镇内小桥流水，古意盎然，有"江南明珠"之称，你可找到几座？ 3. 猜一猜：请你猜猜图片中的民间工艺品都是什么？ 4. 找一找：希望你找到有你姓氏的古宅。 5. 尝一尝：美味小吃，请按图示找一找尝一尝，知道它的名字。 友情提示： 1. 每个小队有 150 元的活动经费，用于购买美食和纪念品。 2. 请在你找到的每一项任务前，全体小组成员合影。 3. 各队分别有两小时完成任务，请在 12:00 准时回到集合地点。

• 制定任务图和线路图

在踩点的基础上，家长群策群力，制定了任务图和线路图。这两张图制定得非常好，图文并茂，任务明确，十分翔实。它关系到孩子们能不能顺利完成任务。任务图要求学生在两小时内找到一定数量的古迹、民宅、小桥、传统工艺、美食……共 20 个景点。线路图则表明了景点的具体位置。（见下表）

• 开展"寻访古镇文化"的定向游戏

一到朱家角，我们先到酒店集合（这家酒店给我们包了，这天不对外营业）。家长们布置任务，提出要求。然后小组成员研究地图，制定寻访路线。那天，老天不作美，下起了大雨，孩子们冒雨冲了出去。这场雨给孩子们完成任务带来了很大的困难，但孩子们的毅力非常坚强，衣服、鞋子淋湿了还是不放弃，大部分小组基本完成了任务。此时，这次亲子活动成了一个微型的生存体验。我们来看看，他们的任务完成得怎么样？

小组名	景点	最难忘的景点	品尝的美食	遇到的困难	怎么克服
红组	18	放生桥、课植园、阿婆茶楼 水乐堂	粽子、芝麻糕　臭豆腐	迷路了	看地图，问路
蓝组	19	放生桥、圆津禅院 珠溪园、大清邮局	酒酿饼、青团、拉丝 臭豆腐	方向反了	折回来重走
绿组	16	城隍庙、童天和药号水乐堂 泰安桥	油墩子、臭豆腐、袜底酥	有人走丢了	手机联系、寻找
黄组	14	延艺堂、廊桥、翰林匾额 博物馆、课植园	袜底酥、糖画、臭豆腐	走不动了	坐船返回
粉组	8	放生桥、城隍庙 水乐堂、北大街	粽子、臭豆腐、香酥鸡	地图淋湿了	提早返回

• 收获和感想

那天雨下得很大，孩子们的裤子和鞋子都淋湿了，有的鞋子还能倒出水来，但是没有一个有怨言，这些孩子在家娇生惯养，今天表现却很出色，让人刮目相看。正如有同学在作文里写道：今天的亲子游是最狼狈的一次，也是最难忘的一次。

雨中寻访古镇，孩子们遇到了前所未有的困难：有的任务图和线路图淋湿了，有迷路的，有方向走反的，有同学走丢的……面对突如其来的困难，队友们没有慌张，通过问路、手机联系、走回头路、坐船等方法克服了。此时定向游戏成了微型生存体验。圆满完成任务。大家同进退，共患难。品尝美食的时候，小组成员你买一包袜底酥，我买一盒臭豆腐，大家交换着吃，彼此分享美食，分享友谊。

撰写：钱耀芳

点评：

最基本的生存能力的内涵是什么？笔者认为核心是生活自理能力、社会交往能力以及社会实践能力，即面对生存应有的智慧。学会生存、学会发展是我们的教育任务，然而在现实生活中，由于种种原因，孩子的团队精神和合作意识比较薄弱。这次亲子活动，让孩子们初步感受了环境、现实的境遇，告诉他们在未来的社会生活中，将时时处处面临着挑战，人需要长大。

【故事22】

做智慧、活力的东展小主人

年年岁岁花相似，岁岁年年人不同。东展校园里，每年的东展形象大使的评选却总会成为一道别样、靓丽的风景。

东展形象大使是东展学子“爱笑、会玩，爱学、会说，爱生活、会做人”方面的代言，是东展学子养成良好人品素养方面的榜样。每年的形象大使评选的激烈程度要用“过五关，斩六将”来形容一点儿也不为过。激烈体现在形象大使的候选人经过各中队全体队员投票层层筛选而产生，他们都是队员们心目中的榜样；激烈体现在“竞选三部曲”，孩子们要分别进行“我型我秀展才艺”、“东展学子比才智”、“亮眼睛看东展”三个比赛项目，更是全方位考验着孩子们的综合素养。通过比赛，展现东展的孩子是否有广泛的兴趣爱好，多才多艺；是否有扎实的学科能力，能运用所学知识解决生活中的实际问题；是否能以小主人的姿态，用实际行动会做人，关心东展大家庭。

还记得在2015年度的形象大使评选中，五年级的沈靖怡同学从众多选手中脱颖而出。在“我型我秀展才艺”和“东展学子比才智”部分，她和其他选手不相上下。到了“亮眼睛看东展”的环节，她抽到了调查东展校园里有哪些植物以及它们在东展校园的生长情况的题目。她开动起了小脑筋，并约上班级里的好朋友，拿起相机，行动了起来。她们先是采访资源部的庞老师了解学校植物情况，有不明白的地方又去询问了花匠伯伯。仍然有些植物不认识，该怎么办呢？她拍下照片，回到家上网对照着照片逐一找到它们的名字。最后，整理资料，撰写成文章作介绍。

她写道：“东展的植物种类繁多、色彩缤纷，有高大的树木、各类灌木、地面上的花草。

其中形态各异的树木有庄严挺拔的松树、枝叶繁茂的香樟、挂着金黄色可爱柚子的柚子树、高耸的杉树、毛茸茸的柏树；教学楼的背面还有一片幽静的小竹林，高高的教学楼为它们遮住了阳光，所以长得特别茂盛。春天，同学们可以在里面找刚刚冒尖的小竹笋；各类灌木像低矮的围墙，有大叶黄杨、红叶石楠、海桐、冬青等等灌木类植物，有的在操场的外侧排成低矮的围墙，有的像一个个大大的绿球蹲在路边。珊瑚豆橙色的小果实点缀在绿色的树叶间，特别显眼、特别可爱；四季常开的月季花、美丽的关山樱在操场旁边、教学楼前盛开着花朵……同学们，我们身边的植物既美丽，又脆弱，我们一起爱护它们，好吗?"评委老师听完她生动的调查报告都连连为她竖起了大拇指。

撰写：顾　雨

点评：

在东展，"形象大使"成为很高的荣誉，它不求全，在某一方面有突出表现即可拥有入场券，它代表和诠释着东展培养目标中 16 个二级指标，在评选舞台上，形象大使们智慧、活力的身影感染着东展每一位老师、家长、同学。他们成为东展学子"爱笑、会玩，爱学、会说，爱生活、会做人"的代言。

【故事 23】

爱学宝贝智慧卡

杨老师走进教室，扬起手中的"爱学宝贝智慧卡"，神秘地对大家说："看，我给小朋友带来了礼物。"

"哇，什么礼物啊!"同学们都高兴极了，小眼睛睁得大大的。

"这份礼物就是——"杨老师故意把声音延长，"就是爱学宝贝智慧卡!"

原来，这学期学校开展了"爱学、善思、会创造"的主题活动，为了帮助同学们养成良好的学习习惯、学习品质，激发创造能力，学校特地制作了这份评价卡——爱学宝贝智慧卡。

看！三个小动物活泼可爱，小朋友们好喜欢啊!

"乐学小蜜蜂"笑嘻嘻的，好像在说："加油努力哦!""善思小海豚"眨着小眼睛，对小朋友说："多动脑，勤思考，你会变得更聪明!""创新聪聪猴"说："勤动脑，多思考，爱创造!""喜欢和这些小动物做好朋友吗?""喜欢!"小朋友的回答很热烈!

接着，杨老师向小朋友分别讲述了争得这些小奖章的要求：要和"乐学小蜜蜂"交朋友的同学要争得"按时交齐作业"、"上课认真听讲"两项奖章，还要读课外书不少于 8 本等等。

热闹的争章活动就开始啦！首先，班级先开展了"乐学小蜜蜂"的争章活动。针对小朋友在"按时交齐作业"、"上课认真听讲"两项学习习惯方面存在的问题，进行了教育。比如"上课认真听讲"，并通过明理——激情——导行的原则进行教育，让小朋友明白为什么要认真听讲，怎样做到认真听讲。然后，各小队的十分钟队会也开展起来了，针对班级中在"交齐作业"、"上课听讲"方面存在的问题，进行了小品表演，同学在这个过程中自己发现问题，自己解决问题。接着，老师结合着成长足迹册的"小小操练场"开展评价。每天，同学们都在小小操练场上对这两项内容进行评价，达到要求的小朋友就争得一颗五角星，别看小小五角星，小朋友可高兴啦！一周五天，争得五颗五角星的同学就能换一个班标“哈哈”，积满4个班标就能够换一枚“按时交齐作业”或“上课认真听讲”奖章。随着评价活动的进行，不少同学在“按时交齐作业”、“上课认真听讲”有了明显的进步，因为大家都想和“小蜜蜂”交上朋友。

结合着学校开展的“科技节”活动，同学们开始以各种形式一起阅读《神奇校车》系列，以此增长知识。有大组阅读交流会，课本剧表演等等，丰富多彩的读书活动让同学们收获了很多知识。最后，当同学们通过自己的努力获得“乐学小蜜蜂”奖章时，别提有多高兴了！

不但如此，中小队活动也开展起来，“寻找学习的金钥匙”主题队会开得有声有色，孩子们纷纷介绍了自己的学习好方法，让每个同学都受益匪浅。随后，孩子们的十分钟队会创意非凡，红色小组找寻了学习上存在的问题，惟妙惟肖的小品表演让同学都看到了自己存在的问题，在欢笑的同时有了更多的思考，并积极解决问题。有的小组针对粗心的坏习惯，开展了“学习科学家刻苦学习精神”的主题队会。

撰写：杨　韵

点评：

“爱学宝贝智慧卡”作为我们的评价指标，在“爱学、善思、会创造”的主题教育活动中起到了目标导航的作用，大家开动脑筋设计了丰富多彩的活动，并开展阶段性评价，真正使“乐学宝贝智慧卡”的作用发挥到了实处。以丰富生动的小动物形象来激发孩子的兴趣，明确活动目标，乐学宝贝智慧卡作用功不可没。

【故事24】

以评促学，激情无限

看过现场足球赛的人，无论大型赛事、还是业余足球，一定都会被现场热烈的气氛、球员洋溢的激情所感染。体育运动就是有这样的魔力。大家都知道足球是一项团体运动，讲求配合与协作。在一个球队中，每个队员各司其职，不可或缺。为了共同的目标，不仅要发挥最好的自己，更应尽其所能去尊重、帮助队友。

在“少儿足球”课堂上，采用游戏的形式，培养学生学习兴趣，充分体现足球运动集体性、趣味性强的特点，在游戏和比赛中学习、掌握一些简单的技术和技能，使学生初步了解足球的基本规则和简单的战术配合，提高运用基本技术的能力和相互协作的意识，提高身体素质。

基于课程目标可以看出激发学习兴趣使其能热爱足球运动是我们的主旨，而并非一味追求某些技术的达标程度。每个学生是否能够获得成功感、获得自信心是我比较关注的！

萧同学三年级时就参加了“少儿足球”课程，体型有些微胖的他在日常练习中显得有些吃力，到了教学比赛中队员们都一致推选他做守门员。但他每到这个时刻就显得特别的不愿意，总感觉在球场上踢前锋是个“肥差”而守门员就显得有些“鸡肋”了，所以在这个岗位上始终打不起精神来。这是我们所追求的课堂效果吗？我扪心自问。显然不是这样，如何能让萧同学树立信心、获得成功感呢？竞技运动充满了激动人心的力量，每个进球的瞬间、每个球员的进步、每场比赛的胜利都值得欢庆。每个认真投入、战胜自我的人都是胜利者，应该在击掌、拥抱、欢呼、雀跃中尽情抒发自己的情感，所以“最佳门神”的评选就这样诞生了。自从有了这项评选，萧同学的学习态度也开始了微妙的变化，变得越来越积极了。有时为了守住对手的一次射门而欢呼雀跃激动不已，有时还发现他在一旁独自练习守门员的独门功夫——开大脚，如果你仔细观察还能发现就连守门时的眼神也显得格外专注。终于功夫不负有心人，最终“最佳门神”的称号被他收获囊中。到这里你要认为故事已经结束那么你就错了。到了四、五年级萧同学悄然已经变成了班里的风云人物，一次次扑出了险球，有时用手、有时用脚、有时用头，反正身上能用的部位都用过了，真不知他这“神功”是如何练成的，总之每次都能获得同伴甚至对手的喝彩。后来他主动和队员们商量改踢前锋想尝试一下球场上不同的岗位，你时不时还真能看到他射门进球呢！就这样“最佳射手”、“中场发动机”、“钢铁后卫”、“最佳团队”、“进步之星”、“盘带高手”等称号也陆续出炉。越来越多的学生获得了相应的称号。孩子们体会感受到了团队合作的氛围，提高了沟通协调的能力。训练前后、比赛之中，孩子们充分沟通、共同进退，为了集体荣誉而“战”。他们承担着场上的不同角色，最好地展现自我并与其他队员配合，在感受足球快乐的同时，学会面对挫折、享受低落，为成长蓄积更强的能量。

撰写：李　勇

点评：

让孩子们参与其中，感受运动的激情吧！看看他们在奔跑中灿烂的笑脸，拥有一个真正快乐的童年！让孩子们在成长的每个瞬间，用更坚强的内心感受高潮与低落，为自己每一次的进步、每一次的胜利欢庆。

结　语

在东展，人品教育已渗入课程，并已经成孩子们学校生活的全部，成为孩子成长的舞台，成为学校发展的引擎。校园里，因课程的变革而呈现出一幅幅生动丰富、童趣盎然的画面，它让我们领略了东展学子阳光、自信、活泼、会玩的风貌；也看到了东展学子自主探究、乐于合作的精神；更感受了他们勇于克服困难、挑战自我的品质；课程使教育不再只局限在方寸的书本中，孩子们走出校门，走进社会，在体验多角度现实生活中学会做人，学会成长；因课程的变革，教师开始尝试能够结合学生的年龄特点、认知规律实实在在站在学生的角度考虑问题，在贴近学生思想和实际的情况下进行生动而持续地开发适合东展孩子的课程，真正在实践“让每个孩子拥有快乐童年”的办学思想的同时，让每个学生都成长为有良好品行、品格、品味的人。

第三章　课堂，孕育人品的摇篮

课堂是学生学习的场所，是孩子成长的摇篮，东展小学的课题研究，以课程实施为平台，在实施的过程中抓住课堂，研究课堂教学的价值所在，开发孩子的潜能，提升学生的生命质量。我们以课堂氛围的营造，师生关系的形成，教学策略的选择，课堂评价的建立这几个方面为研究的抓手，经过多年的课堂教学实践，逐步总结提炼，梳理出在多元文化背景下，东展小学课堂文化的特点，那就是“和谐、灵动、智慧、多元”。

和谐的课堂——学生身、心、智等全面和谐发展的课堂，为学生的终身发展而奠基，包括知识与技能的和谐发展，情感态度与价值观的和谐发展。

灵动的课堂——建立在良好师生关系基础上的课堂，它尊重孩子的生命和需要，还原了孩子本真的天性，涌动生命的灵性；它是师生间真情交融、平等尊重、协作分享的互动的课堂。

智慧的课堂——把“教”转化为“学”，给予学生智慧的课堂，它以教师的智慧激发学生的智慧潜能，关注学生的未知世界，学生生命的智慧，培养学生创造自己的智慧。

多元的课堂——基于对学生差异承认的课堂，它关注学生独立人格，注重学生独特感受，以多元评价为方式，促进学生的全面发展。

和谐是课堂文化建设的目标，灵动是基础和关键，智慧是课堂文化的核心，而多元则是课堂文化的保障。

第一节　和谐，追求课堂的育人价值

东展课堂文化的价值追求就是要实现人的和谐发展。赫尔巴特指出：“教学如果没有进行道德教育，只是一种没有目的的手段，道德教育如果没有教学，就是一种失去手段的目的。”由此可见，学科教育的知识性和育人性天然地连接在一起，缺一不可。我们要让学生在课堂上，得到身、心、智等全面和谐发展，为学生的终身发展而奠基。这其中包括了知识与技能的和谐发展，情感态度与价值观的和谐发展。我们的课堂人品教育要培养学生的道德思维和价值能力，我们要通过具体学科内容的甄选和设计，以学生道德知识的掌握、价值标准的识记为载体，最终的目标是培养学生的道德思维以及价值判断的能力。

一、每一个孩子都是一片不同的绿叶

“每一个孩子都是一片不一样的绿叶。”透过这句话，我们可以感受到每一个孩子都有

自己的价值，每一个孩子都有自己独特的个性特征、潜质，每个孩子所发挥的能量的作用也都不尽相同。作为教师就要主动发现孩子的不同，认同孩子的差异，悦纳孩子的个性，为每一个孩子找到适合他们发展的目标。

1. 发现孩子的价值

每一个孩子都是有其独特的价值，“价值”在这里的含义是：每一个孩子为自己的一点点进步所付出的劳动及他的存在和努力为他人或集体的环境改变带来的喜悦。发现孩子的价值，就是在课堂中教师要能肯定孩子的努力，重视品质的培养，不以学习的成绩论英雄，用心感受他们的观点，不是为了一时的利益，而是真正为学生幸福人生奠定基础。

刘老师班上有一个叫小宋的孩子，小小的个子，衣领上经常露出一截塞着的毛巾边，声音虽然很尖，音量却很弱，似乎气息不够，身体状况不太好；课堂中不愿与同学合作，班级中许多事情他不能理解，因此经常独自流泪，还要脾气。

刘老师经过一段时间的课堂观察，发现他写字尽管很慢但很认真，于是她“大做文章”——让他在写字课上介绍写好字的具体方法，把他的本子给同学欣赏，还允许他在黑板上代替老师写当天的家庭作业。随后又鼓励他在课堂上大胆发言，把那个声音弱、胆子小的不爱合作的“小不点”推到了同学面前。古诗好背，不容易失败，老师请他做代表，在课前带领同学进行古诗背诵。孩子开始对古诗感兴趣，连锁反应就是语文课上古诗朗诵很好听，经常在古诗没学之前就背诵了下来。于是刘老师又请他做小老师，先给同学示范背诵，再请他到黑板上写古诗题目，还写出每行诗的字头。渐渐地孩子开始喜欢大胆表达自己，越来越相信自己了。在语文课上有感情的朗读，在品德课上精彩剖析生活原理……

罗丹说：“美是到处都有的，对于我们的眼睛，不是缺少美，而缺少发现。”善于发现孩子的长处，既取决于我们对孩子的关爱程度，更取决于我们对教育的认识水平。我们不妨用两只眼睛来看儿童，睁大一只眼睛去发现孩子的长处，眯缝着一只眼睛去看儿童的短处。如此，我们眼中的孩子才是天真可爱的，我们才会发现每个孩子存在的价值。

2. 认同孩子的差异

东展小学生源多元，因此学生的差异不仅是生理和心理上的，还由于地域和风土人情的不同，学生的风俗习惯，有的甚至连道德价值观也有差异，这给东展的教师提出了更高的要求。每年暑假，东展的教师都会去每位学生家中家访，家长最为关心的就是，班上的孩子来自世界各地，老师会怎样看待这些差异较大的学生……

小汤是一个个性内向的孩子，一方面是因为学习的基础比较差，另一方面又是外籍学生，所以语文学习困难很大。期中考试前有一次词语默写的复习，他的默写本又几乎是空白，但老师发现在默写过的二十个词语中，他写对了四个，又是一个不合格。当沈老师要落笔写上去的时候，忽然觉得比起前面的默写，他至少还写对了四个。老师就笔锋一转，写了：“今天你有了进步，对了四个，明天希望能再多对一个。”没想到，就是这句话似乎在他心中激起了一丝丝涟漪。当天晚上，老师就接到他妈妈的短信：“孩子回来高兴极了，老师夸奖他语文学习有进步了……”老师随后又趁热打铁，想出了各种鼓励他学习的好方法，“每次抽默，把抽的内容悄悄地告诉他，让他做准备……”“单元测验为他另外出一些适合他能力的试题……”“课堂中积极举手发言，可以计入他学习成绩……”就这样，孩子在东展的课堂上逐渐成长，顺利小学毕业，东展老师唤起了他的自信，使他看到了自身的价值。

东展的每一位教师都深深地知道课堂的意义在于让每个学生无论来自何种家庭背景，资质是否优劣、健康与否，都能感受到受人尊重后的快乐，生命成长的喜悦。课堂文化也许是抽象的、无形的，但又是具体的、真实的，渗透在教育的细节中，流淌在师生的心中，无时、无处、无事不在，影响着孩子的一生。

3. 悦纳孩子的个性

学生是个性不同的生命主体，课堂就应当为个别化的生命提供个别化的发展帮助。对于不同孩子在课堂表现出来的丰富多彩的个性特征，我们应该带着欣赏和包容的心来悦纳他们，学生在这样的课堂环境里，个性才能得到张扬、主体性得到尊重，自身发展的动机才能得以激发，生命才能得到阳光灿烂的成长。

这是一节五年级的品社课，学习的内容是“国际经济文化交流”。课堂学习一开始，就出现了钱老师意料之外的场面。

“老师，这个内容是否离我们太远了？怎么学啊？”“什么是经济？文化？经常听到大人们会有这样的议论，但是我们不太明白。”“我不太感兴趣，老师能否换个内容？”听了同学们的话，钱老师一下怔住了，“给我两分钟，好吧？”教室里叽叽喳喳了，孩子们开始讲话了，钱老师看了备课教案，一步一步循规蹈矩，现在怎么办，孩子们不喜欢这样的学习方式，今天的课堂难道就这样白白浪费了？显然是不行的，再次看教材，老师眼光聚焦在“探究角”上了，“外国的文化作品大量进入中国以后，有些人狂热地崇拜美国的电影大片、日本动漫和韩国电视剧，对中国电影和动画不太感兴趣，你对这个问题怎么看？”我把这个题目抛给了孩子们，顿时，教室里议论纷纷，她想何不抓住这个牵一发而动全身的问题，备课中，老师是思考将这探究题放在最后，让孩子们去探究，完成小探究作业的，现在临时做了调整，直接把话题抛出去。

动画片，孩子们太熟悉了，教室里炸开了锅，纷纷举手要表达自己的观点。老师灵机一动，请同学们围绕这个话题，开展一次辩论活动。一周后的品社课，孩子们自己分成两组开始辩论。“中国的书画擅长……”“我们不同意反方的观点，美国的迪士尼品牌家喻户晓，你能说……”紧张与激烈，唇枪与舌战。孩子们不仅把自己找到的内容作为论据，还带来了实物进行展示，无论是中国的还是外国的，很多令人意想不到的内容都被孩子们作为了证据来为自己一方的观点服务，高潮迭起，精彩纷呈，一节课孩子们仍意犹未尽。

东展的孩子个性张扬，他们不满意原先教师的教学设计，向老师提出了自己的想法。东展的孩子是幸运的，因为他们的老师能够理解他们，欣赏他们，根据他们的需要选择他们喜欢的方式进行学习。

这个课堂是属于他们的，是积极投入的，在整个过程中孩子们收获的不仅仅是知识，了解了经济、文化在我们日常生活中无所不在，变抽象为具体，还收获了情感，中国在当代孩子心目中的地位，从头至尾没有一句话告诉他们，你们要爱自己的国家，但是整个学习的过程中无不渗透孩子们对祖国的情感，从古代说到现代，为我们的民族而自豪。

一千个读者就有一千个哈姆雷特，作为教师以赏识的心态去悦纳每个孩子，他们自然会按照你期待的方向逐步发展。一个个活生生的孩子们，在老师们的努力下发生的变化时，那种幸福感是无法比拟的。老师们都会在心中给自己点上一个赞："做教师的确是一件了不起的事！"

二、每一个孩子都需要和谐的发展

1. 课堂应当关注学生的全面发展

课堂教学不仅是给学生以丰富的知识，更应当给学生以自主学习的方法、发现和解决问题的能力以及好奇心和想象力；不仅要让学生获得相应的知识，还应当让学生获得积极的学习兴趣和形成独立的思维；不仅要让学生获得抽象的知识本体，还要让学生获得生活能力和实现未来持续发展的能力和潜质。

这是一节二年级的体育课，教学的内容是《跑几步跳过一定高度的橡筋》，绿色的操场，新颖的场地设计，再配上小椅子、彩杆、塑料圈等练习器材，给人一种赏心悦目的感觉。在激昂的音乐背景声中，"奔奔小马"班的孩子进场，在教学中，周老师没有在课堂中单一的一味地去教动作，而是营造了"奔奔小马达人挑战赛"的挑战学习场景，既激发了学生的学习兴趣，又在学生的练习过程中种下了班集体荣誉的种子。在跳高达人的挑战赛上，周老师运用彩杆和小椅子设置了不同高度的关口，鼓励学生不断挑战新的高度，不断挑战自己。在一组学生挑战最高高度失败以后，老师没有急于指导学生动作的错误，而是学生"看一看"、"想一想"、"练一练"的方式，通过独立的思考和小组的讨论得出了失败的原因是他们的助跑距离不够长，当学生面带微笑一个个越过最高的高度的时刻，他们收获的不仅仅是今天跳过了多少高度，更是一种独立思考的喜悦、小组合作的快乐……

因此，在具体的课堂学习的过程中，教师可以考虑通过创设

情境，小组合作、内心感悟、交流探讨等方式，结合学生特定的知识和思维规律，兼顾学生身心发展的特点，将相对比较抽象的学科育人价值以一种形象生动且学生喜闻乐见的方式加以展现和实施。这一方面有利于真情实感的传递，为课堂关注学生全面发展提供途径；另一方面也便于学生的接纳和内化，将学生的全面发展的目标以一种润物细无声的方式渗透到学生的学科学习和生活中。

2. 课堂应当呵护学生的个性发展

学生个性是学生身上最为独特和最具魅力的品质，也是关系学生一生可持续发展最为重要的潜质。课堂教学应当创造条件，为学生提供展示自己个性的舞台，服务于学生的发展，让学生在快乐的学习中获得个体发展的自信。

2014 年 12 月 6 日，三 2 班的教室里一片沸腾，每一位孩子手上都拿着一份彩色的“尼莫报”，个个神采飞扬，或阅读，或分享，或轻轻抚摸，每个孩子脸上的神情都是那么激动，因为，这是一份属于他们自己的班报。

随着孩子们升入三年级，如何在习作教学的同时，帮助孩子养成善于观察生活，勤于动笔的学习好习惯，以及“坚持”的学习好品质？语文钱老师想出了办班报的形式来促进学生语文能力，孩子们经过一番激烈的讨论，确立了“尼莫火箭报”的报名，寓意尼莫班齐心协力，如同小火箭般快速前进。报上的内容有语文课堂的习作佳选，有课文学习之后的读写练笔，也有同学们节假日外出的游记感受……教师就以此为平台，训练学生的语文书面表达能力，让给孩子在上面真实表达自己的想法，开辟了语文学习的新天地。

就这样，两周一期的“尼莫火箭报”一期期如期出版，孩子们写作的积极性也日益高涨，观察生活，勤于动笔记录的学习好习惯正在逐渐养成。随后《尼莫火箭报》开始陆续将学校主题活动、文明游戏、安全等做人习惯养成暗寓于报刊中，让孩子们在阅读墨香的同时，将许多良好的习惯、做人的道理潜移默化渗透进他们的心灵。孩子们在办报的过程中学习编辑、学习排版、学习修改作文，各项学科能力都得到了发展。期末语文的期终测试中的写作，孩子们一篇篇精彩的文章让阅卷的老师刮目相看。

以办报为载体，满足学生基础认知、情感培养的多方面需求，将语文和生活有机融合在一起，每一个孩子都能在其中找到一个属于自己的坐标。由此，我们也看到：将知识综合地呈现在儿童的世界中，课堂因此更加开放和灵活，在呵护和发展孩子个性的同时，潜移默化地进行育人的教育。

3. 课堂应当促进学生的主动发展

“我们要肯定人性特色,因为不管选择了哪一条路,都会发现人类的确有她特别的尊严所在——他必须自己决定该往哪里走。”学生发展最为重要的前提是做自己命运的主人,能够很好地把握自己的现在与未来。教师应该更多地懂得如何让自己在课堂中从前台退到幕后,让学生在课堂中自己“导演”自己学习的精彩乐章。

陆老师在执教二年级语文《程门立雪》一课时,有这样一个教学环节老师请大家仔细阅读第二小节,看看这里用“争吵,还是争辩”为什么?师生间作了如下交流:

生1:我觉得这句话在这里应该用“争辩”比较好,因为句子说的是,杨时和他的伙伴对于一个不理解的问题进行讨论,他们都是文明人,都是学者,所以用争辩比较好……

师:同学们,听明白了吗?(有的学生摇摇头)

生2:我明白,因为“争吵”的话就是比如,下课的时候,我们两个意见不合,吵了起来,伤了和气。但是“争辩”的话,主要还是指讨论,并没有伤到和气。

生1:对的,我说的就是这个意思。“争辩”是指比较好的,“争吵”是不好的行为……

两个近义词的辨析,教师采用的是让学生同桌讨论,大组交流的方式进行,学生之间的互相交流的过程其实是在表达他们彼此思考的过程,生2的回答实则表明他不仅能够听懂伙伴的回答,并能以实际生活的情况进行举例弥补,看得出,这位孩子已经对于这两个词语完全理解会运用了。而这样学生主动寻求结果,讨论交流的学习过程远远要比教师直接讲述两个词语之间的区别要来得有效果。善于从同伴的发言中启发自己的思考或许也应该是学生们在课堂上应该学会的一种思考方式,也是自主学习课堂一种良好的学习状态。

三、每一个孩子都必须成为真正的人

1. 关注学科本质培养学生人品

不同学科由于其内在的属性和规律不同,对学生个体发展所带来的实际影响也各有侧重。它更为深刻和长久地影响学生的成长,它与知识的教育一起服务于学生的社会化成长,从不同的方面促进学生发展成为合格的社会公民。学科的育人价值主要在教学中体现,教师需要明晰学科独特的育人价值,要使实现学科育人价值成为教师的自觉行为,落实在日常的教学活动中。

《森林铁匠》是三年级第一学期音乐学科第三单元“劳动”中的一首欣赏德国管弦乐曲,要求学生通过欣赏乐曲树立“劳动最光荣”的思想,并让学生感受劳动的快乐。

为了帮助孩子们了解铁匠、激发兴趣。乔老师从乐曲中剪辑了一段清脆的打铁声进行导入激起学生的好奇心。老师随机出示了一些打铁的图片请学生欣赏，图片上熊熊燃烧的火焰、铁匠们结实有力的臂膀、打铁时热火朝天的场面很快就吸引住了学生。紧接着一段配着《森林铁匠》乐曲的打铁动画片让学生不仅对乐曲有了初步的了解，更对打铁的动作有了直观的感受：铁匠们努力地拉着风箱、时起时落的铁锤和挥汗如雨的场面激起了学生内心的感受。在学生心中播下了一颗"劳动光荣"的小种子，随后老师通过"赏"、"演"、"创"等形式不断地施肥、浇水、使这颗"劳动最光荣"的小种子慢慢在学生心中生根发芽。

终于要到收获的时刻了，欣赏尾声时，乔老师问大家："乐曲结束部分作曲家为什么要在速度、情绪上做这样明显的变化？他想表现什么呢？""铁匠的工作虽然很辛苦，但就要完成工作了，所以他很激动！"一位小朋友这样回答，大家都点头表示赞同。老师趁热打铁创编了一条节奏，请孩子们一起来拍击。学生们显然很期待。在乐曲快速、热烈的背景声中，学生的情绪完全被调动起来，"拍手"、"跺脚"、"拍腿"整齐有力的节奏拍击和着音乐此起彼伏，铁匠劳动时快乐、陶醉的心情彻底感动了每一个人，学生的脸上洋溢出了喜悦与激动，从美妙的旋律声中，领悟到了"劳动最光荣"，"劳动最快乐"……

贴近学生的生活，唤醒美好的情感；挖掘教材的内容，鼓励情感的参与；运用已学的知识，体会美好的情感，将知识传授与身心的发展融为一体，共同促进学生人品的发展。

2. 关注教材内涵培养学生人品

为实现学科教材的育人价值，就要认真地分析本学科及教材，挖掘出对于学生而言独特的发展价值，它是教学中必须让学生最终掌握的基础性的内容。学科教材中的育人因素，如同春日里的黄花，遍地盛开，无处不在，关键是我们如何发现它的美、发现它的价值，从中提供一种惟有在这个学科教材的学习中才可能获得的经历和体验；提升独特的学科美的发现、欣赏和表达能力。

这是一堂四年级语文的家长开放课的试教课——《扬州茶馆》，课文节选自朱自清先生散文《说扬州》，先生如一位老茶客，带着读者到扬州茶馆品茶吃点心。在不急不慢中，娓娓道来饮茶的先后顺序、烫干丝的具体步骤、扬州小吃的特色等等，在字里行间中无不流露出他对故乡的了解、热爱和由衷的自豪。

试教课进行得异常顺利，学生在课文朗读、文章结构的理解、读写结合运用方面都表现得不错，听课的老师也都不住地点头。

下课后,老师们在办公室里进行了评课,看得出大家的情绪都很高涨,谈了自己不同的看法,学校邀请的特级教师——徐老师在一旁微笑不语,很快进入了专家点评的环节,徐老师对今天试教也给予了肯定。

但是他又提出了一个问题:“扬州茶馆这篇课文朱自清是在什么时候写的？他写这篇文章的目的是什么?”

因为经过事先的教材分析,组内的钱老师脱口而出:“文章选自《说扬州》一文,展现了二三十年代的历史文化和人文景观……”

“是啊!”徐老师笑着说,“语文课程中有丰富的人文内涵,它对学生精神领域的影响是深广的……那么今天的课,我们如果从这方面进行考虑,语文课是否更加精彩……”

徐老师一番话引起了我们组内老师的沉思,小黄老师又问:“徐老师讲得很有道理,那么到课堂我们怎样进行教学呢?”

“不同的地区,不同的城市,都有各自的风土人情,作者是通过小吃来让我们感受扬州的精致和细腻。那么我们在文章的语言练习时,不要将重点落在模仿连续动作的仿写上,而是请孩子们用简短的语言介绍自己家乡的一种风土人情,旨在引发孩子内心的一种情怀上,是不是一种新的尝试……”徐老师一席话点醒了大家的思路。

“如果到时请听课的家长也来说说,那么课堂的气氛就更好了。”沈老师补充说道。老师们纷纷点头,觉得这样设计比以往单纯的语段操练更精彩,更能反映语文学科的本质。

几天以后,老师们各自带着这样的教学设计进入教室,开放课获得了极大的成功,孩子们动情地讲述,那浓浓的乡情,激起了一层又一层涟漪，甚至有听课的家长们也抑制不住内心的激动,走上讲台,诉说自己家乡的风土人情,讲述童年时心中的记忆……

在这样的学习过程中,教师挖掘了蕴含着人文因素的教学内容,点点滴滴加以引导和激发,孩子们获得的不仅仅是语文的学科知识,更有着情感态度价值观上的构建,使教材不仅仅是传授知识的载体,更是一种价值引导。所以,用好教材,注重教材中不同的情感因素的挖掘,增强学生的情感体验,促进学生的人格发展是课堂育人的关键。

3. 关注师生交往中培育学生人品

热爱学生是教师的天职,是教师高尚的职业道德的表现,也是教师热爱教育事业的主要标志,又是教师进行教育的一种手段,更是一种巨大的教育力量。它的作用是其他教育因素和力量无法取代的。作为教师,我们的责任不仅仅是把知识传授给学生,同时还要教育学生成人、成才。教师对学生的爱不是抽象的一个字,而是一种具体的教育过程,是以爱心为出发点,建立在教师对学生的理解、耐心、宽容、原谅、赏识、信任的基础上,形成一种严慈相济的心理相容，积极唤醒并增强学生的自我意识，从而让爱促进师生关系更为和谐。

在课堂中更多地关注学生如何发展，怎样发展，把学生人品的培养作为师生之间进行教学交往和思想交流、精神共享的过程，把人品教育以一种润物无声的方式渗透进学生的学科学习和生活当中。

这是谢老师的一节音乐欣赏课，在优美的大提琴演奏声中，老师开始了这节课的教学活动……老师请学生一边完整欣赏《保尔的母鸡》，一边分组自主学习老师准备好的材料，包括弦乐四重奏的定义、特点、历史、作曲家及对演奏家的要求，孩子们都很投入地学了起来。在随后的反馈中，有个孩子提出了一个问题："老师，为什么，弦乐四重奏是两把小提琴，一把中提琴和一把大提琴，而不是两把中提琴，一把小提琴，一把中提琴或者是两把大提琴和一把小提琴和一把中提琴呢?" "这个问题很专业啊!"谢老师一边连连点头，一边微笑着问："大家有没有思考过这样的问题啊?"大部分学生皱起了眉头，"那是由于乐器不同的音色"，老师随后顺势让学生对以前的知识——大小提琴的音色作了回忆。"小提琴是高音声部，而中提琴是中声部，大提琴是低声部，正是由于音区和音色的不同并经过音乐家长时间的演奏发现这样的配置最让人的听觉觉得舒服。"师生共同回答了这个问题，那个孩子还被老师表扬提了一个很专业的问题，红扑扑的小脸上满是自豪! 谢老师也笑盈盈的看着她，她也满意地看着老师，大家都发出了会心的微笑。

为了帮助孩子们更好地体会弦乐四重奏，谢老师又引用了法国文学家司汤达的比喻，他曾将弦乐四重奏比作四个人："第一小提琴像是一位健谈的中年人，他总是找出话题来维持谈话。第二小提琴是第一小提琴的朋友，他竭力设法强调第一小提琴话中的机智，很少表达自己，即便开口也只支持别人的意见。大提琴是一位庄重的人，他用简单而中肯的论断支持第一小提琴的意见。中提琴则是一位善良而有些饶舌的妇人，她丝毫讲不出重要的意见，但是却经常插嘴。"并出示在 PPT 上，孩子们兴致勃勃地把自己和爸爸、妈妈、爷爷、奶奶对号入座，顿时，课堂里洋溢着融融的暖意，谢老师倾听着，也和孩子们一起笑了起来! 下课后，孩子们下了课围过来问欣赏的视频的名字，想回家继续欣赏呢，谢老师觉得自己成功了，成功地让学生喜欢上了这样"高大上"的音乐作品。

并不是每个孩子都是有音乐天赋的，但是对于美的理解和向往是每个孩子都应具有的能力。和谐的发展，就是在他(她)并不擅长的领域也能从感知、情感、兴趣上得到发展。我们并不是要培养每一个孩子成为音乐人，但是音乐也能够让他对生活充满另一种的感受，如果这样，人生岂不是一种美妙?

东展的人品课堂不仅仅是知识的传递，同时关注思维与价值观的养成。因为唯有让学科教学回归到服务于学生成人、成才的轨道上来，才能真正实现学科教学的人品教育的价值，也才能真正确保党的十八大报告中提出的“立德树人”的根本任务的完成。

第二节　灵动，引发课堂的情感交融

灵动的课堂，是一个温情弥漫的课堂。老师面对着一个个有感情、有思想、活生生的生命个体，真心和爱意弥漫在课堂的每一个角落。在这样一个因为爱而灵动起来的课堂中，教师和学生都是作为有丰富情感生活的个体而存在的，在展开教学活动的基础上，也进行着特殊的人际交往活动，它不但是信息交流的过程，更是情感交融的过程。在这个过程中，情感始终是一种生生不息的动力，它流动着、变化着、起伏着，也是美的生成图。我们的人品课堂建立在灵动的师生关系基础上的，尊重孩子的生命和需要，还原了孩子本真的天性，涌动着生命的灵性的课堂，它是师生间真情交融、平等尊重、协作分享的互动的课堂。

一、课堂需要微笑

课堂上，在师生之间，微笑是一种表达方式，表示愉悦、表示欢乐、表示幸福。老师的微笑是关注，使学生觉得老师心中有他；老师的微笑是赞许，给予学生肯定；老师的微笑是友好，无声中告诉学生师生之间没有任何心理距离；老师的微笑是激励，默默地告诉学生他们可以共同努力；老师的微笑是宽容，好像在对学生说“没关系”；老师的微笑是微微的一颦，是轻轻的一笑，微微一颦，使学生顿觉放松，远离紧张；轻轻一笑，使学生倍感动力，走进悦纳，走进理喻。

1. 微笑是一种鼓励

微笑是阳光，微笑是活跃课堂气氛的润滑剂：教师带着微笑出现在课堂上，在教与学之间架起一座情感交流的桥梁；微笑是教师以高尚的人格魅力和教育艺术感染学生，教师用发自心底的鼓励的微笑、等待的微笑去滋润学生的心田，点燃学生的学习欲望，使他们在充满爱的激励中保持满足、快乐、积极、稳定的情绪，从而激励他们不断努力和进取，增强自信。李老师的班级中有一个羞涩内向的韩国女生，除了课后会和好朋友说韩语，课上基本一言不发。上课时，只要有老师请到她，她总是一副闪烁躲避的眼神，一种局促不安的神态。每当这时，李老师总会看着她，脸上露出鼓励的微笑，嘴角荡漾着温暖的微笑，那

笑容仿佛在说:“你能行!”那笑容像是爬山虎的脚,慢慢生长,慢慢爬满桌椅、窗棂和整个教室。在李老师鼓励的微笑中,紧紧捏住课本的真真,轻轻地和同学们一起念起了课文,朗读完毕,全班报以掌声,孩子微笑着,仿佛是一头快乐的小鹿,仿佛是一只自信的小兔,那样暖暖的笑意,像是清澈的小溪流,流淌进每个人的心里。

老师的微笑就是要传递给学生的一种信心,就是要用自己真诚的微笑鼓励学生,用自己的微笑告诉学生她能行,老师的微笑使学生鼓起了学习的勇气和信心,老师的微笑让小花蕾儿自信地绽放。就这样无数朵害羞的小花,盛开在东展美丽的校园中,羞答答的玫瑰静悄悄地开……

2. 微笑是一种期待

在教学过程中,教师往往可以通过动作、表情、语言、姿态及眼神将爱和期待传递给学生,使学生体会到亲切、温馨、幸福的情感,使学生被引“入胜”,从而产生积极的学习情绪和良好的学习心境。

二年级语文《打碗碗花》课后有这样一个练习:照样子换一种说法,使句子意思不变。①离我家不远,有一块荒地。②有一块荒地,离我家不远。上课时,姜老师要求学生把这两句话轻声读一读,再说说发现什么。学生认真读句子后,纷纷举手发言,有的学生说这两句句子正好相反;有的学生说第一句的“离我家不远”在前面,后一句“离我家不远”在后面,前后相反;也有学生说句子前后顺序颠倒,它们的意思也不同了……学生们纷纷发表自己的意见,这时,姜老师始终微笑着,既没有急于表达自己的建议,也不否定学生的答案,只是带着期待的眼光关注着学生们的讨论,偶尔插进两句话,帮助学生整理一下思路。学生在把两句句子读了又读、品了又品,忽然,他们发现把上半句和下半句的顺序颠倒一下,意思是一样的,学生为他们自己的这个发现兴奋不已,这时,姜老师才微笑地做出了总结:“孩子们,你们的发现真了不起,这就是我们中国语言文字的魅力所在,同样的意思可以有不同的表达方法。”

一句句精彩的发言是学生对文本的理解过程;一个一个观点是他们思维的火花,智慧的升华,这种效果是老师讲解无法达到的。对词句难点的理解是孩子们自己“议”出来,对语言表达规律的理解也是孩子们自己"悟"出来。在这个过程中，教师只是一个"引发者"，教师带着期待的微笑"引发"孩子去观察去思考，教师带着期待的微笑，让语文课堂碰撞出智慧的火花，这样的期待在东展课堂比比皆是，期待让我们的课堂更加精彩。

3. 微笑是一种魔力

学生们最喜欢怎么样的老师？他们最喜欢会微笑的老师，课堂中，老师的微笑犹如一缕暖人的清风，如一泓甜人心脾的清泉，让学生乐观自信，让学生淡定睿智，让学生从喜欢这位微笑的老师到喜欢这位老师所教的学科，这就是老师微笑的魔力所在。

陈老师新接班的第一堂数学课，出了一道有趣的数学题：请学生随便举两个数（不相同的），组成最大的两位数和最小的两位数，再把这两个数相减，得到的差的两个数字，再组成最大数和最小数，再相减，依次进行计算，看看会出现什么结果？孩子们给出了好多数，老师在黑板上一一进行验证，当学生发现的最后结果都是 9，顿时都发出"哇"的惊叹。这时，陈老师又提出：如果是三个不同的数字组成的最大三位数减去组成的最小三位数，又依次的进行计算，结果又会是什么数？"经过师生共同举例验证，得到的结果总是 495，孩子们发出了阵阵欢呼："哇！老师！好神奇哦！"陈老师微笑地说："是的，数学很神奇！如果是四个不相同的数组成最大数减去最小数，不超过 7 次计算，它得到的数都是 6 147。"这时，有一位同学大声地说："老师，我知道这些情况都叫做数学黑洞！"铃响了，孩子们愉快地结束了这堂课，课后孩子们围着陈老师说："陈老师，数学真有那么神奇吗？我很想学数学！"

在那一节数学课中，晓珠老师始终保持着微笑与期待，而她的微笑如同拥有着一股神奇的魔力，吸引着孩子走进数学的殿堂，它活跃了课堂的氛围，活跃了学生的情绪，活跃了学生的思维。在老师微笑的指引下，东展的孩子们在质疑和信服中感受数学的神奇，发现了语言的魅力，走进了神奇的自然王国，并期待着解开更多的科学奥秘。

二、智言妙语绘精彩

传说有这样一个小故事：一口井里生活着一只青蛙和一条鱼，有一天青蛙跳出了井外，在井外待了一段时间回来了，可算是见过大世面了。青蛙很自豪地把所见的讲给了鱼听。讲得很生动：我在外面见了一种很大很大的动物，叫做牛，牛这个动物很奇怪，脑袋上长了两个角，肚子下长了四条腿，还有一条大尾巴。

于是鱼听了后就觉得认识了牛。

鱼的脑袋里牛是这样的，长着鱼的身子，鱼的脑袋，脑袋上长着两只青蛙脚，肚子下长着青蛙腿，还拖着一条很长的蝌蚪一样的尾巴。

正如“牛鱼”的故事给我们的启示，孩子们的想法千差万别，教师只有聆听孩子内心真实的声音，这样的教学才能真正走进孩子的心里，这样的课堂才是真正有效而又精彩的课堂。

1. 无心插柳柳成荫

随着学生在课堂上主体地位的日益凸显，每天，我们的课堂总会发生这样那样无法预料的插曲……作为教师，我们试着从学生的角度出发，理解他们非常态的言行，找到其中的闪光之处，充满肯定的赞美并加以引导。在这个过程中，学生的个性得到充分张扬，学习的热情得以充分调动，课堂洋溢着舒展生命个体的灵性。

《五彩池》是四年级上册的一篇写景记叙文，描绘了我国四川省内的著名旅游胜地“黄龙寺——九寨沟”的一个景点，五彩池奇异、迷人的自然风光。上课了，老师首先请同学们欣赏五彩池的图片，配上煽情的音乐，大家都陶醉在这华美的篇章中，嘴里不断发出啧啧的赞叹声，这时小展同学举手了：“老师，我觉得五彩池不美。课文里说：‘上边的池水是咖啡色，流入下边的池就成了柠檬黄；有的左边的水呈湖蓝色，注进右边的池却变成了橄榄绿。’我看图片上的五彩池主要就是绿色和蓝色，并不美。”这是一个非常有主见，真实呈现自己内心世界的孩子，原来他是被课文中描写五彩池的句子深深吸引了，把课文里的五彩池想象得比真实的五彩池还美。

老师称赞他：“小展同学的想象真丰富，把课文里的五彩池想象得比真实的五彩池还美。学习写景的课文就是要这样展开丰富的想象。”小展听到老师的夸奖，小小的眼睛闪烁着喜悦的亮光，高兴地坐了下来。

老师趁热打铁：“我们从作者的角度来想一想，作者一定是饱含情感，语言描写功底十分扎实，才能写出这样的好文章是吗?”大家都点头赞同。

有了这个小插曲，学生的学习兴趣和好奇心被点燃了，急切地想知道作者是怎样把五彩池写得如此迷人，于是，学生和老师一起走进课文，学习怎样才能把事物写得生动……

课堂，是灵动的地方，随时会出现“无心插柳柳成荫”的情景，一段段小小的插曲，需要老师认真地聆听，在课堂的互动过程中，才能及时捕捉学生语言背后的学生思维的火花，寻找出宝贵的教学资源，引导学生积极投入学生活动，学习起来个个兴致勃勃。

2. 交流碰撞闪火花

“水尝无华，相荡乃成涟漪；石本无火，相击而发灵光。”在人的心灵深处，有一种简单、根深蒂固的需要，希望自己是个发现者，探索者。为了让课堂成为有灵性的殿堂，为了学生主动参与、交流、吸纳别人的观点，同时也为了让思维碰撞、潜能充分发挥，在课堂上老师们让学生议一议、辩一辩，允许学生有不同的想法，鼓励学生发表自己的见解，真正把课堂还给学生，把课堂的精彩留给学生。

二年级第二学期《24 课　打碗碗花》是篇叙事性课文，课文有一段对打碗碗花的描写："粉中透红的花瓣连在一起，形成一个浅浅的小碗。'碗'底还滚动着露珠呢。"如何让学生能够通过品味词句有所理解、感悟呢？在备课的时候，姜老师想："品"是一个回味与咀嚼的过程，只有反复地读、议、辩，才能把语言文字读透，才能达到"品"的过程。而对于二年级的小学生来说，这个过程独立完成是不可能的，那么可以用怎样的"外力"推动他们去"读、议、辩"呢？她发现，和打碗碗花很相似的花有不少，真正不同的是打碗碗花的花瓣是"连在一起，形成一个浅浅的小碗"，这是一个难点，孩子在读的过程中容易忽视和混淆。另外，"粉中透红"也是一个描写颜色的好词，特别生动。这两个方面是关键，何不让孩子们自己来发现打碗碗花的特点？于是，姜老师找了三幅图，孩子们从每一张图里都可以找到打碗碗花的某一方面特点，但是这些特点没有聚合在一起，因此这三幅图都不是打碗碗花。

课堂中，姜老师不断制造机会，让学生议起来，辩起来。于是，课堂上出现了师生、生生间的精彩交流。而这个过程恰恰是学生在反复阅读中学会了发现问题、提出问题，在思辨的过程中学会了思考问题、解决问题的过程。课堂的精彩有时可以预约，这预约来自教师的精心设计，这预约来自学生充分的思维，在东展这样的预约的精彩有很多……

3. 一语激起千层浪

《学记》里说："故君子之教，喻也。道而弗牵，张而弗抑，开而弗达。"当学生迷失方向时，教师就是学生的领路人，有时只是简单的一句话，却能"一语惊醒梦中人"。用语言点亮学生的心灵，激起学生的学习兴趣，点燃学生积极主动进行思考的热情。

陆老师在执教二年级《幻方》一课时，有一个学生发现的规律是四个角上的数与中间的 5 的相差数不是 1 就是 3。这个发现并不是幻方中的有价值的规律。但是，老师真诚地对这个学生说："说实话，这个规律老师都没发现,你给我打开了另外一扇窗,因为四个角都是双数,所以你找到了这个规律……”老师对这位学生的认同引发了班级中其他同学的积极思考。这时,一位学生站起来说:“我发现中间横着与竖着的都能凑十。”这位学生怎么说到了后面的规律? 他打乱了老师原来的教学流程,该怎么办呢? 陆老师顺水推舟,索性请他上台当小老师来教同学。于是,这位学生指着黑板上的幻方把自己的理解再讲解一遍给同学们听,学生们听了这位同学的讲解,纷纷运用这个发现来填幻方中所缺的数。

同样,在知道了都是 15 填所缺数的环节,陆老师请一位学生上台说是怎样填的,这位学生说完后,老师又抛出一个问题:“为什么没有人先填这个格子里的数? (横着竖着斜着的线上都只有一个数)”一个学生似乎顿悟了回答:“因为无论横着竖着斜着都需要知道两个数才能填,现在只知道一个数。”“那你们发现的规律是什么呢?”老师又问。另一个学生又回答:“要先填已经知道两个数的。不过我有个问题,我能上来说吗。”于是她跑上台指着格子说:“老师,这一列也已知道两个数,为什么不能先填?”多棒的批判性思维! 听后老师又笑着问大家:“对呀,大家说能不能先填呀?”“能的,只要知道两个数的都能先填!”学生们说。当学生在自行探究时遇到困难,老师就该出手了,但出手不是教,更不是把现成的结果告诉学生,而是尽量先引导点拨。规律还是孩子们自己发现,结果还是自己探究,孩子思维被充分调动,思维品质的培养也就水到渠成了。

教育的最终目的,不是培养鹦鹉学舌的模仿者,而是培养能够独立思考的创造者。当一个学生出现问题时,教师给予巧妙的暗示,恰当的提示,在关键处点拨,有时会使学生的思维顿悟,出现“柳暗花明又一村”的转机,学生思维的碰撞往往会将问题迎刃而解,产生意想不到的惊喜。

三、与孩子同心共情

共情,是站在对方立场设身处地思考的一种方式,在人际交往过程中,能够体会他人的情绪和想法、理解他人的立场和感受,并站在他人的角度思考和处理问题。主要体现在情绪自控、换位思考、倾听能力以及表达尊重等与情商相关的方面。

叶澜教授说过:“站在孩子的立场上想问题,再帮助他们在学习中提高。”确实,只有设身处地地站在孩子的立场上思考问题、分析问题,只有真正理解孩子的困难与要求,我们的教育才能做得更好。

1. 此时无声胜有声

白居易的(琵琶行)中有这样一句话诗:“别有幽愁暗恨生,此时无声胜有声。”感情达到沸点时,没有任何语言或音乐可以形象地描述出来,唯有留下一段空白让人细细品味,绕梁三日,不绝于耳。课堂上的停顿、休整就是教学中的“留白”,它是课堂教学中必不可少的组成部分。有经验的教师,往往在教学过程中特殊的地方戛然而止,留出时间,提出一定深度的问题,给学生留下悬念和思考的余地。

海芹老师执教一年级《线段》一课,引出线段后让学生观察:“线段是什么样的?”一位学生发现并回答说:“它起点的地方有一个竖点,终点的地方有一个竖点。”老师明白小朋友说的是“两个端点”,但两个端点之间的线是“直直的”始终没有孩子说。这个概念要告诉孩子们吗？思考片刻后，老师决定不告诉孩子，而是让他们独立完成练习册上 P43 的第一小题“下列各线中，是线段的在()里打✓，不是线段的在()里打×”。学生们开始做题，不一会老师就听到有个别小朋友发出了声音，嘴里咕噜着：“线是弯曲的是不是线段？”有的小朋友干脆直接问老师答案是什么，老师神秘地一笑，告诉他们自己再考虑一下，然后继续巡视。在巡视中老师发现全班(左下图)这三个都打了✓，(中间图中的)这两个大部分学生会打×，(右下图)这三个有的打✓，有的打×，还有的空着。

这时，点评开始了。她先点评上图左边的三个图形，经学生讨论得出“无论横着、竖着、斜着都可以，线段与它的位置是无关的”。然后再点评上图中间的两个图形，通过讨论孩子不但巩固了“线段有两个端点”这一知识点，而且还拓展到“只有一个端点或一个端点都没有的，因为不受限制，可以向一个方向或两个方向无限延长”(四年级的知识)。最后点评上图右边的三个图形，老师又一次把引入时所出示的线段让孩子观察，进行对比，这一下，孩子发现线段两个端点中的线得是直直的。孩子们兴奋地叫了起来“那三个都不是线段”，之所以会兴奋是因为刚才做题时所遇到的困惑他们自己找到了答案。趁热打铁，接着老师又让孩子说说什么是线段，这时候孩子们概括出了两点：“端点”和“直直的线”，一切水到渠成。

课堂教学不只是知识传授的过程，更是知识生成的过程。课堂“留白”，让学生思考、讨论、总结，使问题在思考中清晰，使真理在思辨中明朗，使思维在受阻后实现顿悟，使能力在困顿中得到提升，它往往能收到“此时无声胜有声”的教学效果。

2. 示弱，让孩子“变强”

教师“示弱”，是为了让学生“变强”，是为了把学生推到学习的前台。教师示弱，是一种教学态度，教师主动走到孩子们中间去，以一种朋友的身份向学生求教，这对学生来讲，是莫大的鼓舞，既营造了融洽的课堂氛围，也使师生关系更加友好。学生是学习的主体和主人，教师要最大限度地把学习的主动权还给学生，即叶澜教授倡导的“把课堂还给学生，让课堂焕发生命活力”。

音乐课上，唱唱跳跳的时候孩子们最喜欢，不仅课堂气氛活跃，孩子们学得也起劲。可是遇到音乐课上学习乐理知识的时候，很多孩子不是皱起眉头、就是嘟起小嘴、心不在焉。如何把孩子推到台前，乔老师就想出了这么一个好办法。

在一节乐理课上，学生要熟练掌握五线谱上七个音的位置，乔老师告诉学生：她小时候五线谱学得

不好，到现在有些还搞不清楚，需要孩子们的帮忙。于是，学生和教师的角色互换了：老师变成了学生，学生变成了小老师。活动开始，乔老师先认五线谱，由学生听听乔老师说得对不对，在乔老师说的过程中，学生不断地给予老师肯定和鼓励，还教乔老师用儿歌的方法记住七个音在五线谱上的位置。最后，学生以小组为单位，创编了有趣的五线谱游戏呢！

课堂，本身就是学生学习的场所，在这堂师生角色互换的乐理课上，学生正是由于教师的“示弱”而变得更主动、更愉快地学习，乐理知识也掌握得格外好，这或许就是教师示弱后带来的惊喜吧！

3. 站在学生立场，理解孩子

教育是一门艺术，需要用心掌握。站在学生的立场看问题，凝结的是一颗暖暖的爱心，彰显的是一种悉心的呵护，体现的是一种睿智的宽容，流淌的是一种真诚的期待。

小柯是一位颇有艺术气质的女孩，这学期参加了金老师的美术选修课程，可是，几个星期以后，她却提出要退出美术课程的学习，参加足球队。辗转了解了原因后，金老师才知道：小柯喜欢的一名男生小越就在足球队，小越，不仅长得帅，成绩好，球技也很出色。金老师非常理解“小女生的情怀”，联系帮助小柯转班，但是，足球队已经满员了，金老师答应下学期一开学就帮助小柯转到足球队，同时，对这位女生格外地关心，每次都会将她的创意作品在全班进行展示，也不忘经常提醒她：小越有他的亮点和精彩，小柯也可以有自己的精彩和亮点展示出来。金老师的理解和开导让小柯渐渐地喜欢上了美术课程，从此不再提转班的事情，而是一心一意地沉浸在她的美术作品中，毕业前，小柯积极参加‘童星杯’第十届全国青少年儿童书画摄影展示活动，并获得了金奖，在期末“艺术之星”的民主选举中，小柯以绝对领先的票数当选！

小柯同学对美术课程的态度的转变，完全是老师对她的理解和尊重。站在学生的立场，体现了金老师的修养、襟怀、气度，更是一种智慧。

人品课堂的建设，要实现从教师为主到民主平等的回归。只有民主平等的课堂，才能实现师生知识同步、思维共振、情感共鸣，师生的创造力才能得到最大限度的发展。

第三节　智慧，激起课堂的思维火花

智慧是力量的源泉，智慧是创造的源泉，智慧是财富的源泉。国家督学成尚荣教授指出：“课堂教学改革就是要超越知识教育，从知识走向智慧，从培养知识人转为培养智慧者；用教育哲学指导和提升教育改革，就是要引领教师和学生爱智慧、追求智慧。”我们相信，人的智慧将成为一种生产力，一种资源和资本。知识经济时代之后，人类将进入智慧经济时代。由此看来，智慧课堂是我们课堂文化研究的核心所在。

一、从“教”到“学”的一步之遥

实用主义教育家杜威一直提倡“做中学”的教学理论。杜威说：“人们最初的知识，最能永久令人不忘的是关于‘怎样做’的知识。”所以，教师就应当遵循儿童的认知规律，为学生提供一定的学习环境，可以在学习中不断地积累经验，收获知识。我们学校在多年的教育实践中，遵循“做中学”的教学理论，力求通过教学研究，更新教师的理念，改变教师的教学行为，力求让学生有更长足的发展。

1. 理念更新重塑观念

从2012年开始，我们全面开展“以学定教”的教学研究，各个教研组依据学校“以学定教”的研究主题设计了组内研究专题。每位老师又依据教研组研究专题开展教研课的研讨活动。通过个人独立备课、组内备课讨论、上课、课后评课、课后研究专题的撰写促使教师个人教学理念的转变。学校每学期还组织校级研究课或教学比武，为不同学科的老师创设展示、学习的平台，通过交流碰撞促进教师教学理念的转变。通过三年多的努力，教师们从“教”到“学”的理念转变取得了一定的成效。通过问卷调查可以看到东展的教师在课堂价值观、教学观、学生观上有了长足的进步。

在课堂的价值观方面，93.1%的教师将课堂教学对学生的最大期望定位于“喜欢学习和会学习”；超过50%以上的教师在课堂教学中能比较灵活地采用各种新的教学方法；有将近70%的教师在教学的过程中能对学生的多方面进行研究。教师能从教学观念上把学生作为一个“活生生的人”来对待，能以学生的发展为本位，思考如何组织和开展教学活动，采用多种教学手段创设生动的学习情境，激发学生学习兴趣，激励学生学习热情，调动学生真正参与到学习和探究活动中来。

在课堂的教学观方面，我们对教师在处理生成性问题和研究学生方面作了研究调查，调查部分数据如下：

题号	项　　目	内　　容	百分比
5	在课堂教学中有学生提出一个很好的问题，但不是本节课的重点问题，你将如何处理？	不予理睬。	0
		因势利导，结合教材内容学习解决。	91.4%
		组织全班学生讨论解决。	31%
		其他。	3.4%
9	你目前在研究学生方面做得如何？	还未起步。	0
		才起步，还未找到感觉。	32.8%
		已起步，稍有点收获。	48.3%
		在某些方面，已有一定的体会。	29.3%
		已经梳理若干做法并取得初步收获。	5.1%

课堂教学中学生会提出很多生成性的问题，教师如何面对这些问题，也表明了教师的一种教学观。从数据中可以看到，东展教师能根据情况给予积极的回应。新课程的理念中，非常强调“以学定教”，教师要根据学生学习的不同方面来确定自己的教学内容，东展的教师在这方面开始起步，逐步进行研究，正是体现了一种以学生为本的教学观念。

在课堂的学生观方面，东展教师在面对学生在课堂以及作业完成过程出现的一些特殊情况，能够有一定的积极思考，借助合理的方式，既尊重学生的自尊心，又能使其专心学习，充分了解个体情况，帮助其改正。面对学生在课堂出现的不认真听讲等状况，能主动了解原因，从根本上尝试解决问题。

东展教师在教学的整个过程中，能注重学生各方面的感受，关注差异听取不同层次学生的学习意见。同样教师教学不光是教师单方面的教学行为，学生和家长对教学的反馈，也是教师改进教学的一种依据，教师对于学生和家长的建议和意见要予以积极的回应，才能使教学的针对性更为明确。和家长的沟通既能提高家长对学生的关心程度，又能互通有无，满足不同文化背景家长对学生提出的不同要求。

2. 行为改变执著前行

当我们的教育停留在教师带着知识走向学生的时候，教师的知识是最重要的；但当我们的教育已经发展到教师带着学生走向智慧的时候，教师的智慧无疑就更加重要了。东展教师运用自己的智慧达成从“教”到“学”的转变，进行着如下行为的改变：

(1) 从教教材到用教材教。

所有的智慧，都表现为一定的创造性。课堂教学的目标不能仅仅定位于“学会、学懂”，还要求学生“会学、会用”。这就需要我们站在另外一个高度，把教材当作一个“例子”，积极审视教材，用好这个例子，加工这个例子，超越这个例子，要“入乎其内，出乎其外”。也就是立足于文本提供的情景，有机整合教学资源。在实践的过程中，我们充分“用”好手中的教材，收获了不少。

一年一度的校级研究课即将开始，四年级语文组研讨的专题是“关注文本的表达形式，提高学生的语用能力”。结合专题的内容，大家挑选结构脉络具有比较清晰的26课《家乡的桥》进行尝试。该文文情兼美、意境悠远，从桥多、桥千姿百态的造型等方面展开描写。教学的内容比较多，既可以结合总分结构和抓典型方式进行仿写，又可以学习抓矛盾提问的方式，更要理解借物抒情的表达形式。到底学什么，怎么学，老师们静下心来，结合专题研究的内容对文本进行了解读，经过讨论认为要针对教学目标和学生实际，大胆进行了取舍和重组，根据学生预习的实际情况，重构知识，有利于学生学习和掌握语文的核心知识。

老师们以集体的智慧将上述的内容进行了梳理，总分结构对于四年级的学生已经掌握，通过预习反馈，让学生自主呈现。抓典型的写法，在四年级作为新知识的学习，让学生通过抓“前后矛盾处”提问，自主理解。全文，作者思乡的情怀用借物抒情的方式表达，安排学生进行说话练习，也能讲讲家乡的风土人情，激发学生思乡的一种涟漪。这样一安排，有层次有梯度，让教材变活，以实际为主，以学生为主……

语文教材中不乏有许多名家的经典作品，往往蕴藏着“语言的秘密”，即语文知识、语言规律，也蕴藏着“情意的魅力”，即思想的力量、情感的熏陶。教学这样的经典作品，究竟重在语言学习，还是重在文学阅读？抑或两者兼顾？这常常会让语文老师在教学设计中处于取舍两难境地。老师结合学生的学情，大胆对于文本进行取舍，让教学的效果最大化。

二年级英语外教课程班的学生已经积累了一定的词汇量和语言量，对于他们来说，牛津教材为他们提供了大量生活化的情境和丰富的情感体验，但由于教材定位的限制，对于这些孩子来说，教材的语量不能满足他们的需求，于是英语老师对教材进行了文本再构。老师借鉴了绘本元素，因为绘本是文字与图画相辅相成的图画故事书，是表达特定情感和主题的读本，是通过绘画和文字两种媒介，在不同向度上交织、互动来说故事的一门艺术。为了做好文本再构，首先老师做的是收集绘本，阅读绘本，在阅读了大量的绘本之后发现许多和学生学习程度相仿的读物都可以和牛津教材相结合，作为绘本引入课堂。接着，老师将收集的绘本资源整理分类，把绘本内容与牛津教材相关的课题内容一一进行归并。

《In the room》一课中，核心句型是 Put ... in/on/under ...，教材中只提供了比较简单的语境和较少的语量：

Mum：Look at your desk，Kitty.

Mum：Put the books in the bag，please.

Kitty：OK，Mum.

Mum：Put the pencils in the pencil case，please.

Kitty：All right.

这些语量显然不能满足学生的基础和需求，在备课中，老师就找来贝贝熊的一本故事书，故事内容是关于贝贝熊的房间杂乱无章，东西四处乱扔，妈妈非常生气，教贝贝熊如何整理自己的房间。这个故事的主题正好与教材主题相符合，于是老师把故事中的语言稍加处理，把绘本故事中的词汇和句式改成符合班级学生英语程度、并含有主教材核心词汇和句型的绘本故事。英语老师不但从教教材到用教材，而且更胆大，他们创编绘本。不是所有的教学内容都能找到相应的绘本，于是老师便试着自己创编绘本，使绘本的文本更贴近教材，并为教材服务。

《My hair is short》一课的内容是 Danny 阅读了一本关于 Giant 的书，Kitty 阅读了一本关于 Supergirl 的书，这两本书中分别介绍了 Giant 和 Supergirl 的外貌特征。老师便延续课的主题：I like reading，编了这样一个故事情境：Alice 也喜欢读书，在班级的读书交流会上，她向大家介绍了一本书：Finding Jill，书中的人物是学生这学期在阅读的分级读物系列故事中的小男孩 Kipper，讲了一个 Kipper 帮助小女孩 Jane 找到她丢失的娃娃 Jill 的故事。在故事中，学生会遇到三个娃娃，分别要用教材中的核心句型 Her ... is/are ...进行介绍，随着故事的推进，学生对核心句型从模仿到运用，达到了语言学习的目的。故事创编得很有趣，孩子们在富有童趣的故事中学会了核心句型的表达和运用，还使原本分散

而枯燥的音标教学，变得更生动、有趣、有效。

作为新时期的英语教师，在新的课程观念指导下，学会“用”教材，而不是“教”教材，要学会在教学中重新整理教材进行文本再构，再构的文本要达到完整性、真实性和情景性的要求。英语学科的文本再构是一种系统化、科学化的教学体系，要求老师能够站在知识系统性的高度，以单元话题为基础，将本单元出现的重要知识结构进行重新整体的编排，组成一个知识整体或意义整体作为教学阶段，并通过文本再构即语篇形式进行呈现。英语学科的文本再构，是教师创造性地使用教材的一种方法，它能有效解决教材与实际教学需求之间存在的差距，使得教学材料更加贴合教学实际，从而有效促进学生的语言习得和运用。

(2) 从出练习题到设计学习任务单

但凡是学习，一定离不开做练习；但凡是教师，一定都会出练习题。随着“智慧课堂”理念的逐步渗透，教师不断改变摸索着自己的教学行为，尤其“任务单”的出现推动了学生在课堂上的自主学习。“任务单”全称“自主学习任务单”，强调的是学生自主学习，学生拿到“任务单”，就会产生学习是自己的事情的心理感受。通过学习任务单的完成，了解自己学习的过程，掌握相应的学习方法。

三年级语文课《智烧敌舰》，姜老师在教学中，设计了第一张学习任务单是认真阅读课文，将“阿基米德”、“古希腊”、“古罗马”三个词语用箭头连起来，说说意思。这是知识点的基本题，需要学生基本掌握课文讲了一个什么故事？说说课文的大意。第二张学习任务单是学生可以自主选择的，用项目制的形式围绕课文重点的4—7节开展自主学习。

选择学习项目合作学习，完成阅读任务单三

<table>
<tr><th colspan="4">阅读任务单</th></tr>
<tr><th rowspan="2">任　务　三</th><th colspan="3">评　价</th></tr>
<tr><th>★★★</th><th>★★</th><th>★</th></tr>
<tr><td>项目一问题组：
仔细读一读课文4、5、6节，自己设计问题，然后同项目组互换解决。
小贴士：可以针对阿基米德，也可以针对镜子或者着火等等提问。
我们的问题：回答：</td><td></td><td></td><td></td></tr>
<tr><td>项目二表演组：分角色边读边演4、5、6小节。
小贴士：先可以分一下角色，注意要有旁白。然后把课文读熟，不要急着演。最后再向老师借道具进行表演。</td><td></td><td></td><td></td></tr>
<tr><td>项目三画画组：阿基米德智烧敌舰的主要原理用简单的图表示。</td><td></td><td></td><td></td></tr>
</table>

在这些项目中，教师都有“小贴士”，给学生一点引导启发作为学生的“学习支架”。学生的兴趣很高，参与积极，充分调动了所有学生积极性，改变以往练习单，老师出题学生做题，比较机械的操练，给予学生学习选择权利。在这个过程中，学习任务单起到了重要的载体作用，它让每个学生因学习任务而“活动”起来（读、思、问、演、画），减少了“听众”和“观众”，落实了学生要学得每个知识点，及时保障了教学的有效性。

任务单进行导学是为了促进学生的有效学习，提高阅读能力。因此在设计时要依据本节课的教学目标，站在学生的角度思考，本着用教材的原则，编排题目。课堂中老师就是一位组织者、聆听者、引导者，让学生站在舞台的中央进行着讨论与交流，他们思维活跃，反应积极，时不时还碰撞出思维的火花。

学习任务单不仅是学生学习的任务，就目前我们的课堂教学来看，它是我们老师教学的助手，帮助我们搭建从“教”向“学”转变的桥梁；它是学生学习的拐杖，帮助学生通过学习任务单中的任务进行自主学习。

二、“脱轨”的课堂更奇妙

叶澜教授说：“课堂应是向未知方向挺进的旅程，随时都有可能发现意外的通道和美丽的图景，而不是一切都必须遵循固定线路而没有激情的行程。”可见，课堂教学是一个动态生成的过程，而生成是新课程倡导的生态和谐的课堂教学的重要表征，生成的信息往往是课堂教学中闪现的宝贵的教学资源。泰然地迎接生成，并加以智慧的推进，常常会给我们的课堂教学带来“未曾预约的奇妙”。

1. 答非所问的“脱轨”

“答非所问”顾名思义就是教学中当教师提的问题是A，学生却回答与A无关的话题。课堂不能预设，因此学生答非所问的情况时常出现。周老师在执教校本教材《处处都有爱》一节课中就有这么一个课堂片段：老师PPT出示了几幅照片，是一群小朋友在友好和睦地玩耍、聊天，其乐融融的景象，让学生体会这就是同学的爱。当孩子们在谈伙伴之间的关爱时，一位学生突然质疑：“老师，我想问一声，您说过玩踩水车只能两个人上去玩，但现在照片上有三个人，那他们不是违反了老师的规定了吗？”

在一般人眼里，这个学生的回答明显是答非所问，不是老师所希望的。但正是这样的“答非所问”却折射出孩子眼中看到的不一样的东西，更甚是以往所学内化的一个反映。就如这个学生的质疑其实是规则意识扎根在内心的表现。孩子的视角真奇妙，不同的视角使得课堂交流变得更为丰富，而这些也都是课堂中最真实的思维资源，不乏精彩。

2. 打乱节奏的“脱轨”

教师的课堂教学有自己的一套流程，按照学习由浅入深设计教与学的步骤。但时常会出现当教师提有关A步骤内容的问题时，学生答的却是B步骤里的内容，打乱了原本的教学节奏。许多老师有时候会手足无措，也会用各种理由将学生的思路拉回到自己的教学轨道上来。东展的教师在“以学定教”的理念下，经过不断的学习和磨练，逐渐学会及时调整自己的教学步骤，根据教学现场灵活机动来进一步完成课堂教学，真正由“教”向“学”开始转变。

陆老师在二年级数学《幻方》一课中叙述了这么一个故事：她预设三个步骤引导学生认识幻方。第一步：初步观察幻方，学生只要发现幻方有9个格子，每个格子分别填入1到9九个数字，不重复。第二步：通过计算得到三行、三列、两相交线上三个数相加的和都等于15来进一步认识幻方。第三步：深入探究幻方和为15的三阶幻方的秘密，如十字线上两头的数凑十、中间的是5、四角是双数、中间是单数、幻方旋转就能得到一个新的幻方、双数、单数是按“N”字或“Z”字排列。

课堂中当陆老师授课到第二步骤时，前面几个学生都说出了老师所需要的答案(和都是15)。不料有一个学生站起来说：“我发现中间横着与竖着的都能凑十。”当时她心里咯噔一下，想：“他怎么说到了后面的规律，我该怎么处理?”这个学生打乱了老师原本的教学流程，既然说了，又没说错，老师就请这个孩子上台，让他当小老师指着黑板上的幻方再讲解一遍给孩子们听，陆老师只说了一句：“有了这个发现，我相信你们进一步认识了幻方。”后来就有许多小朋友运用这个发现来填幻方中所缺的数。

以往，教师总是“控制”学生，要求学生按着自己设计好的流程走，可过多的控制会使学生疏于思考、拒绝创造。故事中这个孩子虽然打乱了原本的教学节奏，但从外显的行为我们看到的是孩子本身的学习力与强烈的探究欲望，陆老师顺势而导。由此可见，新课程可以把“生成”当成一种价值追求；当成彰显课堂生命活力的常态要求。

3. 错误引发的“脱轨”

课堂上，一定会出现学生发言不得要领，答错或者答不完整的情况。而针对学生的回答错误的情况，教师应该如何应对才是智慧的呢?

四年级数学《圆与角的复习》一课教学时，老师讲述了这么一个故事：这课中的第三小题是：小胖用一幅三角尺拼角，拼出的最大的角有几度？拼出的最小的角有几度？

按照教参的提示便是：要拼出最大(小)的角，就是分别找出两块三角尺上的最大(小)角，将它们拼在一起即可。拼出的最大角为180°，最小角为75°，可拼出的角依次为75°，

105°，120°，135°，150°，180°。原本的她的教学也是这样设计答案的，这是显而易见的结论。可是，上课时学生的现场生成却出乎了老师的意料。

课堂上，当老师揭示了题目之后，就让学生开始小组讨论。汇报时前面几位学生的回答与预设一样，正当老师准备讲解下一道题时，一个学生举起了手，说："老师，我认为拼出最大的角不是180度，应该是225度。"听了该名学生的质疑，老师愣住了，心想："怎么会是225度呢？"但老师并没急于否定该名学生的想法，而是把他请上台让他演示说明给大家听。这位学生上台说出了他自己的想法：90度＋45度＝135度，但是另一边的优角是360度－135度＝225度，比180度大。

该名学生的这一解释，就像一粒石子丢进平静的湖水中，瞬间激起了层层水波。这时候坐在下面的学生议论开了，有不少声音说："不对，这也不是最大的角。用一幅三角尺拼出的最小的角是75度，那360度减去最小的角，另一边就是最大的角。"不少学生也同意这位同学的想法，开始考虑优角了。从学生的想法中可以看出学生的课外知识是丰富的，连优角都知道，他们是带着热情来学习的。不过，他们对这题的思考出现了根本性的审题错误。接下来，老师大大地表扬了学生的思考，并对孩子们说："你们说的有关最大角的想法，很多连老师都没想到。我为你们这么爱动脑筋，敢于发表不同的见解感到高兴，不过我们再来读一读题。"学生读题后，师生共同解读了本题中的关键词"用一幅三角尺拼角"。通过再一次审题，学生们弄清了本题的意图，那么三角尺最大的角只有90度，拼出最大的角应该就是180度，而之前说的优角只用到了三角尺上角的顶点与边，并未用到尺上两个90度的角，所以是错误的(边讨论边在三角尺上演示)。最后，老师还友善地提醒学生："敢于思考非常好，但如果能先认真审题那就更棒了。"这样一来，既保护了学生的学习热情，又纠正了学生的错误想法。

当生成与自己原本的预设发生矛盾时，当学生出现错误时，作为老师该如何做？这节课中学生表现出来的探究热情是老师没办法置之不理的，孩子们愿意思考也是教学的追求。所有的课堂发言，对于集体的学习而言，都是有价值的。当学生出错时，老师的表扬可以保护他们学数学的热情。当孩子出错时，不是老师帮孩子指出，应该让孩子自己去发现。课堂中老师让学生再读一读题，解读一下关键词，再演示一下，学生就能豁然开朗。在这样的环境创设中，学生享受着学习，他们因为争论、思辨而感到学习很有趣，并认识到了自己的错误获得了正确的知识。

"脱轨"，是课堂教学的正常现象，可这恰恰能提供给学生成长的契机。面对学生的脱轨，东展的老师会俯下身子，真诚地和学生站在一起，友善地走进他们的心灵，以宽容的态度接纳学生的脱轨。面对学生的各种脱轨，东展的老师会给学生一些等待、一些发现自我的机会，让脱轨变为资源、变成学生发展的正能量。东展的老师会利用这些脱轨资源引发孩子思维碰撞，变回避"课堂生成"为想办法使之成为自己的教学资源，这样的出乎意外会让整堂课变得更精彩。

三、过程比结果更重要

1. 因为喜欢所以学

课堂上学生最重要的活动，是"想"；教师的教学，目的也在于引导学生"想"。教师应该了解学生在想些什么，他们到底喜欢什么？尤其在小学教学中，这个问题可能特别值得探究。一旦教师寻求到了学生的兴趣点，自然，学生们学起来就会事半功倍，教学效果也会大大提升。

四年级自然《水的污染与净化》一课，主要内容是能够让学生知道一些简单的净化方法，并体会到净化的过程比污染要复杂得多，培养学生节约用水，珍惜水资源的意识。

上课伊始，老师就创设情景激发起了学生的兴趣。他拿出一瓶农夫山泉，瓶中的水晶莹剔透，老师拧开瓶盖，夸张地闻了闻，并喝了一口，大叹："农夫山泉，有点甜！"学生们被逗得哈哈大笑。接着老师微微一笑，拿出一瓶墨汁，往瓶中倒了 2、3 滴，轻轻一晃整瓶水都漆黑一片了，水全被污染了。

接着，老师让学生自由选择桌上的器材组装净化装置。(沙子、活性炭、小石子、滴水盖、纱布、棉花、小塑料杯、剪刀、550 毫升塑料瓶)学生七嘴八舌地议论开了，不久就把方案给老师看。

王老师既不肯定也不否定，也没给答案，要求学生自己用实验来验证。学生们开始实验，一双双小眼睛瞪得圆圆的，但并没有像他们原本想得那样好，有的流出来的水都还是黑的，有的一滴水都流不出来，有的起先是干净的可后来流出来的水越来越黑了……能够完全将水净化的一个小组也没有，实验"失败"了，孩子们显得有些沮丧。

针对实验失败，老师让学生对自己设计的装置思考改进的措施。学生们陷入了深深的思考，提出了自己的想法，再按改进方法进行第二次、甚至第三次实验。在实验的过程中，他们享受共同交流的快乐，期待实验成功的一种惊喜，在教室的每一个角落，时不时会有一声声的惊呼，时不时有一阵阵清脆的掌声。

在这堂课中，学生全身心地投入探究，他们经历着失败带来的失落，却未因此而止步，他们乐此不疲地思考、交流、实验，最终迎来点滴成功带来的喜悦。在实验最终取得成功以后，教室里爆发的是孩子们自豪的欢呼声。

是什么让他们有这样一股学习的热情？"知之者不如好之者，好之者不如乐之者"，是因为他们喜欢所以学，这种喜欢来自于孩子自我探索，这种喜欢来自孩子自我尝试，这种喜欢更来自孩子彼此之间思维的碰撞。小学生才刚刚走上学习这条路，老师只有在课堂上努力激发学生继续探究的欲望，他们才能在学习之路上走得更好更远。

2. 授之以渔非授鱼

德国艺术家拉辛说："上帝如果一只手拿着现成的真理，一只手拿着寻求真理的方法，我宁愿选择寻求真理的方法，而不要现成的真理。"正如学习是一个有关生长的方法，如果不能以恰当的方式学习，即使是那些经过选择的知识，也将无助于学生能力的培养和发展，所谓知识的智力价值是不会自动实现的。有价值的教学就是指学生在课堂上寻求到自己适合的学习方式，开启自己学习智慧的过程。

学校近几年来开展了“以学定教”的研究，我校中高段数学组就一直致力于“预习”的研究。有一年的12月份数学教研组对全区进行一次数学教研的展示活动，由四年级的老师执教《圆的初步认识》一课，然后就此课进行现场评课。教材一共有3个例题，分别是生活中的圆、画圆、用圆规画圆。例1“生活中的圆”是让学生感知到圆在我们的日常生活中处处存在；例2“画圆”，分别是体育老师在操场上画圆、数学老师在黑板上画圆及方框里的一段话。例2是让学生认识圆心、半径，以及同一个圆中半径的长度是相等的。例3用圆规画圆，分别是用圆规画圆的方法、画指定半径长度的圆、画同心圆、认识直径及直径与半径的关系。例3是让学生学会用圆规画圆的方法，并在此基础上进一步认识圆心、半径及直径。通过反复解读教材，数学老师挖掘了教材中不少显性、隐性的教学资源。如，生活中的圆大大小小的，这是与什么有关？体育老师、数学老师是怎样画圆的，画圆的过程中又要注意什么？什么是圆上所有的点？都有相等的长度r又是什么意思？用圆规画圆的步骤是怎样的？画指定半径的圆的方法有哪些……最后确定教学重点是：1.认识圆的圆心、半径，并会用字母表示。2.知道在同圆中半径是相等的，及半径决定圆的大小，圆心决定圆的位置。3.初步会用圆规画圆。设计学习任务单的“预习”部分和“课堂探究”部分。预习题是指导学生课前如何自主阅读。

最初的预习题：

仔细阅读P74—76例1、例2的内容。

1. 你能读懂P75页方框里的话吗？在下图中标出圆心(O)，半径(r)。

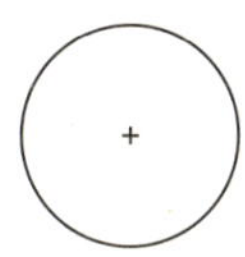

2. 想一想同一个圆里的半径相等吗？
3. 按P76例3方法，试着用圆规画一个圆。
4. 预习过程中，你有什么疑问吗？

试教中发现学生的预习仅仅是看着问题到书中去找答案，并没有把教材从头到尾通读一遍。而且，在回答某些预习问题时，学生是把书上的原话照抄一遍，并没加入自己的思考。从学生的问题中老师对如何出预习题，预习题的作用是什么进行了反思。通过进一步讨论数学组的老师们初步得出：预习题是要引导学生通读教材；预习题是帮助学生学会看书的拐杖；预习题最终的目标是：学生没有预习题也会看书。预习题也要有趣味性。

经过修改之后的预习题是这样的：

仔细阅读P74—76例1—例3的内容，思考以下问题。

1. 通过预习你都读懂了什么？还有什么问题？
2. 体育老师在操场画圆，借助哪些工具，这些工具在画圆时起了什么作用？
3. 什么是一个圆的圆心和半径？
4. 玩一玩圆规，了解圆规的组成，按P76例3方法试着画一个圆。

从修改过的预习题中可以看出，第 1 个问题目的就是引导学生通读教材。第 2 个问题是教孩子如何看懂书中的一幅图。第 4 个问题“玩一玩圆规”体现了趣味性。

在设计学习任务单“课堂探究”部分时，老师将课中的知识点、重难点通过有效的问题创设，按层次设计成一项项任务，然后引导学生自主探究。

学习任务单(课堂探究部分)：如下图学习单中的任务 5“试着用圆规画一个与上图不一样大小的圆”。这一任务是为了让学生探究圆的大小与半径有关。而原来的教学设计是“画一个半径为 2 厘米的圆，再画一个半径为 3 厘米的圆”。比起原来的设计，任务 5 的问题设计思维性更强。学生为了解决问题，需主动从大脑中调出之前积累的知识经验(画圆的经历，画圆要定圆心、要定半径)，然后通过尝试找到答案(只要改变圆规两只脚之间的长度也就是半径，就能画出大小不一样的圆了)，最后通过作品展示、讨论，很自然地就发现“半径决定圆的大小”这一知识点。除了对学习单的任务进行不断地修改外，老师还不断调整自身指导学生完成任务的行为。如学习单中的任务 4“试着用圆规画一个圆”。老师调整了试教中先通过一问一答让学生清楚画圆的方法后再去画圆的教学思路，而是在老师没有任何提示的情况下让学生直接尝试画圆。这样一调整发现孩子们兴趣很高，因为不是老师教而是他们通过预习自己思考怎么去画，小小的探究欲激发了他们的学习热情。为了画好圆，有的握好旋钮转动圆规，有的不旋转圆规而是转动学习单；有的发现垫一本书能更好地固定圆心，有的发现如果不握好旋钮握着两只脚圆就不圆了……这些都是试教时学生画圆的过程中不曾出现的。

《圆的初步认识》学习单 班级： 姓名：

要　　求	评价：完成请在“★”上打√
1. 画一画：在圆上找出圆心，画出半径，并分别用字母 O，r 表示。	(1) 能找到圆心 ★ (2) 能正确画出半径 ★ (3) 能用 O，r 表示圆心、半径 ★
2. 想一想：在同一个圆中有(　　)条半径。	(1) 答案正确 ★ (2) 能说说理由 ★
3. 说一说：同一圆中半径的长度(　　)。为什么？	(1) 答案正确 ★ (2) 能说说理由 ★
4. 画一画：试着用圆规画一个圆。	(1) 能确定好圆心，并用圆规画圆 ★ (2) 能画出一个标准的圆 ★ (3) 能正确用字母标出圆心、半径 ★
5. 画一画：试着用圆规画一个与上图大小不一样的圆。	(1) 能画出两个不一样的圆 ★
6. 想一想：圆心和半径与所画圆的关系： 半径决定所画圆的(　　)圆心决定所画圆的(　　)	(1) 答案正确 ★ ★

这节课我自学成果是(　　)颗★，成绩为(　　)。

评价标准：优：11—13 颗★　良：8—10 颗★　合格：6—7 颗★

不断完善学习任务单的设计，是为了给学生一个“拐杖”，有了这一“拐杖”，学生就有了学习的方法。这样一来，他们可以带着任务进行先学，完成后再进行集体纠错讨论。老师做的只是组织、倾听、点拨。这样一来，整堂课就变成了以学生学为主，每个学生都可以带着任务进行学习，或独立思考或小组交流，改善了一问一答式中参与人数少的缺点，充分调动了全体学生的学习主动性。正式上课那天，整课堂，学习的味道很浓，几乎都是学生自己获取知识。会场中的老师也常会因为学生们大胆地发言发出赞许的笑声。

现在中高年级的学生在进行数学学习时，常常有这样的学习任务单，其他学科也开始了学习任务单的研究。在学习任务单的引导下，学生学会了自主学习的方法，从不会看书到能看书甚至看懂书，从不会提问到能提问甚至会提问。东展的老师致力于“授人以渔”，为学生的终身学习奠定扎实的基础。

3. 带着感情去体验

俗话说：“情动于中而形于言”，学习的过程是师生共同情感激荡的过程，“感人心者，莫先乎情”，只有真情最容易打动学生稚嫩而又单纯的心灵。在教学的过程中，教师让学生从始至终都处于一个积极的情绪体验中，在课堂的学习过程中，在情智交融中经历一次愉悦的精神之旅，那么课堂的一种生命的张力不是体现如此吗？

《天鹅的故事》是一篇三年级的语文课文，描述了一群天鹅为了生存，在一只老天鹅的感召下，用自己的身体破冰，齐心协力与恶劣环境斗争的故事。作者按照事情发展的顺序“天鹅遇险——齐心协力破冰——天鹅得救”来叙述故事发生的经过。

课文教学伊始，杨老师先播放一段天鹅自由飞翔，尽情吸水的镜头吸引学生的视线，学生们纷纷表达在他们心中天鹅是美丽的、纯洁的、高贵的……随后，老师用略微低沉的声音告诉学生：“在这篇课文学习之后，你们会对天鹅产生不同的认识……”一句话，就把学生的心牢牢地抓住了，将学生的情绪调动起来，打开了和文本对话的感情闸门。

老天鹅破冰是全文最为感人之处，杨老师引导孩子说说当看到那只老天鹅奋不顾身破冰的场景，心里会想些什么？引导孩子们紧紧扣住“腾空而起”、“像石头似的”这些词语来发表自己的想法，让学生们理解老天鹅的壮举，以及它自己所承受的痛苦。此时此刻，学生们深深地被老天鹅的精神所震撼，让学生通过朗读来表达自己的感动，个别读，男生读，师生合作读。通过师生情绪激昂的朗读，课堂内掀起了一个高潮。

老师紧接着抓住句中的省略号，引导学生感受老天鹅无数次扑打冰面的场景，紧扣文本连续训练说话，学生们畅所欲言，赞扬了老天鹅的奋不顾身；赞扬了老天鹅的舍己为人的精神，在交流的同时，让学生做好朗读的准备，挑选自己读的最好的语句进行展示，那一刻一种水到渠成的感觉油然而生。

随后，师生又一同走入其他天鹅的内心，感受其他天鹅在老天鹅的影响下想法一步步变化的过程。孩子们把自己当作是那群遭遇险境的天鹅中的一员，通过细腻的思考，放飞情感的翅膀，每人都仿佛成了贝加尔湖上那一只只勇敢的天鹅，在老天鹅的带领下齐心协力共渡难关，“克哩——克哩———克哩”的叫声在教室的上空不断回响，这声音是学生们对文本的一种理解，这声音是学生对天鹅们具有的一种精神的赞美……

教师通过引导学生吟咏文本的语言文字，咀嚼课文语言的独具匠心，使学生完成沉浸在文本中，动情地进入角色，感悟文章的情感，领悟其中的内涵，形成老师、学生、文本三情共振，余音未了，绕梁三日。

任何的学习过程都必须有情感，这情感来自于文本、来自教师，更来自于学生。情感是教出来的吗？情感是人在成长过程中通过体验而逐步习得的。老师要为学生创设正确的体验环境，也就是用自己健康的情感、人生态度与价值选择去影响学习主体，通过身体力行的示范活动来言传身教，让学生在体验中形成个人的情感、态度、价值认知。

过程比结果更重要，东展的教育不单单着眼学生的当前，更是考虑他们的长远。只有当他们获得兴趣、学会方法、具备正确的情感态度与价值观，才能成为优秀的终身学习者。

第四节　多元，聚焦学生的不同精彩

东展小学的办学旨在培育“高质量、高品位”的未来人才。我们的学生来自世界各地，由于学习经历不同，学科成绩在客观程度就存在比较大的差异，对于我校学生的评价就不能单纯用成绩来衡量。因此“高质量”，决不单纯指教学成绩，而是指允许学生充分张扬个性、展示才华，挖掘潜能，激发自信，从而促进学生的发展。因此针对“多元”的生源背景，开展“多元评价”，促进学生“多元发展”是我们人品教育课堂文化建设的保障。因为觉得学习者的能力是多方面的，每个学习者都有各自的优势。学生在意义建构过程活动中，表现出来的能力不是单一维度的数值反映，而是对多维度、综合能力的体现，因此对学生的评价也应该是多方面的。多元评价理论体现了评价主体的多元化，内容的多维化，方法的多样化，才能更好地促进学生的全面发展。

一、组建评价“朋友圈”

新课程评价体系的核心是“以评价促发展”的多元评价观，目的就是为了促进全体学生综合素质的全面提高。学生是学习的主体，在各类的评价活动中，学生都是积极的参与者和合作者，建立开放、宽松的评价氛围。我们学校在评价时，鼓励学生、同伴、教师和家长共同参与，实现评价主体的多元化，组建评价的"朋友圈"，以此帮助学生在自评、互评、众人评中不断反思，认识自我，从而实现自主学习和发展。

1. 我的评价我做主

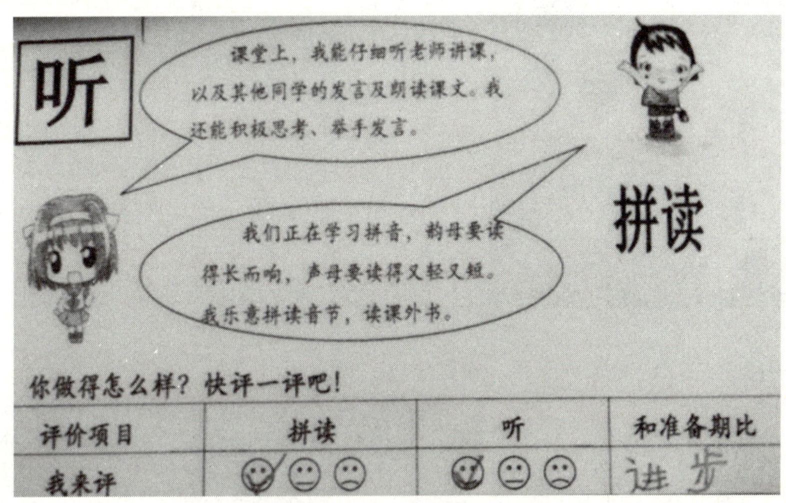

罗杰斯说过："只有一个人能评价目标实现的程度，就是学生自己。"评价过程中，应该尊重被评价者的人格，让被评价者主动参与评价，才能乐于接受评价，评价才更有效。学生对于自己的评价也就是自己对于自己的反思过程，能让学生发现自己的成功与不足，形成有效的学习方法，提高学习能力，培养自控意识，主动发扬优点，克服缺点，在健全学生的人格方面也起到重要的作用。

例如：上图为一年级语文阶段评价表，从评价表里很清楚地可以看到孩子们作为评价者，将要评价自己听、读习惯的形成。

图上的这个孩子在第一单元听的习惯评价过程中，给自己的拼读习惯评价的是"笑脸"，给自己的听的习惯评价的也是"笑脸"，但是在和准备期的习惯养成情况进行差异性评价时，孩子给了自己评价"进步"。这样的做法其实就是让我们的孩子在学习过程中通过纵向比较学习的进展来体会感受学习带给自己的快乐。

学生是学习的主体，无论是课堂教学设计，还是评价方式的选择，一切都应遵循以学生为本，以学生的后续发展为本的理念，关注学生现阶段的身心特点。在各项评价过程中，我们都给予学生自己评价自己的机会，让他们体验自己学习的过程。而且，评价的主动权交给学生，学生更加易于接受，评价的效果也会更好。

2. 他的评价我点赞

生生互评是最有说服力的评价，可以起到互相督促、互相学习的作用，激励学生你追我赶，并培养学生虚心听取他人意见，诚恳对待学习伙伴以及良好的团队合作精神。学校五年级的英语老师，在枯燥的期末复习阶段，改变以往循规蹈矩的复习课的流程，给予"学生互评"的机会。教师让每一个学生根据复习重点"介词"，出 10 道填空题，出完题后，让

学生互相交换试卷进行答题批改。试卷批改过程中，每一个"小老师"们拿着红笔，像模像样地认真地在试卷上画着钩和圈，还模仿着老师的样子，给"学生"的答卷打分，然后，把试卷交还给"学生"订正。期间，不乏会有"小老师"与"学生"就如何订正进行探讨……当订正批改全部结束，老师第二次翻看同学们的试卷时，发现学生们每一份试卷的答题字迹都是那么工整，卷面是那么清晰。

我们欣喜地看到在学生学习的过程中，学习主体——学生真正成为了评价的主人，通过伙伴间的相互评价，每一个学生不仅对于要求掌握的知识点有所了解，更主要的是促进了伙伴之间的认可，激励学生虚心听取别人的意见，促进了自我认同。

高年级的语文教师在作文评价的时候，尝试开展了一个"淘金者"的活动。其实就是让每一个学生做写作的小评委，做好这样三件事：发现习作中的好词佳句；学老师写评语，找出三个优点；提一条建议。活动开展的过程中，教师采用同质分组，把写作水平相对接近的孩子分在一组，利于学生互相交流。拿到各自点评的作文，一时之间教室里人声鼎沸，每个孩子都参与其中，平时，教师说，学生听的场面再也见不到了。时间在流逝，但学生们的热情依然高涨，看着他们在作文本上为作者圈画的好词好句，斟酌再三所写的评语，反复推敲所写的建议，教师欣喜的是学生在"写作"这件事情上真正的收获。

每个孩子都渴望被关注，每个孩子都渴望得到好的评价，哪怕他有许多的不足，改变教师的评价，让每个孩子都获得成功，这是我们每位教师都应该思考的，这也是学生互评带来的精彩。

通过研究，我们发现以学生之间的互评为形式的"生生互评"式评价可能更有利于维系和加强学生的学习激情。因为，"学生是学习和发展的主体"，自然也应是评价的主体。并且，学生的评价，语言是儿童化的、情感是真切的，尽管有时不一定很准确，但总是实事求是的。同伴的肯定与鼓励的评价更能使学生获得成就感，否定或不认同的评价更能激发学生向好的方向改善自己，使自己得到大家的认可，这是人所具有的"与人亲近"的需要，也有利于学生学会辩证的看待自己和同伴。

3. 众人齐评助成长

评价主体的多元化除了上文提及的学生自评、互评之外，还有教师评和家长评。

教师本身以教育者的身份以及教育方面的专业知识确立了其在学生中的权威性、影响力。他们的认可、赞扬可以使学生获得成就感、增强学生自信。而且教师在学生的学习过程中是最能仔细观察了解学生的学习情况并及时予以引导的，因此从学生发展的这个目标出发，每一个教师应该设计实施科学有效的评价。

学生同样渴望得到来自家长的认可、赞扬、鼓励。家长的积极评价同样能使学生全面了解自己的长短处，明确自己的努力方向，增强学习的兴趣与信心。而家长参与评价又能帮助家长更加充分及时了解孩子的情况，从而及时引导或鼓励督促孩子，为孩子营造更和谐的成长环境。我们学校也努力在日常工作中搭建家长参与评价的平台。

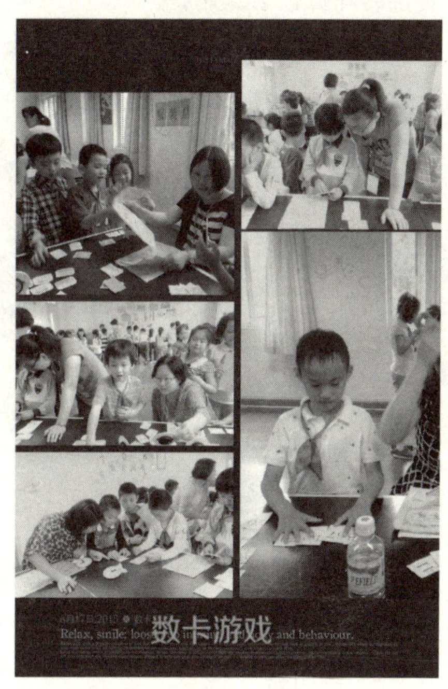

在基于课程标准的教学和评价的改革中，我们试着举办一年级的期末数学游园会的活动，将评价融合与学习活动之中，按照活动主题分为几个版块，如“玩转数学街”就分为“数卡游戏”、“服装店”、“小超市”、“钟表行”四个版块。每个版块又涉及许多内容，如“数卡游戏”里就有“比大小”、“上中下左中右”、“找邻居”，“钟表行”里有“奇怪的钟”、“拨一拨”、“我的时间我做主”。活动中，老师请来了每个班的爱心家长们做“考官”，每位“考官”都有一份详尽的评价细则，依据评价细则对学生进行公平的评价，并在学生的评价表上给予评价。在家长们的大力协助下，一个下午，全年级 5 个班 180 多位学生全部能完成活动。活动中，学生兴致勃勃，家长们热情参与，让学生在精彩的游园活动中反馈所学知识和对知识的运用。游园活动在大家的欢声笑语中圆满落幕。孩子们在游戏中温故知新，在游戏中快乐成长。

邀请家长参与的评价活动，实现了评价本身的教育性，即人与人之间互动和交流的过程。评价过程中，家长利用评价对于孩子的学习成就进行鼓励，对不足提出改进的建议。

二、学习因评价而改变

有人说，世界上没有完全一样的两片树叶，人海茫茫、教海无边，我们既找不到两个完全相似的学生，也不会找到能适合任何学生的一种通用的教学方法。这就说明了我们的评价方式不能是单一的，而是要有多样性，也就是评价方式的多样化。作为教师就是应该针对学科特点、孩子的年龄特点设计多样化的评价方式来激发学生的学习兴趣，提高学生对于学习的自信心和求知欲。

美国心理学家加德纳的多元智能理论也认为人至少有 7 种智能，但这 7 种智能中每个学生都有所长，不能单独从一个方面去评价学生技能的高低，而应该综合评价各个方面对学生进行评价。几年来的教学实践，我们不断地尝试改变评价内容，从学生的学习兴趣、生活实践、习惯养成、方法习得等内容进行评价，欣喜地看到了学生们的学习因为评价带来的改变。

1. 让孩子兴趣盎然

在以前的观念里，学习因为有考试变得更难了，为了进一步激发学生对于学习的兴趣，在“基于课程标准”实施与评价的大背景理念的影响下，我们学校开展了多种形式的评价。一二年级学生的学习期末练习不再以单一的书面测试为方式，而是以各类学科活动、日常的评价相结合开展。

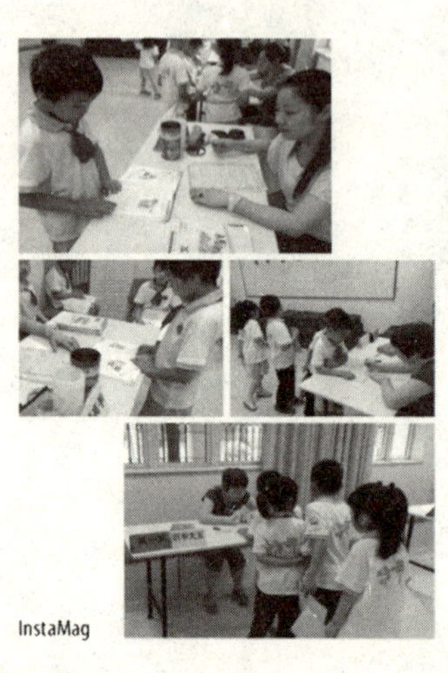

学校的一年级的语文评价以“拼音探宝”、“古诗乐园”、“汉字拼图”、“朗读高手”、“查字典能手”几个版块构成。“拼音探宝”活动中，每一个孩子欣喜地从教师手里接过“藏宝图”，通过藏宝图里的拼音密码，破解出“任务”一条，最后，通过伙伴间的合作，任务的完成，取得“宝藏”。整体的语文评价，内容设计到拼音、识字、写字、阅读和表达多方面，做到单项与综合相结合、课内与课外相结合，将听、说、读、写等多项学习能力融入每一个悉心设计的环节，充分契合了学生的年龄特征，重视学生在学习过程中的成长，真正让学习变得有趣起来。

兴趣盎然的评价活动结束后，当看到孩子们手捧着评价手册，满足着，自豪着，欢笑着，小脸上写满了自信、骄傲和幸福！孩子们在如此的评价活动中，收获的不仅仅是一个个印章，更多的是对学习的热爱，对自己进步的肯定，对未来的憧憬！让学习变得有趣，就是多元评价带来的欣喜！

2. 让孩子走进生活

五彩缤纷的生活是知识的源泉，我们应该从生活入手，设计出与生活联系紧密的学习活动，使学生对所学的内容感兴趣，从而更好地理解学习内容，充满兴趣地投入学习活动中去。

一年级上学期数学评价的主题是“我爱数学游园会”、一年级下学期是“玩转数学街”。每次主题活动时，迎接小朋友的是一个个有趣的数学游戏，瞧！有的孩子们沉浸在“比大小”、“上中下左中右”、“找邻居”的游戏中；有的孩子们正在“服装店”、“小超市”、“钟表行”里“量一量”、“选一选”、“拨一拨”……如：下左图的孩子正在服装店里进行测量头围的工作。

在孩子们动手动脑玩游戏的过程中，老师们不仅可以评价孩子们对于数的大小、排序等学业成果方面的掌握情况，更可以对学生的学习兴趣以及观察能力、倾听习惯、口头表达等学习习惯方面做出综合的评价。

我们发现在与生活实际密切相关的评价内容中，由于评价场景是学生熟悉的生活情境，可以让课内的学习延伸到生活，评价方式可以以解决生活问题为主，体现学科在生活中的实用性，从而使学生在轻松愉悦中步入学习的殿堂。

3. 让孩子养成习惯

小学的学习，尤其是一年级的学习，是学生进入小学学习的起始阶段，也是各科学习的启蒙阶段。基本的学习兴趣、学习习惯的培养尤为重要。而学生的兴趣、习惯、能力的发展过程是一个渐进的过程，从知识中了解方法，从掌握方法中养成习惯，从习惯培养中慢慢形成能力，这整个过程就是一个学会学习的过程，是一个促进学习的过程。对于刚入学的一年级学生而言，除了个人的智力因素之外，情感和社会因素也是制约学生语文学习的又一个重要的内部因素(非智力因素)，主要表现在学习态度，学习习惯。它们是以动机作用为核心，调节着学生的认知和语文实践活动的进行。而过程性的评价能够引导学生拥有明确的学习动机，才能收到比较好的学习效果；才能让学生对语文学习产生学习兴趣、学习情感以及坚忍不拔的意志；才能养成良好的语文学习习惯，获得学业的成功。一年级语文组就以“学习习惯的评价研究”为教研组研究专题，开展了实践研究，研究过程中，教师注重对于学生学习习惯的评价。语文老师在课文教学的第二版块则是“整体感知”部分。

我们就来听听录音，说说你听到了什么？听的时候，要注意小眼睛——生：看老师

师：小耳朵——生：竖起来

师：还要做到专心听、认真记，做到这些要求的小朋友就能拿到这节课的倾听章哦！

上课认真听

此时，学生端正坐着，目不转睛地盯着大屏幕，专心地听着。教师就在四处巡视，给符合的学生发放倾听章。(见左图)

又如：陆老师在指导汉字书写环节。

师：下面，自己在田字格里描写汉字“西”。注意，写字的时候做到“一拳一尺一寸”，姿势正确的孩子可以拿到印章哦！

此时，学生举笔进行汉字书写，教师四处巡视，给写字姿势正确的学生发放写字姿势好的章。（见左图）

语文学习一般分为“听、说、读、写”四大方面。上述的两个教学环节，明显可以看出教师的用意是为了训练学生的“听”的习惯和“写”的习惯。教师关注到，新课程理念下的学习方式已从被动的学习转向自主的学习，师生之间、学生之间的互动交流在学习过程中更为凸显，因此学会倾听也变得非常的重要。低年级学生的特点，使得他们对于老师手里的“倾听章”、“写字姿势章”充满着兴趣，期望自己可以通过努力得到，而教师正是针对孩子的心理特点，结合习惯的培养离不开精细的训练过程，设计了上述的环节。教师在听之前，有意识地让学生重温良好倾听习惯的做法：“小眼睛看老师、小耳朵竖起来……”，在写之前，重温“一拳一尺一寸”的写字好姿势，实则希望这些动作辅导能够引起学生的注意，帮助他们逐步养成从无意到有意的良好的倾听习惯和写字习惯。

4. 让孩子学会学习

在这里要提及的实则是“延时评价”的定义，就是利用学生的期待心理，对学生提出的问题或作出的回答不予以及时的评价，而是把评价的时间适当地向后拖延，给学生留下一定的时间和自由思考的空间，引导学生自己去发现、探究，让学生在完成思考过程、获得顿悟之后给以恰如其分的评价或小结的评价方式。它重视了评价促进学生发展的功能，把学生推到问题开始的地方，引导学生对问题进行“发现和研究”，关注学生学习的全过程。

在一次学校的教学研究课上，一个教学环节的处理方式的变化就让执教老师感受到延时评价带来的欣喜，《诸葛亮和小皮匠》是一年级第二学期语文第 32 课，课文是一个历史故事，取材于民间谚语：“三个小皮匠，赛过诸葛亮。”因为学生都知道诸葛亮是一个聪明的人，于是，在读到“聪明的诸葛亮连用两个方法都过不了河的时候”，孩子们纷纷提出了自己的问题，老师没有急于回答学生，而是放慢速度，让学生回到课文里再读一读，想一想到底是什么原因。只见一双双小眼睛眨巴着，紧接着，学生们都一个个翻起了书，纷纷轻声地读起课文来，尤其是刚才提问的那些孩子，更是用心地认真地指读呢。几分钟后……孩子们一个个高举的双手告诉老师这回他通过朗读课文找到了答案，他们各抒己见，都是那么自信，那么充满笑容，虽然有的答案有些稚嫩，有的还无法把自己的想法十分完整地表达出来，但下课后，学生依然兴奋的表情，一张张涨得通红的笑脸，我们不禁为课堂上老师的放慢的脚步而喝彩，也为延时评价带来的课堂精彩而高兴。

有人说：“评价不应该像一张快照，而是应该像一本相册——丰富多元，突出过程，体现进展。”当前的小学阶段正在推进“基于课程标准的课程与评价”，重在教学理念的变革，尤其是要求教师要更为关注学生的学习过程，在学习过程中促进学生的全面发展。

三、每个孩子都是成功者

土耳其古谚语云：“上帝为每一只笨鸟都准备了一个矮树枝。”确实，每一只鸟都有它可以栖息的树枝，每一个学生也应该有他可以闪光的舞台。多元的评价形式就是为学生提供了形态各异、长短不一的“树枝”，让每个学生都能找到属于自己的位置，并在不同的位置演绎不同的精彩。

1.“靶向”的原理

打靶的训练需要直中圆心，学习也是如此，有了目标，才会为之努力，学习才会有所得。一直以来，老师们都坚信，要孩子能够把这门学科学好，学习兴趣一定是很大的因素。为了保持孩子对于学习的兴趣，老师们各个施出拿手的看家本领，带领着孩子们寻求自己的学习目标，收获学习的成功。一年级的体育周老师在学科教学的过程中开展的评价就极大地调动学生的学习内驱力，让孩子们的体质测试成绩得到了优良，在谈及评价话题的时候，她说道：体育组的评价项目针对《国家体质测试标准》设立，每个项目获得满分的孩子就可以获得达人称号。这些达人的名称设立也极具特色，低年级有针对快速跑速度类的“飞毛腿达人”；有针对腿部柔韧性的“柔韧达人”；有针对肺活量的“气功大师”；高年级有针对耐力跑的“耐力达人”。除此之外，结合日常体育教学中的跳绳项目，还设立了“跳绳达人”和“跳绳大王”的常规评价：在数量和要求上跳绳大王的难度要大大高于跳绳达人，跳绳大王要求一年级学生 30 秒跳 80 个，二年级 30 秒 90 个，跳绳达人一分钟跳满 120 个。

记得一年级的小宇同学，身材并不瘦小，是个人见人爱的小胖墩，可是他的体育成绩却不错，只是不会跳绳。听说周老师在进行“跳绳达人”的评选，他愣是给自己定了一个目标，每天下课后缠着周老师教他跳绳；每天中午，坚持拿着跳绳在操场上练习……慢慢地，他从不会跳绳到会跳了；慢慢地，他从会连续跳 30 个到会连续跳 50 个了；最终，他凭借着自己的努力取得了“跳绳大王”的称号。当他从老师手里接过奖状时，那股高兴劲令人激动。这就是“靶向”原理评价背后带来的精彩。

每个学生都是不同的个体，有着自己的优势和弱势，作为教师的我们，要善于发现学生的优点，适当挖掘其潜力，如果学生的潜力能够得到较早开发，对于其他的学科也会有很大的帮助。只有正确认识学生的差异，使他们的潜质有机会得到发挥，才能真正地让学生从兴趣出发努力学习。

2.“云端”的精彩

新课程呼唤“以学生的发展为本”的评价。然而同一个班级的学生，在学习习惯、行为方式、思维品质、兴趣爱好等方面均存在不同，表现在学习需求和能力发展上也不尽一致。我们必须将学生看成是有个性的学习者，承认差异，尊重差异，善待差异。基于对学生差异的承认，把多元教学评价引入课堂，无疑是给课堂注入了活力。

就拿一年级语文朗读评价这件事情来说吧，每个班级里都不乏有性格内向，自信心缺失的孩子，他们往往不愿意在大庭广众之下进行课文的朗读，可是朗读又恰恰是可以培养学生自信的一个途径。随着科技技术的发展，老师们也在朗读评价这件事上思忖着。有老师利用班级“云盘”的存储分享功能开展班级的“朗读达人”比赛呢。每个月，老师都会要求孩子自己选择这一个月里学习的课文中自己觉得读得最好的课文进行录音上传到云盘，然后在班级群里进行分享，再由同学每人投5票，得票数超过半数者即为“朗读达人”，得票数超过三分之一者为“朗读能手”！

自从选择了这样的方式进行朗读达人挑战赛后，老师发现孩子们的朗读兴趣被很快激发起来，有的孩子为了把读得最好的录音上传云盘，就在家里反反复复地练习朗读；有的孩子为了更好地对其他同学的朗读作出评价，还不惜一字一句地拿出语文书核对(因为一年级朗读的最高标准就是“读正确”)，时间长了，对于课文内容烂熟于心；有的孩子平时在学校非常胆怯，但在云盘的录音过程中丝毫没有这方面的顾虑，反而把自己朗读的最好的一面有机会展示给大家看……

又一次的“朗读达人”比赛开始了！那天中午，老师随机在教室点开了云盘上孩子们上传的录音！“咦，这是谁呀？声音真好听！”“是某某？”“是呀，她读得不仅字音都对，而且很有感情呢！”“是谁呢？”在大家互相猜疑这位“新诞生”的朗读达人是何方神圣时，教师点开了她的名字——王同歆。顿时，大家的目光直扫向她。而她，难为情地低下了头，但看得出，脸上洋溢的是被肯定的微笑。

学习者的能力是多方面的，每个学习者都有各自优势。上述故事中，王同歆正是通过云端朗读达人赛的评价，慢慢走出害羞的状态，目前都能在课堂上进行举手发言，学期末还被评为了校优秀队员呢！多样化的评价方式，可以更全面地关注到学生的能立发展，能够更好地激发学生学科学习的热情。

3. 系数的“激励”

新课程呼唤“以学生的发展为本”的评价。然而同一个班级的学生，在学习习惯、行为方式、思维品质、兴趣爱好等方面均存在不同，表现在学习需求和能力发展上也不尽一致。我们必须将学生看成是有个性的学习者，承认差异，尊重差异，善待差异。基于对学生差异的承认，把多元教学评价引入课堂，无疑是给课堂注入了活力。

记得那是一个阳光灿烂的午后，葛校长走进了课程部办公室，“我发现我们的个别化教学的步子迈得不大，效果不太明显，尤其对那些外籍学生的评价方式还可以继续完善，我有一个想法，在成绩评定上乘上一个系数，鼓励这些孩子，提高他们的学习积极性……”于是，关于外籍学生成绩的系数评价方式就这样应运而生了……

这就是东展小学根据学生的实际情况，制定的个别化的评价方式。东展小学的学生来源多元，部分境外学生都带有不同国家的风土人情、文化习俗，而生源的多元化所表现出来的就是：学生个体之间的差异。这些差异体现在：思维方式、学习观念、知识基础(母语基础)的不同。而正是这些客观存在的差异导致了外籍学生与本土学生在语文、数学、英语学科学习上的不平衡。

以语文学科为例：外籍学生的学科基础比起本土的学生要弱一些；表达方式与表达习惯不够规范；书面表达能力也会相对较弱；自然学习成绩也不如本土孩子……长此以往，外籍学生的学习自信心会逐步降低，成功感也会缺失……为了改变境外学生学习自信心、成功感的缺失，学校从2012年开始就在期中、期末的考查（试）中，对于这类学生采用了一个“系数”激励的评价方法：但凡是外籍学生，考试成绩不合格的，予以×1.2的系数作为该学生的最终成绩；考试成绩合格且低于优秀的，予以×1.1的系数作为该学生的最终成绩。

如四年级(2)班的小朴同学，是个土生土长的韩国人，三年前随着爸爸妈妈来到了上海，在韩国学校读了两年。为了进一步学习中文，三年级的时候她坚持进入了我们学校进行学习。刚来学校的那会，她几乎一点中文都不会，听不太懂，汉字也根本不会写，语文学习成了她学习中的一大障碍。但是孩子本身非常爱学习，课上专心听讲，课后加倍的努力。凭借着自己“学好中文”的意愿，以及班主任钱老师的协助，中文学习取得了很大的进步，但离合格还有一段距离。后来，在考试中，班主任钱老师给予小朴以“系数加分”，让她由不合格变成了合格；最近的一次期末考试，小朴的成绩“系数加分”后，竟然获得了“良好”。要知道，这个成绩对于没有接触过中文，学习中文才两个学期的孩子而言，是何等的不易啊！当孩子拿到属于她的成绩单时，笑容是发自内心的灿烂。这“合格”到“不合格”的评价，不仅是五十几分到六十几分分数上的一小步改变，更是让孩子明白学习只要付诸努力，就可以获得一定的成绩，从而提升学习自信心，获得学习成功感。

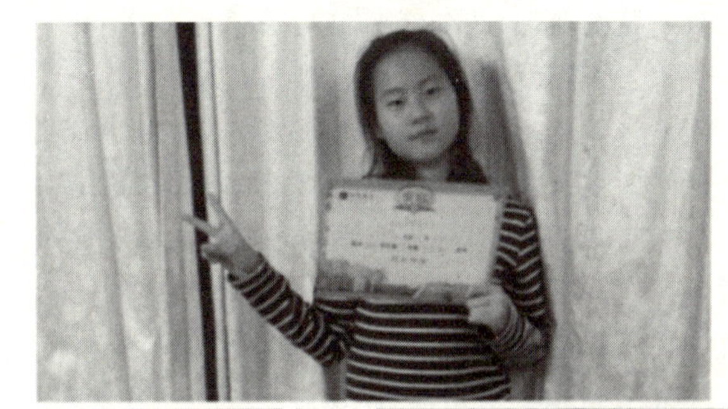

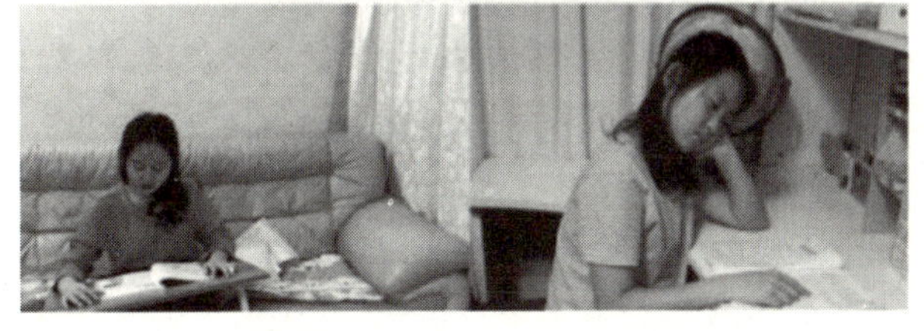

我校在主学科考试中采取的“系数激励”的差异性评价可以相对地减轻外籍学生的心理负担，使过重的学习压力变为适度的学习压力，这种“适度的压力”也正在督促他们不断地努力。获得成功的机会多了，学生们的自信心增强了，学习的积极性也有了很大的突破。重拾学习的自信、享受学习逐步的进步不正是做教师希望给予学生的吗？这或许就是我校差异性评价带来的精彩一瞬。

第五节　案例故事

【故事1】

课堂，我们关注什么

夜晚的灯下，我拿着教材反复研究，《找骆驼》这篇教材是第四册教材第六单元的一篇课文，写了一位商人走失了一只骆驼，一个老人在没有见过骆驼的情况下，凭着对观察到的现象进行正确分析判断，帮助商人找到骆驼的事。我仔细地读着课文，发现这段内容中的3句话都是先说老人观察到的现象，再说老人得出的结论，前后句之间是因果关系。如果我在课堂上，让学生用添加关联词“因为……所以……”来让学生读懂句子前后之间的因果关系，这样就能帮助学生更好地读懂课文，同时也能发展思维。但是，仅仅这样就行了吗，这样的思考活动对我们班学生来说是不难的，如何才能在堂上设计“让孩子跳一跳摘到桃子”的环节呢？我再仔细研读课文，反复地读着。突然，我发现三句句子都说老人观察到的现象，再说得出的结论，但是都没写老人是怎么进行思考的过程，这恰恰是文章留白的部分！看到这里我兴奋起来，这留白的地方可以做文章！

……

一个阳光灿烂的早晨，我的研究课开始了。今天我上的是第四册教材第六单元的一篇课文《找骆驼》。

课已经进行到重点段的学习部分了，我抛出了这节课“动一发而牵全局”的问题：老人从没有见过骆驼，为什么对骆驼的情况知道得这样详细呢？请小朋友自己读读第10小节，并用上老师给你的小帮手自己先说一说。

看来是遇到了难题，一个个皱起小眉头想了起来。过了一会儿，一只只小手像雨后春笋般举了起来，伴随着的还有孩子发光的小眼睛。

我请了小迪同学：“老人看见路上有骆驼的脚印，右边深，左边浅，老人想这只骆驼右边脚印深，它右脚肯定用力多一些，左边脚印浅，说明它左脚用力少一些。这个骆驼走路是一高一低的，它的左脚肯定是跛的。”小迪的回答中他的推理过程多么清晰啊！

我又请了小瞰同学，小瞰说：“老人看见路上有骆驼的脚印，右边深，左边浅，老人想这只骆驼右脚用力多，左脚用力浅，肯定是左脚跛了，因为跛的那只脚走路都会轻一些，没跛的那只脚会用力很重。这只骆驼右脚脚印深，说明右脚用力很重，那肯定是左脚跛了。”

小迪和小瞰的回答中，我分明感到两个孩子已经开始了从观察到的现象开始推理的过程，思路都挺清晰的。这时，我耳边又想起了小声音：“老师，还有，还有！”我一看，小睿的小手不停地示意着他要发言，于是我又请了小睿。

小睿说：“老人看见路上有骆驼的脚印，右边深，左边浅，老人想一般的骆驼走路两只脚脚印应该是深浅一样的。这只骆驼脚印有深浅，而且一路上都是左脚浅，右脚深，说明这个骆驼一定是有一只脚跛了，应该是脚印浅的那只脚跛，所以老人知道骆驼的左脚有点跛。”

接下来，课堂就热闹起来了，孩子们为自己的发现而激动不已，他们已经把自己当成一个小侦探了，仿佛在破着一桩桩重要的案件。课堂上，孩子们思维的火花在跳跃，课堂上小脸都红扑扑的，我想这种快乐应该是从心底里流淌出来的吧。认识本身就是一个激发生动的、不可熄灭的兴趣的最令人赞叹、惊奇的奇异的过程。学生的思想变得非常好奇和活跃，他们体验到一种无可比拟的自豪感：我是事实和现象的驾驭者，在我们的手里，知识变成了力量。感到知识是一种使人变得崇高起来的力量。

（作者：杨　韵）

点评：

课堂我们应该关注什么？也许在知识以外，我们更应该关注的是学生，学生学习的兴趣、学生学习的方法、学生思考过程中的情感体验等等，这才是生命成长的原动力，也是持久不懈的成长动力。所以，我们的课堂就应该为孩子提供激发思维和兴趣的平台。

【故事2】

这样学习才精彩

这是一堂四年级语文的家长开放课的试教课——《扬州茶馆》，课文节选自朱自清先生散文《说扬州》，先生是一位老茶客，带着读者到扬州茶馆品茶吃点心。在不急不慢中，娓娓道来饮茶的先后顺序、烫干丝的具体步骤、扬州小吃的特色等等，在字里行间中无不流露出他对故乡的了解、热爱和由衷的自豪。

试教课进行得异常得顺利，学生在课文朗读、文章结构的理解、读写结合运用方面都表现得不错，听课的老师也都不住地点头。

下课后，老师们在办公室里进行了评课，看得出大家的情绪都很高涨，谈了自己不同的看法，学校邀请的特级教师——徐老师在一旁微笑不语，很快进入了专家点评的环节，徐老师对今天试教也给予了肯定。

但是他又提出了一个问题："扬州茶馆这篇课文朱自清是在什么时候写的？他写这篇文章的目的是什么？

因为经过事先的教材分析，组内的钱老师脱口而出："文章选自《说扬州》一文，展现了二三十年代的历史文化和人文景观……"

"是啊！"徐老师笑着说，"语文课程中有丰富的人文内涵，它对学生精神领域的影响是深广的……那么今天的课，我们如果从这方面进行考虑，语文课是否更加精彩……"

徐老师一番话引起了我们组内老师的沉思，小黄老师又问："徐老师讲得很有道理，那么到课堂上我们怎样进行教学呢？"

"不同的地区，不同的城市，都有各自的风土人情，作者是通过小吃来让我们感受扬州的精致和细腻。那么我们在文章的语言练习时，不将重点落在模仿连续动作的仿写上，而是请孩子们用简短的语言介绍自己家乡的一种风土人情，旨在引发孩子内心的一种情怀上，是不是一种新的尝试……"徐老师一席话点醒了大家的思路。

"如果到时请听课的家长也来说说，那么课堂的气氛就更好了。"沈老师补充说道。老师们纷纷点头，觉得这样设计比以往单纯的语段操练更精彩，更能反映语文文科的本质。

几天以后，老师们各自带着这样的教学设计进入教室，开放课获得了极大的成功，孩子们动情地讲述，那浓浓的乡情，在大家激起了一层又一层涟漪，甚至有听课的家长们也抑制不住内心的激动，走上讲台，诉说自己家乡的风土人情，讲述童年时心中的记忆……

（作者：沈　炜）

点评：

我们每一位语文老师都应该思考，语文课到底应该教什么？怎么教？语文课应该注意对学生情感的熏陶感染，注意教学内容的价值取向，丰富学生在学习过程中的情感体验。不同的学科都有学科所赋予的学科本质，数学引导孩子在科学的思维中求真，艺术启发孩子在丰富的感官中发现美，语文则是在语言文字中追求善……学科的本质与育人的本质是如此的相辅相成。因此，学科教学的最高境界也许就是将学科的本质与育人的本质融为一体，教学过程就是学生感悟生活的过程。

【故事3】

巧妙的蛋壳

今天，我上了一堂三年级的自然课《奇妙的壳》。同学们看到蛋壳都表现得非常兴奋，兴趣点很高，很快他们都投入到任务单的学习中。在这次的任务单中，有三个活动，第一个活动是观察蛋壳的特点并提出自己想探究的问题，大部分同学都提出了想探究蛋壳的承重本领。第二个活动是你怎么设计一个方案来探究蛋壳的承重本领，在小组合作和配合下很快有了较全面的实验方案。第三个活动就是动手实验来验证自己猜测蛋壳的承重本领。在任务单的结束，设计了一道题：总结任务单，你有什么收获？

在同学们合作、自主探究下，顺利地上完了这节课，课堂井然有序，学生自主性得到了最大的发挥，在课快结束时，同学们纷纷汇报任务单的最后一道题，有的同学说："今天我知道了蛋壳很薄、很轻。"有同学说："我知道蛋壳的承重本领很大。"有同学说："我知道了虽然蛋壳很轻很薄，但是蛋壳的承重本领很大。"有同学说："我知道蛋壳形状很厉害，所以很多建筑都模仿它造出很多薄壳结构。"……我继续提问道："结合这张任务单，你还有什么收获吗？"同学们这时面面相觑，仔细寻找任务单上是否还有遗漏的知识信息，但最终教室里鸦雀无声，充满了疑惑，明明所有的知识点都已详尽，还能有什么收获呢？他们的小眼睛专注地看着我，困惑地向我传递他们的疑虑。

我笑着说道："在这节课中，同学们都非常积极地投入到各个活动中来，我看到了你们的合作、自主探究的精神，通过你们刚才的回答，也知道了你们的知识掌握得特别牢固，但是同学们，请你们仔细看看这张任务单，它不仅是让我们掌握其中的知识，更是告诉我们：任何科学理论，都是要经历一个从观察到设想，再到设计实验方案，最后通过实验验证的过程，我们学习科学，不能仅把一个知识或者一项实验技能当作是最重要的，而是要学会科学的方法，学会经历不断验证的实验，在实验过程中，遇到困难不退缩，设计全面的实验方案，严谨地操作实验，验证我们所猜想的实验理论，这样我们才能提高科学素养。"同学们在我的启发下，个个欣喜不已，他们又重新拿着任务单，梳理着整个过程。

（作者：王晓云）

点评：

小学自然课程是引领他们亲近自然、感受科学，养成热爱自然的情感和不断探究自然的兴趣，逐步养成科学思维方式，养成良好的行为习惯和科学的态度，所以在课堂上，老师并没有一味地追求对知识的掌握，而是引导学生们关注科学的方法，亲身体验科学探究过程，养成求真的科学态度，培养从科学的视角关注身边的事物的意识，逐步树立社会责任感。

【故事4】

劳动最光荣

《森林铁匠》是三年级第一学期第三单元“劳动”中的一首让欣赏的德国管弦乐曲。教学目标：要求学生通过欣赏乐曲树立“劳动最光荣”的思想，并让学生感受劳动的快乐。完成这个教学目标是有一定难度的：首先，“铁匠”这个职业已经逐渐被我们现代人所遗忘，对于三年级的学生来说更是知之甚少；二是，这个职业劳动强度大，而且又脏又累，想以此激发学生对劳动的热爱并不容易。有没有好办法呢？我冥思苦想了很久，最后决定抓住乐曲欢快热烈的气氛，让学生在充分感受铁匠劳动时快乐的心情、体会铁匠通过努力获得成功这两点为突破口开展教学。

了解铁匠、激发兴趣。“听，这是哪种职业工作时发出的声音？”我从乐曲中剪辑了一段清脆的打铁声进行导入，以激发学生的好奇心。一位同学说“这是收废品的铃声”。另一位同学说“这是脚踏车的铃声”。这时我出示了一些打铁的图片请学生欣赏，图片上熊熊燃烧的火焰、铁匠们结实有力的臂膀、打铁时热火朝天的场面很快就吸引住了学生。紧接着放一段配着《森林铁匠》乐曲的打铁动画片，让学生不仅对乐曲有了初步的了解，更对打铁的动作有了直观的感受：铁匠们努力地拉着风箱、时起时落的铁锤和挥汗如雨的场面激起了学生内心的感受。观看完毕，我说：“铁匠的工作虽然辛苦，但他们用自己的辛苦换来社会的发展，还制作出许多实用、精美的工艺品装点生活，多了不起啊！你们想做一回小铁匠吗？”从孩子们的眼神中我找到了答案。他们从对铁匠工作的一无所知，到有兴趣感受铁匠的生活，学生的情感发生着变化。当音乐声再次响起，教室里所有的小朋友都做起了“小铁匠”，有的拉风箱、有的抡大锤、还有的不时擦擦额头的汗水，场面生动而热烈。

充分体验触动心灵。如果说前面一系列的活动在学生心中播下了一颗“劳动光荣”的小种子，并通过中间部分“赏”、“演”、“创”等形式不断地施肥、浇水，使这颗小种子慢慢在学生心中生根发芽，那么最后环节就该是师生共同收获果实的时候了。乐曲的节奏鲜明，速度欢快，以渐强、渐快的处理逐渐收尾，最后以一个最强音结束，充分表现了铁匠即将完成作品时激动而又自豪的心情。这是引起学生共鸣非常重要的一环，要把最后这个环节的文章做足，就能从心底激起学生最真挚的情感，从而触动心灵。

欣赏尾声时我问大家：“乐曲结束部分作曲家为什么要在速度、情绪上做这样明显的变化？他想表现什么呢？”“铁匠的工作虽然很辛苦，但就要完成工作了，所以他很激动！”一位小朋友这样回答，大家都点头表示赞同。课上到这里学生已经能够理解铁匠这项工作的不易，然而要完全激起学生的共鸣，还远远不够。我趁热打铁开始最后环节的教学。“老师创编了一条节奏，我们一起来拍击，一会说说你的感受好吗？”“好！”学生们显然很期待。在乐曲快速、热烈的背景声中，学生的情绪完全被调动起来，“拍手”、“踩脚”、“拍腿”整齐有力的节奏拍击和着音乐此起彼伏，铁匠劳动时快乐、陶醉的心情彻底感动了每一个人，学生的脸上洋溢出了喜悦与激动，把课堂推向了一个热烈的高潮！

（作者：乔　博）

点评：

“被灵魂接受的东西才能成为教育的瑰宝”，音乐课育人功能的体现也要明白这样的道理。对于小学生来讲创设情境、启发想象、激发情感，学生的情绪才容易被打动，情感才能被激发，思想容易得到升华。希望通过这样的课堂，能够在孩子们心中埋下“劳动最光荣”的小种子，将知识传授与身心的发展融为一体，共同促进学生人品的发展。

【故事5】

我们的尼莫报

2014年12月6日，三(2)班的教室里一片沸腾，每一位孩子手上都拿着一份彩色的“尼莫报”，个个神采飞扬，或阅读，或分享，或轻轻抚摸，每个孩子脸上的神情都是那么激动，因为，这是一份属于他们自己的班报。

随着孩子们升入三年级，如何在习作教学的同时，帮助孩子养成善于观察生活，勤于动笔的学习好习惯，以及“坚持”的学习好品质？我想出了办班报的形式来促进学生语文能力，孩子们经过一番激烈的讨论，确立了“尼莫火箭报”的报名，寓意是尼莫班齐心协力，如同小火箭般快速前进。报上的内容有语文课堂的习作佳选，有课文学习之后的读写练笔，也有同学们节假日外出的游记感受……我就以此为平台，训练学生的语文书面表达能力，让给孩子在上面真实表达自己的想法，开辟了语文学习的新天地。

就这样，我们2周一期的“尼莫火箭报”如期出版，孩子们写作的积极性也日益高涨，观察生活，勤于动笔记录的学习好习惯正在逐渐养成。随后《尼莫火箭报》开始陆续将学校主题活动、文明游戏、安全等做人习惯养成暗寓于报刊中，让孩子们在阅读墨香的同时，将许多良好的习惯、做人的道理潜移默化渗透进他们的心灵。孩子们在办报的过程中学习编辑、学习排版、学习修改作文，各项学科能力都得到了发展，语文的期终测试试卷写作部分，孩子们一篇篇精彩的文章让阅卷的老师刮目相看。我也为此感到十分高兴，孩子们找到了发挥各自语文才能的舞台……

（作者：钱海艳）

点评：

这样的学习将语文和生活有机融合在一起，每一个孩子都能在其中找到一个属于自己的坐标，以办报为载体，满足学生基础认知、情感培养的多方面需求。将知识综合地呈现在儿童的世界中，课堂因此更加开放和灵活，在呵护和发展孩子个性的同时，潜移默化地进行育人的教育。

【故事6】

我们的约定

“说说看吧，我为什么要留你？”

……

“知道原因吗？”“知道。”“为什么？”“我上课表现不好。”

“那你说说看今天上课表现不好的原因是什么呢？凡事总是有原因的嘛？”我还是耐着性子询问着。

小蔡沉默不语，东张西望，好像不知道怎么回答。

“从你今天这节课的表现来看，老师很难过，有些后悔把一个名额给了你。早上集体舞排练的时候，我还觉得自己选择没有错，让我看到了一个不一样的你，很认真，很投入。可是，一眨眼怎么都变了呢！”

“我就是管不住自己呀。”

“原来是这样呀，那今天一次机会已经用完喽，你还剩两次机会。但是我还是想问你一个问题：你想参加这次集体舞比赛嘛？”

“想的。”

“好的，那当时我们的约定还算数吗？”

“嗯。”

“那我就看你的表现喽！”

小蔡，一个让人头疼的男孩，聪明可爱但总爱和老师唱“反调”。曾经他在我的课堂上用嘶哑的喉咙叫嚣着：“我嗓子哑了，不能唱歌！”对此我感到愤怒，但却也被这种率真的个性给吸引了。他是一个诚实又有个性的男孩子，身体协调能力强，音乐综合能力也不差，唱歌音准好，只是嗓子哑了。平日课上经常调皮捣蛋，想展示，却得不到小朋友们的认可，看着他那圆溜溜的大眼睛，渐渐地我喜欢上了这个可爱的小男孩。

这次区里的集体舞比赛激发了他的“斗志”，我和班主任陆老师商量后，想借此机会，帮助小蔡。但是课堂常规是他的弱项，他时不时的管不住自己，很多的时候就像他自己说的那样“我管不住呀”！所以帮助小蔡是一个漫长的循序渐进的过程，加油！在这一次的约定之后，小蔡在课堂上慢慢地有了些许进步，课堂上不再无理取闹，也不再随意插话插嘴，出色的音乐素养也让小朋友们渐渐地喜欢上了他，并支持小蔡参加区集体舞的比赛。

和那些优秀的孩子相比，小蔡更有个性，更善于展现自己，作为老师的我，应该给这样的孩子更多的机会展现自我，相信将来他一定会发光发亮。

（作者：庄　琼）

点评：

每个孩子都是一片不同的树叶，每个孩子也都有他独特的成长规律，尊重孩子的差异，呵护他们的个性，不仅需要老师的耐心与爱心，更需要老师用科学的方法去引导。老师，其实正是以这样的方式潜移默化地在告诉孩子，我们应该如何做一个善良、包容，具有大爱胸怀的人。

【故事7】

“高大上”离孩子们并不遥远

“明天就是这学期的家长开放课了。”带着忐忑，我又坐在了电脑前，播放了明天上课要给孩子们欣赏的音乐，弦乐四重奏作品《保尔的母鸡》。熟悉的旋律在我耳边响起，我不住地跟着旋律哼唱起来，这可是我个人最喜欢的室内乐演奏形式，这种体裁的音乐以精致抒情为本，能营造出人与人之间亲切交谈式的音乐氛围，到现在发展成为了一种表达人类情感最深刻、最细致的重要器乐作品，我要怎样才能让四年级的孩子们体会这样的作品特点并让他们也深深地喜欢上这一音乐体裁呢？晚上，躺在床上，我还在思考我设计的教学环节的先后顺序……。

第二天，当我把最后一张印着要孩子们自主学习的有关弦乐四重奏的彩色纸放在凳子底下的时候，家长们陆续进入了教室。在优美的马友友大提琴演奏《天鹅》作品的音乐声中，我开始了这节课的教学活动……

我请学生一边完整欣赏《保尔的母鸡》，一边分组自主学习老师准备好的材料，包括弦乐四重奏的定义、特点、历史、作曲家及对演奏家的要求，孩子们都很投入地学了起来。在随后的反馈中，有个孩子提出了一个问题："老师，为什么，弦乐四重奏是两把小提琴，一把中提琴和一把大提琴，而不是两把中提琴，一把小提琴，一把中提琴或者是两把大提琴和一把小提琴和一把中提琴呢？""这个问题很专业啊？"我一边连连点头，一边微笑着问："大家有没有思考过这样的问题啊？"大部分学生皱起了眉头。"那是由于乐器不同的音色"，我开始顺势帮助学生回忆以前学生学习过的大小提琴音色的知识："小提琴是高音声部，而中提琴是中声部，大提琴是低声部，正是由于音区和音色的不同并经过音乐家长时间的演奏发现这样的配置是最让人的听觉觉得舒服的。"我们共同回答了这个问题，那个被我表扬提了一个很专业的问题的孩子红扑扑的小脸上满是自豪！我也笑盈盈地看着她，她也满意地看着老师，大家都发出了会心的微笑。

为了帮助孩子们更好地体会弦乐四重奏，我又引用了法国文学家司汤达的比喻，他曾将弦乐四重奏比作四个人："第一小提琴像是一位健谈的中年人，他总是找出话题来维持谈话。第二小提琴是第一小提琴的朋友，他竭力设法强调第一小提琴话中的机智，很少表达自己，即便开口也只支持别人的意见。大提琴是一位庄重的人，他用简单而中肯的论断支持第一小提琴的意见。中提琴则是一位善良而有些饶舌的妇人，她丝毫讲不出重要的意见，但是却经常插嘴。"并出示在PPT上，孩子们兴致勃勃地把自己和爸爸、妈妈、爷爷、奶奶对号入座，顿时，课堂里洋溢着融融的暖意。我倾听着，也和孩子们一起笑了起来！下课后，孩子们围过来问欣赏视频的名字，想回家继续欣赏呢，我觉得自己成功了，成功得让学生喜欢上了这样"高大上"的音乐作品。

（作者：谢迪吟）

点评：

并不是每个孩子都是有音乐天赋的，但是对于美的理解和向往是每个孩子都应具有的能力。和谐的发展，就是在他（她）并不擅长的领域也能从感知、情感、兴趣上得到发展。我们并不是要培养每一个孩子成为音乐人，但是，如果他在数学领域有所成就，而音乐又能够让他对生活充满另一种的感受，如能这样，人生岂不是更加美妙？这也许就是我们要的和谐发展吧。

【故事8】

"微笑"、"幽默"，天生一对

我是东展小学一名普通的小学英语男教师。和女老师相比，我没有漂亮、迷人的微笑。天生嘴唇微翘，咧开嘴一笑，便露出两颗虎牙，和嘴角上扬15度的黄金度数相比，实在说不上给人美的享受。孩子的眼光总是和大人不同。课堂中，这近乎傻呵呵的微笑竟让我的英语课堂充满了快乐与生机。

最近的课上，孩子们正学习第三课的内容。课文主要以说说学校里帮助我的人，从而学习了解学校里不同学科的老师，感受老师的亲切友好。课文中，孩子们要学唱夸夸老师的英文歌曲。歌词为 This is ... He(She) is ... I like him/her. 孩子们边唱边介绍："这是哪位老师，他是怎样的老师，我喜欢他。"孩子们通过学习，自然唱得流畅而动听。当孩子们学完以后，我灵机一动，也不忘给自己"捞点好处"。于是，我"嘿嘿嘿"地笑起来，故作玄虚地说道："下面，我也要来给大家唱一首歌，我也想要夸夸我喜欢的老师。"孩子们听到我要唱歌一下子来了劲，都认真地竖起耳朵听起来。我五音不全，但我丝毫不介意唱歌给孩子们听，他们也听得津津有味。"王婆卖瓜自卖自夸。"于是，我笑嘻嘻，厚脸皮地用英语唱开了，边唱边自夸。"这是小雨老师，他很酷，他很帅，我喜欢他。"我想让孩子们也来唱一唱我编的这首歌，用动听的歌声夸我一番。歌还没唱完，哪想到班级里顿时炸开了锅，大家都哈哈地笑了起来，我假装被蒙在鼓里，问道："你们都笑什么？" 其实心里早就知道，因为我根本不是一个很酷的英语老师嘛。我说："大家觉得应该怎样唱才好呢？"随后，我希望孩子们也能为我自编一段歌词，唱唱，并夸一夸我。孩子们天真可爱极了。他们小组讨论，不一会儿便商量出了歌词，为我唱起了歌。我乐呵呵地欣赏着。孩子们唱道："这是小雨老师，他虽然不酷，他虽然不帅，但他友好快乐，我们喜欢他。"

我笑了，他们也笑了。

（作者：顾雨老师）

点评：

"微笑"和幽默真是天生一对。它让教师走进了孩子内心的深处，它们缓和着紧张严肃的课堂气氛，成为了快乐课堂中必不可少的一部分。课堂中的师生关系宛如一面镜子，你在镜头前笑，她就展露出灿烂的笑容。课堂中的微笑，让教师走近学生，课堂中的幽默让教师更懂学生。

【故事9】

课堂上需要微笑

课堂上需要微笑，尤其需要老师的微笑。我想每个孩子都希望看到老师脸上的微笑，老师的微笑可以使学生心情愉悦，每天向学生露出我们真诚的微笑，你会发现，你跟孩子的心就近了，同时你也会变得很愉悦。

老师的微笑，可以使那些因为性格内向、胆怯而不敢开口的孩子的心被融化，他们变得不再拘谨,课堂上开始积极发言。每个班上总是有那么一些小朋友因为天性比较内向,缺乏自信,课堂上不爱发言。面对这样的孩子,我首先做的是对他们多微笑。微笑着请到他们,微笑着帮助他们完成问题的回答,不管他们回答得如何,我都会微笑着表扬鼓励他们。渐渐地,等到他们克服举手发言这一关的时候,我再微笑着鼓励他们说话声音再自信、大胆些。事实是,微笑的力量是无穷的,这些内向、腼腆的孩子渐渐地融入到课堂中,也逐渐变得自信、大胆、乐观、积极。

老师的微笑,也能使我们更多地看到孩子好的方面,以此来收服调皮孩子的心。我们班的Z同学,真的是一个很有个性的女生。她嗓门很大,有时因为心里不舒服,会给你白眼。找她订正叫她名字时,她会说:"叫我干嘛?!"跟同学不愉快时,她还会时不时地蹦出脏话。我应对她的"法宝"就是多点耐心和微笑。每次她做错事情,小朋友和她自己都觉得老师会很严厉地批评她的时候,我都会心平气和地跟她讲道理,希望她克制自己的情绪,管住自己的嘴巴,然后我会给她一个信任的微笑。她的英语程度不是很好,在课上,我经常请她回答问题,她一有走神的时候,我就请她回答问题,把她拉回来。很多的时候,她会因为回答得不够好而感到沮丧,但我还是会给她一个鼓励的微笑。渐渐地,我们的心靠近了,她越来越信任我。上个学期,她妈妈发来一条微信:翁老师,无意得知,孩子跟同学有摩擦时,翁老师的处理方式,让孩子很感激,谢谢老师的用心。那件事是这样的,有一次上英语课,在小组合作的时候,有个女同学跟她说了句话,她很生气,说了句:"滚开!"然后又推了那个人。我跟她分析了事情的起末,开导她同学其实没有恶意,如果你不喜欢她的这个方式,可以直接说,而不是说不文明的话,更不是推人。她看到我叫她到身边的第一件事竟然不是批评她,也变得缓和,我跟她说的事她也能够接受,然后我又对她提出了些要求:说话要文明些,同样的意思表达用不同的语气和用语,别人听着是完全不同的。她也能意识到自己的问题,那么跟同学的这件事怎么解决呢?我们商定她在接下来的一周里,帮对方做些好事,她也高兴地同意了。事情的经过就是这样。经过这一件件事情,我和她现在成了朋友。

课堂上,我们老师需要多点微笑,我们都要做一个微笑的老师。微笑,让课堂更美好!

(作者:翁春晓)

点评:

微笑是阳光。微笑是活跃课堂气氛的润滑剂。教师带着微笑出现在课堂上,就会在教与学之间架起一座情感交流的桥梁,就能让学生在和蔼、亲切与愉快的气氛中喝下科学的乳浆。微笑教育是教师以高尚的人格魅力和教育艺术感染学生,用发自心底的爱去滋润学生的心田,点燃学生的学习欲望,使他们在充满师爱的激励中经常保持满足、快乐、积极、稳定的情绪,从而帮助他们找到自尊、增强自信的教育。

【故事10】

情感的课堂更有效

《掌声》是沪教版第四册第五单元的一篇课文。这篇课文写了身有残疾的小君,在全班同学的掌声鼓励之下终于鼓起勇气,走上讲台有声有色地进行演讲的动人情景。课文两次写到掌声。第一次是小君一摇一晃地走上了讲台的时候，班里响起了热烈、持久的掌声。第二次是小君演讲结束的时候，班里响起了经久不息的掌声。课文的内容并不难理解，但是对两次掌声含义的理解，二年级的学生还是有一定难度的。怎样才能更好地帮他们突破这一教学难点？二年级的孩子正是喜欢游戏的年龄，何不结合课题设计一个掌声游戏！

上课了，我笑眯眯地说："孩子们，今天来做个游戏。伸出你的左手，再伸出你的右手，两个手掌相互拍击。真棒！响一点！再响一点！"

在我充满激情的引导下，孩子们一边笑着，一边兴致勃勃地和我一起玩着鼓掌的游戏。

"多么热烈的掌声。说说自己在什么情况下收获了这样的掌声？"

"当我上课发言好的时候，同学们送给我掌声。""当我不敢上台发言，老师同学为了鼓励我，给我掌声。""当有客人走进我们班时，我们会鼓掌欢迎。""当运动会上宣布我们班获得第一名的时候，我们会一边欢呼，一边鼓掌。"孩子们你一言我一语地踊跃发言，边玩游戏边回忆收获掌声的经历。

"这么多的掌声，你从这些掌声里听出了什么？"

"我听出了鼓励。""我听出了表扬。""我听出了激动和高兴。"从他们兴奋的眼神和激动的话语中，我感觉到他们幼小的心里又一次重温了掌声带给他们的深刻情感体验。

"多好的掌声啊！这掌声里满满的都是浓浓的情谊啊！"

老师的激情调动了学生的激情，充满情感的课堂是具有人文情怀的课堂。正因为有了情感铺垫，当交流两次掌声的含义时，孩子们很自然地说到第一次掌声是大家在用掌声给小君鼓劲，而第二次掌声是对小君精彩演讲的赞美。

（作者：梁晓琴）

点评：

情，能激发智慧，净化心灵；情，像一泓泉水流进心田，像一曲牧歌回荡耳边。刘勰在《文心雕龙》中说："夫缀文者情动而辞发，观文者披文以入情。"我们的教师在上课之前时常会对自己的课堂提出这样的问题：这节课为什么学生学得兴趣盎然？这节课为什么学生上得没劲？经过几番思量、实践与体悟，让我们慢慢地体会到成功的课大多是"有情"，失败的课大多是"无情"。

【故事 11】

从随便插话到主动质疑

我任教五(3)班已经有一年多了，这个班级的同学比较活跃，其中有一个女孩子特别喜欢在课堂教学中插话。本学期十二周，学校组织了家长开放课活动。我在五(3)班上了《平行四边形》一课，教学过程中，这个女孩又一次进行插话，而这次的插话却成了孩子们探究平行四边形概念的有效引导。

在课堂预习反馈环节，我让学生举例说明什么样的四边形是平行四边形，学生小郑说用两条互相平行的透明色带可以交叠出许多四边形，这些四边形都是平行四边形。我让小郑同学结合例1的图示说说色带交叠出的四边形为什么是平行四边形？郑同学指着图说："上下两条边平行，左右两条边平行。"这时，那位爱插话的小吴同学忍不住问道："你怎么知道的？"郑同学说："两条透明的色带是长方形，长方形的对边互相平行。"小吴又抢问道："你怎么知道是长方形呢？题目中又没有告诉你？"她的质疑让学生一下子沉默起来。学生的沉默让我窃喜，心里想这真是我想要的效果，于是接着说："是啊，题目中确实没有提到这两条色带是长方形啊，小吴的质疑很好，同学们再仔细审题，看看怎么才能说明交叠出的四边形是平行四边形呢？"同学们在我的提醒下再一次审题，纷纷提出了自己的想法。我让小吴同学说出自己的想法，她说："不管色带是不是长方形，但色带的两条对边总是平行的，交叠出的四边形的对边就是色带的两条对边中的一部分，当然是互相平行的，两组对边分别平行的四边形是平行四边形。"经过这场插话引出的探究，让学生进一步理解了平行四边形的概念，收到了较好的效果。

我惊喜地发现她的插话正是我要追问同学的问题，教学中师生这样默契的合作，让我感到非常开心。她在这节课上的插话已经不是随随便便的，而是她主动质疑的表现，正是她的质疑让同学们对平行四边形的认识更加深刻。

我渐渐地发现她的可爱之处，由于她本来就是一个性格开朗、爱说爱笑的孩子，让她在课堂上一言不发是很难做到的，每次插话看似随便实际上是她参与课堂教学的一种表现，有时是老师提出问题的抢答，有时是自己对理解知识的疑问，有时是对其他同学回答问题的质疑，插话虽然随便但都与教学相关。后来，我在教学中经常让她发表自己的高见，引导她在课堂上的插话行为，当然作为老师，我也会常常提醒她用恰当的方式表达自己的观点，这也是对别人的尊重。

（作者：王亚坤）

点评：

新课程倡导平等、民主、和谐的师生关系，倡导教师是学生学习的促进者、合作者、研究者，在这种宽松、融洽的课堂教学氛围中，恰当的"插话"现象产生是合情合理的，它不是"乱"、而是"活"。老师恰当地引导，给学生一个表达的机会，一个自由想象的时空，真正地把课堂还给学生，让学生敢想、敢说、敢做，焕发出生命的活力。

【故事12】

学习正在发生

"今天的品社课我们要学习第七课《国际经济文化交流》。"我边说边观察着孩子们的表情。孩子们听了以后似乎没有往日那种对品社课堂的期待，课堂内很安静，反而让我觉得不正常，往日，孩子们早早地在课前把课桌椅移动好，因为他们知道品社课时按照马蹄形座位坐的，在遵守约定的前提下，是可以和好朋友坐在一起，因此，品社课孩子们还是蛮期待的，而且课前都是按照小组开展不同的小探究活动，有很多内容需要课前的准备，这个探究的过程就是学习发生的过程，查找资料、提取信息、准备交流的学习方式，孩子们不亦乐乎。

"咦？今天是怎么了？""老师，这个内容是否离我们太远了？怎么学啊？""什么是经济？文化？经常听到大人们会有这样的议论，但是我们不太明白。”“我不太感兴趣，老师能否换个内容？”听了同学们的话，我思考了一下，“给我两分钟，好吧？”教室里叽叽喳喳了，孩子们开始讲话了，我看了备课教案，一步一步循规蹈矩，现在怎么办，孩子们不喜欢这样的学习方式，今天的课堂难道就这样白白浪费了？显然是不行的，再次看教材，眼光聚焦在“探究角”上了，“外国的文化作品大量进入中国以后，有些人狂热地崇拜美国的电影大片、日本动漫和韩国电视剧，对中国电影和动画不太感兴趣，你对这个问题怎么看？”我把这个题目抛给了孩子们，顿时，教室里议论纷纷，我想何不抓住这个牵一发而动全身的问题，备课中，我是思考将这探究题放在最后，让孩子们去探究，完成小探究作业的，现在临时做了调整，直接把话题抛出去。

动画片，他们太熟悉了，教室里炸开了锅，纷纷举手要表达自己的观点。我灵机一动，“同学们，围绕这个话题，我们开展一次辩论活动，好吗？”“好！”我把辩题写在了黑板上——你眼中的中国文化与外国文化之比较，之后讲清楚任务、要求，孩子们便自己分组，推选辩手，一堂课就这样结束了。

一周后的品社课，孩子们自己分成两组开始辩论。“中国的书画擅长……”“我们不同意反方的观点，美国的迪士尼品牌家喻户晓，你能说……”紧张与激烈，唇枪与舌战。我在一旁看着、听着、欣赏着，孩子们那种投入，不仅把自己找到的内容作为论据，还带来了实物进行展示，无论是中国的还是外国的，很多令人意想不到的内容都被孩子们作为了证据来为自己一方的观点服务，而且组员之间的那种默契与配合是我平时所没有见过的，真的是感叹孩子们的学习能力之强。“双方打平！”一节课过去了，孩子们仍意犹未尽。

在这次学习的过程中，最显现的是学生学习的自主性，他们不满意原先教师的教学设计，用他们喜欢的方式定义学习，这个课堂是他们的，是积极投入的，我想在整个过程中收获的不仅仅是知识，了解了经济、文化在我们日常生活中无所不在，变抽象为具体，还收获了情感，中国在当代孩子心目中的地位，从头至尾没有一句话告诉他们，你们要爱自己的国家，但是整个学习的过程中无不渗透孩子们对祖国的情感，从古代说到现代，为我们的民族而自豪。

（作者：钱　磊）

点评：

老师在课堂充分体现出了对学生的尊重：听取孩子们的意见，及时调整教学内容和方式，这样做的结果是：学生高兴地用他们喜欢的方式探讨他们熟悉和喜欢的话题，在探究和辩论中不亦乐乎，在这样的课堂中，学生的学习是积极投入的。从“教”到“学”，似乎是一个遥远的距离，但实际上，只要我们能够听听学生的心声，转变一下视角，把住学生的“脉息”，从“教”到“学”实际上只是一步之遥。

【故事13】

未曾预约的精彩

语文《荷花》一文记叙了作者清晨在公园里观赏荷花的经过，通过描写荷花的清香诱人，荷叶的多、绿、圆，再现了如诗如画引人入胜的自然美景。作者通过自己的想象，把读者引入童话般的情境。文中有这样一句话："如果把眼前的这一池荷花看作一大幅活的画，那画家的本领可真了不起。"我在引导学生理解时预设了这几个问题：为什么说这是一大幅活的画？为什么说画家的本领可真了不起？通过回顾前文内容、讨论交流，学生不但体会到了作者想像的精妙，而且领悟到了作者对荷花、对大自然的由衷赞美和热爱之情。

根据预设的教学流程，我正准备引导学生学习下文，我班的"才子"小倪同学忽然举手："老师，作者由美丽的荷花想到了画。我也有自己的想法……"我知道每次课堂上他总会有精彩的发言，于是我笑盈盈地说道："说吧，想到什么了？"他立即站起来，自信满满地说："我想到了诗，想到了'接天莲叶无穷碧，映日荷花别样红'。""想得不错！"我称赞了一句，准备转入下文的学习，这时又举起了几只小手，有的还一边摆动着手一边急切地说："我也想到了诗……"我疑虑了，照这样下去，这节课的教学任务岂不难以完成了？

但学生如此强烈的参与意识我又怎能视而不见呢？给时间让他们自由说吧，我默默地对自己说。于是孩子们争先恐后发言了。有的说："老师，我想到了'出淤泥而不染'。"有的说："我想到了'小荷才露尖尖角，早有蜻蜓立上头'。"有的说："我想到了'江南可采莲，莲叶何田田，鱼戏莲叶间。鱼戏莲叶东，鱼戏莲叶西……'"孩子们各抒己见，众说纷纭。真是一石激起千层浪。说得多好啊！实在令人欣喜。

终于举着的小手越来越少了，我望着教室后面悬挂着的钟，发现已整整过去了十分钟，心里不免有些着急，但他们似乎还沉浸在回忆描写荷花的诗词语句中，有人甚至拿出了自己的摘录本，在自己摘录的好词好句中寻找描写荷花的语句，找到后兴奋地叫着，好似发现了什么珍宝。眼看还有几分钟就要下课了，我说道："你们今天对荷花的描述真是精彩，课后你们可以继续寻找描写荷花的词句，让我们一起读读这句话：如果把眼前的这一池荷花看作一大幅活的画，那画家的本领可真了不起。课后你们也来做个小画家，画出你们心中的荷花图吧！"

虽然由于这一"意外"导致我的教学没有完成，但我并不遗憾，反而让我有了意外的收获。语文教学的"预设"是必须的，但要有弹性和留白，"生成"则更为重要，它是语文课堂思维的源头所在。我们应该接纳和珍视教学中的"意外"，并从学生的兴趣爱好和个性选择出发去拓深、拓宽语文课程的内涵和外延。在课堂教学中，如能把"教学意外"建构生成为"高效的教学环节"，语文教学就会出现"山重水复疑无路，柳暗花明又一村"的意境。

（作者：孙　容）

点评：

作为教师应该接纳和珍视教学中的"意外"，并从学生的兴趣爱好和个性化选择出发去拓深、拓宽语文课程的内涵和外延。在课堂教学中，如能把"教学意外"建构生成为"高效的教学环节"，语文教学就会出现"山重水复疑无路，柳暗花明又一村"的喜出望外的意境。

【故事 14】

“狗头金”的故事

今天上课的内容是《金属》一课，我提出个问题：“我们生活中有很多的金属，你能说说你所知道的金属吗?”

“铜、铁、银、金子……”同学们七嘴八舌地发表自己的意见。不一会儿，黑板上就列举了 8、9 种不同的金属，举手发言的同学也慢慢少了，这时我看见平时不太言辞的小 A 怯生生地想举手，又不太敢举。

“小 A 你来说说看?”

“老师，我好像听说过有种金属叫狗头金?”小 A 轻轻说道。

我还没完全听清，旁边大嗓门的小 B 大喊道：“什么？狗头金？那还有猫头银呢?”

全班一下子哄笑起来，小 A 的脸唰的一下就红了。

我心中也是咯噔一下，狗头金我也从来没听说过，可是按小 A 平时的性格也不是哗众取宠的，可不能妄下结论啊。

“认为世界上有狗头金的同学举手。”只有小 A 不太自信地举手。

“认为世界上没有有狗头金的同学举手。”20 多只手高高地举了起来，还有学生插嘴道：“我妈买的戒指项链都是千足金，白金的，没听过有狗头金的!”

“王老师其实也不太清楚，不过我们可以去查找下资料，看看到底有没有?”

电脑上输入“狗头金”，屏幕上立刻跳出狗头金的介绍。

狗头金是天然产出的，质地不纯的，颗粒大而形态不规则的块金。它通常由自然金、石英和其他矿物集合体组成。有人以其形似狗头，称之为狗头金。有人以其形似马蹄，称之为马蹄金；但多数统称这种天然块金为狗头金。

嘿嘿，还真的有哎！课堂上发出了阵阵惊叹！

“我说有吧，哼，不相信我。”这下小 A 扬眉吐气，头也抬得高高的。我们眼中的冷知识在孩子心中却是引以为傲，得到周围同学的赞许也让孩子更加自信。

“小 A，你怎么知道有狗头金的?”

“我是电视新闻上看到的，不过就 10 几秒的时间，我只觉得这个名字挺好玩的，就记住了。”

狗头金调起了孩子们的胃口，此时我灵机一动，将第二课时的“记忆金属”展示给大家看，当学生们看到“当浸到冷水中时，就变软，可改变原来的形状，但一旦把它放在热水里，又会恢复原来的形状……”孩子们惊呆了！我又趁热打铁，布置给孩子们一个任务：收集奇特金属的资料，下节课与大家分享。

几天后，孩子们收集了五花八门的金属资料，会呼吸的金属——钯，它在吸气时，可以把比自身大 2 800 倍的氢气一下子吸进体内；面条一样的金属——超塑金属，它像年糕一样柔软，稍加一点力，就像捏橡皮泥一样；无声金属——消音合金，一种消音合金，由铁、铬、铝化合而成。它的特性是能够吸收振动能量，使噪音迅速衰减，是一种理想的防噪音材料。

（作者：王金辉）

点评：

课堂上一个看似离谱的答案，却引发学生的探究热情，而老师在课堂上不按部就班，而是按照学生需求、心理的特点随时调整，让孩子始终带着巨大的好奇心、探究欲去学习，这样灵动智慧的课堂不就是我们所追求的吗？

【故事15】

预设在左，生成在右

临近学期末，在执教《圆与角的复习》时。教材中的第三小题是：小胖用一幅三角尺拼角，拼出的最大的角有几度？拼出最小的角有几度？按照教参的提示：要拼出最大（小）的角，就是分别找出两块三角尺上的最大（小）角，将它们拼在一起即可。拼出的最大角为180°，最小角为75°。我原本也是这样设计答案的，这是显而易见的结论。可是，上课时的现场生成却出乎我的意料。

课堂上，当我揭示了第三题的题目“小胖用一幅三角尺拼角，拼出的最大的角有几度？拼出最小的角有几度？”之后，让学生开始小组讨论。我巡视到一组，听了他们的讨论，他们的答案与我原本的设计完全一致。我心里窃喜。汇报时，一小组的第一位同学上台边拼边说：“这把三角尺上的最小角是45度，这把三角尺上的最小的角是30度，30度＋45度＝75度，最小拼出的角是75度。”这一小组的第二位同学上台边拼边说：“这把尺最大的角是90度，这把尺最大的角也是90度，90度＋90度＝180度，所以拼出最大的角是180度。”两位小代表无论是从演示到语言表达都无可挑剔，知识点表达得清晰到位。当我想讨论可以完美结束时，坐在下面的一个学生举起了手，我心里“咯噔”了一下。他说：“老师，我认为拼出最大的角不是180度，应该是225度。”听了该名学生的质疑，我愣住了，心想“怎么会是225度呢？”我也像一个爱探究的孩子一样，很想弄个所以然。于是我把他请上台让他演示给大家听。这位学生上台说：我这样拼，90度＋45度＝135度，但是另一边的优角是360度－135度＝225度，比180度大。该名学生的这一解释，就像一粒石子丢进平静的湖水中，瞬间激起了层层水波。孩子们议论开了，有不少声音说：“不对，这也不是最大的角。用一幅三角尺拼出的最小的角是75度，那360度减去最小的角，另一边就是最大的角。”看来，有不少学生也同意第三位同学的想法，开始考虑优角了。这个时候，我内心纠结了，从学生的想法中可以看出学生的课外知识是丰富的，连优角都知道，他们是带着热情来学习的。不过，他们对这题的思考出现了根本性的审题错误，我该如何在不伤害学生热情的情况下纠正学生的错误。接下来，我大大地表扬了学生的思考，我对孩子们说：“你们说的有关最大角的想法，很多连老师都没想到。我为你们这么爱动脑筋，敢于发表不同的见解感到高兴。”这时候我看到不少孩子脸上的笑意，有的还略有得意之色。之后我话锋一转，说：“不过我们再来读一读题。”学生读题后，师生共同解读了本题中的关键词“用一幅三角尺拼角”。通过再一次审题，学生们弄清了本题的意图，那么三角尺最大的角只有90度，拼出最大的角应该就是180度，而之前说的优角只用到了三角尺上角的顶点与边，并未用到尺上两个90度的角，所以是错误的（边讨论边在三角尺上演示）。最后，我友善地提醒学生：“敢于思考非常好，但如果能先认真审题那就更棒了。”这样一来，既保护了学生的学习热情，又纠正了学生的错误想法。

（作者：陆海芹）

点评：

当生成与教师原本的预设发生矛盾时，当学生出现错误时，作为老师该如何做？这节课中学生表现出来的探究热情是老师没办法置之不理的，因为孩子们愿意主动思考是老师教学的追求。学生任何课堂发言，对于集体学习而言，都是有价值的。当学生出错时，老师的表扬可以保护他们学习的热情。当孩子出错时，不是老师帮孩子指出，应该让孩子自己去发现。课堂中老师让学生再读一读题，解读一下关键词，再演示一下，学生就能豁然开朗。在这样的环境创设中，学生享受着学习，他们因为争论、思辨而感到学习很有趣，并认识到了自己的错误获得了正确的知识。

【故事16】

污染的水变不回去

今天上的一节课是四年级《自然》中的《水的污染与净化》，这节课的主要内容是知道一些简单的净化方法，并体会到净化的过程比污染要复杂得多，培养学生节约用水，珍惜水资源的意识。

一上课，我拿出一瓶农夫山泉，瓶中的水晶莹剔透，拧开瓶盖，夸张地闻了闻，喝了一口说："农夫山泉，有点甜～"学生们被我逗得哈哈大笑，"老师，你今天来做广告的吧！""老师，我也要喝！"我微微一笑，拿出一瓶墨汁，往瓶中倒了2、3滴，墨汁像一道黑色的小蛇慢慢向杯底爬去，黑色在瓶中蔓延，"老师，你好浪费。""好脏啊，好恶心。"学生惊呼道。我又轻轻一晃，这下可好，整瓶水都漆黑一片了，水全被污染了。

我们今天的任务就是把这瓶被污染的水变干净，你可以自由选择并利用桌上的器材组装净化装置。（沙子、活性炭、小石子、滴水盖、纱布、棉花、小塑料杯、剪刀、550毫升塑料瓶）

大家七嘴八舌地议论开了。

"活性炭有吸附性，可以把水中的脏东西吸掉，我们多加点活性炭。"

"沙子本来就是不干净的，肯定不能加，说不定是老师骗我们的。"

"棉花我们多放些吧，水的墨汁吸起来快，而且要放在出水口那里。"

……

学生们各抒己见，写下自己的设想，完成设计的小组纷纷将自己的方案给我看，老师你看我们这个方法行不行？

我既不肯定也不否定，也没给答案，"方案行不行，要用实验来验证。"

大家怀着忐忑的心情，陆续开始实验。

"老师，老师快过来，我们流出来的水都还是黑的。"

"怎么一滴水都流出来，是不是哪里堵住了？"

"快看，水变干净了，等等，怎么流出来的水越来越黑了。"

……

每个小组状况百出，得到的结果也各不相同，能够完全将水净化的却一个小组也没有，实验“失败”了。

看着学生垂头丧气的样子，我将6个小组的装置陈列在讲台上，过滤出来的水也放在下面，“请大家说说，这些装置有什么成功之处或者还有什么需要改进之处?”

孩子们伸长了脖子，仔细审视这些装置，陷入了深深的思考……

“我们的装置好像放的材料量比较少，所以一开始水挺干净了，后来杂质沿着沙子就下来了。”

“我们都放了活性炭，没放沙子和小石子，小颗粒物质都吸收了，但大颗粒的物质却没有过滤到。”

“我们棉花塞得好像有点多，污水刚倒进去，就被棉花吸收光了，应该少放点的。”

学生提出了许多自己的看法和改进的措施，再给大家一次机会，重新尝试下。

经过第二次的净化，过滤出来的水果然干净多了。

一节课就在这样的不断的尝试中过去了，虽然得到的结果并不是特别完美，没有达到大家的期望，对净化的方法只是知道而已，但学生在这样的一个修正净化方法的过程中得到了不断的历练，也深深感受到：一次几秒钟造成的污染，却要花费一节课的时间去净化。净化是多么困难的一件事呀，大家感悟到最好的方法就是减少污染。

（作者：王金辉）

点评：

老师不刻意追求表面的形式，并不急着告诉学生问题的答案，而是给学生提供了充分的机会，让学生在动手实践、操作中进行对比、思考、发现，给予了学生充分的动手、动脑、交流的时间和空间，在这个过程中，学生收获的不仅是如何净化被污染的水，而是比知识更重要的积极探求真理的科学精神。

【故事17】

探究步步高

三年级《多彩的上海文化》是以“上海一家人”为主题，了解上海的地理位置，历史名人到海港的发展，传统生活习俗等内容，帮助学生认识上海，热爱上海。教材知识面广，有些内容离学生生活较远，再加上三年级学生年龄小，收集资料的能力相对较弱，学习本课有一定的难度。基于学情，我布置了双休日“上海一日游”的作业，孩子们都认真完成了，并附上了一篇篇图文并茂的精美小报。课堂上小胡介绍：“七宝老街位于上海市闵行区七宝古镇，整条街有丰富特色小吃……”小斐讲：“豫园已有四百余年历史……”小章说：“金山枫泾古镇是一个已有一千五百多年历史的文明古镇……”

三年级的学生，能从建筑、美食、绘画等不同角度来介绍上海古镇，已经是十分了不起的事情。他们在收集并交流资料的过程中，不仅体验了上海古镇文化，还拓宽了知识面。有了这种探究欲望为基础，那在后面年段的探究是否应该有一个更深层次的思考呢？我隐约有种感觉，探究不可以仅仅停留在资料的收集层面，还应该有学生自己的思想，有学生思维发展提升的空间。这是一种基于知识内化为前提的能力的培养，即在收集资料后，还应有筛选资料，提炼资料的过程，而后加入自己对整个收集资料过程的感悟，最后与同伴分享。

五年级《通西域下西洋》中，我再次尝试着让学生在课堂中进行信息交流。经过了一年多的能力培养，学生到了五年级，探究能力在不断提高，表达与信息收集都有了很大的进步。本课难点在于“介绍船队的规模装备和航海线路长”与“郑和七下西洋成为人类航海史上的壮举”的关系。学生要能从船队一系列的数据中去发现问题，并利用所提供的相关资料解决问题，对班级学生来讲有一定的难度。课堂上，学生们按小组进行信息收集、感悟，同时还要提出质疑。第六小组收集了大量关于郑和下西洋时船队的信息。小吴说：“当时船队的规模是最大，装备也是最精良，用了两个‘最’字，到底表现在哪里呢？”小高说：“当时，郑和的船只数量那么多，又是如何行驶的？”于是围绕这些问题，小组成员继续寻找相关资料。其中小胡同学的资料收集通过问题罗列的方式，让同学们的疑问得到了解答：“疑问一，大号宝船有多大？……疑问二，船队是怎样编队的？……疑问三，庞大船队如何利用风力行进？……”一一对应的解答让同学和老师都刮目相看。看到小胡手上拿着的厚厚一叠资料是学生思维的提炼。收集资料不仅充分，而且有针对性，为解决课文的核心问题起到了至关重要的作用。在学生的信息交流过程中，就自然地将本课难点“感受郑和下西洋是人类航海史上的壮举”解决了。

（作者：周冬梅）

点评：

是什么让他们有这样一股学习的热情？“知之者不如好之者，好之者不如乐之者”，是因为他们喜欢所以学，这种喜欢来自于孩子自我探索，这种喜欢来自孩子自我尝试，这种喜欢更来自孩子彼此之间思维的碰撞。小学生才刚刚走上学习这条路，老师只有在课堂上努力激发学生继续探究的欲望，他们才能在学习之路上走得更好更远。

【故事18】

天鹅的故事

《天鹅的故事》是一篇三年级的语文课文，描述了一群天鹅为了生存，在一只老天鹅的感召下，用自己的身体破冰，齐心协力与恶劣环境斗争的故事。作者按照事情发展的顺序“天鹅遇险——齐心协力破冰——天鹅得救”来叙述故事发生的经过。

课文教学伊始，我先播放一段天鹅自由飞翔，尽情吸水的镜头吸引学生的视线，学生们纷纷表达在他们心中天鹅是美丽的、纯洁的、高贵的……随后，我用略微低沉的声音告诉学生：“在这篇课文学习之后，你们会对天鹅产生不同的认识……”一句话，就把学生的心牢牢地抓住了，将学生的情绪调动起来，打开了和文本对话的感情闸门。

老天鹅破冰是全文最为感人之处，我引导孩子说，当看到那只老天鹅奋不顾身破冰的场景，心里会想些什么？引导孩子们紧紧扣住“腾空而起”、“像石头似的”、这些词语来发表自己的想法，让学生们理解老天鹅的壮举，以及它自己所承受的痛苦。此时此刻，学生们深深地被老天鹅的精神所震撼，让学生通过朗读来表达自己的感动，个别读，男生读，师生合作读。通过我们之间情绪激昂的朗读，课堂内掀起了一个高潮。

我紧接着抓住句中的省略号，引导学生感受老天鹅无数次扑打冰面的场景，紧扣文本连续训练说话，学生们畅所欲言，赞扬了老天鹅的奋不顾身；赞扬了老天鹅的舍己为人的精神，在交流的同时，让学生做好朗读的准备，挑选自己读的最好的语句进行展示，那一刻一种水到渠成的感觉油然而生。

随后，我和学生们又一同走入其他天鹅的内心，感受其他天鹅在老天鹅的影响下想法一步步变化的过程。孩子们把自己当作是那群遭遇险境的天鹅中的一员，通过细腻的思考，放飞情感的翅膀，每人都仿佛成了贝加尔湖上那一只只勇敢的天鹅，在老天鹅的带领下齐心协力共渡难关，“克哩——克哩——克哩”的叫声在教室的上空不断回响，这声音是学生们对文本的一种理解，这声音是学生对天鹅们具有的一种精神的赞美……

（作者：杨　韵）

点评：

任何的学习过程都必须有情感，这情感来自于文本、来自教师，更来自于学生。情感是教出来的吗？情感是人在成长过程中通过体验而逐步习得的。老师要为学生创设正确的体验环境，也就是用自己健康的情感、人生态度与价值选择去影响学习主体，通过身体力行的示范活动来言传身教，让学生在体验中形成个人的情感、态度、价值认知。

【故事19】

从“苦”到“乐”

——一年级期末考查记

本学年，市教委大力推行小学低段各学科基于课程标准的评价，学期末被规定：一、二年级不得进行书面考查。对已经习惯用书面考查的方式对低段学生进行一个学期评价的我们来说，听到这个规定的反应就是：“好麻烦，一张试卷做一下多方便！”可是随着区教研员一次次的培训，让我们内心多了一份“蠢蠢欲动”，想创新、想好好把这件事做好。

其实，在2009学年，我们开展了“钱币的探究”，这是我校低段的第一次数学活动。当时，我们就萌芽了“多元”评价的意识。因为我们学校的孩子来自五湖四海，学校内有浓浓的多元文化气息。另外，孩子的数学学习能力表现在诸多方面，如知识技能、操作、应用，甚至团队合作等等。所以我们结合一年级数学（第二册）的学习内容“人民币”设计了活动内容。时间安排在当时的第十一周、第十二周，及第十八周的周三下午“快乐拓展日”。第十一周周三的下午，全部一年级的小朋友参加了第一次的学科活动。每个班的小朋友按小组参加四个版块的活动：参观各国钱币、数一数、小银行、小超市。其中各国钱币是家长友情提供的，包括了美国、日本等十几个国家不同币值的钱币与硬币。“数一数”的活动中老师提供了100个1角的硬币。小组成员必须通过合作，才能又快又好地数出一共有多少钱。数完后小组成员需要到“小银行”把硬币换成一张币值是10元的纸币，同时每个班我们聘请了一位小朋友做银行的工作人员。随后，小组成员拿着钱到“小超市”购物，每个小朋友需购买两件商品，并算出要花多少钱。最后，由班主任老师领到超市去真正购物。小朋友购物后，老师引导他们问银业员阿姨要收银条，并由数学老师指导小朋友学会看收银条。第十二周：请一年级的小朋友在家长的帮助下制作一张钱币小报。第十八周：进行展出与评选。在展出的过程中，我们会根据不同类型的小报每班请一位小讲解员，请他们为一年级小朋友进行作品讲解。最后，由一年级小朋友评选出十幅优秀的作品。那一次的活动在全校引起了小小的轰动。学生喜欢这样的数学活动，在活动中他们增长了本领，开阔了视野。但是，这项活动在后续的几届一年级中却未能如样进行，原因是这样的活动需要大量的人员参与，并且涉及多个时间，老师们往往没有时间与精力。另外，该活动只是学生一学期中学的一个知识点，无法全面评价整个学期学生的学习情况。

通过不断探讨，我们突破了原来操作中遇到的一些问题。首先，我们将一个学期的知识点、思维能力、学习习惯进行梳理。其次，我们根据知识点、思维能力、学习习惯设计了有一个主题的一系列活动，如一年级上学期是"我爱数学游园会"、一年级下学期是"玩转数学街"。每次主题活动分为几个版块，如"玩转数学街"就分为"数卡游戏"、"服装店"、"小超市"、"钟表行"四个版块。每个版块又涉及许多内容，如"数卡游戏"里就有"比大小"、"上中下左中右"、"找邻居"，"钟表行"里有"奇怪的钟"、"拨一拨"、"我的时间我做主"。最后，我们请来了每个班的爱心家长们作"考官"，每位"考官"都有一份详尽的评价细则，依据评价细则对学生进行公平的评价，并在学生的评价表上给予评价。在家长们的大力协助下，一个下午，全年级 5 个班 180 多位学生全部能完成活动。

这两次数学期末的考查活动，深受一年级学生和家长的喜爱。用一首我们自编的儿歌来夸夸我们的期末数学活动：

数学街里真热闹，学生考官热情高；
学本领，用本领，生活问题难不倒。
数卡游戏趣味多，钟表行里真热闹；
爱数学，来挑战，数学游园好好好。

（作者：陆海芹）

点评：

新的评价方式，让我们看到：用游戏的方式进行考查，体现数学是有趣的；考查内容以解决生活问题为主，体现数学是有用的；在游园闯关的过程中，能看到学生的动态情况，有利于更全面地了解学生；家长的参与使得评价活动更具家校合作性。"基于课标的教学与评价"改变了以往以一张考卷为标准的评价模式，它从动手、动脑、表达等多方面进行起始年级的学段考查，为学生创造了生动有效的学习环境，促进了学生的学业发展。

【故事 20】

我们都是"淘金者"

又到了语文作文评价时候，前两天我让同学们写了五年级第一学期的一篇作文《_______给我的爱》，回家批改完成以后，开始准备讲评的内容，我根据学生实际写作水平，进行相应的分组后，眼前突然浮现出学生们在听作文点评课的面容，有的神采奕奕充满了期待，有的无精打采根本无所谓，我心里明白这是学生们不同作文水准造成的局面，就这样按部就班地完成这节作文点评课吗？也许要换个面孔，这样可能会效果好些？于是，我开始考虑明天讲评的思路。

第二天，我捧着厚厚一叠的作文本走进教室，扫视了一下教室，果然，现在出现的状况，跟我昨天想到的一模一样。我面带笑容地说："今天，我们的作文讲评，要请同学们来进行，我们每个人都来做做淘金者……"

"什么是淘金者"一个同学面带疑惑地问。

"我知道。"另一个同学迫不及待地说，"就是在河水中寻找金沙，找到珍贵的物质……"

"是的，今天我们就来做做写作的淘金者，做这样三件事：发现习作中的好词佳句；学老师写评语，找三个优点，提一条建议。可以吗？"

我的话音刚落，学生们都"蠢蠢欲动"，大家迫不及待地要着手进行了。我把小组的成员按昨天自己批改的情况进行同质分组，把写作水平相对接近的孩子分在一组，利于学生互相交流。拿到各自点评的作文，一时之间教室里人声鼎沸，每个孩子都参与其中，平时学生只听老师讲评的场面再也见不到了。

时间在流逝，但学生们的热情依然高涨，看着他们在作文本上为作者圈画的好词好句，斟酌再三所写的评语，反复推敲所写的建议，我笑了，这不就是我需要的吗？

随后的点评更为精彩，当学生们把作者的好词好句，充满情感地朗读出来；当孩子们把自己的评语一本正经地说了出来；当孩子们把自己的建议真诚地告诉作者时……我看到每个人的眼里闪现着光芒，这是喜悦的光芒，因为这时，没有失败者，看不见沮丧和无所谓，因为这时，都是成功者，每个人都得到了大家的肯定。

随后的几次，我还请小评委们签上自己的大名，这是为了评选出历届的"优秀小评委"，更是为了培养学生认真负责的评改习惯。如果发现评改工作不认真，将会对学生进行"降级处理"，只能用铅笔批改；如果在评改工作中端正了态度，发挥了自己的作用，将会重新"升级"，获得用红笔批改的权利。有了这样的"奖惩"措施，大多数学生都能恪尽其职。一些平时表达能力不够强的学生，也铆足了劲儿，评起别人的作文来，简直像一个小学究，连一处小小的重复、一个人称代词的用法，都要仔细推敲，主动来和老师商量。每次正式评改前，我都要公布上一届优秀小评委名单，介绍他们的"典型事迹"，激发大家投身评改的工作积极性。

在评委们工作的时候，我巡视期间，发现有的评委对症下药，言之有理，就真诚赞扬；有的评委字斟句酌，一丝不苟，就对他竖起大拇指；有的评委举棋不定，就和他一起研究；有的评委评语写不出来，就助他一臂之力——一节作文评改课，就是一个师生交流、生生互相取长补短的大磁场。

（作者：沈　炜）

点评：

作文批改是一种阅读，是一种心灵的沟通、交流，是一种提高。每个孩子都渴望被关注，每个孩子都渴望得到好的评价，哪怕他有许多的不足，在学生互相批改的过程中，孩子在享受这个过程改变教师的单一评价，让每个孩子都获得成功，这是我们每位教师都应该思考，并为之不断努力的。

【故事 21】

“语文之星”诞生记

一直以来，我坚信，要孩子能够把这门学科学好，学习兴趣一定是很大的因素。看着一年级的孩子面对老师手里的那一张张“表扬信”，毫无“免疫力”的情形，于是，我打算在班级里尝试开展不同内容的语文评价，目的当然是激发孩子的学习兴趣，从而喜欢上学习。

可是如果漫无目的地随意发放表扬信，孩子的兴趣点就会慢慢降低，所以要让表扬信真正有效，评价内容的确定就变得特别的重要。我发现班级的孩子在语文的书写方面，写字姿势有待加强，书写习惯有待提高；就课文的朗读方面而言，读文的正确性不够，朗读的自觉性不够……于是，计上心来。

“同学们，陆老师今天想和你们商量下，这个月的语文学习我们评一个什么能手或者达人呢？”“写字达人！”“我觉得应该评朗读达人！”“我觉得应该评进步达人！”一听要评选，同学们纷纷提出自己的建议。

“那么，写字达人该怎么评呢？”我故作疑惑状问孩子们。

“写字姿势好，写字写得漂亮！”“我觉得看拼音写词语要写得对才能得！”

“看来，你们对于写字的要求挺高的嘛！如果大家都同意，这个月我们就重点评选写字达人好吗？以上课获得的写字姿势好的章和每次作业完成的星数进行相加，累计领先的孩子就获得写字达人和写字能手好吗？”“嗯……”看着孩子们纷纷点头，再看看他们一个个若有所思的面庞，知道他们的心里都在暗暗下决心努力着呢！

果然，宣布要进行写字达人评选之后，就不时地有孩子把自己在家里的练字本带来给我批改，我也认真地进行查阅并予以指出，并适时地在班级的实物投影下，播放这些孩子的书写。你别说，孩子虽小，但是每个人都希望自己的字有被展示的机会。于是乎，我暗暗发现回家悄悄练字的孩子多了，孩子们的书写也越来越漂亮了！

当孩子们通过自己的努力，获得语文“写字达人、写字能手”的时候，那一张张笑脸其实就是学习带给他们的快乐！

一个学期以来，语文学科就一年级的基本语文能力和班级孩子的薄弱环节，分别进行了“写字达人”、“倾听达人”、“朗读达人”、“查字典能手”、“进步之星”的评选，在每一次的评选中，很高兴看到孩子对于语文学习兴趣的持续，对于收获学习成功带来的喜悦！我想，这就是评价内容多元带来的收获！

（作者：陆　怡）

点评：

就语文评价而言，在“知识技能”领域，评价可以是书面的，也可以是游戏等活动形式；可以是综合性的，也可以是单项的；可以是集中检测的，也可以结合在日常教学中。阶段的综合评价可以通过学生自评、互评和家长评价的方式展开。一个学期的语文评价过程中，我们采取了多元的评估模式，让每一个学生在评价的过程中感受到学习的快乐，激发学习的积极性！

【故事22】

“云”端上的精彩

“告诉你，我发现，原来欢欢的朗读读得跟录音一样……”小歆在悄悄地与同伴说道。“我也听了，我还听出了韩韩读得有进步，就是读得太快了一些……”“我倒是觉得小扬读得真好，只是少了一个字，有点可惜……”

听罢上述的对话，你大致能够猜出孩子们在说什么了吧？其实啊，孩子们口中津津乐道的就是这个学期，语文学科与时俱进，利用班级“云盘”的存储分享功能开展的“朗读达人”比赛呢！每个月，我都会要求孩子自己选择这一个月里学习的课文中自己觉得读得最好的课文进行录音上传到云盘，然后在班级群里进行分享，再由同学每人投5票，得票数超过半数者即为“朗读达人”，得票数超过三分之一者为“朗读能手”！

自从选择了这样的方式进行朗读达人挑战赛后，发现孩子们的朗读兴趣被很快地激发起来，有的孩子为了把读得最好的录音上传云盘，就在家里反反复复地练习朗读；有的孩子为了更好地对其他同学的朗读作出评价，还不惜一字一句地拿出语文书核对(因为一年级朗读的最高标准就是“读正确”)，时间长了，对于课文内容烂熟于心；有的孩子平时在学校非常胆怯，但在云盘的录音过程中丝毫没有这方面的顾虑，反而把自己朗读最好的一面有机会展示给了大家看……

这不，又一次的朗读达人比赛开始了！那天中午，我随机在教室点开了她的录音！“咦，这是谁呀？声音真好听！”“是某某？”“是呀，她读得不仅字音都对，而且很有感情呢！”“是谁呢？”在大家互相猜疑这位“新诞生”的朗读达人是何方神圣时，我点开了她的名字——王同歆。顿时，大家的目光直扫向她。而她，难为情地低下了头，但看得出，脸上洋溢的是被肯定的微笑。

(作者：陆　怡)

点评：

学习者的能力是多方面的，每个学习者都有各自优势。在故事中，学生是通过云端朗读达人赛的评价，慢慢走出害羞的状态，积极主动投入语文的学习！这样多样化的评价方式，可以更全面地关注到学生的能力发展，能够更好地激发学生学科学习的热情。

【故事23】

让评价成为课堂学生情感交流的桥梁

本学期，因为学校工作的原因，我担任了一年级的语文教学工作，作为从来没有任教过一年级的我，为一年级的孩子活泼大胆，敢于表现自己的劲头而欣喜不已，完全没有了任教高年级，为很少有人发言而苦恼。尤其在学生朗读课文的时候，孩子们总喜欢把小手举得高高的，脸上洋溢着快乐的笑容，而我常为邀请哪个好发愁。

一年级语文教研组正在进行《基于课程标准的教学与评价的研究》，其中有一项内容，是需要孩子们在听完其他人朗读之后，给出自己的评价。我也开始依样画葫芦地学着做。

"我觉得她声音不够响亮……"、"我觉得他朗读的时候漏了一个字……"、"我觉得有一个字的读音他没有读准确……"，听后孩子的互相评价之后，我也随即进行了总结，然后开始我的课堂教学工作。就这样，过了两个星期，我渐渐觉得有些不对劲了，课堂上主动要求朗读课文的孩子变少了，举手的始终是那些朗读能力较强的孩子，很多孩子的小手藏回了身后，藏在了桌肚里，这到底是为什么？我陷入了深深的思考。

下课时，我约了几个孩子聊天，从游戏活动，从文艺会演，慢慢说到了课文朗读，从孩子们吞吞吐吐的回答中，我找到了问题的答案，原来孩子们听到了伙伴们的评价，觉得自己表现得不好，自信心受到了伤害，不愿意再举手了……回家后，我思考了许久，也许这样做会更好……

隔天，我自信满满地走进了教室，我面带笑容地说："今天我们学习《望梅止渴》，我们先分小节朗读课文，谁愿意来试试？"不出我所料还是那几只小手，我接着又说："今天，等小朋友读完之后，我们还是要来评价一下读得怎样？不过，我们先说说，你觉得谁读得好，她有哪些地方值得我学习？然后再向她提出建议，好吗？"朗读顺利开始了，随后进入了评价环节。

"我觉得他声音响亮，我要向他学习……"

"我觉得她比以往读得通顺，今天把每个字音都读准了，我要表扬她……"伴随着，一声一声充满稚气的点评，我发现原来读完课文以后，低垂的头扬起来了，眼睛亮了许多，课堂举手的人多起来了。原来孩子是多么需要别人的鼓励和赏识啊，这样的评价才能激励孩子们继续向前。

随后的几节课，我又从评价的标准入手，让孩子们知道每一次朗读的要求不一样，哪一次是要求把字音读正确？哪一次是要求把句子读通顺，这样孩子互相的评价就有针对性。

最后，我又告诉孩子们，如果在评价时把"他"换成"你"，直接面对面交流，并且适当地引导他们说出"如果你……会更好"，"你……值得我学习"、"希望你……好吗？"等等，如果觉得自己比他好，还可以做一个示范。

经过一段时间的尝试，孩子们的热情又回来，他们的深情又专注起来，一只只小手又高高地举起，原来我们教孩子评价，既要有所标准，又要融入情感，这次，孩子教会了我很多。

（作者：沈　炜）

点评：

在全面推进基于课程标准的评价中，我们的语文课堂应通过形式多样的评价方式，来架起生生之间的友谊桥梁，充分发挥评价促进学生发展的功能，让学生徜徉在语文世界里自由地发展，并体验到学习语文的乐趣！

【故事 24】

一次难忘的复习体验

又是到了期终复习的时候了，同学们已经习惯了每一节课和老师一起总结知识点后，拿出一叠练习卷，大家做一做、讨论讨论。令他们感到意外的是：Angele 老师一走进教室，就拿出一叠白纸分发给每一位同学。

“老师，你怎么给我们白纸啊？”“老师，练习题在哪儿？”同学们不解地问。

“同学们，今天我们的复习课不是我出题目你们做，而是要你们自己出题。”

“自己出题？”“我们自己怎么出题啊？”“复习课都是我们做题，为什么要我们出题？”顿时，教室里像炸开了锅一样，学生议论纷纷。

“今天，你们每个人都是老师。每位同学出 10 道介词填空题，出完后，和同学交换试卷答题。”

“啊！这可真有趣！”“好耶！我们可以出题考别人了！”听到这儿，同学们又兴奋了起来。

随即，有一个同学问：“老师，我们从来没有出过题。怎么出啊？”

我笑眯眯地对学生说：“各位同学，请你们拿出这学期我们做过的随堂小练习、测验卷以及复习卷，你们看一看以前做过的练习题中有哪些题是容易错的，或者是你觉得重要的，都可以出到你的试卷上。不过，在出题的时候，要注意精选练习，选出你认为最有价值的十道题写在试卷上。”

于是，教室里又变得一片寂静，只听到同学们翻阅练习本、练习卷的声音和书写的声音。每一个小老师的神情都是那么严肃，那么认真，反复斟酌后，在试卷上写下每一道题。很多同学特地把自己做错的题目写在试卷上，因为他们认为这些是比较重要的、容易错的地方。

三十分钟很快过去了，同学们陆续把他们的“试卷命题”交给了我，我翻看着学生出的每一张试卷，让我最感动的是每一位同学的试卷上的字迹都是那么工整、清晰，还有些调皮的孩子在“出卷人”这一栏上还加了一行字“板垣有限公司出品”。

交完试卷后，许多同学都来问我：“Angele 老师，我们什么时候可以做其他同学的试卷啊？”

“明天的英语课上，我们交换试卷答题吧！”我许诺他们。

“老师，我好期待哟！”一位女生这样对我说。

第二天的英语课，两分钟预备铃刚响起，同学们就已经静静地坐在座位上等待着我发试卷，等待着他们做这份不同寻常的试卷了。

我随即把同学们的命题试卷发给他们，只见许多学生相互间交换了一个眼神，相互间露出会意的笑容，马上开始了答题。

这份试卷的答题过程可不像平时做老师的试卷，只见同学们不时地走出座位，在和出试卷的同学交流着什么。原来，小王发现小李的试卷上有一个单词拼错了，他马上向小李指出错误，并用红笔修改了试卷上的错误；小张发现小陈有一道题目出得不太合理，与小陈沟通,但小陈并不这么认为,他们两个人低声地讨论起来,最后,谁也说服不了谁,只能向我求救。我看了小陈同学的试题,指出他出的题目确实有不太合理的地方,小张得意地笑了,小陈自己用红笔修改了试题,小张回到座位继续做题。

很快地,二十分钟过去了,陆续有同学完成了答题。我要求学生把自己的答题交给出题的“小老师”进行批改。“小老师”们拿着红笔,像模像样地认真批改着“学生”的每一道题,模仿着老师的样子,给“学生”的答卷打分,然后,把试卷交给“学生”订正。小白同学认为“小老师”的批改中有不合理的地方,又去找“小老师”小江,悄悄地交流了起来,最后,找到我做裁判,我一看,原来是一道题有两种回答方法,小白自己认为只有唯一的一种回答方式,而小江写的是第二种方式,小江知道自己是对的,但是又不知道怎么说服小白。听到我这么说,小白说:“噢,这下我知道了,原来这道题两种方法都可以。”小江说:“本来我只知道怎么做,但是不知道怎么解释。现在听老师这么说,我知道了。”

订正批改全部结束,我第二次翻看着同学们的每一张试卷,同样地,每一份试卷的答题字迹都是那么工整,卷面是那么清晰;“小老师”们认认真真地在批改着“学生”的答题,认认真真地写上得分。

下课后,同学们纷纷围到讲台前。

“Angele 老师,这样的复习方式我非常喜欢。”

“Angele 老师,我以前自己复习的时候,就把做过的题目看一遍,自己出试题的时候,我就会把每一道题,特别是做错的题目仔细看。”

“Angele 老师, science 这个单词我一直记不住,这次在出卷的时候又写错了,小王同学指出我出卷子的时候,这个单词写错了,他还教我怎样记住这个单词。现在,我再也不会忘记这个单词怎么写了。”

“Angele 老师,我专门挑自己做错的题目出在试卷上,再看别人做一遍,我就等于将没有掌握的题目复习了两遍,再也不会忘记了。”

“Angele 老师,这样的复习很有趣,下次我们还是自己出题给同学做,好吗?”

“好的。”我答应道。“这一次的复习介词填空大家都非常认真,效果也非常好,下一次,我们再出十道按要求改句题吧!”

“好耶!”同学们欢呼着,满心期待着下一堂课自己再一次做小老师出“命题试卷”。

(作者:殷　艳)

点评:

从老师出题考学生,批改,学生订正,变为学生自主编拟,互相交换互相批改、评分。这不仅仅是一种形式上的改变,更主要的是学习的过程变成学生自主的过程。学生要编拟出有价值的题目,就必须对课本知识有系统的理解。这样的复习方式,既促使学生自主地有系统地复习了课内的知识,又培养了学生主动学习的意识和能力。

结　语

课堂是课改发展的晴雨表,是老师奉献汗水与智慧的舞台,更是学生汲取精神营养、健康成长的摇篮。课堂要有所突破,不在于课堂教学的技术高低,而在于根植于每一个教师观念中的课堂文化。本章所讲述的课堂文化研究历程，都是东展教师在“人品教育”课题研究中所积累的点点滴滴，也许还不够成熟，也许还不能把人品教育的精髓完全体现出来，但字里行间如涓涓细流在流淌，在诉说我们走过的路，发生在我们课堂的故事。

在研究的过程中，我们每一个东展教师逐渐明白：课堂是培育学生成人的殿堂，教学是人生的经历和体验，教师应充分提升每节课的含量，努力营造生活体验的旅程。

本章节所撰写的课堂案例，是发生在东展课堂的真实故事，从这些故事中，我们可以感受到，课堂不是剧院，但要有戏剧的情景和高潮；课堂不是书店，但要有书店的广博和养料；课堂不是茶馆，但要有茶馆的自由和平等。东展的“人品教育”课堂成为了老师和学生的精神家园、智慧源地和快乐天堂。

第四章　教研，让教师收获专业成长

学科教研组是学校最基层的教学研究集体，是中小学教师从事教学与研究的合作团体，它担负着教学与研究、学习与培训、管理与服务等职能。对推动课程改革、促进教师专业发展具有重要的作用。

自2003年建校以来，学校教研组在认真落实学校办学理念、提升教学、育人水平和师德素养方面已经具备较好的群体素养。通过制度确保教研组组织的有序运转、通过选择适合的教师担任教研组长已经成为教研组良性运转的有力保障。自2003年起至今，我们奠定了教研的内容、出台了教学常规要求、探索了不同形式的教研形态，为教师营造起了平等对话的氛围、为教师及团队的发展搭建了多元的发展平台。优秀的教师诞生于高素质的教研组。为此，我们孕育了"和谐的教研氛围"、建构了"培育教研组成员共同生存发展的行为方式"、建立了"教研组成员共同成长的制度体系"。我们的教师也在这个过程中收获着专业的成长。

第一节　共 同 的 "家"

东展教研组良好的教研氛围，同伴之间的互帮互助，让每一个置身其中的人都感受到人与人之间相处的和谐与愉悦。我们的教研组就像一个家，它以宽阔的胸怀容纳组里的每一个成员。老师在这里感受到的是"专业发展有人同行，生活烦恼有人关心"。这种氛围的缔造，来自于几多教研组骨干的"言传身教"，来自于教研组成员的"默契支持"。由此，无论是谁进入我们的教研组都会深深地被一种无形的东西所吸引，以较短的时间融入教研组，继而发挥自己的"光"与"热"。

一、家，合作共赢的驿站

东展的教研组长期以来形成了组内成员间的资源共同分享、任务共同担当、困难共同挑战的良好风气。在工作中，他们用自己的宽阔胸怀营造出合作共赢的氛围，组内成员形成了亲如一家的"战友"之情，这是一种无形的动能。而教研组正如教师加油的驿站，给教师积极向前的无限动力。

1. 资源共分享

"不吝啬、不保留，帮助别人共同提高。"一路走来，东展的老师在工作中已经形成了这样的团队氛围。工作上的合作共享不仅仅是组内教师间的资源共享，还是组际之间的资源传承与发展。这使得教研组间的成员在共同完成教学任务的过程中节约了时间与精力,有更多的力量进行更新与改进。让我们来看看这样一个故事:

打开已经共享的课件,当然,是陆组长从光荣"升级"的教研组"共"过来的。然后就看见某日空暇时,陆老师开始整理柜子,找一些能用的材料啦、教具啦(当然百日难遇的,陆老师还是很忙的啦,距今为止,只看到亲爱的陆老师有两次大整理,这时就看到石老师等在旁边,然后此起彼伏的"啊,这个没用了吧,给我吧!""哎,这个好像用过几次了,你要吧?"……),找到了当然无一例外地被资源共享了。还有石老师印象中大大咧咧的管妹妹,没想到她是个藏东西的好手:这个练习你有资料吗?我的课件怎么没有声音,你有课文录音吗?类似这样的问题找她,没错的。瞧,管妹妹回答了:"好像有的,我找找(画外音:噼里啪啦一顿响),等等,应该在我教室的那个U盘里,别急,我肯定有。"果然,有的,而且整个学期大小练习都有,是一套的。"那我拷走了,行吧。""哎哨,客气啥呀,拿呗,要用,吱一声。"开心,满载而归。

2. 任务共分担

东展小学办学近13年来,随着教育教学研究的深入,老师们也开始承担相应的校外更大范围的教学研讨任务,比如区、市级的教学展示、研讨及比武等也包括学校内举行各种教育活动、对外家长开放活动,我们的老师绝对不会孤军作战,所有的准备工作必定会有一个组的成员在一起努力、一起奋斗。但凡任务来临,冲锋陷阵在前的似乎是一个人,但是我们各个学科智囊团成员都会倾力而为,除了提建议甚至还亲力亲为,成为上课老师的强大后盾。

2012年学校接到任务要推派一位教师参加上海市青年教师品社学科教学比赛。学校安排了参赛老师后,同时组建了智囊团。周老师,作为学校的品社学科带头人和品社学科教研组长,她当仁不让。一次又一次的教学讨论、资料查找、教案修改,周老师一刻都没有把自己当作外人,由于上课的内容很少有人展示过(课题是:上合组织),相关教学参考资料也不是很多,而比赛的时间又很紧张,周老师说,背景资料部分的内容我来查找吧,而当上课老师在媒体制作发生困难时,周老师还是那句朴素的话:"我会做,我来做吧。"参赛老师不负众望,获得了二等奖,而这二等奖的背后是一个团队成员一双双有力的支持的手。赛后,参赛老师说:"我很佩服周老师,我开课就像她开课一样。也很感谢她,因为她花了很多自己的时间无私地帮助我。"

3. 心智共成长

心智的内涵包括头脑聪明、才思敏捷等,其成熟的标志是肯定自己、学会宽容、有耐挫力及做事的坚韧性等，心智的成熟度会直接影响教师的工作效果。可见，对于教师来说，要培养健全人格的学生，自身心智的成长就显得很重要了。在东展的教研组，随着教研工作的展开，尤其是课题引领下的教研，会让许多教师在不断探索中提升专业素养，相伴而来的是学识的广博、才思的敏捷、面对困难时的坚韧态度及共同协作挑战难关的勇气，组内的教师在这个过程中，心智也不同程度地得以成长起来。

陆老师是新任的数学教研组长，当学校要求她申报个人课题时，她的心情是忐忑的。那时，在她的意识里课题研究是一件很高深的事情，能做好吗？又该研究什么？许多数学教学中的问题已有人研究过，如果想个人研究有新意谈何容易。在诸多的疑虑中，还是开启了自己的研究之旅。第一轮研究课题是《在低年级计算教学中重视学生的思维能力》，先是逼着自己上网、看书收集大量的文献资料。再接着就是每个学期制定研究计划，按着计划活动。最后就是撰写阶段性的研究小结及结题报告。一路下来，虽然很被动很艰难，但是她的想法开始慢慢转变：课题研究并不再是鸡肋，食之无味弃之可惜，而是对个人教学起到了很大的帮助。那节数学课可谓是思想转变的一个分水岭：课题是《数字的墙》，因为生动有趣的情境，富有层次性的思维训练，获得了带教师傅和听课老师的好评。那种"成功的喜悦"，对她来说简直是一个分水岭，自己感觉似乎突破了教学上的瓶颈。同时意识到这与《重视学生的思维能力》的课题研究是分不开的，尝到了甜头的她自然就开始投身于第二轮的科研活动。她学会了研究的切口小一些，——《低年级课堂教学数学思维品质培养的研究》，从教材、教学方法、练习设计进行对思维训练进行深一步的研究。而今，思维训练的研究已经从低年级辐射到整个数学教研组，老师们不但能分析教材中每一个例题的意图，还能梳理教材中可以培养哪些思维品质，已经开始"用教材"了，通过合理使用教材更好地培养学生的思维品质。他们不盲信教材，会根据学生的思维起点及发展安排教材内容的顺序，会根据学生的思维程度加一点或减一点教材的内容。他们在教学过程中，更放手了，让学生们先进行初步探究，接着生生、师生共同再探，让低年级的学生也尝试自己看书，让学生学习提问。他们更注重媒体的设计，以突破重难点，有效训练学生的思维品质。教师的教学能力提高了，学生受益了。她们的组员也无疑从中尝到了甜头，收到了效果。

二、家，身心慰藉的港湾

东展教研组的成员组合，自然也有年龄上的差异、性格的差异、新进教师与原来教师的进入东展时段差异，包括家庭背景的差异。这在平时的相处与工作运转中，自然也需要彼此的尊重、信任和宽容，成员之间在工作和生活上的和睦互助，让每个人感受到了家庭成员中的“手足”之情。牵挂中蕴含的一点温暖，温柔中蕴藏的一份宁静，体贴中表达的一份情谊，教研组成为他们心灵的港湾。

1. 新进老师融入快

随着每年生源的增多，也会有很多加入东展的新进老师，面对全新的同事和不同的工作内容，难免会有怯生生的感觉，他们对新环境需要有一个适应的过程。而这时，教研组就是他们融入进来的第一港湾。

一位教师来到东展第两年的时候，回首工作中的点点滴滴，不禁感叹道：“东展的教研工作，大到每一个学期的组内教研课、开放课，小到一个评价等第，甚至一个日常的师生谈话，这里的规范对于我这个新进的教师来说，真是达到了一个高难的境界。而这时最直接贴心的，就是无所不在、无所不能的，我的温暖教研组了。”刚来时，石老师很重视学习，可是全心全意为孩子提高成绩而焦虑发火时，家长却指责她心理素质差，对学生会有不良影响。心想：严师出高徒，在原来的学校绝不会有这样不尊重老师的家长出现。更不能理解的是家长将自己举报到校长室时，结果竟然是校长让自己反思一下教育行为。心中的万般委屈会带到组内，组内老师的话语让她豁然开朗：“其实家长没有恶意，换个位置想一想，如果你的孩子每天面对的老师是只关注学习却不顾及孩子情感的人，你会甘心吗？校长这样做，也是为了你转换教育理念。”是啊，在东展，还真是把学生当成了活生生的人。再回想一下组内老师的言行，仔细观察一下他们对待学生的态度和方式，石老师发现，他们真的很尊重孩子的人格。调整自己的理念，做个真正蹲下来和孩子说话的老师。当自己的言行有变化时，孩子和家长反馈给她的自然也是和谐友好的态度。而这时，组内的老师也会由衷地为她高兴。两年过去了，石老师真为自己而今做教师的观念和行为而高兴，她觉得在这里才是真正为学生全方位的发展而做教师，更觉得自己很有价值。她由衷地说：“感谢亲爱的伙伴，让我在你们的怀抱中跟上了东展的前卫的教育步伐……”

2. 家有急事共解难

教师要全身心投入教学工作，一个不可忽视的因素就是安稳的生活状态，而老师也要面临自己偶尔的身体不适，家人的紧急事务需要处理等。每当这时，教研组内的老师都会急当事老师之急，竭力协助他解决难题为他分忧，并全力担当该老师的教学任务为学校分忧。

东展教研组内似乎有个约定好的习惯：组内老师身体不好需要看医生或家中有急事万不得已需要请假时，课程部批准后进行排调课是不难的，因为组内的老师都会主动报告自己哪一节空课可以代课，而且会主动和请假的老师沟通代课内容，会主动布置作业，甚至批改作业本。这样可以确保生病老师教学班的孩子不受影响，让生病的老师安心看病。无疑，组内成员已经将生病老师的事当成了自己的事。这种共解难的心态，也使成员间感受到同舟共济的情谊。

黄老师怀孕五个月后产检出孩子出现水肿，必须流产。这无疑对她是个巨大的打击，回来后一直情绪低落。组内年长的老师会关照她如何保养身体，告诉她：人还年轻，养好身体还有机会。由于她还没有太多教学高年级的经验，教学也显得比较吃力。组内老师会经常和她交流教学上的经验，给她减压。她感受到了大家的真诚，也会将组内的同事当成姐妹一样，随时倾吐自己的喜怒哀乐。后来，她调养好身体再次怀孕时，顽强地坚持在一线做班主任，将班级带得很不错。校长在全教会上说："黄老师能坚持不请假，想学校之所难。十分感谢！"黄老师回到组里不好意思地说："我真的不好意思给学校添麻烦了。"

3. 重新组合莫烦忧

教研组因工作需要进行人员调配，重新组合也是学校人事的常规工作。教师们担心自己到新的教研组内是否像原来教研组那样和谐也是人之常情。这里，教研组长的包容接纳、智慧管理及充满正能量的言传身教，起到了至关重要的作用，加上组内成员的默契支持，每个教研组都是有着很强的凝聚力，无论成员是谁，很快就达成了和谐的节奏，进入正常的运转轨道。有着多年教龄的谈老师，从低年级换组到高年级的时候，从开始的担忧，到后来喜悦地将自己和组内其他四位成员称作"五朵金花"，也一览无余地反映出这种团结互助的和谐氛围，让她的心灵得以慰藉。她说道：

五年级组，不仅仅是教学上互相探讨，互相合作，教育上也是如此。哪个班级开展了什么好的活动，都会及时交流。有时候也会有些小小的摩擦，小小的误会，但是似乎就像一阵风吹走了云朵，天空忽然就晴空万里，阳光就灿烂起来！有误会道个歉，说明一下，谁也没有往心里去，工作起来还是互相帮助，团结合作，好像什么都没有发生一样。她们姐妹间，有时候还会聚一聚，说一说家长里短，谁不舒服了也会关心一下，谁买了件漂亮衣服，大家也会夸几句，有什么好的地方大家相约着去玩一玩。谈老师真诚地说："我待过好几所学校，有比较，真的觉得东展的教研组是很棒的，我感到幸运，应该珍惜！"

三、家，施展才华的天地

在东展，教研活动不被拘禁的教研时间、场地、人员角色所限制。如果留心，在东展，随处可以听见教研的声音，每个人都可以闪现思想的光芒；在固定时间内的教研活动，除了严谨的教研内容外，有时也会因教学研究发生争执，但是无论是组长还是组员，都可以本着钻研教学的思想，开诚布公地表达自己的观点，大家对事不对人；正因为有这样浓厚的教研氛围、严谨而人本的教研制度，让组内每名成员都能全心全意地投入到教研活动中，施展自己的才华。在这里，老师感觉到前所未有的自我价值的实现。

1. 随时教研，放飞思想

我们的教研无处不在：空课时、吃饭时，只要聚在一起我们又都会讨论教育教学工作。杨老师总结到：就拿我们教研组来说，室虽小但人心齐，教研组教研氛围非常浓厚，从每周一上午的教研活动到每隔一周的五位老师午餐时间再有课余批改作业，下班后商讨试卷题目的点点滴滴，每个人都是发自内心地提到教学工作。而谈到教育心得，那种投入和忘我，有时候连我们自己都忍不住莞尔："怎么说着、说着就是教学教育？"真是见面三句话，不离老本行。大家现在戏称"我们在哪儿都能教研"。

2. 聚焦式的研讨，碰撞真理

我们的教师在教研的时候都能保持一种比较平和的心态，这种心态使我们的教师之间没有恶意竞争，使我们的教师在看自己的同事时能经常想到对方的优点。尤其在教学研讨时，大家的目标是聚焦研讨的问题，有时甚至会发生争执，但是大家开诚布公激烈讨论后，往往碰撞出来的就是真理，当然在这个过程中，老师们也会让自己的教学思想得以充分的舒展。

潘老师是刚刚大学毕业的体育老师，在上开放课的过程当中，体育组内每一个老师认真旁听了我这堂开放课。随后的评课，组内每个老师对自己的想法进行了阐述后，教研组长李老师总结了老师们的想法，并从每一个细节对他的课进行了全面的梳理。听了大家的评课，潘老师也把想法和各位老师进行了交流，然后把自己觉得存在的问题和组内各个老师进行讨论。在这一轮当中，体育组内各个老师又出现了不同的意见，老师们毫不避讳地把自己的想法说出来，为了争执一个细小的环节，组内的几个老教师甚至说得面红耳赤，李老师更是严厉地指出了潘老师上课的许多不足，而潘老师也在认为正确的观点当中坚持着自己的观点。他和李老师为了一个教学环节中学生的站位争吵得不可开交，李老师认为他这样设计的学生站位存在很大的问题，但是潘老师一直坚信自己设计的站位是对的，于是他们展开激烈的讨论，李老师把他认为这样做错误的原因和他一一道来，潘老师也把自己的想法没有保留地说出来，在这种问题聚焦式的教研过程当中，他没有感觉到自己是一个年轻的老师，而是可以和经验丰富的老师平起平坐，他的思想也得以升华和提炼，觉得自己也成长了不少。

这是一位教研组长关于他们小组教研活动的心得：

"走过我们的办公室，你常常会看到这样一种场面：我们正在为某个问题讨论得面红耳赤、辩论不休。这样的场景在我们的办公室经常发生。我们教研组的老师心直口快、秉着实事求是的精神，大家大胆提出自己的见解。激动起来，常常忘乎所以。这样的氛围已经在我们的组里形成，有时争执的时候别人还以为我们在闹矛盾呢。但组里的每位老师都本着'对事不对人'的原则，一边坚持自己正确的观点，一边还互相提醒不能伤了和气。"

3. 各尽所能，人尽其才

在这个大家庭里，才华是带给大家共同的欣喜和品赏的财富。大家可以在这里尽情施展，也最大意义上让自己和教研工作得到发展。

多年来的校本教研都是围绕自主课堂展开的研究，每年都会推选代表本组研究专题特征的课堂进行全校范围内的公开课。老师们对这样的教研都会投入大量的精力，因为这可以让自己在教学研究专题中有长足的进步。

邓老师是他们组的年轻好学且有着自己教学思想的老师，早就跃跃欲试了，当教研组长宣布校本教研即将开始的时候，她会毫不掩饰地表示自己承担公开教学的任务。组内老师也会大力支持，因为前面的多次校内教学比武中经过艰苦的努力，她获得过三次一等奖，而研讨性质的公开教学是更好的历练。既然代表本组出战，一定要将组内研究专题最大程度地展现出来，提供给全校教师进一步研讨。自然后面在组内教学班反复的磨课是少不了的，挑灯夜战也是必不可少的，当然组内老师也会和她一起反复修改教案，反复听课试教。当公开教学任务完成时，邓老师也会又一次向更高的成熟型教师迈进一步。欣慰之余，还会收到组内姐妹的感谢与赞赏，当然也会收到诚恳的建议。再加上学校范围内教研，会吸收更多的宝贵经验。邓老师在教学反思中有这样一句话：这次教学研讨，于团队是展示成果、深入钻研，于学校是多维度探讨、逐步提升全校自主课堂的质量，而对于她自己是最好的学习机会。她说："感谢我们教研组这个温暖的家给了我无穷的力量，让我尽情舒展自己的教学思想……"

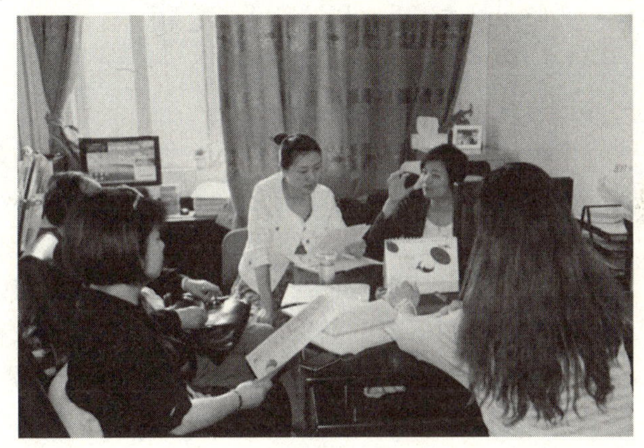

刘老师本人很喜欢写作，也是一个热衷于作文教学的老师。学生曾获得过上海市优赛杯作文大赛一等奖。她教过的几届学生，在三年级作文起步阶段，为看激发学生习作兴趣，组织编辑了观察日记内刊《豆豆日记》、《养蚕日记》，去年还编撰了学校仪式教育的《十岁生日》日记集，这些日记集极大地激发了学生习作的热情，也在互相学习与交流中共同提高。在五年级毕业前，为让学生带着沉甸甸的习作之果离开母校，她又发挥学生的主动性，带领学生编撰了四五年级的习作集《动车岁月》。在这些作品编撰的过程中，会得到组内教师的真诚提议，当作品印制完成送到办公室的时刻，组内的老师都会互相传阅，祝贺她的又一"大作"成功面世。她也会在习作教学中更加乐于钻研，也会在日常的教学中与大家分享教学经验。她说："习作是属于内心丰富而又宁静的人，我们教研组给了我这样的心境。"

数学组有擅长营造激情课堂氛围的寿老师，创设情境引学生自然学习的陆老师，娓娓道来、逻辑推理严谨的王老师。音乐组内有擅长欣赏及声乐教学的谢老师，擅长律动教学的张老师及擅长键盘乐器的庄老师，都在自己的课堂中发挥得淋漓尽致。

第二节　教研无极限

如果你没有磨过课，也许你无法体会其中的酸甜苦辣，而当你历经这一切，你将会有一种酣畅淋漓的感觉，那就是“痛快”。就如毛虫变为蝴蝶那个过程，痛苦着并快乐着。教研组的磨课，在东展是家常便饭，每一节好课的诞生都无不凝结着磨课人的心血与才智，而更重要的是我们——磨课人和同伴在这个过程中获得思想与才干的提升。

由此我们也愈加懂得：好老师是在学校里、课堂里摔打出来的，是在教学研究的思索实践中历练出来的。实践出真知，创新出境界。教研日新月异，学习永无止境。通过不断的学习与积累，我们明白了只有植根于教育的沃土之中，扎根课堂，探索实践，教师才能成长发展，才能发挥最大效能。

一、坚持专题、挑战于课题

1. 专题研究提升学科素养

学校从开办初期以来坚持科研兴教，科研兴校的策略，鼓励教师从教学工作中发现问题，确立研究专题，有计划地研究寻找解决问题的有效策略和适宜的教材教法。刚开始老师们普遍感到确立研究专题很费力无从着手。但是通过不断的学习、实践、反思后，思路渐渐清晰，这样一干就是十几年。在专题研究的过程中老师们不断进行教材分析、探索教学规律并通过教学实践、反思与总结得到了一定的收获。2006年以来，我们始终围绕“自主学习”与“以学定教”两个方面展开研究并越研越深。通过教研组、校级公开课的交流活动老师们分享着各自的研究成果。正是老师们这种对待教学研究执著、积极进取的精神让我们在专题研究中得到了很多收获。

自2010年开始的专题研究“以学定教”教学理念在每一年得以深入地发展，近年来，教师从对教学理念上的认识与理解进而在教学方式的改变上有了进一步发展。以数学教研组为例，老师们从“预习”起步，数年一路探索学生自主学习的方法和途径。在数学组的带动下，学校“以学定教”的专题研究思路逐渐明朗，并将数学组的经验推向全部教研组。如今，语文组在低年级开展学生自主学习字词的方法，中年级开展课内预习，高年级则以学习任务单为主，通过关注文本表达，提高学生的语用能力。这样，语文学科就初步形成了从字词句到段和篇的学生语文学习能力链。英语组则立位于单元整体教学中学生语用能力的培养和学生自主性作业等的研究，关注学生学习兴趣和能力的培养。自然组以实验任务单作为培养学生学习能力的载体，体育组以开发体育游戏作为提高学生的学习创新意识……。专题研究都秉承着“以学定教”的理念在实际的课堂教学中认真加以实践。因此，我们看到的教师课堂转变比较明显的首先是教学观。老师们曾经一度对“教向学转变”有畏难情绪，但是伴随专题研究的深入，老师们在观念上已经接受这种新的教学理念，并在自己的课堂上进行了切实的实践。其次，转变比较明显的是：在教学中，老师的眼中有了学生。“重视兴趣激发、重视课堂的生成、重视学生学习方法的指导”，这些有效的教学方式在我们的课堂被老师一一用来。

应该说，持之以恒的专题研究让我们的老师从对教学理念的认识，已逐步转为教学行为的落实。

2. 课题研究探索教学真谛

在教学专题研究的基础上，一部分老师还主动尝试将专题研究转化为课题研究。虽然这种转化看似仅仅是一个名称的改变，但是内涵却也同时发生了变化。近些年，由我们一线教师独立承担课题的教师逐步增多。2014 年 10 月，在市民办协会立项的课题有：姜雪雁（沈炜）老师的《多元文化背景下课堂文化实践与研究》、杨韵老师的《二年级语文词句教学的研究》和陆海芹老师的《低年级学生数学思维品质的研究》；2013 年和 2014 年我们共有两位老师的课题立项为区级课题，他们是周冬梅老师的课题《提高学生品德与社会学科能力的策略研究》、李勇老师的课题《小学体育技能化教学的实践与研究》，这些老师的课题得以在区级层面立项很大程度上依赖了之前教研组开展的专题研究。而同样的情况在我们校级课题中立项的教师更多，我校从开办之初就制定了课题立项和成果评审制度，在经过这些年的积淀之后，如何将专题研究升级为课题研究，老师们也更加有了底气，以 2015 年第六届校级立项课题评审为例，29 项申报课题，其中就有 15 个立项课题就是专题研究的升级版，从比例上讲超过了申报课题总数一半以上。由此可见，老师们在日常的专题研究上是有收获的。

而由专题转为课题的研究，我们主要从以下三个层面来开展，一是教师个人层面的个体教学研究，二是学科教研组层面的合作研究，三是学校层面的团队性的课题研究，通过开展这三个层面的课题研究，来带动学科教研的深入开展，提高教师运用现代教育技术意识和水平，从整体上推动全校教育教学现代化的步伐，不断培养教师们的研究能力和提升教师们的研究水平。

二、追求精致，反复磨课

磨课，就是指教师在先进教学理论的指导下，以课例为载体，借助行动研究，通过自我反思、同伴互助、专业引领的方式，修正教学设计，创造性地解决课堂教学中的问题，让课走向精美，同时提升教师教学智慧的一种协作式教研活动。有效的研究活动，必然带来观念的改革，教学效果的提高。我们主要通过微课细磨——磨教学片断、同课异构——磨教学方法、主题式——磨理念与教学行为这三种磨课的形式追求课堂教学的精致化。

1. 磨教材的难点

教材中的难点往往也是学生的知识盲点，如何把握处理好教材中的难点，让难点不难，让学生真正学懂，教师是需要花费一番心思的。

张老师是一个工作已经23年的教师了，教龄说长不长，还担任着我们数学大组教研组长的工作，课堂，是她非常熟悉并喜欢的地方。她的一堂《平均数的应用》的五次磨课经历令人印象深刻。这是五年级第一学期第三单元的教学内容，是结合之前学的平均数知识把它用于生活中的一个教材。对张老师来说选择这节课是一个挑战：第一、教材提示的文字叙述极少，图画不足以让学生理解本课的重、难点；第二、参考的教案为零。但张老师是一个勇于挑战自我的人，越是困难越是使她更有胆量去尝试上这节课，因为她相信，在数学组老师集体的智慧下，一定会把这节课难点一一扫除。

第一次的磨是："自磨——定思路。"作为一个资深老师基本已经知道教材的知识重点和难点，因此，第一次往往是从自己的思考路径开始出发的。看看张老师的反思记录：

首先，我自己先进行了教材分析，理清了书上几幅图画之间的关系，以及每一题所要学生达到的认知目标。结合高年级的研究专题《培养高年级学生的预习能力》，我出了如下预习题：

① 通常测量两栋楼房之间的距离你会选择什么方法测量？书本中介绍了哪种方法？

② 在学习过程中你遇到哪些疑惑？

③ 用你的理解方式与大伙交流一下：如何求A楼到B楼的长度？

④ 试着完成P38

第二次的磨是："与众人磨——找试教中的问题。"俗话说"旁观者清"，尤其是试教，是请大家一起参与的，众人的眼睛会挑出更多的"刺"吧。再来看看张老师的反思记录：

第一次试教后，我很沮丧，因为大部分学生在做练习时还是不能理解步幅对解题的帮助。问题关键还是因为他们对步幅的概念不理解，只凭书上的几个小脚印学生无法将之与解题联系。于是，在教研组老师的讨论下，我马上修正我的预习题，如下：

① 什么叫步幅？

② 你能知道自己的步幅吗？

③ 试着用你的步幅大约测量出你家某个房间的宽度或长度？

④ 在学习的过程中，你遇到了哪些困难？（尝试着自己解决一下）

这次的修正张老师强调了步幅的概念的认识，同时在测量自己家中某一个房间的操作题中也能让学生发现每一步的长度不一样，从而以学生提问的方式让孩子们在课堂上进行讨论。

张老师的第三次磨是："继续与众人磨——预习题改进了，但学生还是无法解决关于步幅的原问题怎么办？"步幅作为教材的重点知识，一旦学生无法掌握好，很难再让学生去理解平均步幅的概念的。怎么办呢？张老师的反思记录中写道：

于是我进行了第2次试教，正如我预期的那样，学生预习中的问题接踵而来，我也很开心，因为他们发现：(1)自己每一步的长度不一样；(2)不同的人每一步也不一样。结合这些问题，我让学生先对步幅用自己的理解说一说，并且说一说步幅是一步中脚与脚哪个部分，虽然在预设中我已经有了心理准备，没想到孩子们对这一步的距离还是有多种想法：(1)脚尖到脚尖；(2)脚跟到脚跟；(3)脚尖到脚跟；(4)两个脚中心的距离。绝大部分学生都赞成第3个答案，课后我想想也不能怪孩子，因为在体育课的跳远中，他们就是从脚尖起跳，脚跟着地测量。虽然课中我也让学生进行了解释，让一个学生上台走一走，但是坐在后面的学生看不见。有部分学生也只是你老师说什么他就接受什么。于是，教研组老师建议我修改预习题，同时修改媒体，利用动态的脚步让学生感知一步的距离位置。改的预习题如下：

① 2讲述了一件什么事？

② 什么叫步幅？

③ 有什么方法可以测出平均步幅？

④ 你知道"平均步幅"在生活中的作用吗？

⑤ 在学习的过程中，你遇到了哪些困难或问题？（尝试着自己解决一下）

第四次的磨是："接着与众人磨——寻找解决难点知识'步幅'的捷径。"张老师在反思中这样记录：

我又进行了第3次的试教。可是在实际课堂教学中，发现由于脚印太多干扰了学生的理解。于是在教研组老师的讨论中，也有老师提出，是不是太注重这个环节，会影响后面的教学。但是两位老教师指出，往年的这部分内容，在考试中得分率很低，如果只是一味的追求结果，那么最后孩子们还是没有学到知识，校长也给了我很大的支持，认为这次的这节课，我们可以换个角度去设计教案……最后王慧老师给我出了一个主意，让我用纸剪的3小脚印在黑板上演示一步的距离，并用虚线标注出来。

第五次磨是："继续与众人磨——尽力打造一堂没有遗憾的课。"磨课，往往是这样，上完了所有的试教班，蓦然回首，相伴在左右的还是自己教研组的同伴。张老师的反思记录中同样谈到了这点：

为了这一步的距离，我已经把5个班中的4个班试教完了，在这种情况下，教研组老师提出把她们当作孩子，演示整个教学过程，力求把每一个环节让孩子们都有所收获。

在正式上课中，通过黑板演示，学生对学习步幅和一步的距离位置起到了事半功倍的效果，为后面学习平均步幅作了很好地铺垫。外校听课的老师在听完课后也给予了很好地评价。

课上完了，对一个老师来讲意味着什么呢？张老师说，回想整个过程我想说：痛苦着但快乐着。虽然一遍遍的磨课，一遍遍的试教，身体感到有点累，但是通过教研组老师和校长的帮助，让我对这节课的认识又有了上升，从这次的磨课中也让我从老教师的身上学到了他们对教学的严谨态度，以及从尊重学生的角度去备课的教学模式。在这样的教研组中，老师在教学中会有很大收获，我也为在这样的教研组而欣慰、自豪。

2. 磨教学的方法

“同课异构”，探讨的是不同的教学方法。这种方式首先有利于教师更好地理解课程标准，提高教学的有效性。“同课异构”中的“异构”不是目的而是一种手段，是通过不同的教师或是同一个教师用不同的设计上同一节课这样的手段来更好地理解课程标准、更好地把握适合不同教学内容的教学方法、更好地了解适合不同学生特点的教学情景、发现平时教学中的一些低效甚至无效的教学方式等，来实现提高教学有效性的目的。而这些问题通过独自的思考很难得到透彻的理解并获得解决，但拿出来大家一起研讨后，很快就可以明确。正如苏霍姆林斯基所言：“任何一个教师都不可能是一切优点的全面的体现者，每一位教师都有他的优点，有别人所不具备的长处，能够在精神生活的某一个领域里比别人更突出、更完善地表现自己。”教师之间的这种差异性资源，在合作中得到了充分的利用。

其次开展“同课异构”活动还有利于教师的成长，促进教师的发展。“同课异构”活动为教师的成长提供研究案例，教学活动是无法独立于教室文化脉络之外的，成功的教学有赖于教学者对教学情境的复杂性有充分的了解，并在教学现场进行有效率的教学决策。教师每天在课堂上做出无数的教学决定，通常是要依据当时复杂的现实情况来判断如何做最好，没有所谓的“正确的”或“单一的”最佳教学决定适用于所有的课堂。“同课异构”活动为教师这样的决策提供了讨论和学习的案例，从中我们可以发现有效与无效的教学活动，合理与不合理的教学情景等，也要求教师更多地了解和理解学生的学习水平和特点，这对教师的成长都有很大的好处。“同课异构”活动还为教师间的同伴互助提供了平台。不论是课前对课程标准的讨论还是课后对教学设计与效果的分析都是“同课异构”活动中教师得到发展的重要环节，在这些环节中教师之间的深入讨论互相取长补短、资源与信息的共享等对教师成长的作用也是十分明显的。

在教师的专业发展中，个人的感悟是一个十分重要的过程。教师们在教育教学实践中表现出的实践知识和智慧，在很大程度上是缄默的知识和情境性教育机制。这些缄默知识和教育机制难以以“客观知识”的形式、用语言来陈述和传授，只能在个人实践活动中得以表达。“同课异构”活动中的相互听课或者是个人用不同教学设计上同一个内容的过程就是一个体验和感悟的过程。而这些体验和感悟通过教师个人的思考与实践可以影响甚至改变教师的教学行为，达到促进教师发展的目的。

我们的语文组曾采用并列式的同课异构方式进行课的教研。即先由两位教师各自根据组内一起的教材分析进行备课、上课，课后请执教的教师说课，请参与听课的教师根据课堂教学评价标准进行评课，课文相同但教法不同，教无定法，只要得法，就有异曲同工的妙处。

我们的体育组采用的是螺旋式的同课异构：即同年段的教师进行小教研活动，主要进行教材分析，集体备课，疑难点的解读。然后在不同年段的全组教师中进行大教研组活动。从教研的形式和活动内容来看，不同的阶段，相似的主题，但每个阶段的学习要求各不相同，循序渐进，螺旋上升。

甚至还应该有递进式：先由两位教师对同一内容进行上课，课后进行说课，并请参与听课的教师根据课堂教学评价标准进行评课,围绕教学研究专题,多侧面、多角度地剖析,挖掘闪光点和不足。在此基础上,由另外的教师再修改教案,进行课堂教学,然后再反思,再提高。

3. 磨教学的理念和行为

课堂教学效果的精彩也会取决于教师教学理念下的教学行为,因为理念通常是行为的主导,理念正确了,教学行为才会有彩。而对教学理念的认识,教师也并不是一蹴而就的,正是在不断的打磨和“挑剔”中才会对什么是适合“以学生发展为本”的教学理念真正有所了解和熟稔。

体育组的李老师在参加2013年上海市中青年教师教学评选活动过程中经历了艰难的磨课阶段。在确定了教材内容后,就围绕如何把握教学目标、教学的重难点、如何处理教材、如何创设情境、如何合理安排教学时间等问题进行了多次探讨与学习并通过几次试教,大家普遍感觉学科素养、教学组织、课堂调控等要素李老师都做得不错,教学过程流畅,结构层次分明,环节布局紧扣教学的重难点,但教师没有大胆放手让学生主动学习、探究,时间较紧张等,经过不断研究李老师逐渐意识到瓶颈口就在教学理念上,同时随着沟通的深入李老师的教学理念也在悄悄地发生着转变,不断对教学设计进行调整。在接下来的几次试教过程中。校领导、学科专家、教研组和跨学科的老师们都一次次反复听试教并结合他们的专长提出了许多建议。在这个磨课的过程中,无论是李老师还是教研组的成员在专家们的指导下教研的核心内容越来越清晰:那就是如何改老师要学生学为学生自己学。在一次次将教师的教向学生的学转化的教学方法调试中,终于功夫不负有心人,最终课堂上呈现出在基本环节的“双手胸前传接球”练习中,改变过去整齐划一模块式的组织形式,而是倡导学生主动体验,采用自主合作交流的学习方式。让学生通过观察老师与同伴的动作,积极思考学会自主学习。在强调动作技能的同时,更注重对学生实践能力的培养,给学生营造思维创造的空间,让学生在篮球活动中思维,在思维中活动,体验运动的乐趣。考虑到学生的个体差异,学生可根据自己掌握动作的情况进行调节,不同基础学生有不同要求,从而更好地为学习目标服务。当这些“元素”最终被用在课堂的时候,学生们的积极性和思维能力被充分调动,这堂课上活了。

而上课的李老师最大的收获是:一堂课让自己的教学理念和行为有了质的提升。

三、专业成长、快乐无极限

1. 教研组,教师专业成长的主阵地

教研组教研时间中的很大一部分是围绕着钻研教材,了解编者的意图,设计出教学方案。为了得到更好的教学效果,老师们花了不少心血,上网查找资料,撰写教案,制作课件,反复推敲,几经斟酌,深入到每一个细节。对如何调动学生的积极性、如何处理教材等,进行了反复研讨。这个过程就是教师教学能力提高的过程。教研组的成长离不开组内每一位老师的努力付出,品社教研组就是在一次又一次浓浓的教研氛围浸润中不断成长起来的。

还记得2013年9月刚开学,教研组就接到了一项很有挑战性的任务:推选一位教师参加市级青年教师公开教学比赛。说到挑战,因为这次比赛级别是市级的,上课的杨韵老师又是第一次上品社公开课,更是第一次参加这样重要的比赛。杨老师的担忧是可想而知的。学校同时也为了让我们教师走出校门,还特意聘请了区教研员季老师亲临指导。杨老师接受了挑战,抓住了这次锻炼的机会,品社教研组接受了挑战,抓住了这次学习的机会。教研组鼓足了劲要让杨老师看到不是她一个人在奋战。

一遍又一遍的磨课,一次又一次的修改。《东盟与上合》这篇教材是一个难啃的硬骨头,如何找到它的突破口,杨老师困惑了。季老师的一个点子"能否从'会标'为切入口"点醒了梦中人。这是一个好主意,因为,会标是上合组织精神的精髓所在。但如何巧妙地利用好呢?组长周老师毅然接下了任务,完成了会标的分解演示的制作,使得整堂课的难点迎刃而解。而对如何介绍上合组织所属国家——俄罗斯,教研组的老师们又坐在一起进行了探讨。杨老师利用班级学生善于收集资料的优势,充分发动学生收集资料、归纳资料,进行组际之间的交流汇报,把学生的学习能力展示发挥到了极致。在大家的共同努力下,杨老师的比赛课获得了这次比赛的二等奖。"一堂高质量的课带给我们的不止是一份荣誉,而更多的是成功的一堂课带给我们的反思以及传承。课堂中孩子们探究式学习方式,教师在导学时有效教学策略的运用,无不让我们受到启发。"教研组长周老师如是说。

"一枝独秀不是春,百花争艳春满园"。品社教研组而后又在区级课题《基于课标的品社学科能力培养的策略研究》引领下,拾众人的智慧与力量,在 2014 年 10 月的品社基地活动中,刘志平老师的《我的小岗位》,钱磊老师的《我们只有一个地球》,又一次展示了教研组老师的智慧与创新。一次次磨课,一次次修改,不仅有上课老师的辛勤付出,还有级组老师、分管领导的齐心协力。展示课获得了与会老师和领导的好评,尤其肯定了学校品社学科在开发资源、动静相融、破解难点,在情景中引发学生思考,引导学生成长做了很好的探索。

一堂堂课带给了老师们太多的收获,到目前为止,每学期品社教研组都有四堂集年级组智慧的教学研究课。而借助品社基地活动,每学期教研组都会推荐一至两位老师参加市级教学展示。以及每两年我们都会有老师参加区教学比武课。一堂课带出的涟漪在不断地传递、扩大。现在的品社课堂正不断地尝试着用探究型、情境型、体验型等以学生主动学习为教学模式的课堂教学改革。

2. 跨学科——激发创新思维、相互借鉴

每学期综合学科大组以及校级的研究课都会组织不同学科的老师参与到听课、评课活动中。通过跨学科的互相听课、评课,使得不同学科老师之间在探讨教学研究的过程中碰撞出创新思维的火花，能取长补短并借鉴他人的优点，使自己的专业水平得到更大的提高。

通过对课堂教学研究的不断深入、不断总结、不断收获，老师们学会了学习、学会了思考、学会了生活。在勤奋中收获充实，在奉献中体验到了快乐，在创新中实现理想。在学会发现和欣赏自己中分享成长的快乐。

体育周老师在综合学科组上的一节课引发了大家对体育学科如何更好发挥学生自主学习能力的探讨。在本次课跳高达人的挑战中，周老师采用由易到难的整体分层教学，主要体现在跳的高度上，比如：跳过彩杆的高度由第一关升级到第五关，每一关都是难度与高度递增，学生通过不同种叠放小椅子的方法来升级高度，学生在一次次闯关挑战成功后达到教学目标。综合组的老师们都对这节课的主题设计与器材的一物多用纷纷点赞。同时指出虽然通过情景的方式把游戏进行串联，通过不同的游戏，层层深入的游戏使学生在不知不觉中掌握了技术动作，但在套圈达人的游戏中，教师提前规定好单人套圈、双人合作套圈、集体套圈，每一种套圈的形式都是教师规定好的，学生在这个环节中都是按照老师设定的游戏方法来游戏，对于学生来说没有给足其自主思考提出不同意见的机会，教师可以停下来听听学生的想法，问一问，我们还可以怎样套？你有什么好方法，这样就会收到不一样的效果。有些老师提出，有些能力较强的学生在挑战完第五关后，还有能力继续挑战，应该给学生提供充分器材，比如多摆放一些小椅子在场外，如果挑战第五关后，还可以自主选择挑战的难度，这样才会使分层教学落到实处。

自然王老师在自然教学中采用探究任务单作为主要载体，课堂教学围绕着实验任务单展开，依据任务单的设计引导学生体验探究的过程、逐步学会科学探究的方法。通过数次的教学尝试，实验任务单几经修改也产生了翻天覆地的变化。修改后，王老师将目标和学生所选的材料对应起来，易于学生自我的发现，模拟火山锥的形状——锥形瓶还是烧杯、模拟岩浆——番茄酱还是红墨水，通过实验，再综合这些因素，最终了解火山喷发

的原因。这是一堂整合了自己教研组试教中的各种意见的一堂校级展示课，参加展示课听课的老师们来自各个学科，评课中大家肯定了王老师在教学中的创意，但也提出：实验任务单要舍弃低水平思维，激发学生的高水平思维。不能让探究任务单仅仅作为实验记录单，而是能为学生的自主学习提供合适的支架，要指向目标，为目标服务，而且实验任务单中要有对应的评价等建议。

这次活动后，信息科技与美术教研组都在课堂上尝试了合理运用任务单的教学活动，感到任务单的课堂教学模式是一种可行的、值得进一步实践和推广的方法，我们要不断地研究，及时发现问题，及时改进，用好任务单这块有效思维的指引牌，提高课堂效率，让学生收获更多。

跨学科听评课是一种很好的方式，让我们看到自己教学的不足之处，也学到了很多其他学科任教老师身上的宝贵经验，让我们可以多问自己几个“为什么”，让自己的教育教学工作充满“研究性”。

第三节　年轻的“小官”

教研组的引领者——教研组长，就是学科组的当家人，一个优秀的教研组长可以带出一个优秀的教研组。在我们东展，有着一支年轻的教研组长的队伍，他们都是从普通的教师岗位起步，承担起组长的工作职责，并在这个过程中接受历练、得到成长。他们本身已经成为一门学科的主要骨干，而组长的职责还不仅仅如此，榜样示范、专业引领……都无时不刻地在考验着他们的智慧。虽然这些教研组长资历尚浅，但是他们好学上进，充满激情，工作时创意无限，又极有魄力，我们风趣地把他们称为“年轻的小官”。

一、土生土长的“小官们”

东展的教研组长没有所谓的空降兵，每一个现任的组长都是学校自己培养起来的。学校开办之初，每个学科都需要有一个“领头人”，但同时在很多学科也缺少较为成熟的教研组长，一部分在教学方面有一定潜质的教师在自己个人资历还很年轻的时候就被推到了教研组长的岗位上。他们边做边学，挑起组长的职责。到目前为止，学校总共 19 位教研组长，平均年龄 37 岁。其中，教研组长时间最长的 12 年，他们几乎就是和学校成长时间一样的“老人”，但也有担任组长时间只有 4 年，还只有 30 出头的“新人”。虽然，他们在担任教研组长的最初个人资历上并没有傲人的东西，而且还受着年龄轻、资历浅的困扰，但是他们都在健康地、坚定地成长着。他们中 93.33%的人，都具有本科学历，其中还有 1 人具有硕士学历；他们中有 2 人是中学高级教师；在历次的市区级教学比赛中，他们中有市级比赛高奖获得者 4 人，有区级比赛高奖获得者 4 人，他们中还有 6 人在全国、市区课题和论文评比中获奖的。作为新时代的课程领导者，他们现代化教育技术运用能力强，能将现代化教学技术熟练运用于日常工作中，大大提高了工作效率。作为新一代的年轻人，他们富有个性，充满活力。

这些“年轻的小官们”都是在东展这片沃土中培养起来的。他们进入东展时大多都是普通的教师，且资历尚浅。学校用慧眼识人，对于工作认真负责，工作能力强或有一定潜力的年轻教师，就大胆用人，让他们承担教研组长的工作，在落实学校办学理念的过程中积极发挥作用，施展自己的才华。从教研活动的参与者到教研活动的组织者，对他们中间的很多人来说还是“大姑娘上轿——头一回”。他们冲锋在教学的阵地上，但也由此成就了自身的成长。“‘肯吃苦、能吃苦’是他们作为组长的精神风貌；‘乐于教学上的钻研和进取’是他们的专业精神；‘善于学习、主动学习’是他们更快成长的法宝；‘勇于担起责任’是广大教师信服他们的理由”，他们因为自己的努力和进取，突破了资历浅、年龄轻的束缚，他们已经不再青涩和懵懂，他们，一个个成为了富有时代气息的教研组长。

二、在历练中成长

东展秉承着自己的骨干自己培养的思路，把年轻、有潜力的老师一一推上教研组带头人的岗位。“挑担子”是必须的，但是，打铁还须自身硬，专业素养和课程领导力是“小官们”必须要同时学习的两门功课。而同时，为了能够让他们更好地承担起教研组的工作，学校给他们“压上重担”，以此锻炼“小官”们的能力，激发他们的潜力。

1. 压担子

在教研组长培养的过程中，学校注重通过“压担子”历练我们这群年轻的新人们，压担子的终极目标是：“教研组长要成为专业成长的领跑者”、“教研组长要成为课程执行的带头人”、“教研组长要成为引领学科组共同发展的领路人”。

让我们来看看陆老师的成长。陆老师，2006 年开始担任语文教研组长，教龄仅仅只有 6 年。她从懵懂中起步，一步一个脚印向前迈进。2006 年陆老师休完产假回学校上班，也同时被学校赋以了重任：担任了一年级语文教研组长和一年级年级组长的工作。当时，由于各方面的压力，她对自己教研组长的角色还有些不太适应，很担心自己是否可以胜任。因为她深知：教研组是研究教育教学、培养教师的基地，教研组要有“研”的氛围，才可能使教师有切实的收获。

同年，学校特地聘请了原上海市师资培训中心的语文特级教师徐家良老师对陆老师进行一对一的一级特色带教。在徐老师的指导下，陆老师和教研组的老师们面对语文教学的薄弱环节，分析了当时的识字现状，认为低年级识字教学应通过研究学生识字的流程以及识字教学过程中师生的教学行为入手，培养学生的识字兴趣，改进教师课堂教学方法，引导学生掌握识字方法，从而达到增加识字和巩固识字率，帮助学生尽快完成课标提出的识字任务，使课堂识字教学真正有效起来。因此确立了一年级语文教研组的研究专题，即《一年级语文课堂识字教学有效性研究》。

在研究过程中，陆老师与教研组的老师们一起阅读了相关理论书籍，并且把相关的理论知识运用到自己的课堂实践中，自创了“字塔”游戏的教学方式。所谓的“字塔”游戏，也就是在低年级的语文教学中，教师以生字教学为切入点，随即进行带有生字的词语教学，然后进行带有生字的短语教学，最后过渡到课文的句子教学。这样，通过字、词、短语、句的教学时，学生自然在读课文的时候有了一些语感，也不会读破句了。后来，“字塔”的游戏教学方式不仅在学校、在长宁区的低年级语文教学中也“小有名气”了。

而同时，陆老师还带头在学校上研究课，通过实践研究不断地调整自己的教学行为；教研组的其他教师也都能围绕着研究专题进行课堂教学的实践与研究。后来，她的一份教研组专题研究小结还获得了上海市小学语文论文评比一等奖。到了二年级，她又结合新课程理念与阅读教学的现状分析，将研究专题《小学生阅读教学中学习行为的研究》作为课题被立项为学校重点课题。

就这样，陆老师和她的教研组的每一个老师在教学实践中不断品尝着研究的喜悦，感受着大家共同的进步。从陆老师任教研组长的第一个学期起，她所带的语文教研组还连续五次被评上了学校的优秀教研组呢。她本人在2013年获得区“长教杯”教学比赛的一等奖；课题成果也多次获得校级高奖。

和语文教研组长陆老师相比，数学组的另一个教研副组长陆老师成长也可圈可点。1976年出生的她，整整39岁了。和语文的陆老师相比，她可以说是出道“晚”的那种类型。不是数学科班出身的她经历了成为合格的数学老师到优秀的数学老师的转身，进而再来涉足教研组长这个岗位，用她的话讲：“谁曾想今天我会成为一名数学教师，还成为了一名数学教研组长。”

数学组教研副组长陆老师，物理系电教专业毕业，1996年踏上工作岗位成为一名专职电教老师。2004年2月，她离开了原来的学校来到了东展。东展不缺电教老师，于是半路出家开始做起了一名数学老师。进入东展她从低年级开始教起，当时想着，怎么说也是理科出身，教个数学应该难不倒自己吧。带着对小学数学的完全不熟悉，干上了数学老师这一行。用她当时的想法说“数数、十以内的加减法、二十内的加减法，这么简单的知识还需要用35分钟来教吗?”因为想得很简单，自然教起来也很简单。随后的课堂教学被校长戏称为“脚踩西瓜皮，滑到哪算哪”，一句话“不靠谱”。真是“隔行如隔山”哪！对于以往工作上顺风顺水的她来说，第一次感受了什么是“挫败”。

当时的陆老师还是新人一个，看着她的情况，学校先后请来了三位师傅，对她进行“合格带教”与“特色带教”。三任师傅传授给她许多教学理论及数学专业知识，虽然有时常常被师傅问及教学理论哑口无言，懊恼自己的无知，同时也清楚地认识到对于数学教学，自己还有许多需要探索的。“有德无才要误事”，没有才，如何“授业”与“解惑”? 从师傅们的身上，陆老师看到了身具专业的知识技能的重要性，它是教好学的前提。在师傅的引领下，她阅读了许多书籍，养成了读书、思考的习惯。而又因为师傅经常要来听课，为了准备好一节课，常常备课、做课件准备到深夜十一、二点。可令人难过的是，特色带教两年过去了，教学能力并没像期望中那样得到提高。委屈、自责、流泪、甚至怀疑自己是否适合做一

名数学教师。这期间，因为工作的需要，学校委任陆老师担任备课组长，因为学校看到的是个头小小的陆老师身上的一种韧劲。“个人教学能力薄弱如何担当备课组长一职？”陆老师既感受到了学校的信任但又一次感受到了压力。

面对压力，如何支撑？在东展三、四年间，陆老师一直被东展先进的教育办学理念浸润着，东展传递着许多正能量，同龄人的感人故事影响着陆老师。她，再一次坚定了自己的理想信念：那就是做一名对学生有帮助的教师。正是因为有理想信念，面对压力与失败她没放弃，她说：“可能我在数学教学上没什么灵气，但我可以通过不断努力提高自己的能力。”就此，特色带教的最后一年她努力做着两个转变：以教师教为主到以学生学为主；教教材到用教材。2009 学年她上了《数字的墙》一课，生动有趣的情境，富有层次性的思维训练，获得了师傅和听课老师的好评。她第一次体验到数学教学“成功的喜悦”。

因为她在数学教学中的努力坚持，2012 年，学校任命陆老师担任数学大组的教研副组长。一个岗位意味着一种责任。教研组长和备课组长有着工作内容的不同，从这一刻开始，她要在这个岗位上重新出发：制定每个学期的教研组计划，安排每个学期的教研工作，参加教研组长会议，进行教研组建设的学习……年龄虽然不小了，但对于这份工作她逃脱不了新手的“境遇”。她遇到最大的困难就是如何使得整个教研组不断提升。经过很长一段时间的思考与摸索，2010 学年她申报了个人校级课题《在低年级计算教学中重视学生的思维能力》，教研组的老师都是课题的成员。有了课题，全组上下就有了教学研究的目标，就像打靶有了靶心，每位老师围绕课题选择研究课内容，集体备课、上课、集体评课。但是这个过程也并不轻松，刚开始时组内的老师会有一些不认可，甚至还有老师把上教研课当作一个负担应付了事。如何向老师们证明自己的想法是可行的？如何把大家拧成一股绳？如何做一个大家都认可的教研组长？苦恼之后的陆老师想着首先还是从自己做起吧。于是，校级课上课她冲在前面，区教学比赛她冲在前面，区教研课她又冲在前面。2013 年区展示课《圆的初步认识》，这也是她作为“长教杯”教学比赛一等奖获得者的汇报课。陆老师整整一个月的时间，备课十来稿，试教 5 次，试教到最后，课没力气上了，话也说不动了，开完课还病了一场。是的，作为资历尚浅的组长，以身作则是让自己更快成长的“命门”。而在担任教研组长期间，她认真组织每一次的教研组活动，精心准备每一次的组内教研课供大家参考，每一次组内老师上完教研课后她都能真诚地说出自己的想法。慢慢她自己也发现老师们变了，她们不再把上研究课当作一种负担，会尽力准备，会来和她讨论，有了一股想上好课的劲。同时，她带领老师们开展的第一个校级立项课题在第一轮课题研究中最大的收获就是增强了培养学生思维品质的意识，提升了分析教材的能力。2013 学年她又继续深入对学生思维品质培养的研究，申报了第二轮的个人校级课题《低年级学生数学思维品质培养的研究》，就教材、教学方法、练习设计进行进一步的教学研究。2014 学年《低年级课堂教学数学思维品质培养的研究》成为市“萌芽计划”项目的立项课题。

从教学的零起点、教研组长资历的零起点，陆老师经历了几次“转身”，她个人也获得多多的收获：2013 年获得区“长教杯”教学比赛的一等奖；2014 学年她带领的教研组课题成果评比获得了校二等奖，陆老师所带领的教研组还两次获得校先进教研组的称号。

2. 挑担子

东展教研组长的成长某种程度上讲也是被“逼”出来的，当岗位需要你的时候，“挑起这份担子”是需要一定勇气的。因为，这其中会有你很多想不到的东西在等待你、考验你。很多时候，内心的不坚定和退缩会阻碍发展，但是一旦你大胆地跨出这一步，你又会发现“不经历风雨怎会见彩虹”的乐处。

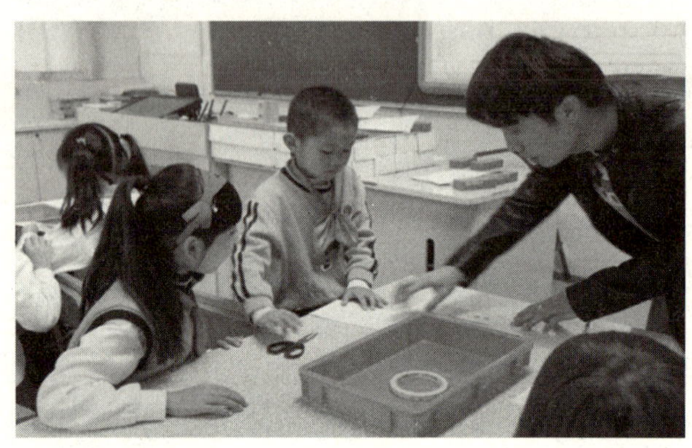

2007 年的小王老师还是个刚刚走出校园的大学生，虽然学的是师范，但真刀真枪地走上讲台还是不小的挑战，在学校的安排下快速完成一名合格教师的转身后，2009 年，学校安排他担任教研组长。听到这个安排时，小王老师自然很是惊愕，心里没有底，教研活动完全处于模仿阶段，每次研究活动就觉得压力特别大，于是组织教研活动无外乎就是读读相关的教育教学杂志，说说教学的计划等，都像是单纯为了完成教研活动这个任务，没有成功的愉悦。学校了解了这个情况，再次请来了小王老师的带教专家经老师，对他进行了特色带教，经老师不再像合格带教那样关注一节课的内容，而是对整个课标、整个教材的分析，向他推荐了不少教研组建设，教学研究的书籍，并鼓励他要用好教研组活动这个主阵地，推进整个教研组的进步。与此同时，小王老师也在一次次参加其他教研组的展示、交流中，慢慢认识到，自己对教研缺乏组织驾驭能力，不知道如何围绕研究内容调动大家畅所欲言、各抒己见，只有促进参与者不满足于现有工作实际，才能研究出改进、完善的办法。

知道了问题，可是如何突破呢？“研究学生最迷惑、最薄弱、最想要的内容”，经老师的话给了小王老师大大的启发。自然课上学生最感兴趣的是什么？当然是科学实验啊！每次听说有实验要做，每个孩子都是摩拳擦掌，跃跃欲试。于是在接下来的几个学年中，小王老师和教研组的老师们连续开展了《合理利用有效实验，提升学生课堂主动参与性》、《增强实验教学的趣味性，提高学生课堂有效性的研究与实践》等教学研究，在提升课堂教学效果的同时，学生学科素养也有了长足的进步。教研组稳中有进。

自然组，虽然从人事编制上讲只需要三位老师，但同时这门学科也是换人较为频繁的一个教研组，人员的进出时时也让小王老师感到身上的担子并不轻松。2012 学年，在东展已经任教 4 年低段年级自然教学的小云老师由于家庭原因离开了东展(2015 年 9 月又再一次回到学校)，低年级的教学出现了真空，作为一个男老师，小王老师原先一直任教中高年段的教学，对于低年级的学生的教学方式完全是陌生的。但作为教研组长，硬着头皮承担起从未任教过的一年级教学，从头摸索一年级学生的教学方式。低年级的教学方式完全不同于中高年级，需要教师更多的鼓励，激励，用更生动、有趣的课堂去吸引孩子学习热情，随后，王老师也在一边教学一边改变自己的教学方式。

屋漏偏逢连夜雨，组里的小於老师由于特殊原因，将要暂缺两个星期的教学工作，原来有三位专职教师的自然教研组只剩下我一个专职的自然教师，全校却有 25 个班级自然课需要上，遇到了巨大的困难。在课程部的积极安排下，暂由班主任、数学老师等老师任教自然、劳技课，这些老师没有抱怨，积极配合，做好课前准备工作，认真负责地上好每节课，共渡难关。

这些老师本身的教学任务都很重，身为教研组长的小王老师考虑到这些老师都是兼任自然，便将他们所需任教年级的教案提前准备好，预先摆放好这些老师所需的自然实验的器材，并主动去询问教学中遇到的困难，安排好自然专用室的使用。

同时他也遇到不少烦心事，每个星期将近 20 多个课时量，已经满负荷运作，这时区“长教杯”的教学评优开始报名了，小王纠结了：如果不参加，也就意味着少了个开眼界的机会；如果去参加，万一一无所获，多不好意思啊，更何况自己的负荷就更重了。这时，学校领导给了小王一个定心丸，小王就去参加吧，抱着一颗平常心，没奖是锻炼，有奖是激励，工作上肯定会累点，年轻人多冲冲。有了学校的支持，小王打消了顾虑，并在后来比赛中获得了区二等奖的成绩。

就是这样一个“多事”的学年，如今回想起来，小王说到，当时的种种对自己是一种“压榨”出来的提升。是的，也许很少年轻教师会遇到这样的情况，但是在这种历练并承受住历练的人才会有真正的提升。小王自己也发现，有了一、二年级的教学经验，自己对整个小学阶段的自然教学有了更加清晰的认识，更意识到自然的知识有一个螺旋上升的学习过程，因此只有了解每个年段的阶段目标，才能设计出符合学生年段的活动，贴合学生的真实需求。在和其他老师的合作中，更意识到合作交流的重要性。在不断的教学磨练中，更意识到一个教研组的建设上，再忙再累也不能怠慢理论、专业的发展，只有不断提升自己，才能身体力行地带领整个教研组劲往一处使，共同发展。

进入到 2015 年，学校推荐小王老师参加长宁区教学能手的评选，同时他也被学校聘为骨干教师。从一个对教学毫无经验的大学生到一个合格的自然教师，再逐步成长为一名教研组长，成了一个“小官”，其中有酸有苦，但更有收获。

三、小官大智慧

我校的这支年轻的教研组长队伍中，各位组长风格不同。他们有的活泼热情，有的富有激情，有的沉稳干练。在面对这些个性不同的“小官”时，学校给予了更多的空间，让每位“小官”能够施展不同的才华，运用自己与众不同的智慧，在自己的工作岗位上发挥作用。

1. 智慧地策划教研活动，让问题变为话题

教研组长就是专业的带头人，同样的起跑线，普通教师可以跑得慢些，但是，组长需要成为一个领跑者，这，是岗位的要求，更是一个组长对自我的要求。教研中很多时候会将上课、评课作为教研的全部，但是这仅仅是教研的冰山一角，以问题为引领的教研活动带动的是更多教师思考性地参与教研，从而提高"研"的内涵。

2006年开始，学校以课题《多元文化背景下小学生人品教育实践与研究》为引领，全方位开展各项工作，提出了"人品课堂"，要求教师树立正确的课堂教学价值观，向以学生为本的课堂教学价值转型，新一轮的课堂教学改革即将开始。

语文年段教研组长杨老师带领着教研组开始了研磨，这次作为教研组长的她研磨的不仅仅是课，更多的是教学观念。老师们在交流时最大的困惑就是感觉学生学习不够主动，学习积极性不高，还记得当时教研组的一位老师说了她期待的课堂——学生小脸通红、小眼发光；学生小手直举、小嘴常开；学生兴趣盎然、兴致勃勃；学生思接千载、浮想联翩……这样的课堂是多么令人向往啊！在交流中，老师们还谈到了总觉得教学时间不够，教学任务完不成。听着大家的话，杨老师想：为什么不把老师们的问题集中起来，然后找找原因，改进我们的教学呢？兴许会有所改变呢？

在一次教研活动中，杨老师和教研组的老师们分析了学生学习主动性不高的原因，发现课堂中还是存在着这样一些问题：一是教师讲得多，学生学得少，教师细致的讲解、繁琐的分析占据了学生大量学习的时间。二是课堂中思维训练还不够，教学设计没有达到儿童"最近发展区"。通过这次分析，她们发现问题的根本还是出在教师的教学观与学生观上。

把课堂还给学生！经过大家的讨论，大家决定在语文课堂中开展以发展孩子思维能力，激发学生学习主动性的教学。那时，正值学校第四届课题研究申报活动，杨老师带领着组里的老师一起申报了《小学思考性阅读的实践与研究》的课题。从此，教研组也走上了研究的道路。

随着课题的开展，教研活动内容丰富了，组织更有序了。每周一10:15—11:30，老师们认真教研成为了办公室一道亮丽的风景线。就在一次次的教研活动中，大家一起搜集资料，学习同行的经验，去探寻语文学科的规律。当时大家一起读了很多袁瑢老师的著作，特别是袁瑢老师如何在语文课堂中进行思维训练方面的文章。随着学习，我们对语文学科的性质和任务更加明确了。接着，我们对教材进行了深钻细研，"思考性阅读"需要培养学生思维的连贯性和系统性，这就需要教师要细致研究作者的写作思路。此外，"思考

性阅读”还需要进行设计跨度较大的提问以及有思维含量的语言文字的训练，我们必须深入挖掘教材中可进行思维训练的语言点。因此，每一篇教材我们都进行多维度的解读，除了关注文章内容，主旨，结构，还详细分析作者的行文思路、谋篇布局、选材组材及文本的表达方式，重点语句等。第三，我们进行课堂教学的实践，通过研究课的形式来研究，每位老师在研究课中提出自己的设想，上完课后教研组老师再进行评论，然后上课老师再撰写案例，用案例来帮助自己反思。

就在这样一次次的学习、实践中，教研组老师们教学理念提升了，教学行为改变了。在课堂中，学生都动起来了，以学生学为逻辑结构的教学，使学生的学习明显变得积极主动了，一双双小眼睛亮起来了，一张张小嘴巴说起来了，孩子们变得更爱动脑筋了，是研究解决了老师们的教学中的困难。这轮的研究，虽然老师们研究能力不能一下子有很大的提升，但是我仍然感觉，教师们教学理念的提升、教学行为的改变、学生能力的发展方面都经历了从量变到质变的过程。特别让我高兴的是，老师的工作热情被激发了，教研组呈现了团结向上的风貌。因为大家有着共同的目标，在追寻目标的过程中相互合作，同事间亲密无间的情感也建立了。

这一轮的研究收获，用杨老师的话说：是课题研究能将学习理论书籍、教材分析、上课、写课后反思等教研组中常见的工作都整合在一起，有序地纳入了课题研究的轨道上来，使得教研组各项工作都有系统性地展开了。

2. 榜样示范，把组里的老师凝聚在一起

教研组长虽然是一个小官，但以身作则，身先士卒依然是能否率领好组内教师的一种重要的品质，教研组长把每一位老师凝聚在一起，考验的是组长的才干，更考验的是组长的为人。下面的这个故事是来自我校一位普通的老师的一篇日记：

刚进东展的时候，常常看到她在台前发言，她有时扎着高高的马尾辫，有时披着柔顺的长发，非常漂亮，我想这是谁呀，总觉得有些距离。后来知道她是陆怡，见面总是客气地打招呼，但是也不熟悉。这学期，我和她在一个年级组，而且她是我们的组长，对她有了很多了解。确实这位组长的身上有许多值得我们去学习的地方，展示着东展老师的风采。

好学肯钻研，不断提高自己的文化学习和专业学习水平。在那么繁忙的工作中，她报考了研究生的课程，有多少个双休日陆怡放弃了休息，赶到学校去读书，有多少个深夜，她在灯下学习，忙学校里的工作。今年暑假陆怡去了好几个地方旅游，她说自己很喜欢旅游，但是为了读书，三年假期都在集中读书。她非常爱学习，她说读书其实也是很开心的，就是一边工作，一边学习累了点。学习给了她充实和提高，当我们不知道论文应该怎样写时，她给我们看自己的论文，告诉我们应该怎么写，我们非常赞叹她能洋洋洒洒写那么多的理论的，实践探究的文字，这是她多年工作的辛勤劳作的结晶啊！一边在不断地学习理论，一边在实践中反思提高。陆怡在学校里有专家带教，她在专家的引领下，刻苦钻研，认真上好每堂课，多年的带教和自己的实践，她对语文的教学有自己的想法，在区的教学比赛中，还获得了一等奖。

陆老师作为组长，事事带头，她真诚地对待年级组的每位老师，带领大家一起做好年级组的每一项工作。家长开放活动，她安慰大家不要急躁，她把活动都安排好，编节目、做道具、录音乐、做 PPT、带领大家一起做；布置教室，她早早作好准备，给大家做个样子；制定计划她总能想出一些点子来与大家分享。年级组活动，她和大家反复讨论上课教案，那一次在学校组织去扬州活动的路上，她也和老师在讨论上课的教案。她用自己的真诚和认真投入凝聚了年级组老师一起作好学校的各项教学教育工作，她是学校的骨干，是我们的组长，在她身上看到了东展老师的风采。东展有很多这样的老师，从领导到每一位老师都会尽心尽力地去做好自己的本职工作，东展才会有灿烂的今天，辉煌的明天！

3. 学做“当家人”，发挥大家的才能

很多“小官们”在上任的那一刻，确还都是稚嫩的，但他们并不会因为自己的稚嫩而推却学校对自己的信任，“勇敢面对与责任承担”促使他们时时与正能量相伴，他们也因此成长为一个个合格的“当家人”。

80 后的李老师，2003 年进入东展时教龄仅仅 5 年，24 岁的他还是一个大男孩。作为一个体育老师，他年轻、率性而又对待一切新鲜事物勇于尝试，有着广泛的兴趣爱好。喜欢自由，不喜欢被束缚。初来东展，因为年轻加上比较自由的工作态度，给很多老师留下的印象可能是工作比较随意，纪律性还不够。可是，学校领导透过现象看到本质，看到了李老师对待体育教育事业的热爱并给了这个年轻人一个很好的机会：当体育组的教研组长。回想当年，李老师也非常感叹，没想到校领导能让这么一个年轻的老师担任这样重要的工作，由此当时他下决心要把工作做好。

体育组面临着两个困难，要么是教龄几乎是零的新教师、要么是已经退休返聘的两位老教师，如何带起这个组？发挥他们工作的长处？这是“当家人”必须思考的问题。李老师一路走来也是常常在摸索中前行。组里两位老教师，他们来到东展时候已经 60 岁了，他们没有年轻老师的青春活力、也没有年轻人的“花容月貌”，但他们各有特长：徐老师，是退休返聘的老教师，但徐老师的工作风格是做事细致且一丝不苟，他带出的一年级孩子，跳绳能力超强，一年级已经能够赶上二年级的水平，教完一年级，没有一个孩子不会跳绳，且区统测的成绩很多孩子是“优秀”。而且，还不止这些，他还是一个极细心的人，徐老师管理的体育器材室井井有条，干净整洁，由此，就可以看出他日常做事是如何的有条理。姜老师，也是一位退休返聘的老教师，他在田径场上的训练特长无人可比。看到老教师的“优点”，李老师觉得两位老教师就是体育组的两个“宝”，他也越发尊重两位老师了，很多事情都主动请教老教师们和他们商量着一起来。两位老教师也非常支持李老师的工作，学校的田径队就是姜老师来了之后一点一点带起来，这些年他不光带出了一支支可以在区里运动会比赛中获得高奖的学生田径队，更是在他的影响下，带出了一个个年轻老师成为田径队的教练。又如，学校每年的春季运动会历年学生问卷调查受学生欢迎的程度都是最高的，在李老师的带领下，大家齐心协力。而很多次的赛前器具准备，徐老师是购买专业户，他选择的器具既经济又实惠，而且准备得非常充分。两位老教师的正能量也深深影响着组里的小年轻。他们无论在业务上还是在晨锻（包括冬锻）、运动会、田径训练、教师身体健康指导等大小事情方面心往一处使。

而李老师虽然年轻，但也是一个学科骨干，在做好教研组工作的同时，他也没有忽视对自己学科教学的精进，2013 年他和区里另外两位体育老师参加了上海市青年教师技能赛，在经过了一系列比拼后取得市第二名的好成绩。而他在教学和日常工作中的悟性和创新能力每每也博得组里年轻老师的点赞，在日常教学中对年轻教师的点播，大家也时时感到受益。

今天的体育组，依然有着两位老教师，但年轻的老师们已经逐渐成长起来了，体育组新一代的教研组长也正在成长。李老师经过这些年的锻炼，被学校聘为“课程部助理”。他带领的教研组两次被评为区先进教研组，多次被评为校先进教研组。

四、小官，教研组长的成长

1. 教研组长是教研组之人的引领者

教研组长成为了教研组成员的引领者，他或她是组内教师专业发展的指导者、合作者；教研组长专业引领的意识比较强烈。对自己所应该承担的专业职责比较清晰，我们的教研组长在谈到自己的岗位职责时，大部分都详细列举了教研组长在专业引领方面所应该承担的责任。我们的教研组长在谈到自己担任组长的最大收获和成长时，我们也看到：组长在带领教研组教师开展专题研究、课题研究、备课、上研究课、理论学习等方面发挥了较大的作用。教研组长还在实际工作中比较好地落实了这样一些工作效能：形成了“问题引导——经验调动（个体谋略）——实践切磋（同伴互助）——理论指导（专家引领）——总结提升——创造新经验、形成新问题”的教研组研修操作模式；在学校和教研组成员间发挥了桥梁的作用。

2. 教研组长是教研组之事的管理者

教研组长更是教研组成员生命成长的同路人，教研组长对任务的策划，能不仅仅局限于对事务性工作的设计，而是把重心放在对每一个教研组成员的解读：解读教师的个性、解读教师的弱点，解读教师的发展空间，并以此为基础为教研组成员提供提升的空间。教研组长除了组织教师进行专业发展之外，需要承担人事的管理问题，虽然这种管理与学校由中层等以上的行政管理有所区别，但却是时时存在、经常发生的。如，经常找组员谈心、主动处理组员工作中的困惑与问题、发现组内不良问题及时制止、能够根据组内教师的困惑设计问题等。在实际工作中我们也看到了教研组长们在这些方面的作为:比如一位教研组长谈到“我在组长的位置上学会了如何帮助组里的每一位老师有所进步;就新进来的、教学能力略长我的,能搭建平台给予他人展示;组内老师违规,友善提醒。”

还有一位教研组长讲道,“教研组长是教研组一切工作的责任人,不仅要负责好组内各项教学工作、落实教研组的各项常规要求,还要对组内教师加强人文关怀、组建协作能力强的团队。”的确,教研组长作为教研组的组织者和领头人,在日常的教研工作中承担了根据教研组的现状制定计划的职责、他们还同时承担了组内成员的学习与研究及在日常教学中组内成员发生工作困难的协调性工作。应该看到,教研组长的心得和体会正是来源于平常点滴工作的累积。

3. 教研组长是教研文化的建设者

教研组文化最根本的作用是“育师”、“育人”,教研组是培育具有新理念、新思维、新行为的教师的平台。通过将蕴含了教研组价值观念的“文”,“化”进每一个教师的精神世界,去改变教师,发展教师,这就是“文化”的作用。我们的教研组长在实践学校办学理念的过程中,已经成为了先行者,他们对学校的办学要求、教育教学行为有较好的理解和践行,由此,他们在指导教研组具体工作时能够结合学校的办学要求并结合教研组的情况设计教研组各项工作,在他们的带领下,形成了能以课题或专题研究为引领目标的教研组、能以规范管理,认真执行学校各项工作要求为目标的教研组、能以人文关爱为目标的教研组。

第四节　迈步的“台阶”

教师是教研组发展重要的人力资源,确保他们的专业发展,是教研组长期发展的根本。为此,我们一方面从学校层面设立各项人力资源发展机制,如,我们设立了“教师发展标准”、“职称评聘分离机制”、“校级学科带头人和骨干教师评选机制”、“课题和课题成果申报机制”、“教师自主发展机制”等,又从促进教研组专业发展的角度上设立了各种实践平台,如,我们设立了“星级教研组评选制度”、“教研组长培训制度”等等。由此,东展的教研组更显勃勃生机。

一、教师的成长

《教师发展标准》是为教师搭建的专业发展机制,《标准》设立了三级十一等的职级任职岗位,是教师专业发展的台阶。与此契合的还有学校的《带教制度》、《形成性考评》、《终结性考评》、《教师个人自主发展规划》等等,他们所指向的都是每一个独立的个体共性与个性兼容的专业成长方式,这些发展平台都具有可以量化的标准与评价方式,为教师的专业发展提供方向。

(一) 带教,契合不同教师专业发展的再生需求

很多的学校都有自己的带教项目,从专业上确保教师入职后的再发展。我校自开办以来就制定了《带教制度》，经过十多年的发展形成了一个比较完善的带教运作方式。比如，我们的带教有个人带教和教研组带教两种。为不同资质的教师设计了不同内容和学习年限的带教项目，并有相关的评价方法，我们的老师可以根据自己的成长需求申请不同形式的带教方式。

1. 个人带教

个人带教是根据教师个体执教经历设计的，而这个人数的比例也是很高的，从学校开办到现在接受个人带教的教师占总人数的 83.8%。个人带教呈台阶式上升，总共 4 个级别。适应期带教：时间一年，为新进学校并有一定工作经验，需要进一步熟悉学校办学理念、教育教学要求的教师提供的带教；合格带教：时间二年，为新入职的大学生或从外岗位转行进入教育岗位的教师提供的带教；特色一级带教：时间三年，合格带教师满放飞优秀的教师和学科教龄满 7 年或以上的教师提供的带教，目的是为培养学校的教学骨干做准备；特色二级带教：时间二年，特色一级带教放飞优秀的教师可进入这个带教项目，主要是为了提升教师的教学研究能力。在带教师傅的聘任上，适应期带教和合格带教主要由学校骨干教师担任，这批骨干教师当年也是受到外请学科专家带教而成为一名教学骨干，而特色一级和特色二级带教则聘请市或区的学科专家，因为我们需要培养具有更强专业能力的教师。

同时个人带教在学习年限到了之后都设有相关的评价，学校组织专门的考评小组，对接受合格带教、特色带教的教师进行考核。比如，合格带教教师要接受的考核项目有：上一堂带教放飞课，由本人独立备课，还有要接受本学科的基本功考核和对本学科《课程标准》应知应会的内容考核。又如，特色二级带教教师要接受的考核项目有：提交一篇有较高质量的教学专题研究论文，并围绕自己的专题研究上一堂带教放飞课。不同的考核要求正是基于对不同教师成长的要求。

自然组的小於老师就是一位接受合格带教的教师。她自 2010 年 8 月进入我校，执教自然和劳技，在进入我校之前，小於老师曾就职于非教育类单位，因为所学专业是高分子材料，因此，学校让她进入合格带教，为其安排了两位带教导师，一位带教自然学科，一位带教班主任。虽然，於老师所学专长在学科教学中能发挥作用，也就是我们通常所说的有一定的学科素养，但是实际的课堂教学就让第一次“端枪”上阵的年轻老师不免心凉：无法掌控纪律、无法完成教学任务、不知道自己的教学设计为什么到了课堂就会让学生“败下阵来”，在一次对小於老师的家访中，她的妈妈说，小於的眼泪也不知道哭掉过多少。说起三年前的经历，小於还感觉事情历历在目。

不会控班的小於师从富有教育经验的班主任刘志平老师学习如何管理学生。一年半后，小於老师知道了如何与学生对话、如何组织课堂教学。如今她的课堂再也不是乱哄哄了，每天至少面对四个班级教学的小於终于找到了做老师的感觉。同样，作为一名学科教师，能否驾驭课堂教学也是能否成为一名合格教师的立身之本。原黄浦区学科带头人经宝刚老师成为她的学科带教导师，小於老师执教的自然和劳技两门课都得到了师傅的悉心指导，师傅每周一次雷打不动的两门学科交叉听课对小於老师来说，是需要投入相当多精力的。但是，她在一些时候还会主动邀请师傅来学校听一些‘额外’的课，比如说家长开放课前的试教课、教研组研究课前的试教课等等。小於老师的好学和认真，使她在短短的三年时间成为一名在学科上有较好发展潜质的老师，2013 年 4 月，她获得了长宁区“希望杯”教学比赛的一等奖。从一名新教师一路成长走来，有些磕磕绊绊，但坚持和努力让小於老师找到了学科上的定位。

学校的特色一级和二级带教是专门为培养教学骨干设立的带教。能进入特色带教的教师都是有一定教龄并在教学上有较好潜质的教师，学校在培养这些教师的时候会聘请市区级学科专家进行带教，以提升其教学理念和教学实践水平。

小陆和小杨老师就是接受过特色一级和二级带教的两位年轻教师。她们一位师从教学专家徐家良老师，一位师从教学专家徐鹄老师。两周一次的上课是基本的功课，专家每一次评课更是让两个年轻老师看到了自己教学中的短板。曾经有一度，小杨老师甚至因为焦虑而大把大把地掉头发，但是也正是这样一次又一次的“凤凰涅槃”，两位老师在每一次的特色带教中都获得“优秀”放飞，而且在自己的工作和学习中再创佳绩。陆老师在特色带教放飞后又不断努力，2013 年她获得长宁区“长教杯”的一等奖，2012 年到 2015 年期间她又攻读了在职硕士，成为了学校第一位获得硕士学历的职后进修教师，而她在攻读硕士期间撰写的硕士论文获优秀毕业论文，而这篇论文正是她接受特色二级带教时经过专家徐老师指导的论文。杨老师，2013 年参加了上海市品社学科青年教师教学比赛，获得二等奖，同时她的个人课题研究成果又获 2015 年市民办中小学协会的二等奖。目前，两位老师一位是语文学科低年级段的学科大组长，一位是年段的教研组长和年级组长，她们已经成为学校教学的两个中坚力量。

2. 教研组带教

从学校开办以来，专家带教教研组就一路伴随我们教师前行。专家带教信息量大、观念新、教学实践指导有针对性，促成了专家带教教研组成为老师们受欢迎的一个项目。专家对教研组带教也几乎遍布了除信息与科技学科以外所有的学科。

教研组带教，目的主要是为了均衡教研组之间发展的平衡，做强学科。学校的英语教研组就是在这样一种带教机制的运作过程中，一路成长起来的。英语作为学校的特色课程，没有精良的师资是很难确保长足发展的。学校从办学开始就邀请了原普陀区的教研员杨炳胜老师带教组内两位工作已有 10 年以上教龄的老师。虽然，她们已经有了一定的教龄，但是如何进一步转换自己的教学理念、提高教学水平还是有很多升值的空间，整整三年，两位老师跟随杨老师，两周一次上带教课，在带教的过程中，全体教研组人员共同参与，参加听评课。也就是在这个过程中，两位老师也没有辜负师傅的指点、学校的期望，先后在市民办中小学“君远杯”的教学比赛上获得高奖，并日后

在教研组的学科建设和引领上发挥了较好的作用。两位资深教师带教放飞后，2007 年，学校为了进一步培养英语组第二梯队的教师，又请来了原上海市师资培训中心的余正老师，并通过第二梯队教师的带教辐射整个教研组。2015 年秋季的新学期开始，学校又邀请了长宁区教研员朱红老师来校带教，这一次，是以教研组第三梯队的教师为主要对象。十多年来，英语组从不同带教专家身上学习到了治教之本，常问自己：教什么？为什么教？怎么教？如何提升英语教师的语言文化、教师如何建构单元整体教学的意识和教学策略？点点滴滴，英语教研组在积累中逐步成熟。

与此经历相似的还有：语文、数学、音乐组等等。持续性的指导，促成了各学科组的教师在专业发展上通过“学习—模仿同伴教学行为—发展自身教学能力”逐步提升着专业能力。

(二) 教师发展标准，引领教师进行专业发展

1. 明确方向，激发愿景

为促进不同层面教师有明确的专业发展方向，学校建校初期出台的《教师发展标准》提出为东展教师发展提供三级九等的专业职级发展台阶：即主任教师(最高级别教师)、高级教师(设立了 A, B, C 三个等级，A 为该等级中最高)和主讲教师(主讲 A, B, C, D, E 五个等级，A 为该等级中最高)，每一个职级又明确了具体的专业角色、资格认定与工作任务要求。与之配套的还有各种破格措施。如高级教师的任职条件如下：

高级教师

专业角色：协助主任教师，负责一门主课的教学设计并开发第二门课程，负责本学科教师的合作。

资格认定：(1) 拥有小学高级及以上职称；

(2) 大学本科及以上学历；

(3) 课堂教学质量及班主任工作需要得到 90%的学生及家长认同；

(4) 教学专业水平由学校课程部与85%本学科教师的认可；

工作任务：(1) 每周至少完成12课时以上的教学任务，包括主课和第二门课程；

(2) 需要担任班主任工作；

(3) 组织本学科教师每两周一次交流教学设计；

(4) 负责本年段学科考试研究并每学期至少出一张考卷，与主讲教师分享；

(5) 每学期至少一堂公开课，向全校教师或同学科教师开放；

(6) 每学年至少在区级及以上报刊杂志或会议上公开发表或交流一篇论文(3 000字以上)；

(7) 负责至少一项校级以上的课题研究；

(8) 能承担合格教师的带教工作。

与之相对应的是，每一个申报者都可以依据自己的基本教龄、职称确定自己的申报起点。2013年，学校根据教师队伍发展中的空白点，又针对小学高级这个职称的教师人群设立了主讲2A和主讲3A级岗位。

这十多年来，学校100%教师(除退休返聘教师外)进入职级，总申报人次达到172人次。职级的设立为教师专业发展设置了明确的目标，激发了教师专业发展的愿景。目前学校高级教师6位，占教师数(不含退休返聘教师)11.76%。主讲2A级教师3位，主讲A级教师18位，占教师数35.29%。主讲B级教师12位，占现有学校教师数23.53%。其中职级晋升者中跨级最多的老师经历了"三级跳跃"，从主讲D级教师一路成为主讲A级教师，原本需要9年时间完成的，有的教师只用了5年的时间。

教师发展标准，从学校发展上讲，它作为教师专业发展的目标为加强师资现有水平的转换，提高整体实力指出了发展的方向。教师的专业发展强化的是学校的核心竞争力，从而推动学校不断向前发展。建校十多年来，我们的办学理念、教育设施、教学质量都有了不同的发展。学校的良性循环发展和教师的个人发展也有着密切的关系。由于我们学校特定的办学理念，无论是学生还是家长都会对每一个老师提出不同的要求。作为教师主动适应学校发展的需要，这是申报制度所具有的独特意义。

从个人发展上讲，教师看到了努力的方向、发展的目标，帮助自己找到了定位。在各级评审需达成的目标中，有些目标对教师的工作质量、水准是一个很大的挑战，能使教师挖掘出自身更多的潜力。同时职级申报中破格条件的出台，能让优者更显优势，打破个人的资历，年龄的界限。

2. 师本管理，明晰愿景

教师专业发展标准简称为职级申报，每一年会涉及到不同的申报教师群体，也同时涉及到每一位老师的个人实际利益。如何确保教师的个人利益和学校的要求同步，我们做了以下三个方面的工作。

第一，创设良好环境，促使教师确立自己专业发展的目标。

我们认识到：标准如何成为教师愿意主动追求的目标，学校应该向我们的教师提供既严谨又宽松的氛围。严谨是指具体操作这项工作的部门应真切地将各位教师的发展放在重要的位置，每一年都有申报的教师，操作部门应该对每一位老师的情况都要做到心中有数，并能用数据说话，为他们及时创设能够展现自己业绩的舞台。因为，这其中包含了老师们几年工作的积累，更多地了解他们、为他们创设机会也就是更多地尊重他们的工作成果。如，但凡有各类教育教学评比、论文发表或评选等，我们都会及时告知每位老师，每每看到老师撰写的文章获奖、辛苦教学的学科获奖，看到老师高兴的同时我们都会感到由衷的高兴。同时，为了给不同的老师搭建台阶，学校还成立了校刊编委，让更多的老师有展现自己才能的机会。宽松是指我们经常及时认真地多方面地听取申报人的意见，不断完善标准的执行方案，使这份方案逐步变成了大家耳熟能详、愿意共同遵守的一份发展约定。

第二，以“标准”为导向，促进教师内驱力的不断提升。

如果说“标准”是一个目标的话，那么我们更多会关注我们的老师在这样一个标准的驱动下，自身将产生多大的能量。事实上，大能量的产生是伴随一个又一个老师不断离这个标准更接近的时候而来的。

主讲B级的教师一般来讲教龄9年，按照正常晋级，3年后可以晋升为主讲A级。然而主讲B级到主讲A级最大的瓶颈是：个人是否能够独立地承担课题研究、是否能在校级刊物上发表文章。吴老师申报主讲A级的过程就是一个例子，小吴教师于2008年晋级为主讲B级教师，从2008年到2011年为了突破自己的这个瓶颈，他开始作准备：首先他投稿的一篇教学类文章被学校校刊编辑部录取，刊登在2009年校刊上，其次，他又在2010年9月申报了个人课题，最终被学校立项。该教师于今年申报主讲A级，通过评审，目前已经是一名主讲A级教师的教师了。在此，我们看到吴老师对自我的一种要求，而这种自我要求恰恰是建立在对目标了解清晰的基础上，而像这样的老师现在是越来越多。

刘老师，年近40的时候做了一个重要的决定：通过自学考完成大学本科的任务。其实，按照刘老师的教龄，她早就应该可以申报高级教师了，唯一阻碍她申报的是学历没有达标。因为按照刘老师申报的职级，她须具备本科学历。这些年，刘老师在教育工作领域发展得不错，学校也多次通过校本培训的平台请她介绍自己的教育之道。这次，刘老师下定决心要尽快地考出本科，她说到做到，并以一次报考5门，最高时报考9门的速度进行学习。功夫不负有心人，学习认真发奋的刘老师将原先需要三年时间完成的17门课程，只用二年半的时间就完成了。2010年她申报了高级教师，基于她的业绩，顺利成为高级教师。目标有时候就是动力，只要我们的内心充满动力，目标就一定可以达成。

第三，依据教师个体特点，发挥民办体制的优势。

民办体制的最大优点是灵活性。在标准发展的过程中，这种灵活性发挥了重要作用。如，破格条件的出台就是为了打破发展标准中固有的论资排辈问题。破格条件的产生为那些在某些领域工作学习业绩突出的教师提供更广阔的发展前景。像小陆教师就是众多获益教师中的一个典型代表。

小陆老师，2002年进入我校，教龄9年，语文教师、班主任、年级组长。从2004年5月首次被评为主讲D级教师开始到2009年5月获得主讲A级的资格（工资先兑现，职级待所有条件均具备再评审），5年中她连续跳了三级。与其同龄的教师相比，她的同龄人刚开始具备主讲B级的资格，而她已经跨入需12年教龄老师才能进入的门槛。陆老师能在如此短的时间内获得更高级别的任资资格，得益于近年来陆老师在语文教学上的用心努力，同时又获益于名师的点播，因此取得了不少成绩。如：她撰写的论文获得上海市小学语文委员会评选一等奖;连续两年被评为校优秀教师;取得本科学历(目前正在进修研究生学历);接受带教在放飞考核中获得优秀的成绩。这些成绩帮助她在专业发展标准方面提高了速度。她本人表示她是学校培养教师成长的得益者。

2004年4月到今天,我们每年都会提出新增的破格条件,先后共有8项破格条件出台。

截止到2014年,获得破格的教师情况做了如下汇总统计:

获得本科学历破格的教师有22人。

获得连续两年评为校先进教工破格的教师有1人。

获得被教育行政部门评为区级以上先进的破格教师1人。

获得带教放飞考核成绩优秀者可以享受破格的教师11人,

获得市区教学比武中获奖破格的教师1人。

获得教科研获奖等第破格的教师1人。

其他破格:4人。

(三) 校级骨干和学科带头人制度,推动优质教师的发展

如何培养教学骨干,学校也是做了很多顶层设计。《学科带头人和骨干教师评选机制》就是针对性地培养"有较强学习能力、研究能力、反思能力和组织协调能力的骨干教师和学科带头人,引领全体教师积极探索课程教材改革,开展教学研究和教育科研,创造性地落实学校办学理念"教学骨干的一个培养机制。为了使骨干教师台阶式发展,学校设立了骨干教师、首席骨干教师、学科带头人和首席学科带头人四个等级。目前,我校已有2位学科带头人和10位骨干教师。而同时在骨干培养上我们还有《课题和课题成果申报机制》、《职称评聘分离机制》等。

近三年中,我们欣喜地看到:一些学科在快速崛起,逐步在做强自己的学科,并带动一批教师成为该学科的新生力量。品社学科,在校两位品社学科带头人的带动下,我们学校已经成为市民办协会下的品社学科基地。每个学年,该学科或以教学展示、或以课题汇报、或以主题研讨的方式进行多形式对外交流,交流的范围有民办基地学校的领导教师、也有本区兄弟学校。这种种方式的对外交流,锻炼了我们教师的教学能力和思考能力,推进了这门学科的进一步发展,也得到了与会专家和老师们的肯定。而品社学科在2015学年第一学期期末家长问卷调查中也成为继电脑、音乐之后的学生排名第三的学生最喜爱的学科。

学科的发展,离不开人的发展,校品社学科带头人周冬梅老师就是引领这门学科发展的带头人,已经有27年教龄的她在多年的教学实践中感受到品社学科是自己的专业发展方向,因此,她通过品社课堂教学实践、品社学科的课题研究以及申报校德育类学科带头人完善着自己的专业发展方向。

作为品社学科教研组组长,又是该学科校级学科带头人,周老师在各方面都严于律己,努力成为榜样。作为教龄已有27年的教师,她自始至终坚守在品社教学第一线,恪守"学高为师、德高为范"的教育理念,主动挑起品社课堂教学研,她深入研究《课程标准》,根据自己的理解对教材进行重组,选择合适的教学方法,把培养学生的能力作为教学目标。在教学过程中,把"教"与"学"的过程融为师生的一个互动过程,充分体现学生自主学习的过程。她认真备课、上课制作媒体，力争堂堂都是精品课。二年级的《我会这样吃》、《我的小岗位》，三年级《多元的上海文化》，四年级《海峡两岸骨肉亲》、《圆明园的控诉》，五年级《通西域下西洋》。每一次教学研究的过程，都是其专业成长的过程。每一次的课堂实践磨炼，让她对品社学科有了更进一步地认识，对品社学科的育人价值体会也愈加深刻。

她的课唤醒了学生与生活世界、心灵世界与知识世界交流的主体意识。2012 年 12 月她参加了“长教杯”教学比赛获得了二等奖；2013 年 10 月学校 10 年校庆，她执教的《海峡两岸骨肉亲》也作为学校人品教育展示课向市区级开放。每次课后的说课评课，更是激励她要博采众长，冷静反思，积极投身于教改的实践中。

而为了成为一名优秀的学科带头人，她付出的还远远不止这些，她立足品社学科坚持课题研究。2012 年《品社学科课程资源开发与运用的研究》论文获得了“长教杯”论文比赛的一等奖，2013 年 3 月她又着手《基于课标的品社学科能力培养的策略研究》课题研究，2014 年课题有幸被长宁区确立为区级课题。她说，人生的机会不会太多，而机会一定是留给准备好的人。虽然，课题研究和日常教学总要占去很多个人的时间，但周老师却总是乐此不疲。立足于课堂实践，立足于解决课堂教学中的一个个实际问题，立足于问题即课题的指导思想，使她探索出契合学生学习的教学策略，“自主探究型”、“情境导行型”、“体验感悟型”，已经成为她与教研组成员发展的共有经验。

同样，作为已经成为区级英语学科带头人的殷老师，一路走来她的专业发展之路也是收获和成长满满的。“上出每一堂有内涵、学生有收获的英语课”是殷老师的教学追求。有一个阶段，她又发现，英语课上的老师过多地关注学生能说多少、能读懂多少，而学生对学习的乐趣好像减少了，课上主动发言的学生少了，保持沉默的学生多了。她便思考着如何让学生的兴趣与收获做到最佳的组合。于是，她又开始研究学生、关注学生的学习方式，在这一系列的学习和研究中，她好像又找到了英语教学的真谛：一堂英语课，不仅让学生学得愉快，学生在课堂中学会了学习的方法，让学生在英语课上学会思考、学会表达。

“带徒弟，促使她对自己的教学进一步的反思”。近几年，学校先后安排殷老师带教了三名徒弟。殷老师说：“这个过程对于自己来说，也是一个再学习的过程：再一次研读教材，再一次对教学进行思考；而每周听一次徒弟的课，也让我有机会从旁观者的角度对师徒共同设计和选择的教学策略有更清晰的判断；评课，更是对我个人能力的挑战，我不仅要看到徒弟课上精彩的教学设计，还要看出不够的地方，更要与徒弟一起探讨改进的策略。这样一个带教的过程对于我自己来说，也是受益匪浅，因为我从徒弟的角度看到了自己教学中还需改进的方面。”

“带着思考上课，把思考变成研究”，让殷老师成为一名研究型的教师。这些年殷老师作为学校的骨干教师，常常少不了和课题研究打交道，事实上，最初殷老师做课题也只是一个新手，但是她的好学和努力，使她不断在课题研究这个大家都觉得很难啃的“硬骨头”上不断取得进步。这些年，根据英语学科的要求和自身对课堂教学的实践，申报了三轮校级课题，同时她还成为了学校申报的区级重点课题《多元文化背景下学校人品课程实践与研究》子课题的一名副组长。她撰写的《充分运用英语阅读教学中的资源，培养低年级学生的说话能力》发表在《长宁教育》杂志，并获得首届上海教育创新征文三等奖。《在英语教学中转变学生学习方式，帮助学生实现自我发展》获得 2010 年长宁区“长教杯”教育论文评比活动论文类二等奖。

“外教班：又一个新的挑战”。2006 年开始，殷老师又接受了一个新的挑战：担任学校的第一届外教班的英语教学。这是一批英语基础比较好，家长中也多有英语文化背景的班级，执教这样的班级教师需要有更高的专业素养。殷老师说：“作为一名英语教师，英语口语能力、英语基本功一天也不能放送。尤其是教外教班的学生，许多有海外背景的学生英语口语能力一直使我有一种危机感，迫使我不断地提升自己的英语基本功。”于是，她为自己制定了“英语 30 计划”：每天挤出 30 分钟时间阅读英语原版书，听、看原版录像并模仿，不断提升自己的英语水平。对于新的教材，执教过程中，她也不断听取家长的意见。学校于 2012 年请中学英语老师对这批外教班的学生口语能力进行评估，中学老师对外教班学生的英语口语能力、语音、语调赞不绝口；市英语教研员朱浦老师也专门来校听了外教班一堂课，对学生的英语能力表示了肯定。

“带领教研组组员，共同为创建英语特色努力”。作为校的骨干教师、区的学科带头人，在英语组的建设上，殷老师也是全心全意。她重视教研组活动中发挥教研组集体的作用。每学期开学在制定教研计划的时候，就开始考虑在新的学期中，如何通过大组和小组教研相结合的方式将大组的集体优势和小组的机动灵活相结合，使老师们既能够在理论方面有所收获，又能够在本年段的教材研究、教法探讨等方面有所受益。她组织大家学习《中小学英语教学与研究》、《后“茶馆式教学”》等，引导老师们学习新的理论。对组内的教师，她更是用心。2014 学年，英语组更换了 30% 的教师，新进的三位教师中，一位是全新的大学生、一位是转岗过来的新教师、一位是原中学英语教师，好几年都在家里做全职妈妈。组内还有一位新上任的备课组长。殷老师经常关心这些老师的工作和生活情况，自己在很忙的工作量下，还带教了其中一位教师。而她，为带领英语组的老师们为创设学校浓浓的英语氛围而努力，也不遗余力。“万圣节”、“复活节”等多元文化活动，让全校学生既感受到了多元文化的氛围，又享受到丰富多彩的东展校园生活，体会到了快乐的童年。

在她的带领下，三位老师先后被评为校先进个人，英语组也于 2015 年第一学期被评为“特殊贡献奖”，在 2016 年 3 月，英语组又被评上校第四届“十佳好事”。

（四）成长台阶，教师收获日丰

这些年，对教师的专业发展培养，缩短了教研组老师们之间专业能力的差异。从各教研组近年发展的情况来讲，语文、数学、英语、体育、自然、品社等学科专业能力强的教师日益增多，他们的成长为打造一个具有高专业化程度的教研组奠定了基础。老师们的成长表现在：教学观、学生观的转变；课堂教学研究能力的提高，反之，又促进教研组的教研文化生成。同时提升了课堂文化的人文性。2015年第一学期进行的学生问卷中有“你最喜欢的学科”一项调查，其中仅对“喜欢”这个项目学生所选的作了汇总，各门学科的百分比都在三分之二以上，这个数据还不包括“比较喜欢”。由此我们看到：课堂中和谐的师生关系成为了教学的一个亮点、教师在课堂教学中所展露的智慧成为我们取之不竭的教学密码、具有开放性的生成与互动是孩子们喜欢学习的原因……，也许还有更多，我们的课堂因为有了教师智慧地教和学生愉悦地学而聚成了课堂良好文化氛围。而这个过程，是通过我们多年积累的课堂研究、无数次课堂实践和无数次的同行学习交流得来的。

近三年来，我们的老师在市区获得各类荣誉称号。先进个人：上海市园丁奖2人，市民办系统优秀德育工作者1人；区园丁奖1人；区优秀德育工作者2人；区“十佳班主任”1人；区教科研先进个人1人；区艺术教育“先进教师”2人；区优秀艺术教育工作者1人；区先进教学工作者1人；区优秀党员2人；新世纪总支优秀党员5人。教学比赛：市中小学中青年教师教学比赛（品社和体育）二等奖总计2人；市第一届中小学体育教师教学技能赛三等奖1人；“长教杯”教学比赛一等奖2人，二等奖4人；三等奖3人；“希望杯”教学比赛一等奖1人；三等奖3人。区体育教学比赛一等奖1人。教育科研：区教科研成果二等奖1项（7人）；论文比赛：“长教杯”论文评选2人一等奖，2人三等奖、区教育学会论文评选2人一等奖，2人二等奖，1人三等奖。与三年前相比，教师在各个层面获高奖的人数都有大幅度提高。

二、教研组的成长

《星级教研组评选制度》是用教研组进步和发展的制度来引导、激励和完善每一个人，为此，我们设立了星级教研组制度。学校在各种教研制度的基础上通过《星级教研组评选制度》加强教研组的建设。教研组在发展的过程中，教研组与教研组之间因为人员组成的配比、师资的成熟度等原因造成差异。星级教研组的评选是为了帮助教研组更好地认清不同阶段发展的目标。如，一星级教研组旨在形成教研规范，二星级教研组旨在引导组内教师提升教学质量和建立初步的研究意识，三星级教研组则是强调以研促教、全体组员的共同发展。此外，还有教研活动制度、专题研究制度、校本教研制度。

1. 制度促进良好教研氛围的形成

每一个进入东展的老师都会在教研组里感受到一种浓浓的伙伴情，他们喜欢这里的工作环境。这种氛围的形成也是学校长期以来一直坚持制度引导人的结果。《教学流程管理》每一位新进东展的老师都要经过培训进行熟悉和了解的，它指出的是教学规范。《星级教研组评选制度》更是直接面对每个学科组，从专业发展的角度给予教师引领，第一学期初评，找差距，第二学期复评，定级别。这种方式都是随时在要求每个教研组如何找准定位，追求更好的进步。

教研良好的教研氛围，很多时候还依赖于老师们之间相互的专业探讨。一次，年轻的体育课周老师上完一堂公开课之后，组内老师又围绕着她的课展开了讨论：大家都认同周老师上课思路清晰，但是总感觉这中间还缺少了一些什么。经过大家细细分析，觉得体育课如何调动学生自主思考，启发学生的思维力还是可以有一些空间。还有的老师进一步提到，要让学生有自己发挥的空间，就要确保课堂给孩子留有较为充分的时间，所以老师需要在教学设计的时候尽量考虑给孩子设计这样的教学环节，来表达学生的思考能力。

英语组五年级的沙老师在一次试教《白雪公主》这篇阅读故事之后教研组老师们和她有了这样一次对话，大家谈到：在设计白雪公主这篇课文教学时是不是要注意这样一点：就是要挖掘出课文内容所要传达的人文元素。虽然在试教中看到沙老师组织了学生进行了"猎人和白雪公主"、"坏皇后装扮成老奶奶用毒苹果去骗白雪公主"的两个说话训练，是不是可以再进行追问：猎人是怎样的人？皇后是怎样的人？通过对人物行为的分析，让学生明白人性的善可以是这样的，恶也可以是这样的。因为老师让学生去演绎坏皇后和白雪公主之间的对话并不是让学生去学坏皇后的欺骗方法，而是让学生通过演绎理解这篇课文所要传达的人文思想，通过对话来进行人物品行的对比。因为，我们的课堂不仅仅传授的是语言知识，也同时要让学生习得正确的价值观。

教研的良好氛围的形成还在于形成好的规范。"准时下课，不拖堂"、"合理布置作业"、"专课专用"这些是学校长抓不懈的管理项目，虽然这些和学生教学成绩的获得不一定正相关，但却是检验一个老师落实学校办学理念的试金棒。每一次检查，每一次全透明的反馈带给老师们的是一次次思想冲击，因此，在东展的课堂里，很少有随意占课的现象。

2. 制度促进教学专题研究的蓬勃开展

《星级教研组评选制度》就有一条对教研组开展教学专题研究的要求，这曾经普遍让教研组感到是一件难事，难是因为它具有一定的学术要求，对教师的执教能力、研究水平都是一个考验。但是，现在每个教研组都能够在学校教学研究的大方向下再设计和规划自己组内教学研究专题。这其中唯一的秘密就是教研组长期以来的坚持努力。我们的教研组专题教学研究这么多年来就是这样在一年又一年的探索中从"实践—思考—总结"一次又一次走来。如果说"时间是一块试金石"是含指人的品行，而用在教研组进行教学专题研究上也是这个道理，每一次进步一点点，最终我们看到了耕耘中的点点收获。

从 2006 年开始由学校牵头进行学生自主学习能力的培养，这些年来我们自始至终围绕这个主题进行课堂实践探索和研究。到 2010 年专题研究又从"以学定教"的专题角度开展研究，近年来，教师从对教学理念上的认识与理解进而在教学方式的改变上有了进一步发展。以数学教研组为例，老师们从"预习"起步，数年一路探索学生自主学习的方法和途径。在数学组的带动下，学校"以学定教"的专题研究思路逐渐明朗，并将数学组的经验推向全部教研组，而数学组继续加紧前进的步伐，又在课堂教学中研发"学习任务单"。数学组的一路领跑也得到了区数学教研员闻静兰老师的肯定，闻老师在听了我们老师的课后说，民办学校老师的观念很新；我们的带教专家谢白雄老师也一直对数学组认真执著的钻研精神赞叹有加。数学组的一路领跑带动了整个学校专题研究在"以学定教"教学方式上的探索。在 2016 年寒假，数学组又开发了围绕学生自主学习能力的分年段学科能力要求。

3. 老师们眼中的教研组

为了对教研组的成长做客观的评价，我们特意向教研组长和教师进行了问卷调查。在“你对自己所在教研组的满意度”的一条汇总中，教师的满意度是77.77%。教师撰写满意和比较满意的理由是：(1)教师工作积极性高，(2)组内教研氛围好，(3)组员互帮互助，(4)形成了一个好的团队，(5)对自己的专题研究很用心，能认真去做，(6)有很好的相互学习的氛围，认真听取别人的教学想法，也会为了一个教学想法发生争论，(7)感觉整个教研组有上升的潜力，(8)一人有困难，大家会帮助，(9)教学理念在不断更新、并积极落实于课堂，(10)能够坦诚给出鼓励，(11)团队合作，教研过程中体现集体的智慧和力量，(12)有共同的努力目标，(13)组长经常带领大家交流讨论自己家常课的心得，及时帮助组内教师解决教学中的一些困惑，(14)组长能关心每个组员的思想情绪，教研、计划走在前面，组员积极参加组内各项活动和研究、互相探讨工作中的收获与困惑。

从这些文字中我们不难看出，我们的教研组已经形成了一种“互助协作、专注教学和研究”的教研氛围，在这种氛围中，大家树立起了共同的目标，在教研过程中能时时体现团队的智慧，以专业发展为导向的教研组生存状态也逐渐形成。即使私下相处也能时时给予他人真诚的帮助、鼓励和关心。

同时，在调查中我们还发现：教研组形成了自己特色。如果，我们划分目前学校教研组的一种生存状态，我们可以从三个方面进行区分。

(1) 能以课题或专题研究为引领目标的教研组。这是一种以专业发展为导向的教研组生存状态，课题研究或专题研究已经成为组内成员的常态，他们在这个方面有共同的目标与追求，组内的每个老师都能主动地将自己的教学理念、教学行为和研究融为一体。比如说，我们的数学教研组。

(2) 能以规范管理，认真执行学校各项工作要求为目标的教研组。学校教学管理工作是通过教研组进行落实的，认真规范地按照学校工作意图进行教研活动的开展，有序地管理好自己组内的教师是这种教研组的生存状态。

(3) 能以人文关爱为目标的教研组。我们的一些教研组常常可见“教育、教学资源共享”、“工作成果无私分享”的同事，他们常常在做事时能够推己及人，对人无私友爱。教研组的这种生存状态，令组员感受到在这样的一个集体中自己获得的尊重与重视，同时也会不知不觉中将这种方式传递给了自己身边需要获得帮助和支持的人。这样一种“尊重友爱”的效应可以不断扩大产生正能量，调动起教研组成员的工作热情与积极性。

第五节　案 例 故 事

【故事1】

我的姐妹们和我的两周岁

只有真正经历东展的春夏秋冬才能成为东展的一分子，即将迎来我的两周岁，回头看一眼，定下心来，还是禁不住的感叹。

知道东展的严谨，但还是被第一线的工作细节惊吓到了。大到每一个学期的组内教研课、开放课，小到一个评价等第，甚至一个日常的师生谈话，这里的规范、严苛真是达到了一个境界。而这时最直接贴心的，就是无所不在、无所不能的，我的温暖教研组了。

在东展工作过的老师才会真正意义上理解什么叫"围着学生团团转"。从进班的那一秒开始，我需要时刻面对各种情况，教育教学的、学生家长的，斟酌一句话一个词，这时同一教研组的每一个成员就是讨论商议的伙伴，这样类似的话题不断在办公室里声情并茂：这件事当然尊重家长的需要，他对孩子的要求才是我们努力的方向；只要孩子能够融入大环境，不影响集体，有些是可以商量、探讨的；事实证明，家长要的，才是他选择东展的原因，尊重家长，尊重学生……有了教研组做后盾，心安很多，有把握很多，工作起来事半功倍。

在这样一个有商有量的集体中，还有一个重要的组成部分，那就是资源共享：共享到什么程度呢，只有你想不到，没有你"共"不到：打开已经共享的课件，当然，是陆怡组长从光荣"升级"的教研组"共"过来的，"这里有我以前一年级的备课哦……"然后就看见某日空暇时陆怡同志开始整理柜子，找一些能用的材料啦、教具啦（当然百日难遇的，陆怡同志还是很忙的啦，距今为止，只看到亲爱的陆怡同志有两次大整理，这时就看到我屁颠屁颠等在旁边，然后此起彼伏的"啊，这个没用了吧，给我吧！""唉，这个好像用过几次了，你要吧?"……）所找到的当然无一例外的资源共享了。还有我印象中大大咧咧的管妹妹，没想到她是个藏东西的好手：这个练习你有资料吗？我的课件怎么没有声音，你有课文录音吗？类似这样的问题找她，没错的。瞧，管妹妹回答我了："好像有的，我找找（画外音：噼里啪啦一顿响），等等，应该在我教室的那个U盘里，别急，我肯定有。"（画外音：我心里在乐呵，就知道你有，我不急，你慢慢找。）果然，有的，而且整个学期大小练习都有，是一套的。"那我拷走了，行吧。""唉唷，客气啥呀，拿呗，要用，吱一声。"开心，满载而归。

这里有一件事很值得记录在我的脑海中。

这就是我的教研组，就像护卫舰，为成员保驾护航。谢谢，亲爱的教研组姐妹们。

（作者：石丽萍）

点评：

在东展有着温馨的教研组人际氛围，它温暖了每一个走进组里的新人。每个"老人"的主动付出和智慧分享化解了许多困惑和不安。在这里，每个人感受到的是纯纯的情谊和关怀。石老师的感受正是来自于大家对她的无私。

【故事2】

五朵金花的故事

记得在陆怡做年级组长的那个年级组的时候，大家在组长的带领下，虽然工作辛苦，但是有事情大家一起有商有量，组长也是在前面带头，所以虽然大家累一点，但是心里还是顺畅的，大家也很团结。升入四年级了，我也有些担心，四年级的新教材我没有怎么教过，和年级中的鲍老师、陈琳老师也不是很熟悉，不知道能否相处好，工作是否能顺利开展？在自己的内心深处隐约有些疑虑。和鲍老师的接触是去台湾旅游的时候，鲍老师是带队老师，看到她给大家拍照、招呼大家一起活动，给大家算费用等都很负责，我想这是一个很认真负责的组长。带着这样的想法我们一起升到了四年级，在四楼最高的楼层办公。一个半学期不到的时间，我们五个姐妹，五朵金花，相处得很和谐、也很默契。

组长鲍老师为人率真，做事干脆利落，教学经验丰富，工作负责。在她的带领下，我们的教研活动氛围非常浓厚。在年级组，除了教研活动时间认真教研以外，几乎随时都会开展一些教研活动。一开始的时候，我对高段的课好长时间不上也很生疏，真的心里没有底。鲍老师看我们三个人都是从低段升上来的，当我们流露出困惑时，她很主动地说："要不，你们来听一听我上课？"当时，正是刚刚开学，定班级年级计划，大家都很忙，但是她有责任心。第二天我们就走进了鲍老师的课堂。感觉到鲍老师上课思路清晰，层次分明，课堂效率高。我觉得自己是有收获的。所以有一次，我说："鲍老师我来听你上课好吗？"我也有些忐忑，怕给人添麻烦，没有想到，鲍老师一口答应，很是爽快！那次上的是"追赶时间的人"。我有茅塞顿开的感觉，对课堂的基本特点有些了解。高年级的课堂和低年级的授课方式确实不太一样。从那以后，我们经常在办公室里听鲍老师说课文的上法，主要抓住的环节。

有时候陈琳老师也会提出她的想法：这里我觉得应该这样处理，我上下来的效果，哪里比较好，哪里不够，记得有一次，陈老师说她上《武松打虎》，怎样抓住了动作，抓住了人物的品质，让学生畅所欲言，我们也是有所收获。有时候回到家里，有时间我会看一些参考书，理一下思路。有时候，我赶紧把大家上课的想法记下来。

周慧是讨论最积极的一个，她会喊："鲍老师，这课怎么上？你们上过吗？"接下来大家就七嘴八舌议论开了，然后，周慧也会有自己的想法，她在书上、电脑上捣鼓一下，有时候说："我觉得这样上才好呢！"

因为大家会经常对一些答题开展讨论，甚至利用微信，在我们的组里发出讨论。如，对于学生的作业，如果谁写得好，大家也会交流，大家也会把班级写得好的作文或者练习给同学读一读，做一个示范。我记得上《小珊迪》这一课，我们班的"说写双通道"写得不错，那是因为周慧在办公室里和大家讨论，说他们班级从哪几方面写的，我在之前让学生讨论了从哪几方面写，做了些指导，效果明显。

晓琴，总是认真踏实地做好每一项工作，和学生和和气气的，很有方法，很用心。生活放飞活动，她把几个评比项目汇总到一张表上，对我们说你们谁要用到，把名字复制一下就可以了。

我们年级组，不仅仅在教学上互相探讨，互相合作，教育上也是如此。哪个班级开展了什么好的活动，都会及时交流。这就是我们的教研，这就是我们办公室五位老师的工作情况。

我们五朵金花，有时候也会有些小小的摩擦，小小的误会，但是似乎就像一阵风吹走了云朵，天空忽然就晴空万里，阳光就灿烂起来！有误会道个歉，说明一下，谁也没有往心里去，工作起来还是互相帮助，团结合作，好像什么都没有发生一样。我是年龄最大一个了，大家对我的照顾帮助最多，谢谢大家！在这样一个年级组里，在年级组教研氛围的熏陶下，在实践中，我对中高级的课也有了研究和实践，觉得自己是有收获的，有什么难事可以找年级组，找校领导指点，心里还是踏实的。真的觉得东展的学校、东展的年级组，东展的老师是很棒的。我感到幸运，应该珍惜！

（作者：谈国畚）

点评：

虽然同在一个学校，但因为忙碌的工作也不会时时见面、十分熟悉。每到换年段了，一线的普通教师不仅要适应新学生、新家长，还要适应的是新加入教研组的每个成员。把组员照顾好，这是教研组长读懂了作为一个组长的职责，而我们从谈老师的故事中也看到了这样一种工作方式所带来的人际和谐与愉悦是如何促进教学研究的。教研组的和谐人际关系是一个普通老师安身立命的根本。

【故事3】

融洽的摇滚乐

大家都知道音乐有一种类型叫摇滚，摇滚乐是一种富有激情的音乐节奏所表达情感的音乐类型，是流行音乐的一种风格。为什么叫融洽的摇滚乐呢？听我慢慢道来。

在上周三，我们三年级迎来了“十岁生日”的主题活动，这其中我们三年级老师要向家长上一堂开放课。这两个星期我先是按照体育教材的内容对课进行了教学设计，在设计的过程中，自己也向组内的各位老师听取了意见，再让我的师傅徐老师检查了我的教案。徐老师非常认真地检查了我的教案，并且对我进行了各个方面的指点，在认为不合理的地方和我一起进行讨论。我对教案进行了修改，在上开放课的过程当中，我们组内每一个老师认真旁听了我这堂开放课。随后的评课，我们体育组老师又对自己的想法进行了阐述，最后教研组长李老师总结了老师们的想法，并从每一个细节对我的课进行了全面的梳理。听了大家的评课，我也把想法和各位老师进行了交流。我把自己觉得存在的问题和组内各个老师进行讨论，在这一轮当中，我们组内各个老师各抒己见，在交流意见的时候，老师们毫不避讳地把自己的想法说出来，为了争执一个细小的环节，组内的几个老教师甚至争议得面红耳赤，李老师更是严厉地指出了我上课的许多不足，而我也在认为正确的观点当中坚持着自己的观点。我记得我和李老师为了一个教学环节中“学生的站位”争吵得不可开交，李老师认为我这样设计的学生站位存在很大的问题，但是自己一直坚信自己设计的站位是对的，于是我们展开激烈的讨论，李老师把他认为这样做错误的原因和我一一道来，我也把自己的想法没有保留地说出来，在这种对事不对人的教研过程当中，我觉得自己也成长了不少。

在上周三我们体育组围绕我们体育组的区级重点课题《小学体育技能教学游戏化》的研究，李老师上了一堂开放课，作为这次课题的研究者，李老师一直在为游戏化的教学模式展开探索，并对这次课题和我们组内各个老师进行谈论，在这次开放课的过程当中，李老师在设计这堂课的时候也动了不少的脑筋，在这堂游戏化教学的50米快速跑的过程当中，无论是教学设计还是课堂氛围都取得很好的效果。评课的过程中，李老师跟我们展开了激烈的讨论，让我们每一个人进行发言，他自己也谈了自己对游戏化教学的感受，在游戏的过程中所要达到的教学目标。这种变化速度很快的游戏化教学方式，也得到我们组内的一致认可，徐老师甚至还说：“如果我是学生我一定会喜欢这种新颖的上课方式。”可是既然是研究的课题，激烈的讨论当然在所难免。在这堂创新的研究课当中，我们组内的每一个人都收获很多。

最后再说说我们的学校田径队和运动会吧。田径队的总教练是我们体育组对田径训练非常有经验的姜老师，我们都非常尊重他，在设计训练计划的时候，我们训练老师都要跟姜老师商量。姜老师也很尊重我们，在训练计划的讨论过程当中我们不管什么年龄、经验，只要科学和安全，认为自己对的就敢大胆地提出。运动会的设计也是一样，大家都会大胆提出自己的想法，很多时候常常是随时随地地讨论，不只在每周三教研活动的时候。有时是课间，有可能是午餐的时候……在讨论当中出现针锋相对那是再正常不过的事情了，对于我这样刚进东展的新人来说，在讨论问题时不用介意年龄小、经验少，只有适合和不适合。比如说在运动会中团体项目“大力士”，当初我们组在讨论设计“大力士”各个年级搬运的东西的时候，争论得非常激烈，几经讨论，最后确定“根据每个不同年龄段的小朋友，设计环节”，而正是这样的讨论才为后来的运动增添不少的色彩。回想这个过程，对我们年轻老师的成长真的非常有帮助，这也可以说是我们体育组日常教研的一种特色吧。

这富有激情的讨论自己觉得非常像音乐中的摇滚，而且还是融洽摇滚乐呢？为什么呢？因为在每次讨论结束以后，我们组室的气氛又变得非常融洽，这种对事不对人的工作态度也正是我们体育组的特点，对待工作上的问题没有一点马虎，这就是融洽的摇滚乐。我们组的教研故事还有很多，身在先进集体的团队当中，对自己也是一种挑战，但更多的是一种学习！

（作者：潘　康）

点评：

“在讨论问题时不用介意年龄小、经验少，只有适合和不适合。”这依赖于日常教研组和谐研讨氛围的建设。当大家一门心思为了将工作做得更好的目标而努力的时候，我们都可以成为一个心智成熟、更具心怀坦荡的人。由此，每个人都可以毫无拘束地做好自己，这里没有害怕、没有不必要的妥协，有的只是真诚。

【故事4】

一次公开课带出的涟漪

教研组的成长离不开组内每一位老师的努力付出，我们品社教研组就是在一次又一次浓浓的教研氛围浸润中不断成长起来的。

还记得2013年9月刚开学，我们教研组就接到了一项很有挑战性的任务：推选一位教师参加市级青年教师公开教学比赛。说到挑战，因为这次比赛级别是市级的，上课的杨韵老师又是第一次上品社公开课，更是第一次参加这样重要的比赛。杨老师的担忧是可想而知的。学校同时也为了让我们教师走出校门，还特意聘请了区教研员季老师亲临指导。杨老师接受了挑战，抓住了这次锻炼的机会，我们品社教研组接受了挑战，抓住了这次学习的机会。我们要让杨老师看到不是她一个人在奋战，而是一个团队在奋斗。

一遍又一遍的磨课，一次又一次的修改。《东盟与上合》这篇教材是一个难啃的硬骨头，如何找到它的突破口，杨老师困惑了。季老师的一个点子“能否从‘会标’为切入口”点醒了梦中人。这是一个好主意，因为，会标是上合组织精神的精髓所在。但如何巧妙地利用好呢？组长周老师毅然接下了任务，完成了会标的分解演示的制作，使得整堂课的难点迎刃而解。而对如何介绍上合组织所属国家——俄罗斯，我们又坐在一起进行了探讨。杨老师利用班级学生善于收集资料的优势，充分发动学生收集资料、归纳资料，组际之间的交流汇报，把学生的学习能力展示发挥到了极致。在大家的共同努力下，杨老师的比赛课获得了比赛的二等奖。一堂高质量的课带给我们的不止是一份荣誉，而更多的是成功的一堂课带给我们的反思以及传承。课堂中孩子们探究式学习方式，教师在导学时有效教学策略的运用，无不让我们受到启发。

"一枝独秀不是春，百花争艳春满园。"在教研组第二轮的课题也是区级课题《基于课标的品社学科能力培养的策略研究》引领下，我们集品社教研组众人的智慧与力量。在2014年10月的品社基地活动中，刘志平老师的《我的小岗位》，钱磊老师的《我们只有一个地球》，又一次展示了我们教研组老师的智慧与创新。一次次磨课，一次次修改，不仅有上课老师的辛勤付出，还有级组老师、分管领导的齐心协力。展示课获得了与会老师和领导的好评，尤其肯定了学校品社学科在开发资源、破解难点、情景中引发学生思考、动静相融、引导学生成长所做的探索。我们善于从教材中挖掘可以整合的社会资源，我们擅长以学生实际状况为起点开展教学，我们更关注品社学科学生能力的培养。

一堂堂课带给了我们太多的收获，到目前为止，每学期我们品社教研组都有四堂集年级组智慧的教学研究课。而借助品社基地活动，每学期教研组都会推荐一至两位老师参加市级教学展示。以及每两年我们都会有老师参加区教学比武课。一堂课带出的涟漪在不断的传递，不断扩大。我们现在的品社课堂正不断地尝试着用探究型、情境型、体验型等以学生主动学习为教学模式的课堂教学改革。

"教学的艺术在于创造，教学的快乐在于创造。"一个富有创造精神的教研组一定要与时俱进，开拓创新，不断磨炼，持之以恒，在学习中成长，在反思中进步，在实践中不断提高教师的教育艺术，使学生健康快乐地成长，让明天的故事更加精彩。

（作者：周冬梅）

点评：

磨课对于一个教研组的成长，作用是明显的。品社学科带头人周老师通过一堂又一堂的课、一个又一个课题带领着教研组老师专业发展，她在帮助大家成功的同时，也让品社学科教研组的整体水平获得提升。

【故事5】

我的五次磨课记

我是一个工作已经多年的教师了，教龄说长不长，还担任着我们数学组教研组长的工作，课堂，是我非常熟悉并喜欢的地方。最近一堂《平均数的应用》的五次磨课经历令人印象深刻。这是五年级第一学期第三单元的教学内容，是结合之前学的平均数知识把它用于生活中的一个教材。对我来说选择这节课是一个挑战：第一、教材提示的文字叙述极少，图画不足以让学生理解本课的重、难点；第二、参考的教案为零。但我换位思考了一下，觉得就因为这些原因，我更有胆量去尝试上这节课，我相信，在我们数学组老师集体的智慧下，一定会把这节课难点一一扫除。

当我拿到教材和教参后，首先，我自己先进行了教材分析，理清了书上几幅图画之间的关系，以及每一题所要学生达到的认知目标。结合高年级的研究专题《培养高年级学生的预习能力》，我出了如下预习题：

① 通常测量两栋楼房之间的距离你会选择什么方法测量？书本中介绍了哪种方法？

② 在学习过程中你遇到哪些疑惑？

③ 用你的理解方式与大伙交流一下：如何求A楼到B楼的长度？

④ 试着完成 p.38。

在第一次试教后，我很沮丧，因为大部分学生在做练习时还是不能理解步幅对解题的帮助。问题关键还是因为他们对步幅的概念不理解，单纯书上的几个小脚印学生无法与解题联系。于是，在教研组老师的讨论下，我马上修正我的预习题，如下：

① 什么叫步幅？

② 你能知道自己的步幅吗？

③ 试着用你的步幅大约测量出你家某个房间的宽度或长度？

④ 在学习的过程中，你遇到了哪些困难？（尝试着自己解决一下）

这次的修正我自己感到很满意，因为强调了步幅的概念，联系自己的步幅又加深了对步幅概念的认识，同时在测量自己家中某一个房间的操作题中也能让学生发现每一步的长度不一样，从而以学生提问的方式让孩子们在课堂上进行讨论。

于是我进行了第2次试教，正如我预期的那样，学生预习中的问题接踵而来，我也很开心，因为他们发现：(1)自己每一步的长度不一样；(2)不同的人每一步也不一样。结合这些问题，我让学生先对步幅用自己的理解说一说，并且说一说步幅是一步中脚与脚哪个部分，虽然在预设中我已经有了心理准备，没想到孩子们对这一步的距离还是有多种想法；(1)脚尖到脚尖，(2)脚跟到脚跟，(3)脚尖到脚跟，(4)两个脚中心的距离。绝大部分学生都赞成第3个答案，课后我想想也不能怪孩子，因为在体育课的跳远中，他们就是从脚尖起跳，脚跟着地测量。虽然课中我也让学生进行了解释，让一个学生上台走一走，但是坐在后面的学生看不见。有部分学生也只是你老师说什么他就接受什么。于是，教研组老师建议我修改预习题，同时修改媒体，利用动态的脚步让学生感知一步的距离位置。改的预习题如下：

① 例2讲述了一件什么事？

② 什么叫步幅？

③ 有什么方法可以测出平均步幅？

④ 你知道“平均步幅”在生活中的作用吗？

⑤ 在学习的过程中，你遇到了哪些困难或问题？（尝试着自己解决一下）

我又进行了第3次的试教。原本以为媒体的步幅展示会让学生一目了然，对学生理解一步的位置有帮助，可是在实际课堂教学中，发现由于脚印太多干扰了学生的理解。于是在教研组老师的讨论中，也有老师提出，是不是太注重这个环节，会影响后面的教学。但是两位老教师指出，往年的这部分内容，在考试中得分率很低，如果只是一味的追求结果,那么最后孩子们还是没有学到知识,校长也给了我很大的支持,认为这次的这节课,我们可以换个角度去设计教案,看看在这样的学习中,学生是否有收获,也可以为今后其他老师的教学提供帮助。最后王慧老师给我出了一个主意,让我用纸剪的3小脚印在黑板上演示一步的距离,并用虚线标注出来。

为了这一步的距离,我已经把5个班中的4个班试教完了,在这种情况下,教研组老师提出把她们当作孩子,演示整个教学过程,力求把每一个环节让孩子们都有所收获。

在正式上课中,通过黑板演示,学生对学习步幅和一步的距离位置起到了事半功倍的效果,为后面学习平均步幅作了很好的铺垫。外校听课的老师在听完课后也给予了很好的评价。

这节课虽然上完了,但是整个过程我想说:痛苦着但快乐着。虽然一遍遍的磨课,一遍遍的试教,身体感到有点累,但是通过教研组老师和校长的帮助,让我对这节课的认识又有了上升,从这次的磨课中也让我从老教师的身上学到了他们对教学的严谨态度,以及从尊重学生的角度去备课的教学模式。在这样的教研组中,老师在教学中会有很大收获,我也为在这样的教研组而欣慰、自豪。

(作者:张烨静)

点评:

作为教研组长已经具有一位资深老师的水平了,但是张老师却依然一次又一次地不放过教学中的“问题”,将自己的课作为教研组大家共同解剖的教学“范本”,在这个过程中她需要承担的是五次磨课的压力,但是教研组老师在陪伴她的过程中一定更欣赏她精益求精的专业精神。

【故事6】

课题研究——带领教研组成长

2004年,我只是一名教龄仅有6年的年轻教师,带着学校给予我的信任和鼓励,我从一名普通的语文教师走上了教研组长的岗位。刚刚担任组长工作的我没有什么经验,只能按部就班地完成教研组里的各项常规性工作。

2006年开始,学校以课题《多元文化背景下小学人品教育的实践与研究》为引领,全方位开展各项工作,提出了“人品课堂”,要求教师树立正确的课堂教学价值观,向以学生为本的课堂教学价值转型,新一轮的课堂教学改革即将开始。

那时我带领的教研组是一个有着5名教师的团队,组内有1名教龄多年的老教师,2名教龄20年左右的教师,还有1名教师只有5年的教龄。我们教研组研究氛围很好,凡是在教学工作中遇到的困惑,就会到办公室里和其他老师说说。说着,说着,就变成了一场小型的教研活动,有时我们常常会为了一个问题展开激烈的争论。

当时老师们在交流时感到最大的困惑就是学生学习不够主动,学习积极性不高,我还记得当时教研组的一位老师说了她期待的课堂——学生小脸通红、小眼发光;学生小手直举、小嘴常开;学生兴趣盎然、兴致勃勃;学生思接千载、浮想联翩……这样的课堂是多么令人向往啊!在交流中,老师们还谈到了总觉得教学时间不够,教学任务完不成。听着大家的话，我想：为什么不把老师们的问题集中起来，然后找找原因，改进我们的教学呢？兴许会有所改变呢？于是我们就开始了梦想课堂的追寻之路……

在一次教研活动中，我们分析了学生学习主动性不高的原因，发现课堂中还是我们教师存在着问题：一是教师讲得多，学生学得少，教师细致的讲解、繁琐的分析占据了学生大量学习的时间。二是课堂中思维训练还不够，教学设计没有达到儿童“最近发展区”，苏霍姆林斯基曾说过“如果儿童在学习中感到一切都很容易，那么渐渐就会养成懒于思考的习惯”。通过这次分析，我们发现问题出在学生，但是根本上还是教师的教学观、学生观的问题。

经过这次讨论，我们决定：把课堂还给学生！我们决定在语文课堂中开展以发展孩子思维能力，激发学生学习主动性的教学。我们做了如下设想：先让孩子自学课文，并把自己读懂的内容和不理解的地方做好记号；接着组织孩子交流，了解学生对这篇课文究竟读懂了多少；再根据学情，精心设计跨度较大的提问，以此发展学生思维的连贯性和系统性；再设计有效的语言文字的训练，这既是帮助学生读懂课文的路径，又是能提高学生理解和表达能力，发展学生思维的有效策略。

那时，正值学校第四届课题研究申报活动，我们就申报了《小学思考性阅读的实践与研究》的课题。从此，我们教研组走上了研究的道路。

随着课题的开展，我们的教研活动内容丰富了，组织更有序了。每周一 10:15—11:30，老师们认真教研成为了办公室一道亮丽的风景线。就在一次次的教研活动中，我们搜集资料，学习同行的经验。我们走进名师，去探寻语文学科的规律。还记得那时我们读了很多袁瑢老师的著作，特别是袁瑢老师如何在语文课堂中进行思维训练方面的文章。随着学习，我们对语文学科的性质和任务更加明确了。接着，我们对教材进行了深钻细研，“思考性阅读”需要培养学生思维的连贯性和系统性，这就需要我们要细致研究作者的写作思路。此外，“思考性阅读”还需要进行设计跨度较大的提问以及有思维含量的语言文字的训练，我们必须深入挖掘教材中可进行思维训练的语言点。因此，每一篇教材我们都进行了多维度解读，除了关注文章内容，主旨，结构，还详细分析作者的行文思路、谋篇布局、选材组材及文本的表达方式，重点语句等。第三，我们进行课堂教学的实践，通过研究课的形式来研究，每位老师在研究课中提出自己的设想，上完课后教研组老师再进行评论，然后上课老师再撰写案例，用案例来帮助自己反思。

就在这样一次次的学习、实践中，教研组老师们教学理念提升了，教学行为改变了。在课堂中，学生都动起来了，我们设计的以学生学为逻辑结构的教学，学生学习明显变得积极主动了，一双双小眼睛亮起来了，一张张小嘴巴说起来了，孩子们变得更爱动脑筋了，是研究解决了老师们教学中的困难。这轮的研究，虽然老师们研究能力不能一下子有很大的提升，但是我仍然感觉，教师们教学理念的提升、教学行为的改变、学生能力的发展方面都经历了从量变到质变的过程。特别让我高兴的是，老师的工作热情被激发了，教研组呈现了团结向上的风貌。因为大家有着共同的目标，在追寻目标的过程中相互合作，同事间亲密无间的情感也建立了。

这一轮的研究，我的收获是课题研究能将学习理论书籍、教材分析、上课、写课后反思等教研组中常见的工作都整合在一起，有序地纳入了课题研究的轨道上来，使得教研组各项工作都得以系统性展开。

2013年9月，我送走了上一届毕业班，又回到一年级执教，同时也迎来了自己要带领的第二个团队。这一次，教研组队伍壮大了，连我一共有6位教师。这6位老师中，在低年级语文教学经验丰富的只有1位老师，其余4位都是从事高年级语文教学工作，还有一位是教龄3年不到的年轻老师。其中使用过这一套教材的仅有2人，其余四人都从未接触过这套教材。

虽然教研组里有着这样的困难，但是我内心却很从容，而且已经做好了决定：坚定不移地通过课题研究来进行教研组的组建工作。这一次我们申报的课题名称是《低年级字词句教学的实践与研究》。和上一次不同的是，从课题方案撰写开始，我就对教研组两年的工作进行了整体规划，将课题研究和教研组建设紧密结合。我从研究目标的制定，研究内容的选择，研究方法的选择等方面进行了详细的思考，连需要阅读的理论书籍都做好了提前的规划。

这一次的课题研究，虽然只有2位老师是我原教研组的同事，但是大家对于研究积极性也很高，在进行第二轮研究的这两年里，我和我们教研组老师明显感到语文课堂有了变化，由于遵循了低年级学生的认识规律和心理特点，课堂教学效果越来越好；由于有一定思维的含量，学生体会到了脑力劳动的成功和快乐；由于开展了研究，课堂中教学内容的选择更加聚焦，解决了我们低年级教材内容多、篇幅长，教学时间不够的问题，课堂教学有效性大大提升。在这个阶段，我惊喜地看到组内老师在课堂教学上的明显进步，整个教研组老师的研究课有了质的提高，这都要归功于教学研究。这两年里，我们通过研究探寻了语文学科的性质、任务，摸索到了语文教学的规律。

通过实践，我深刻体会到课题研究是提高教研组建设的一个有效的途径。通过撰写课题研究方案，对教研组的工作进行系统性的思考、整体性的规划，这样的方法是十分有效的，将各项纷繁琐碎的工作系统地整合起来，形成了合力。

研究让教研组成为了一个互助合作的团队，营造了良好的教研氛围。研究提升了组内老师专业的发展。通过研究，教师教学理念提升了，一位老师在教育日记里写道："教学研究，让我对于课堂教学的价值观也有了变化，由开始重视知识技能到关注儿童的可持续发展，关注给予儿童富足的精神生活。"研究还提升了教师的课程意识，我所经历的两轮研究，都让组内老师对于语文课程的认识更加深入，在教学中坚守语文的阵地。此外，老师们还提高了教材分析能力、课堂教学实践能力。研究促进了学生的发展，学生语文能力提高了，思维得到发展，最重要的是，孩子们对于语文学科学习兴趣增强了。

在研究过程中最让激动人心的是，教研组老师感受到研究所带来的快乐，每一次实践后的发现，每一次思考后的顿悟，都会让老师激动不已。通过研究，老师们也发现，教师发展到了一定的程度，靠经验、靠热情是远远不够的，只能靠研究，循序渐进地、持续地、有深度地研究，才能使自己的教学一天比一天打开新的局面。因此，教师们从此自觉走上研究这条幸福的道路……作为一名教研组长，此刻是我最幸福的时候。我将坚定地前行在研究的道路上！

（作者：杨　韵）

点评：

用课题引领教研是一件很难的事情，在当今很多老师对教科研课题研究还十分茫然的状态下，我们的教研组长已经起步在做这样一件有意义的事情，是非常令人敬佩的。组长的作用在于不仅仅是自身有较强的专业能力，更是要将这种能力辐射到教研组每个老师的身上，成为大家共同追求的目标和行为。

【故事 7】

这个“小官”不易做

我，物理系电教专业毕业，1996 年踏上工作岗位成为一名专职电教老师。谁曾想今天我会成为一名数学教师，还成为了一名数学教研组长。

2004 年 2 月，我离开了原来的学校来到了东展。东展不缺电教老师，于是我半路出家开始做起了一名数学老师。我那时很纳闷，数数、十以内的加减法、二十内的加减法，这么简单的知识还需要用 35 分钟来教吗？我的想法很简单，自然教起来也很简单。当时我的课堂教学被校长戏称为“脚踩西瓜皮，滑到哪算哪”，一句话“不靠谱”。真是“隔行如隔山”哪！对于以往工作上顺风顺水的我来说，第一次感受了什么是“挫败”。

幸运的是学校先后为我请来了三位师傅，对我进行“合格带教”与“特色带教”。李丽珠老师是我的合格带教师傅，在她的教导下，我开始学习怎样备课，怎样上课。谢白雄老师和史久甫老师是我的特色带教师傅。学校在培养青年教师方面真的是“不惜血本”，为我请的两位师傅都是专家级别的，有着相当丰厚的教学理论及教学实践经验。两位师傅传授给我许多教学理论及数学专业知识，特色带教为我打开了另外一扇窗。我还记得自己常常被师傅问及教学理论哑口无言的场景，懊恼自己的无知，同时也清楚地认识到对于数学教学，自己还有许多需要探索的。“有德无才要误事”，没有才，如何“授业”与“解惑”？从两位师傅身上，我看到了身具专业的知识技能的重要性，它是教好学的前提。为此特色带教期间我阅读了许多书籍，养成了读书、思考的习惯。说实话特色带教生活很辛苦，师傅经常要来听课。自己为了准备好一节课，常常备课做课件到深夜十一、二点。可令人难过的是，特色带教两年过去了，自己的教学能力并没像期望中那样得到提高。委屈、自责、流泪、甚至怀疑自己是否适合做一名数学教师。

这期间我还成为了一名备课组长，个人教学能力薄弱如何担当备课组长一职，压力很大，我又一次感到深深的挫败。面对压力，如何支撑？在东展三四年间，一直被东展先进的教育办学理念浸润着，东展传递给我许多正能量。到东展我有了自己的理想信念——那就是做一名对学生有帮助的教师。正是因为有理想信念，面对压力与失败我没放弃，可能我在数学教学上没什么灵气，但我可以通过不断地努力。特色带教的最后一年我努力做着两个转变：以教师教为主到以学生学为主；教教材到用教材。2009 学年我上了《数字的墙》一课，生动有趣的情境，富有层次性的思维训练，获得了师傅和听课老师的好评，师傅表扬我时的情景我还历历在目，那是我第一次体验到数学教学“成功的喜悦”。

之后，我当上了教研组长，身上的责任更大了。我开始要制定每个学期的教研组计划，安排每个学期的教研工作，要开教研组长会议，要进行教研组建设的学习。年龄虽然不小了，但对于这份工作我却显得那么的稚嫩。我遇到最大的困难就是如何使得整个教研组不断提升。经过很长一段时间的思考与摸索，2010 学年我申报了校级课题《在低年级计算教学中重视学生的思维能力》，教研组的老师都是课题的成员。有了课题我们就有了教学研究的目标，就像打靶有了靶心。每个学期组内的每位老师围绕课题选择研究课内容，集体备课、上课、集体评课。刚开始时组内的老师会有一些不认可，甚至还有老师把上教研课当作一个负担应付了事。对于老师们的反应我能够理解，每个人都是独立的个体，都有自己的想法，但我心里想的谁又能理解呢。我如何向大家证明我的想法是可行的？如何把大家拧成一股绳？如何做一个大家都认可的教研组长？苦恼之后我想首先还是从自己做起吧。于是校级课我冲在前面，区教学比武我冲在前面，区教研课我又冲在前面。在区里上的一堂课是《圆的初步认识》。由于自己跨低高两个年级教学，所以自己不但要负责低年级的个人课题研究，还要兼中高年级“预习”的课题研究。对于第一次教四年级教材，又要结合课题研究来上课的我来说，绝对称得上是一次挑战。整整一个月的时间，备课十来稿，试教 5 次，试教到最后，课没力气上了，话也说不动了，开完课还病了一场。

除了以身作则外，我认真组织每一次的教研组活动，我精心准备每一次的组内教研课供大家参考，每一次组内老师上完教研课后我都真诚地说出自己的想法。慢慢我发现老师们变了，她们不再把上研究课当作一种负担，会尽力准备，会来和我讨论，有了一股想上好课的劲。在第一轮课题研究中我们最大的收获就是由于“研究”的教研内驱，增强了培养学生思维品质的意识，提升了分析教材的能力。2013 学年我又继续深入对学生思维品质培养的研究，申报了第二轮的个人校级课题《低年级学生数学思维品质培养的研究》，就教材、教学方法、练习设计进行进一步的教学研究。2014 学年《低年级课堂教学数学思维品质培养的研究》成为市“萌芽计划”项目的立项课题。在这一轮的研究我们教研组得到了学校强有力的支持，日常不但有葛校长指导我们，还把谢白雄老师请回来定期给我们进行理论培训、听课评课。2013 学年我个人获得了区“长教杯”的一等奖、对学区进行了公开展示课，2014 学年我们的课题获得了校二等奖的好成绩，我们教研组还两次获得校先进教研组的称号。看到大家一起进步，作为教研组长的我很满足。

回首过往，深深感到数学老师不好当，教研组长这个“小官”也不易做。但人不是一颗脆弱的苇草，而是有韧劲的，只要自己有坚定的理想信念，就会坚持再坚持，咬着牙坚持……

（作者：陆海芹）

点评：

很欣赏陆海芹老师在文章最后写的一句话：人不是一棵脆弱的苇草，而是有韧劲的，只要自己有坚定的理想信念，就会坚持再坚持，咬着牙坚持……在陆老师身上正是有这种精神，她从一个数学学科的外行一路走来，直到今天成为一名骨干教师。正如鲁迅先生所讲：没有所谓的路，只是走的人多了才成为路，一步一个脚印的教师具有无限的可能性。

【故事8】

逼上“梁山”到自寻“梁山”

2007年，我来到了东展小学，那时的我还是个刚刚走出校园的大学生，虽然学的是师范，但真刀真枪地走上讲台还是不小的挑战，心中完全没谱。课上下来，满头大汗，学生对我的课似乎并不买账，不少学生都是自顾自讲话，课堂上“热闹非凡”，完全没有教学效果。在我一筹莫展的时候，学校为我请来自然教学的专家经宝钢老师对我进行合格带教。经老师手把手教我怎么分析教材、怎么了解学生、怎么备课、怎么把控课堂气氛、课堂纪律，事无巨细，师傅往往只改进课中的一个细节，整堂课的效果就会完全改观，不由让我佩服不已。就是在言传身教下，我才慢慢向一个合格的自然教师迈进，捡起了教育生涯的第一块砖。

2009年，学校安排我担任教研组长，听到这个安排时，自己惊愕不已，心里没有底，教研活动完全处于模仿阶段，每次研究活动就觉得压力特别大，每次组织教研活动就是看看相关的教育教学杂志，说说教学的计划等，都像是单纯为了完成教研活动这个任务，没有成功的愉悦。这次学校又向我伸出了援助之手，再次将经老师请来，对我进行第二轮特色带教，经老师不再像合格带教那样关注一节课的内容，而是对整个课标、整个教材的分析，向我推荐了不少教研组建设，教学研究的书籍，要用好教研组活动这个主阵地，推进整个教研组的进步。同时在参加其他教研组的展示、交流中，我才慢慢认识到，我们组当时的教研缺乏组织驾驭能力，不知道如何围绕研究内容调动大家畅所欲言、各抒己见，只有促进参与者不满足于现有工作实际，才能研究出改进、完善的办法。

于是我们开始做课题研究，可是研究什么内容呢？就研究学生最迷惑，最薄弱、最想要的内容，经老师的话给我了大大的启发。自然课上学生对感兴趣的是什么？当然是科学实验啊！每次听说有实验要做，每个孩子都是摩拳擦掌，跃跃欲试。于是在接下来的几个学年中，我和教研组的老师们连续开展了《合理利用有效实验，提升学生课堂主动参与性》、《增强实验教学的趣味性，提高学生课堂有效性的研究与实践》等教学研究，在提升课堂教学效果的同时，学生学科素养也有了长足的进步，在教学相长的氛围中，教研组稳中有进。

2012学年，在东展已经任教4年低段年级自然教学的小云老师由于家庭原因离开了东展，低年级的教学出现了真空，作为一个男老师，我原先一直任教中高年段的教学，对于低年级的学生的教学方式完全是陌生的。但作为教研组长，硬着头皮承担起从未任教过的一年级教学，从头摸索一年级学生的教学方式。低年级的教学方式完全不同于中高年级，需要教师更多的鼓励，激励，用更生动、有趣的课堂去吸引孩子学习热情，我也在一边教学一边改变自己的教学方式。

屋漏偏逢连夜雨，小於老师由于特殊原因，将要暂缺两个星期的教学工作，原来有三位专职教师的自然教研组只剩下我一个专职的自然教师，全校却有25个班级自然课需要上，遇到了巨大的困难。在课程部的积极安排下，暂由班主任、数学老师等老师任教自然、劳技课，这些老师没有抱怨，积极配合，做好课前准备工作，认真负责地上好每节课，共度难关。

这些老师本身的教学任务都很重，身为教研组长的我该做些什么？考虑到这些老师都是兼任自然，我将他们所需任教年级的教案提前准备好，预先摆放好这些老师所需的自然实验的器材，主动去询问教学中遇到的困难，安排好自然专用室的使用。

同时自己也遇到不少烦心事，每个星期将近20多个课时量，感觉自己已经满负荷运作着，这时区“长教杯”的教学评优开始报名了，我纠结了：如果不参加，也就意味着少了个开眼界的机会；如果去参加，万一一无所获，多不好意思啊，更何况自己的负荷就更重了。这时，学校领导给了我个定心丸，小王就去参加吧，抱着一颗平常心，没奖是锻炼，有奖是激励，工作上肯定会累点，年轻人多冲冲。有了学校的支持，我打消了顾虑，后来获得了区二等奖的成绩，对自己也是很好的肯定。

就是这样一个“多事”的学年，现在想来，对自己是一种“压榨”出来的提升。有了一、二年级的教学经验，我才对整个小学阶段的自然教学有了更加清晰的认识，更意识到自然知识有一个螺旋上升的学习过程，因此只有了解每个年段的阶段目标，才能设计符合学生年段的活动，贴合学生的真实需求。在和其他老师的合作中，更意识合作交流的重要性。在不断的教学磨炼中，更意识到一个教研组的建设上，再忙再累也不能怠慢理论、专业的发展，只有不断提升自己，才能身体力行地带领整个教研组劲往一处使，共同发展。

进入到2015年，学校又推荐我参加长宁区教学能手的评选，又将我聘为骨干教师，这些既是一个肯定又是一种鞭策，我感觉自己肩上的责任又重了几分，因此我壮胆申报了校级课题《以探究任务单为抓手，提升学生实验能力的研究和实践》，藉以这个新的平台，使自己对教学进入一个新的阶段。

回首这段教学生涯，我从一个对教学毫无经验的大学生到一个合格的自然教师，再逐步成长为一名教研组长，成了一个“小官”，其中有酸有苦，但更有收获。自身专业和教研组的发展就像一个“梁山”，可以说在学校“逼”和“扶”下我上了“梁山”，在“梁山”中吃到甜头的我又开始寻找新的“梁山”。

（作者：王金辉）

点评：

年轻、没有什么经验和任何资历，是弱势。但是每一个人的成就都是从无数个“第一次”开始累计起来的，能累计得好，1后面便会形成很多个0。这个过程什么是重要的？是努力和坚持。年轻，意味着活力和善于吸收新知，把每一个压力作为提升自己工作能力的考验，运用好这些，一定会成为一名优秀的教师、一位优秀的教研组长。

【故事9】

燃烧激情，凸显个性

我是被如今社会上称为“80”后一代的典型：我对待生活充满激情，对待一切新鲜事物勇于尝试，有着广泛的兴趣爱好。喜欢自由，不喜欢被束缚。在教育这个问题上我也常常在思考，我们所处的时代是一个科技发展迅猛的时代，是知识经济时代，教育应该与时俱进。因此在工作中，我开始自己的尝试。7年前，我来到了东展，当年24岁。我喜欢这里的环境，对学校的办学价值“关爱生命、优化生命、提升生命的质量”，办学宗旨“让每一个孩子都有个快乐的童年”十分认同。并努力的用自己的工作来诠释着学校的办学理念。

刚来到东展，眼光犀利的葛校长就发现了我身上的特长：跆拳道，并让我任教跆拳道课，并开发跆拳道的校本课程。没想到，自己无意中的爱好竟在东展有了施展的舞台。校领导能给予一个新进老师极大的空间，让我大胆尝试，这我是没想到的，对我的工作鼓励性极大。抱着试试看的态度，我尝试跆拳道教学，当时只是给全校的男生上课，可是没想到，受到了大家的热烈欢迎，连女生和她们的家长也积极要求开设这门课程。看到自己的特长有用武之地，能为学校的发展做出贡献，我的工作热情更加高了。如今，我校的跆拳道已开展得有声有色，在许多重要场合都承担节目表演。一次，区里展开“阳刚少年”的搏击操比赛，知道这个消息后，抱着尝试和锻炼学生的想法，我主动向学校提出：我带领东展跆拳道精英参加这个比赛，也为东展增加点士气。校领导一口答应了。于是我认真编排了动作，带领学生刻苦练习，并挑选上气势磅礴的韩日世界杯的配乐做背景音乐。比赛那天，在音乐声中，学生重拳有力，轻拳舒缓，这场比赛学生演绎得可谓是游刃有余，同时比赛也发展了学生的个性。当时举办地在西郊百联，所有的观众都为我们的学生喝彩，最后我们获得了一等奖的好成绩。那一幕场景成了我永远的回忆。著名教育学家苏霍姆林斯基说得没错：只要教师在其他任何领域有哪怕很小的火花，那么在教育王国里，你就是主宰者。我深深地感叹，我的那点小小的火花在东展的自由空间里点燃了。

来到东展时，我很年轻，加上比较自由的工作态度，给很多老师留下的印象可能是工作比较随意，纪律性还不够。可是，我们东展的葛校长能透过现象看到本质，看到了我对待体育教育事业的热爱。并给了我这个年轻人一个很好的机会，让我当体育组的教研组长。当时我非常感叹，没想到校领导能让我这么一个年轻的老师担任这样重要的工作，我下决心要把工作做好。担任了体育教研组长后，工作忙碌而充实，我就在这样繁忙的工作中不断锻炼着自己，不断挑战着自己。

我校活动丰富多彩，每年的春天，我们都会进行“春季运动会”。要策划好运动会，对当时的我来说，可不是一件容易的事情。首先运动会历时时间长，由于我校独特的办学理念，尊重每一个个体。因此，预赛参与率要求达到100%。其次，运动会项目多，而为了不影响学生的学业，决赛的时间只有一天。再有，由于当时学校办学规模不大，体育室人手不多。面对着重重困难，我勇于挑战，我觉得这正是一次可以锻炼自己能力的机会。

于是，我开始细心而周密的策划。首先，我制定了《运动会次序表》，根据各班的实际座位安排适宜的比赛场地以及各比赛项目的比赛次序。在安排中，我制定三个赛区：第一个赛区是大操场，第二个赛区是红色跑道，第三赛区是水泥道。在比赛当天，既要做到组织有序，又要考虑观看效果，还要考虑时间有限，怎么办呢？我设想了让三个赛区同时进行比赛，如：同一时间段内，第一赛区同时进行一、二年级短绳比赛，第二赛区安排五年级的垒球和跳高项目。第三赛区举行三年级立定跳远比赛，这样一来节约了时间，又提高了效率。同时，这样的安排也考虑到了学生的座位和比赛场地距离较近的原则，不会给同学们带去很多麻烦。再如，为了增强观看效果以及考虑到学生的实际情况，操场中心的第一赛区尽量进行低年级的集体比赛，操场外围进行三—五年级的中长跑比赛。由于事前策划详细，加上运动会当天的有序组织，运动会取得了很好的效果。我就是在学校为我们搭建的平台中成长了。

在我们东展，学校重视学生的身体健康，特地安排了每天的“阳光一小时”活动，确保每个孩子的充分锻炼的时间。那么，怎么安排全校的“阳光一小时”活动呢？我决定以学期为单位，分步走，层层推进。首先，在第一学期，我们体育室联系后勤部，为全校每一位学生送一根跳绳，每天让学生坚持跳绳，提高学生身体素质。一个学期以后，我们在原来的基础上又有改进，不局限于原来的运动项目。根据各年级学生的年龄特征及生理特点，我们安排1—5年级各年级活动不同，各班活动项目不同，大大激发了学生对参与运动的热情，也让每个学生更全面的发展。在《国家体质测试》中，我也看到了自己努力的结果，我们东展的孩子的身体素质有了很大的进步，自己的工作产生了价值，这是让我非常高兴的。当然，这和校领导给予我们年轻人搭建平台，增加了锻炼的机会是分不开的。

作为一名80后的青年，我看待很多问题都有着自己的想法，也保持着自己的个性。学校相对来说是个比较传统的地方，有时候具有个性的想法不一定会得到认可。而在东展，我感觉不是这样。我的许多有创意的想法和个性上的独特并没有在东展泯灭，反而得到了保护，我的才华有了施展的空间。例如上学期，学校承担了区级展示的活动，我被安排执教一节体育课。我想把自己平时的一些思考都通过这一节课表达出来。我常常看到社会上的“口号现象”，在二期课改中“以学生为主体”“还学生一片空间”这些口号常常让大家挂在嘴边，可是落实到实际工作中呢，却还是传统的做法。结合着学校的办学理念，我想要在自己的教学中追求一种“富有生命力的课堂”，让孩子们在课堂中体会快乐。

我思考着如何真正做到师生间平等的关系以及师生间的互动？如何激发学生自主学习、探究的意识，培养学生小组合作的能力？如何让学生展开自我评价？如何发展学生个性，培养学生的创新意识？如何在体育课中培养学生思维能力，锻炼学生良好的意志品质，提高学生的学科能力？我想通过这一节课把自己平时的一些思考落实到行为上。加上我自己对工作充满激情，对自己的素养感到自信，于是，我开始了考虑。

首先，我校学生来源多元化，有一定的创新意识，活动能力强，而我上课的教材《50米快速跑》偏偏又是非常枯燥的，教材的内容和学生之间的实际有很大的反差。怎样来吸引学生兴趣呢？平时，在和学生的聊天中，学生谈的话题比较多的是哈利·波特，结合学生的实际特点，我突发奇想：创设哈利·波特魔法世界的情境，把枯燥的教材上得生动起来！我进行了这样的设计，以提高学生的学习热情和学习效率，达到理想的效果。十年的教学经验让我积淀了一定的组织能力。因此我创设了“哈利·波特的魔法世界”这个情境。

我的这一创意得到了意想不到的课堂效果，让我们回到那天的场景去看一看吧！候场时，学生身着用垃圾袋自己制作的个性黑色斗篷，手持扫把，平日的操场变成了一个“魔法学校”。在微风的吹拂中，黑斗篷轻轻飘起，每个孩子也站姿端正，因为他们都是“魔法学校”里的一员哪，怎么能不守纪律呢？披着学生为我亲手制作的镶嵌金边的“黑熊披风”，我——这位魔法学校的老师上场了。在哈利·波特的电影原声音乐中，我带领学员们开始魔法操的热身活动。“学员”跟随着我的动作，一丝不苟地练习着。然后我把“学员们”分成小组，以小组为单位，运用手中的扫把放置不同的宽度，进行跑步中步频和步幅的练习，为练习50快速跑做好铺垫。接着我们又运用扫把进行高抬腿的练习，两腿快速的交换，犹如魔法发动机般的运转，学生练习得不亦乐乎。接下来，我们进入“飞行斗篷”的环节，在奔跑的过程中让每个“学员”通过斗篷的飘逸程度来评价跑步的动作与速度。而“魔法大搬家”环节又让各小组用手中的垃圾袋把6把扫帚捆扎起来，进行搬运。最后的“魔法创想”达到了“魔法课堂”的高潮：“学员”以扫把为道具，模仿中生活中的一个体育运动项目或生活场景，学生有的模仿高尔夫运动，有的模仿击剑运动，还有的合作表演跳高运动。在这节课里，学生的学科能力得到了提高，通过自己的尝试，掌握了50米快速跑的要领。在这节课里，学生的创造能力也得到了发挥，小组合作能力提高了。还在体育课中提高思维能力，领悟了“体育精神”，锻炼良好的意志品质。有一个学生下课后对我说：李老师，这一节课我一辈子都不会忘记……

在课没有上之前，我也一直忧心忡忡，我的理念会得到大家认可吗？我的设想能进行下去吗？由于这次尝试改革的脚步迈得比较大，所以害怕这样的课会在中途就被“枪毙”。但是，葛校长给予了我充分的信任和鼓励，给了我发挥自己才能的自由空间，让我能勇敢跨出这一步。

东展给了我燃烧激情，凸显个性的空间。我将继续努力！

（作者：李　勇）

点评：

“用人所长、激发潜能”是学校青年骨干教师培养中一直以来的做法，不断放大教师的自身优势、让其树立“我能行”的想法，培养了一批又一批的骨干，李老师是其中的一个代表。同时，作为被培养的教师来讲内在动机和对自我的期望也很重要，李老师在自己的工作岗位上一系列的创意工作行为也同时促进其发展。

【故事10】

东展老师的风采

刚进东展的时候，常常看到她在台前发言，她有时扎着高高的马尾辫，有时披着柔顺的长发，非常漂亮。我想这是谁呀，总觉得有些距离。后来知道她是语文老师、班主任、学校骨干教师陆怡，见面总是客气地打招呼，但是也不熟悉。这学期，我和她在一个年级组，而且她是我们的组长，慢慢对她有很多了解，她是我们的组长，是学校的骨干教师。确实这位组长的身上有许多值得我们去学习的地方，展示着东展老师的风采。

好学肯钻研，不断提高自己的文化学习和专业学习水平。在那么繁忙的工作中，她报考了研究生的课程，有多少个双休天陆怡放弃了休息，赶到大学去读书，有多少个深夜，她在灯下学习，忙学校里的工作。今年暑假陆怡去了好几个地方旅游，她说自己很喜欢旅游，但是为了读书，三年假期都在集中读书。她非常爱学习，她说读书其实也是很开心的，就是一边工作，一边学习累了点。学习给了她充实和提高，当我们不知道论文应该怎样写时，她给我们看自己的论文，告诉我们应该怎么写，我们非常赞叹她能洋洋洒洒写那么多的理论与实践探究的文字，这是她多年工作学习的辛勤劳作的结晶啊！一边在不断的学习理论，一边在实践中反思提高。陆怡在学校里有专家带教，她在专家的引领下，刻苦钻研，认真上好每堂课，多年的带教和自己的实践，她对语文的教学有自己的想法，在学校的教学比武中，还获得了一等奖。

陆怡还是位很好的班主任老师，她的理论学习不仅仅是围绕教学工作，在学生的心理，班级工作的开展方面都有自己的见解，她勤勤恳恳的耕耘在班主任工作的岗位上。大到整个学期的工作设想，小到一本本成长足迹上给学生评选的一个个小脚丫，她那么仔细，那么认真。她的班主任工作深受家长称赞。而给我留下印象最深的是去年，陆怡班级的学生大多数同学都得了手足口病，当时，我坐在陆怡办公桌的对面，感到她忙进忙出很疲惫，压力也很大，每增加一个，她心里就不安。当刚开始发现手足口病时，陆怡凭借着责任和细心，在卫生老师的帮助下，第一时间发现了病情，学校领导就采取了消毒、晨检等措施。但是病情还是传染开了，陆怡老师在学校领导的指导下，做了许许多多的工作。为了防止校车上的传染，学校当即规定一(1)班的小朋友暂时不能乘坐校车。这要得到家长的理解，要和家长一个个做解释，一个个沟通取得他们的谅解，她和楼老师下班后留下来打电话，一个个电话一直打到晚上八、九点才离开学校。每一个孩子得了病，她要一个个联系，打电话去安慰，去解释病情，为了更了解这种病，学校安排赵医生给老师上课，专门讲几种常见传染病的一些情况，陆怡自己在网上还查找了很多相关知识，和生病孩子的家长，不生病的孩子家长一个个作解释，陆怡说这段时间，整天在打电话，回到家里也是不停地打电话。她不厌其烦地打电话去安慰、解释、关心着每个孩子，消除每位家长的顾虑。有时还要和痊愈的孩子家长沟通，做他们的思想工作，告诉他们暂时还不能来学校。每天，她还要告诉科任老师们哪些孩子要带作业回家的，该做哪些作业。在家里看书做作业的孩子太多了，她都来不及去做这件事情，有时还真难记住哪些孩子到底是要补做第几天的作业，真是难为她。但是，她总是很细心地把作业放进袋子里，及时送到家长的手里。其实，当时她也有自己的压力，整天和这些孩子在一起，回到家里自己也有一个六岁的女儿，她自己是否也会被传染呢？我想她是有压力的，然后，她始终没有流露出来，她始终把学校的工作，把班级的孩子放在第一位，多么令人钦佩啊！在学校领导的关心指导下，在陆怡和其他老师的共同努力下，他们克服了很多困难，手足口预防工作得到了家长的赞同。

当传染病的风波慢慢过去了，陆怡老师的脸上终于露出美丽的笑容，而此时，又有了新的任务，给孩子补课，这些孩子，没有参加期终考试。学校领导要求给孩子补课，补考，补习孩子学习上的损失，是对孩子的负责，对家长的一个交代。陆怡在教授新课的同时，补习落下的作业，本来新课时间就紧，还要补习，真是不容易啊！另外，一班因为生病放了很多时间，班级的纪律也受到很大的影响，在抓学习的同时，还要抓纪律。她凭借自己的智慧、认真，在领导和副班主任、任课老师的大力协助下，每一件事情都做好了，赢得了家长的肯定。这就是东展的陆怡老师。

陆怡作为组长，事事带头，她真诚地对待年级组的每位老师，带领大家一起做好年级组的每一项工作。家长开放活动，她安慰大家不要急躁，她把活动都安排好，编节目、做道具、录音乐、做PPT、带领大家一起做：布置教室，她早早作好准备，给大家做个样子；制定计划她一会想出一些点子来与大家分享，年级组活动，她和大家反复讨论上课教案，那一次在学校组织去扬州活动的路上，她也和老师在讨论上课的教案。她用自己的真诚和认真投入凝聚了年级组老师一起作好学校的各项教学教育工作，她是学校的骨干，是我们的组长，在她身上看到了东展老师的风采。东展有很多这样的老师，从领导到每一位老师都会尽心尽力地去做好自己的本职工作，东展才会有灿烂的今天，辉煌的明天！

（作者：谈国奋）

点评：

教研组长和教研组的教师是上下级关系吗？似乎从工作要求上有一些。但是，在陆老师的身上我们看到的是“平等”，像对待自己的家人一样关心组里的每一位教师与他们一起成长，这是新一代教研组长所应有的胸襟和专业精神。

【故事 11】

跨好每一个成长的台阶

寒来暑往，又一个紧张而又繁忙的学年悄然而逝了，从 2009 年被评为聘为高级 B 级已有五个年头，而在五年中我还有幸被评为学校品社学科带头人。细细回顾这五年的工作，有许多值得欣慰的方面，既是忙碌的五年，也是充实的五年。学校为我们老师搭建平台，提供给我们许多发展的空间，使我们在教育岗位上更好的发挥各自的潜能。

一、爱岗敬业，不断学习

这三年来，坚持学校的办学理念，始终本着“以人为本，发展学生”的理念投入工作。学科带头人这一称号，让我深感自己肩负责任的重大。要胜任这一工作，必须具备更高的思想和精神境界，以较高的工作水平来应对，所以，提升自己的理论水平，人文修养和专业指导能力就成为我学习的主要目标。

我自知自己尚有很多不足，为此我严格要求自己，多学习，充实自己的内存。三年以来，阅读书籍，钻研教材，阅读参考书，成为了我生活中的重要组成部分。从《教师的挑战》《语文教育心理学》等专业书中学习理论知识改变自己的教学观念，在教学中多思考学生的学习状态，并尝试运用于课堂实践教学中；从《断舍离》《生活可以很德国》等书籍中我明白了无论工作多么繁忙，都有轻重缓急，必须合理安排工作生活中的每一个细节的重要性；从《超越时空》《人生哲思录》等书籍中又让我们感悟人生，用积极态度面对工作；从《荣格的自传》《学校心理健康教育》等书中掌握心理学知识对提升教育工作中与人沟通艺术性。还有《21 世纪技能》《历史是个什么玩意儿》，这些书籍都能丰富自己的知识面，提升自己的人文修养，切实提高自身素质。我相信厚积从而薄发，理论结合实际，也让我的教育教学工作在反思、实践的基础上有了更多深刻的体会。学习不是一天两天的事，它是需要我们花一辈子去努力的事，今天的努力是为明天更好的发展做的准备。人的一生只有三天，所以我们更要把握今天，回顾昨天，这样才能更好的展望明天。

二、严以律己，身正为范

1. 钻研教学，探索课改，努力做到“学高为师”。

除了一丝不苟地完成教研组长年级组长工作之外，我还时刻牢记自己是品社学科带头人，所以，在各方面都严于律己，努力成为榜样。我坚守在品社教学第一线，恪守“学高为师、德高为范”的教育理念，主动挑起品社课堂教学研究的重担，因为我认为课堂教学是我专业发展的基石和试验田。

我深入研究《课程标准》，根据自己的理解对教材进行重组，选择合适的教学方法，把培养学生的能力作为教学目标。在教学过程中,把“教”与“学”的过程融为师生的一个互动过程,充分体现学生自主学习的过程,把课堂教学提升为艺术化的过程。对每一节课我都认真备课、上课、制作媒体,力争堂堂都是精品课。二年级的《我会这样吃》、《我的小岗位》,三年级《多元的上海文化》,四年级《海峡两岸骨肉亲》、《圆明园的控诉》,五年级《通西域下西洋》。每一次教学研究的过程,都是自己专业成长的过程。每一次的课堂实践磨炼,让我对品社学科有了更进一步地认识,对品社学科的育人价值体会也愈加深刻。

只有架构起学生生活世界、心灵世界与知识世界的桥梁,才能有效提高教学质量,充分考虑每一个层次学生的学习需求和学习能力,让各个层次的学生都得到提高,促进学生素养的全面发展,让教学回归教书育人的本原。2012 年 12 月参加了“长教杯”教学比赛获得了二等奖;2013 年 10 月学校 10 年校庆,执教的《海峡两岸骨肉亲》也作为学校人品教育展示课向市区级开放。每次课后的说课评课,更是激励我要博采众长,冷静反思,积极投身于教改的实践中。

2. 率先垂范,以德服人,努力做到“德高为范”。

班主任工作是管理人的工作。班主任所面对的是朝气蓬勃,有思想,有感情,自我表现欲较强的小学生群体。因此,班主任在工作中既要有宏观的群体管理,又要有微观的个性发展指导。一个良好班风的形成,是培养学生个体积极向上的关键。在这五年中,我努力以“粉灵豆”这样富有创意的班标把班级孩子们,家长们的心聚在一起。我们激励班级孩子自己设计“粉灵豆”班标班旗,成立班级“粉灵豆”激励超市,自主确定奋斗目标,以及培养超市销售的一般规律,提高学生市场竞争意识;我们还鼓励每一个孩子积极参与竞选小干部,自主承担小岗位任务,提高孩子们的责任意识。经过五年时间的磨合,班级学生的集体荣誉感越来越强,投入集体活动的热情也越来越高昂,提升学生对自身价值的认识,树立他们的主人翁意识。其次是抓好班级小干部的队伍,无论是双周例会,还是十分钟队活动,几位队长特别认真,记录班级日志更是一丝不苟。这些小干部的以身作则,带动了班级形成了和谐向上的风气。

班主任在教育教学实践中,应有效地把学生的自作主张,别出心裁,标新立异等创造型人才的自然特点变为创造与成功的起点,培养一批又一批有个性的学生。这五年中,班级有陆续转入的插班生,这些学生中不乏有行为习惯极差的,有胆小厌学的,还有调皮好动的。对于这样的学生用我老师的宽容理解和耐心引导,用班级学生的热情互助,让这些孩子很快适应了新环境。尤其像倔强任性的卢熠、懒惰自卑的萧经瀚对于老师的挑战更是需要用极大的爱心,循循善诱,用跳一跳摘果子的方法(与家长及时沟通,跟踪学习行为表现,在班级中为他们搭建自信平台),等待这些迟开的花儿。现在我们已经能经常看到萧经瀚上课举起了手,书本上还会做些听课笔记了;而卢熠进步的步伐更大,每天都能及时完成作业,以前常说的“烦死了”现在已经听不见了;说起道理来头头是道的;红色的“不合格”再也不敢和他握手了。通过各种途径激发学困生的求知欲和上进心,解决他们的畏难情绪或厌学情绪。而后,再从方法与坚持的角度来引导他们一点一点的求得进步,并一再地强化他们成功的喜悦,真正使学生乐学,爱学。功夫不负有心人,班级学生数从三年级开始能一直能保持不变,这是与在学生身上倾注的爱,赢得了家长的信任是分不开的。

当然要求学生做到的,作为老师,我首先做到了为人师表,率先垂范,用自己的言行对学生进行潜移默化的教育。因为我的公平、公正，给予孩子们信任，使学生在班级各项丰富的活动中积极地自我发展。主题队会、辩论赛、好书推荐会、十分钟队会、圣诞义卖会、文艺汇演等活动为每一个学生提供思考、创造、表现及成功的机会。我还充分利用板报、积分银行、展示栏等，让学生自己组织、自己管理、自己发展。通过丰富多彩的活动培养学生的实践能力。

三、课题引领，身先士卒

我也深知，当今最需要的是科研型的教师，现代化的老师，所以我不忘"充电"，吸收营养的同时也进行课题研究。

在三年的时间里，我坚持课题研究。科研是先导，教育实践中的思考与变革需要以科研的方式来推进。2012年《品社学科课程资源开发与运用的研究》论文获得了"长教杯"论文比赛的一等奖后，更坚定了我走课题研究道路的信念。2013年3月我又开始了《基于课标的品社学科能力培养的策略研究》课题研究，并且在学校领导的支持和帮助下，经过邹经老师的指点，借着学校成为品社学科基地的东风，我的课题有幸被长宁区确立为区级一般课题。学校又一次为我们普通教师搭建的锻炼平台。从开题论证到2014年11月的中期成果汇报，每一项科研活动都是一次新的尝试，一次磨炼的机会。人生的机会不会太多，而机会一定是留给准备好的人。我立足于课堂实践，立足于解决课堂教学中的一个个实际问题，立足于问题即课题的指导思想，认真制定课题研究计划、实施措施等。目前，我们已经探索出一些切合学生实际的教学策略，"自主探究型"、"情境导行型"、"体验感悟型"，有了这些课型老师们在课堂教学的探索方向也会更加明确。

俗话说"一枝独秀不是春，百花争艳春满园"。第一次的课题是个人的单打独斗，第二轮的课题就是集众人智慧与力量了。刘志平老师的《我的小岗位》，钱磊老师的《我们只有一个地球》，以及杨韵老师的《东盟与上合》，这些课是集体智慧的结晶。一次次的磨课，一次次的修改，不仅有上课老师的辛勤付出，还有学校领导的鼓励支持，以及区教研员季晓军老师和市教研员关月梅老师的亲临指导。几堂展示课获得了与会老师和领导的好评，尤其肯定了学校品社学科在开发资源、动静相融、破解难点，在情景中引发学生思考，引导学生成长做了很好的探索。

2013年10月17日正逢东展十年校庆，我们围绕着《提升品社学科学生能力培养》课题研究，开展了四年级《品社》学科的教学课展示活动。作为市品社学科基地，我们还聘请了市品社教研员关月梅老师，及区教研员季小军老师指导点评。整整一个月的忙碌，前后磨课三次，不断地调整教学目标和教学策略。尽可能在这次教学展示中体现学校"以学定教"的学生自主学习培养，同时落实到具体的学科能力培养的教学理念。预期的目标基本达成。

品社学科带头人的责任就是带领学校品社教师立足课堂，关注学生发展。每一学期除了要走进品社课堂进行随堂听课，与老师们交流探讨外，我们还把更多的机会留给年轻老师，全程参与备课，陪伴她们的成长。杨韵老师参加了市级青年教师品社学科教学比赛任务，她执教的《东盟与上合》获得教学比赛的二等奖，这也是我校品社学科获得的最高荣誉。

学校需要学科带头人的帮、传、带。无论是品社教研活动，还是品社课堂教学，品社教研团队成长受到领导的赞同和认可，正朝着向更好的方向发展。

四、反思与方向

我深知，教育是一门科学，我们不能只停留在知识的传授上，而应该发展每个学生的价值、发挥每个学生的潜能、发展每个学生的个性。理论与行为的融合是至关重要的，也是我困惑的，更是我迫切需要解决运用的，因此，我必须不断学习，不断反思总结，积累教学经验，才能真正成为全校、全市教育教学上的带头人。

回顾三年走过的路程，只感到自己走得艰辛而又沉稳，平凡而又实在。当然自己也在不断反思：如何发挥优势，弥补不足，成为名副其实的品社学科带头人，成为新课程改革的引领人，成为教育创新与教学方法改革的带头人，成为构建学科教师团队的引领人。我会把今天的工作成绩当作明天工作的起点，把它作为人生的一个驿站，心路的一条起跑线，事业的一个加油点，积蓄力量，充实行装，带着执著和自信，在教育科研这条道上走好一程又一程，无愧于“学科带头人”这一称号。

（作者：周冬梅）

点评：

校级骨干、学科带头人申报机制让资深教师找到发展平台，周冬梅老师作为学校首批聘任的校级学科带人以品社学科为自己成长发展的基点，行了开拓性的工作，并取得较高的成效。周老师的成长也不是一蹴而就的，是多年来认真工作的结果，她的执著和努力对更多的老师来讲是一种示范，是一种激励，更是一种追求。

【故事12】

同在东展，快乐成长

成长承载着欢乐的翅膀，在空中划下优美的弧线。一转眼，东展小学已经创办10年了。回首与东展一起经历的这10年，我们互相见证着彼此的成长。10年对于一所学校而言还很年轻，它也将逐步走向成熟和辉煌；而10年对于我而言，逐步让我变得更加的成熟和自信，翻开记忆史册那过去的一幕幕，回想当年的幼稚、单纯、热情，更多感触的还是成长的喜悦。感叹学校的发展、感怀岁月流逝，10年对学校和我来说都是一段难忘的回忆。

随着时间的流逝，东展小学的办学理念已日趋成熟完善，“立人为本，成人于品”的办学理念正引领着学校各个方面更好地发展。我选择东展、信任东展很大的一个原因就是为此。学校的办学理念中曾提及到东展小学是一所培养成功者的学校，不仅如此，更重要的是东展小学还是一个培养教师的沃土。几年来的“师徒带教”让我感触很深，师傅们总是以他们独特的人格魅力感染着我，引领着我，不断鼓励着我更快更专业地成长。期间有太多的感谢，太多的感慨，太多的震撼和太多的收获。

• 合格带教——学会上课，能够独立备课。

记得学校创办初期，作为一名教龄仅2年的新教师任教三年级的语文学科。那会儿，我无论在教学理念的吸收、教材重点的分析、课堂教学方法的使用上都显得那么的稚嫩；当时的我，在教学教育中经常会遇到这样那样的问题，我多么希望能有个人可以帮帮我。

而学校居然在那会儿校园设施不完善、教师队伍不稳定的情况下，不忘对于我们青年教师的培养，为我安排了小学高级教师姜雪雁老师作为我的带教师傅。而我，自从有了姜老师的带教，似乎在教师生涯中有了一盏指路明灯，少走了许多的弯路；而正是她，教会了我许多：怎样制作PPT（我还成了当时我们学校第一个使用多媒体上课的教师呢）；怎样更好地把握教材重点进行教学；怎样批改作业；怎样评讲作文等等，而正是姜老师的带教以及她自己的高尚人格魅力感染了我，让我更明晰了自己身为人师的追求是什么。

从那时起，我知道，东展将是我为之奋斗的地方。

• 特色带教（一级）——立足课堂，开展教学研究。

后来，随着学校的逐步发展，日趋完善，在我合格带教放飞后的日子里，学校领导不惜代价，请来了许多著名的教育专家前来我学校指导带教工作，我先是有幸成为了上海市特级语文教师原卢湾区教育局长陆兰英老师的徒弟；再而又有幸成为了全国优秀教师、上海市著名的语文特级教师徐家良老师的徒弟。在带教的几年来，我非常珍惜这个机会，犹如海绵吸水一般不断地汲取知识，在不断的努力实践与反思中我也感到自己的教学能力不断的提高着。在特色带教的几年里，我还由一名普通的语文教师成长为了一名语文教研组长和年级组长。

如果说合格带教是让我学会怎样上好一堂课的话，那么特色带教的过程就是让我使自己的课堂教学水平有个质的突破；而担任教研组长的工作更是让我以一个教师个体成为了一个引领者，在自己成长的同时带领着同教研组的老师们一起前进着。

1. 教学水平的“质”的提升。

要使自己的教学水平有“质”的突破，“课堂教学实践”是最好的机会。我非常珍惜徐老师的带教机会，为了使带教工作更有成效，几年来，我每次在徐老师来听课前把自己带教课在其他班级进行试教。在试教的过程中，不断寻找教学难点重点的突破口；在听取同组老师的建议下不断地修改教案、修改媒体直至徐老师来听课。慢慢地，我似乎已经习惯了每两周要重点研究一堂课，而每次上课后徐老师的评课也是我迫切期待的，因为他总是能结合你的课堂，带来许多新的教学观点，给你提出许多非常好的而且实用的建议。

其实，一开始我很不习惯，每次辛辛苦苦备的课、上的课后，迎接我的总是徐老师这样的评价：“这节课，好的地方我就不说了，还是存在着许多问题，最大的问题就是……”那罗列的些许的问题，听起来特别的刺耳，一开始似乎会打消我的一些对于教学的积极性。可是，慢慢地，我发现，其实“忠言逆耳”的含义还是非常深刻的。因为徐老师为我的课堂提出的每一点建议都是让我在课堂教学水平成长的台阶。而且徐老师的每一次点评总是将课堂的一个细小的片段进行分析，再结合起相关的教育教学理论进行阐述，就像是一篇篇脱口的案例分析，这些真的让我着实佩服不已。

而且几年的带教让我感受到及时书写教学反思、带教随感也会让你收获颇多的。教学重在反思，要静下心来不断叩问自己内心深处发出的声音。上好一堂课后，静静地坐在办公桌前，然后从容地将师傅的建议进行吸收，重新整理自己的教学思路，反省自己的教学行为，总结自己的教学得失，这样倾听到自己内心真实的与众不同的声音。那样才能在课堂教学中不断地提升自我，实现自我。

就这样，在几年的带教中，我已经养成了经常反思、及时反思的习惯，也在每次的反思过程中不断地调整自己的教学行为、提高自己的课堂教学水平。

2. 教学研究的初步尝试

记得2006年休完产假回学校上班的那段日子，我同时被学校付以重任，担任了一年级语文教研组长和一年级年级组长的工作。当时，由于各方面的压力，我对自己教研组长的角色还有些不太适应，很担心自己是否可以胜任。要知道教研组可是研究教育教学、培养教师的基地，教研组要有“研”的氛围，才可能使教师有切实的收获。

后来，在徐老师的指导下，我们教研组面对语文教学的薄弱环节，分析了当时的识字现状，认为低年级识字教学应通过研究学生识字的流程以及识字教学过程中师生的教学行为入手，培养学生的识字兴趣，改进教师课堂教学方法，引导学生掌握识字方法，从而达到增加识字和巩固识字率，帮助学生尽快完成课标提出的识字任务，使课堂识字教学真正有效起来。因此确立了一年级语文教研组的研究专题，即《一年级语文课堂识字教学有效性研究》。

在研究过程中，我与教研组的老师们一起阅读了相关理论书籍，并且把相关的理论知识运用到自己的课堂实践中，最大的收获莫过于自创了“字塔”的游戏教学方式。所谓的“字塔”游戏，也就是在低年级的语文教学中，教师以生字教学为切入点，随即进行带有生字的词语教学，然后进行带有生字的短语教学，最后过渡到课文的句子教学。这样，通过字、词、短语、句的教学时，学生自然在读课文的时候有了一些语感，也不会读破句了。而为了方便演示，教师利用媒体，第一行出现所学的生字，第二行出现带有生字的词语，第三行出现带有生字的短语，第四行出现带有生字的句子。而这样的文字出现方式很像一座“塔”于是，冠名为“字塔”。后来，“字塔”的游戏教学方式不仅在学校、在长宁区的低年级语文教学中也“小有名气”了。

几年来，我们教研组都能够以从教学中发现问题，在研究中寻找解决问题的方法；而我也能带头在学校上研究课，希望通过实践研究不断地调整自己的教学行为；我们教研组的其他教师也都能分别围绕我们的研究专题进行着课堂教学的实践与研究。后来，我的一份教研组专题研究小结《一年级第一学期语文课堂识字教学有效性研究初探》还获得了上海市小学语文论文评比一等奖。到了二年级，我又结合新课程理念与阅读教学的现状分析，将研究专题《小学生阅读教学中学习行为的研究》提交给学校教科研课题申请，被立项为学校重点课题！

就这样，我和我们教研组的每一个老师在教学实践中不断品尝着研究的喜悦，感受着大家共同的进步。从我任教研组长的第一个学期起，我所带的语文教研组还连续五次被评上了学校的优秀教研组。

• 特色带教(二级)——课题引领，深入教学研究。

有句话说得好，学习别人的，是为了创造自己的。我在不断学习的过程中拓展着自己的天地，在语文课堂教学中逐步形成自己的教学风格。特色带教(一级)优秀放飞以后，学校并没有就此停歇对我的培养，反而继续为我聘请了小学特级教师、语文教学专家徐鹄老师为我的师傅，继续指导我的语文教学研究，力求在课题研究上会有所突破。两年的特色带教(二级)，我分析了当时学校中高年级学生语文阅读与写作的现状，进行了《读写交融，促进学生写作能力》的研究，完成了相关的结题报告，使得自己的教育教学研究水平有长足的进步，应该说，作为一个教师，在东展，我是幸福的！在我每一个新的起点，学校都给我搭起一座桥，走过去，就又成长了一步。对于东展，更多的是感谢，作为一名青年教师的万分感谢。感谢你给我带来的快乐，感谢你给我带来的成长。

我是一个快乐的人，而快乐，是要用心去感悟的。快乐和成长往往就这么简单，只要你能在生活中、学习中找到自己的价值，加深对自我的认识，并将这种自我认识运用于实践，你一定会找到真正的快乐，而这快乐背后也许就是成长。既然选择了做教师，选择了东展，我想，你要快乐就很简单，就让我们一同在东展，快乐成长吧！

（作者：陆　怡）

点评：

东展教师是幸福的，促进教师专业素养发展的机制项目丰富，不同的教师都可以找到自己的发展点。带教，作为老师们欢迎的方式一直以来扎根在我们的教研组，培育了一代又一代教师。陆老师的例子非常典型，她完整地走完了带教中所有的过程，从合格带教起步到一级特色带教再到二级特色带教。带教，让她每每面对名师的点拨而更快地催生了自我的发展，陆老师也在这八年的过程中完成了从一个合格教师到优秀教师的转身。

【故事 13】

写日记，催我成长

从教二十年来，只有在东展，才开始认认真真地写教育日记。而且自己写日记的内容的变化，自己从中悟出的许多东西，似乎能与前十几年的积累抗衡。自己通过写日记沉淀出的教育观念也让我更加清晰地认识自己。同时，在不断的反思与自我暗示中，感觉自己仍然在成长。因为无论从教育还是教学上，都有一定的思索。在感慨之余，也有些明白为什么学校在明知大家都十分繁忙的情况下，还坚持鼓励大家写日记了。

多年来的日记生涯，我经过了从一开始的想到什么写什么的杂记，到后来的写专题日记的历程。我记日记的数量并不多，因为三年多，我只记了不到一百篇日记。但是，这九十多篇日记我有九十多个题目，也就是我曾经思考过九十多个主题的教育问题。无论思考的的程度深还是浅，现在回过头来翻看这些日记时，发现这也算是自己的思想财富了。

记得一开始，我所记的杂记，是自己工作中印象最深，感悟最多的人和事件，比如：《日本小姑娘的变化》——金子梨惠的成长让我欣喜。《我真后悔》中队干部选举后自己后悔没有关心一个离异家庭的孩子，使她在落选后倍受打击，我十分后悔。《不同凡响的生日会》曾诚能带大家唱生日歌，让我十分感动等。所有这些，都是我自己内心受到触动后的感想篇。

后来，随着教育日记的不断累计，我发现，只要你有明晰的教育理念，只要你潜心思考每个孩子，他们的事件是写也写不完的。而自己的教育方式也依然在自己的理念的指导下"平铺直叙"着。于是我有了新的需求：挑战个别化教育，进行个别化学生的跟踪记录。因为对待个别生，仅有一定的教育观念和普通的教育手段是不行的，一定有着不平凡的经历，也一定在困惑甚至痛苦中领悟出更多的东西，同时也会提升自己的教育水平。带着这样的想法，我跟踪记录了黄嘉豪记录了 18 篇日记。也跟踪了曾绎宸，记录了 8 篇。可以说，这样的日记对自己真的是一种鞭策：一面记录发生在个别生身上的烦心事，一面要努力劝解自己要耐心，更要苦思冥想下一步的对策，可以说这样的挣扎的结果，是你磨炼了自己，受益的就是你的学生。比如黄嘉豪，就是从我开始六篇的满腹牢骚到后来的看到了希望，以至于从不能理解学校收这样的孩子进校，到后来发现自己正在做一件也许是拯救一个孩子生命的大事，能以平稳的心态来面对他，这也可以说，是日记对我的帮助。

日记可以让自己有教育灵感，还可以让自己静下心来反省自己的教育行为。当我发现日记有这样的功效后，我开始强行给自己设定日记内容范围——自己最需要思考的项目，正是我该记日记的内容。比如，我最喜欢的一本日记《听课评课杂感》，我只记录了10篇，但是篇篇都是我在听完课或专家评完课之后所做认真的整理出的思路。也可以说是自己课堂教学中的教学理念的源泉。比如：（读序言、目录、两篇日记《一课多上，我发现了差距》《把握教材的策略——处理好几对关系》、后记）。

这样记日记，当时对于自己来说是需要深入地思考许多问题的，也是比较累的，但是当你再来回顾这些过程的时候，当你已经因为思考过某些问题，而在工作中娴熟地运用某些教育手段和技巧时，你就会发觉，这真的是“磨刀不误砍柴工。”

（作者：刘志平）

点评：

在教师专业发展中对自己的教育教学行为进行不断的反思，一直被认作是一种有效的方法。学校设立了校本研修机制，在这个项目中，刘老师将记录教育教学日记作为提升自己专业素养的一种方法，并坚持多年，用她自己的话讲“通过写日记沉淀出的教育观念也让我更加清晰地认识自己。同时，在不断的反思与自我暗示中，感觉自己仍然在成长。”

结　语

“人品教育”课程改革落实到课堂迫切需要学校教研活动的有效跟进；教师的专业成长呼唤学校教研活动的全力支持；学校课程的建设与发展也亟待学校教研活动的强劲助推。我们的教研组建设，能够更好地发挥教师的积极性、主体性，真正成为教师专业成长最基础的平台，并以此让课程改革继续纵深发展，从而实现学校的课程的持续发展。

附 录

民办东展小学人品教育课程规划

上海市民办东展小学创建于2003年8月，由东展教育公司主办。目前25个班级720多名学生，其中65%来自世界各地及港台地区。学校办学理念先进、办学设施齐全、师资队伍稳定、办学声誉良好。“立人为本，成人于品”的办学理念引领学校发展，“关爱生命、优化生命、提升生命质量”一直是我们落实办学理念的思想核心，尊重每一位学生生命个体是东展办学之源。“让每一个孩子都有一个快乐的童年”的办学宗旨使东展的孩子童年时代享受到真正的快乐。

一、人品教育课程建设的背景

1. 学校人品教育研究的简述

针对多元文化的生源特点，学校从2006年开始开展了《多元文化背景下小学生人品教育的实践与研究》的课题研究，该研究课题当时被列为区级重点课题。

“人品教育”即培养学生做人，以“人品”为抓手，将形成和发展人的道德品质和人格修养为宗旨，以培养学生良好品格、引导学生正确的品行，提升学生的品位为目标，特别注重培养学生健康心理品质和身体素质。“人品教育”着眼于学生的身心健康发展，把尊重人、关心人、教育人贯穿在学校教育的全过程，在遵循教育教学和小学生成长规律的同时，培养学生热爱生命、热爱生活、热爱身边每一个人的良好情感，为提升学生的生命质量奠定基础。

为此我们确立了既吸取西方文化中民主、平等、开放等适合当今社会发展要求和学生发展所需要的内容和精神，也吸取中华民族传统文化中诚信、宽容、合作等内容和要求，确立了“爱笑、会玩；爱学，会说；爱生活，会做人”的人品教育培养目标，并形成了“乐观、自信、关爱、合作”等十六个二级指标。经过几年的努力，建立了《人品教育的目标体系》，构建了具有学校特点的“人品课程”框架，加强了对“多元文化背景下班级文化建设”的研究和探索，并从树立目标导向开始，开展校本培训，构建激励机制与评价机制整体提升教师的人品素养，成为人品教育的保障。2010年，课题的研究成果获得长宁区科研成果一等奖，上海市科研成果三等奖。

在对人品教育实施的总结与回顾中，我们发现还需要进一步开展研究，特别是基于人品教育的学校课程的建设与实施，缺乏系统的规划，课程的设置与实施，在体现人品教育特点上还有待进一步的深入。因此学校将《学校人品教育的课程建设与实施》作为第二轮研究，并获得了中国民办中小学协会立项课题，上海市一般立项课题和长宁区重点立项课题。

2. 学校人品教育课程建设的意义

(1) 课程的研究是对学校实施素质教育途径的探索

素质教育是指，依据人的发展和社会发展的实际需要，以全面提高全体学生的基本素质为根本目的，以尊重学生主体性和主动精神，注重开发人的智慧潜能，注重形成人的健全个性为根本特征的教育。“多年的实践证明，课程改革是实施素质教育的核心问题和关键环节，素质教育只有深入到课程教学层面，才能全面推进，取得实质性成果。”(教育部副部长陈小娅)。因此，我们人品教育课程的研究，是努力探索在多元文化背景下学校从三类课程的建设与开发这一角度实施素质教育的途径。

(2) 体现课程建设在学校教育的重要地位

“教学改革要取得根本性的突破，必须跟课程改革联系起来，从课程教学上的整体上进行综合思考。教学改革的成功在很大程度上依赖于课程改革的整体推进。”学校课程作为人品教育的基本阵地，课程的建设是学校发展的一大动力，在提高学校办学质量、形成学校办学特色中起着十分重要的作用。因此，我们以课程为抓手从学校实际出发，在已经构建的学校人品教育课程框架的基础上，继续优化基础型课程的实施，完善拓展性课程与探究型课程的开发与校本化实施，使课程成为全面落实人品教育的重要抓手。

(3) 课程建设依据了二期课改的核心理念

“为了每一个学生的发展”是课改的核心理念。包括：强调形成积极主动的学习态度，学会学习和形成正确价值观；强调课程结构的均衡性、综合性和选择性，以适应不同地区和学生发展的需求；加强课程内容与学生生活以及现代社会和科技发展的联系，关注学生的学习兴趣和经验，精选终身学习必备的基础知识和技能；倡导学生主动参与、乐于探究、勤于动手，培养学生搜集和处理信息的能力、获取新知识的能力、分析和解决问题的能力以及交流与合作的能力；发挥评价促进学生发展、教师提高和改进教学实践的功能；增强课程对地方、学校及学生的适应性等。我们人品教育课程正是依据二期课改的核心理念来确定课程的目标，设置课程的结构，开发课程的内容，从而使我们的学校课程与二期课改理念相统一。

二、人品教育课程的理念

人品课程基于新课程标准的基本理念：“以学生发展为本，坚持全体学生的全面发展，关注学生个性的健康发展和可持续发展。”结合学校多元文化的特点及人品教育目标，丰富学生的童年生活，发展学生的综合素质，提高学生的人品素养，从而提升学生的生命质量。

1. 课程为学生创设丰富学习经历，提高童年生活的快乐度

(1) 课程以学生为学习的主体，关注学生作为独特的生命个体的综合发展和个性发展，为每个孩子提供既适应普遍需求的必修课程，又适合个体的选择课程。

(2) 课程为学生提供丰富多彩、充满趣味的学习经历，通过课程体系的构建，不但使

学生掌握小学阶段必要的基础知识，更应该让他们通过课程的学习，打开了解世界的大门，体验生命成长的快乐，感受到童年生活的快乐。

(3) 课程关注学习过程中学生知识与情感的统一，通过合作、探究、创设情景、社会实践等渠道，不但使学生体验、感悟、构建并丰富学习经验，更在这一过程中培养学生的学习兴趣，养成良好的学习习惯，形成良好的人格素养。

2. 课程以德育为核心，以人品为抓手，提高学生的综合素养

(1) 丰富德育内涵，在重视品德和行为规范教育的基础上，以人品教育为抓手，培养学生良好品格、引导学生正确品行，提升学生审美品位，特别重视培养学生健康的心理品质和身体素质。

(2) 改进德育方式，关注、整合、提升学生的现实生活经验。课程以学生的现实生活为基础，重视现实生活经验，从学生自己的世界出发，用已有的经验与知识去研究解决生活中的问题，并在这个过程中提升原有的生活经验，从而促进他们在生活中发展，在发展中生活。

(3) 课程以学校人品教育为抓手，通过各种途径，包括学科教学、社会实践、团队活动、主题教育等有重点地落实人品教育的培养目标，学生热爱生活的态度，喜爱体育、艺术活动，具有良好的健身习惯，能感受美、欣赏美，从而引导学生积极参与自身的发展与完善，提高学生的综合素养。

3. 课程通过对学习方式及评价的改善，提高学习的成就感

(1) 激发学生的学习兴趣，倡导自主探究、实践体验、合作分享的学习方式，从学生的学情出发，倡导“以学定教”，通过学生自己发现问题、自己解决问题、自己总结规律的教学过程，通过多途径满足不同差异学生多样化和个性化发展的需要，让每个学生感受到学习的收获。

(2) 加强学校、社会、家庭教育资源的整合，使不同的教育环境和教育途径有机结合，成为学生学习的资源和平台，在丰富多彩的学习环境中，让每个学生感受到自己的成长。

(3) 建立学生综合素质评价体系，创设符合学生个体发展的评价方式，帮助他们认识自我的价值，让每一个学生感受到学习的成功。

三、人品教育课程的目标

1. 总目标

人品教育课程旨在：初步形成正确的人生观、价值观和世界观，具有多元、包容的胸怀和良好的道德品行；具有适应终身学习的基础知识、基本技能和学习方法；具有健康的个性和良好的身心素质，养成优雅的审美品位和适应不同文化的积极的生活方式，成为乐观、自信、有道德、有文化、有生活品位的世界公民。

2. 阶段目标

一、二年级

(1) 对学校生活有着较为浓厚的兴趣；初步了解身边伙伴、班级的基本情况，具有爱自己伙伴、爱班级的情感。

(2) 养成各学科基本具备的学科习惯，初步掌握所学学科的基本知识；能基本达到人

品教育培养目标所规定的一、二年级段目标要求;通过各种学校活动,初步形成乐观、自信的个性品质;

(3) 能参与学校各项体育、艺术等活动;能积极参加班级、校园、社会实践活动,在活动中学到本领。

三、四、五年级

(1) 知道东展小学多元文化的特点,了解学校中一些不同国家、民族的基本知识,具有热爱学校、热爱不同民族文化的情感。

(2) 具有各学科良好的学习习惯;能够掌握小学阶段各学科应该掌握的基本知识;能基本达到人品教育培养目标所规定的三、四、五年级段目标要求;在学校生活中具有主人翁精神,敢于表达自己的观点。

(3) 初步掌握自己喜欢的健体、艺术等项目的基本技能,并能丰富自己的课余生活;能积极参与各项实践活动,在活动中能与伙伴合作完成相关项目。

四、人品教育课程的结构

1. 课程的结构

学校人品课程体系依据教育部颁发的《上海市中小学义务教育课程设置方案》(2009)、《上海市义务教育新课程标准》,构建了包括:基础型课程、拓展型课程、探究型课程的学校人品课程的框架结构。

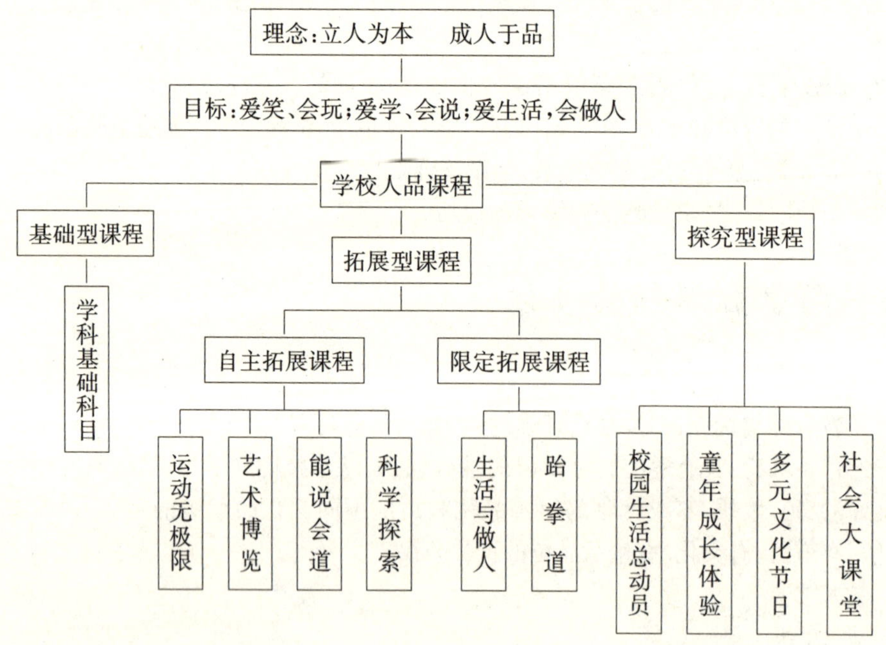

2. 课程结构的基本特点

我们的人品教育课程,聚焦于人品教育目标的落实,保留了三类课程,以基础型课程为基点,注重在学科教学的同时培养学生良好的人品。在拓展型课程、探究型开发人品资源，拓展教育渠道，积极开发促进学生人品提升的校本课程。

（1）基础型课程中挖掘“人品教育”因素

基础型课程是实施人品教育的主渠道，我们不仅要充分挖掘教材中人品教育因素，通过对教材的深入解读和研究，使其与人品教育培养目标相匹配。同时营造人品教育课堂文化，通过对师生关系、学习方式的研究，构建“以学为主”的教学策略，促进学生“爱学、会学”，在传授知识中培养学生做人。

（2）开发人品教育拓展型课程

拓展型课程是学校根据自身特点开发的人品教育校本课程。学校根据人品教育培养目标及家长资源、学校条件、学生需求等要素，制定学校人品教育拓展型课程实施方案，并在此方案的指导下，设置包括：运动无极限、艺术博览、科学探索、能说会道四个板块的自主拓展型课程和生活与做人、跆拳道限定拓展型课程，通过灵活多样的课程活动，发展学生个性，培养学生综合能力。

（3）开展主题式的探究型课程

探究型课程是依据学校多元文化背景，整合校内外资源，以主题活动的形式开展的校本课程。学校制定《民办东展小学探究型课程方案》，下设《校园生活总动员》、《快乐成长体验》、《多元文化节日》、《社会大课堂》四大类课程，以年级为单位，根据学生年段特点，设计课程内容，开展探究活动。

3. 学校人品教育课程的设置及说明

课　程	科　　目	一年级	二年级	三年级	四年级	五年级
基础型课程	语　文	9	9	6	6	6
	数　学	3	4	4	5	5
	外　语	2	2	4	5	5
	品德与社会	2	2	2	2	2
	自　然	2	2	2	2	2
	体育与健身	3	3	3	3	3
	音　乐	2	2	2	2	2
	美　术	2	2	2	1	1
	劳动技术					
	信息技术			1		
	周课时数	**25**	**26**	**26**	**26**	**26**
拓展型课程	自主拓展	4	4	4	4	4
	限定拓展	2	2	2	2	2
探究型课程		1	1	1	1	1
周课时总量		**32**	**33**	**33**	**33**	**33**

说明：

（1）基础型课程：学校按照市教委的九年一贯制义务教育课程计划，开设了语文、数学、英语、体育、品德与社会、自然、美术、音乐、信息技术全部规定的9门基础型课程。

（2）拓展型课程：每周活动总量共计6课时，自主拓展课程就是学生以自己兴趣为出发点，选择参加的课程，每周4节；限定拓展就是每一位东展学生必须参加的课程，每周2节。

（3）探究型课程：每周平均1课时，将整合学校活动以项目负责制的形式加以具体的落实。

（4）重要主题教育与班队会的安排：主题教育与班队会是学校课程中的一个部分。学校每个阶段的重要主题教育采用多种多样的方式整合到拓展型课程与探究型课程领域加以实施。

五、人品教育课程的内容

1. 基础型课程

根据学生不同阶段的发展特点，从知识与技能、过程与方法、情感态度与价值观三个方面提出基本要求，将人品教育所提出的培养目标完全可以与学科的三维目标要求进行整合。

（1）尊敬国旗、国徽、国歌。具有关爱之心，热爱集体、热爱家乡、热爱生活，热爱我们生活的地球家园。

（2）自觉遵守社会公德，爱护公共财产，礼仪诚信，珍惜生命，在参加公益活动、岗位劳动和小家务劳动中培养自主、自理的能力。

（3）掌握语言、运算、社会和自然等方面的基础知识，具有良好的学习态度和学习习惯。具有一定的阅读、表达、计算能力；具有基本的观察、比较、辨别和观察能力；具有探究意识和动手操作的习惯；富于想象力和好奇心，敢于质疑；学会倾听，乐于分享；能感受美和欣赏美。

（4）乐观、自信，喜爱体育活动，具有良好的卫生与健身的习惯，有一定的自我保护的意识。

2. 拓展型课程

课程主要聚焦在人品教育培养目标的“爱学、会玩、会说”这三项，努力为学生提供丰富多彩的、有利于学生个性发展的、具有学校特色的内容，具有选择性和开放性。

（1）拓宽学生的自我发展空间，使学生形成较为广泛的兴趣爱好，并在这过程中关爱艺术、关爱自然、关爱生命的意识，增强与人合作与相处的意识，促进健全人格的发展。

（2）重视学生的创作设计与探究性学习能力的培养，通过学习使学生掌握各自感兴趣的学习领域的基础知识与基本技能。

（3）挖掘学生的潜能，为学生展现自己的兴趣提供表现的舞台，并为逐步形成个性特长，形成良好的审美情趣打好基础。

（4）通过参与课程，让学生享受、珍视童年的快乐，培养学生乐观自信的生活态度与自理、自主的生活实践能力以及克己、礼让良好的意志品质。

3. 探究型课

课程主要聚焦在人品教育培养目标的“爱学、会生活、会做人”这三项，将学校的主题活动、学科探究活动、社会实践活动、班队会等各项活动进行整合，以课程的形态实施。

(1) 课程以活动为载体，把生活的知识、做人的道理寓理于其中，着重培养学生的积极、健康的生活观念与做人的态度。

(2) 课程倡导“自主实践、探究感悟”的学习方式，以学生生活实践经验为核心内容，主动参与对实践生活探究、调查等，使学生直接参与实践，提高他们发现问题与解决问题的能力。

(3) 课程注重学生在参与和体验的过程中发自于内心真实而自然的感受，课程强调学生知识的自主构建，更是为学生形成独立、自主学习品质和基本的生活技能和生存能力打下良好的基础。

六、人品教育课程的实施

1. 开发基础型课程中人品教育因素

基础型课程是落实人品教育的主渠道。我们将对基础型课程中各学科目标进行梳理，站在促进学生整体素质发展和培养学生良好的个性品质的立场上，依据各学科的课程标准和分年级培养目标，充实已有的教学内容，构建以学生自主学习为主的教学过程，培养学生学会学习、学会思考，使学生的认知、情感、行为、习惯、能力得到统一发展。

首先建立融合培养目标的课程教学目标，包括：

(1) 情感、态度目标：乐观、自信；诚实、合群；关爱、兴趣。

(2) 能力目标：会学、乐学；擅言、沟通；自主、自理。

(3) 知识目标：理财、环保。

这些培养目标，强调了和突出了人的发展的整体性，同时体现了一种新的教学理念，为此，我们在各学科课程计划的制定上，首先对整册教材、单元教材的目标进行梳理，建立教学目标框架图，然后将这些目标有侧重地进行融合和深化，使学科教学目标与人品教育目标互相匹配，为教师教学提供依据。

其次，在基础型学科的教学内容中开发人品教育内容。遵循学科学习内容的基本特征和课程教学目标的要求，并从教材本身涵盖范围有限这一现实出发，对现有的教材做必要的开发和整合，这包括：

(1) 挖掘现有教材中蕴涵人品教育的内容加以开发。

(2) 在教学内容的基础上，收集和利用现有的图书、音像资料、网络信息，丰富人品教育的内容。

(3) 以人品教育为主题，整合各学科内容，以主题活动的形式，拓展教育教学渠道。

2. 完善拓展型课程方案

课程的建设体现以学生发展为本的思想，根据学校的人品教育培养目标及家长资源、学校条件、学生需求等要素，制定学校人品教育拓展型课程实施方案，并在此方案的指导下，编写各课程(科目)的课程纲要，纲要具有明确的指导思想、课程(科目)目标、内容框架(包括内容)、教学与评价要求，尤其要重视情感态度与价值观、过程与方法目标的设计。

3. 营造良好的课堂文化

进一步加强课堂教学改革，形成具有“和谐、灵动、智慧、多元”的课堂文化特征，它包括：教师要在民主、平等、宽松、愉悦的教学氛围中，最大限度地发挥学生的主体性，激发学生灵感，赋予学生灵性，使学生变得更加灵活，注重激活潜意识、引导思辨、启发质疑、促成探究，并使多元的价值观、多元的学习方式、多元的学习资源在课堂中融合共生。

我们围绕“以学定教”专题研究，通过挖掘教材中人品教育资源、了解不同学生的学情、建立平等的师生关系以及创设学生自主学习的策略入手，构建人品教育的课堂文化。

4. 改善学生学习方式

加强对教材的研究。以教研组为单位，通过对教材内容的解读与梳理，挖掘其中蕴涵的人品教育因素；将人品教育目标与学科教学目标进行整合，在课堂中落实人品教育。

加强对学情的研究。充分的学情分析，就能照准课堂教学的起点，才能实现课堂教学的价值，关照与满足不同学生的共同发展。学情分析包括五个方面的内容：学生的“已知”，学生的“未知”，学生的“能知”，学生的“想知”，学生的“怎么知”。

加强对教学过程的研究。开展“以学定教”重在激发学生主动、自主的学习的动机，尽可能多地给予学生自己学习(包括小组学习)的时间与空间，创设多种学习经历使学生获得适合自己发展的学习方法，从而提高学生的学习力。

5. 开发多种资源，加强课程整合

重视对课程基础性内容的拓展和延伸，从知识与技能、过程与方法、情感态度与价值观三个方面开发教材资源，特别是对蕴涵人品教育因素的教材内容进行有效开发。

重视人品教育课程框架内各学习领域的合理配置，加强各学习领域及课程(科目)间的联系和整合，使人品教育培养目标能分领域、合理均衡地给予落实，促进学生形成合理的认知结构，全面提升综合素质。

特别加强对家长、社会等各种资源的运用，开发《故事妈妈》课程，使家长也成为学校人品教育课程的共同实施者，使课程内容更丰富，更贴近学生实际。

七、人品教育课程的评价

1. 课程执行的评价

(1) 建立学校校本课程评价制度，对学校目前实施的人品教育校本课程从课程计划、课程设计、课程实施、学生反馈等几方面进行综合评价，促进校本课程质量的提高。

(2) 建立学校人品教育课程管理人员的评价，对管理制度的落实、管理的实效上进行规范与促进。

2. 课堂的评价

探索建立“学习评价”的方式。我们的评价将与“课堂文化创建”相匹配，从师生关系、学生的学习时间与空间、学习的效能等方面探索一堂课从学出发，学生究竟学到了什么，学会了什么，以及用什么方法和用什么样的情绪投入到学习过程？“以学定教”，是不是达到为学而教的目标则需要借助于学习评价来加以监控和检测。

3. 建立促进学生全面发展的综合评价

(1) 积极探索个别化评价方式，根据我校学生的生源特点，建立学生书面检测与学习兴趣、学习习惯、课堂学习参与等相结合的学业评价方案，促进不同层面的学生在自己的最近发展区域都获得成功。

(2) 建立学生人品发展综合素质评价体系，评价内容应包括学生在《人品教育分年级行为要求》的执行情况、共性基础要求的学科课程学习成绩记录、个性化学习(包括拓展型课程的学习记录)、社会实践经验记录的综合评价，多方位评价学生人品发展及综合素质。

(3) 加强对学生的特色评价——《档案袋》，使学生 5 年人品教育个性化地呈现其中，展示了学生的成长轨迹与个人特色。

4. 建立促进教师专业化发展的评价体系

(1) 从课程建设对教师素质和教育教学能力提出的要求出发，重视对教师教育教学行为、师德、人品素养和工作实绩的评价，完善我校已有的教师专业化发展为目标的评价体系。

(2) 评价强调教师的主体性和发展性，继续完善对《教师自主发展规划》执行的评价。

(3) 教师的终结性评价，要将过程性评价、教育教学实绩、发展性评价(《教师自主发展规划》执行的评价)相结合，全面体现教师的专业化发展。

八、人品教育课程的管理

1. 明确课程管理的职责，提高管理实效

校长是学校管理的最高代表和核心，负责激发和调动全校人员参与课程的开发与实施的愿望和兴趣，营造浓厚的研习氛围，领导课题组制定学校人品教育课程的规划方案，建立和完善相关的管理制度，提供丰富的课程资源。

课程部和艺教部分别承担了学校人品课程的建设与实施的两个子课题，即：《人品教育校本型课程方案》和《人品教育课堂文化建设》，两位课题组长作为课程的开发和实施的执行和组织者，承担着领导与组织本部门工作的职责，在课题研究的引领下，协助完成课程的开发、规划、组织、指导、实施、管理和评价等工作。

2. 加强课程教学管理，提高学生学业成就感

(1) 重视备课中对生成的预设

要把备课的重点放在对学生的了解和分析基础上对学生可能产生的问题的预设，以及中高年级学生的预习设计上，为学生自主学习铺设台阶。课程部队教师的备课检查，也要重视这些环节的检查，在每次检查后，都要组织教师进行学习和交流。

(2) 加强上课过程中对学习方法的指导

课堂教学是教学过程中的核心部分，也是提高教学质量的关键环节。我们要求教师要把教的重点放在学生学习方法、方式的指导上。切实转变教师的教育行为和学生的学习行为，探索“以学定教”的教学模式。我们对课堂教学的管理，依据教学流程管理制度，

制定新的“课堂教学评价标准”和“课堂教学评分细则”，通过听课、公开课等形式对教师进行量化评分。

(3) 做好个别化教学及评价

根据我校学生的生源特点，特别是针对部分境外学生，结合其实际情况，为这些学生设计好个别化教学方案，尤其是在学业评价上，课在适当降低要求的同时，增加学生的学习态度、兴趣、进步指数等方面的检测，使这些学生也能获得成功感。

课程部要加强对教师的监测与管理，并将此作为教师教学考评的依据。

3. 加强校本研修活动，提升教师的课程素养

学校层面：学校根据课程实施过程中存在的普遍、共同性问题，定期开展“校本研修”活动，组织教师开展集中学习、培训与交流、课题研讨等，不断提高教师的课程素养和课程的执行力。

课题组层面：学校建立了《学校人品教育课程的研究与实施》课题组，下设两个子课题组，课题组根据研究计划定期开展研究活动，对课程的开发、实施与管理开展学术研讨、经验反思、案例分析等“课题研讨”活动，提高教师的研究与反思能力。

学科层面：由各学科教研组(包括拓展型学科的项目组、教研组)根据本学科、项目建设的发展需要，在课题的引领，组织本学科教师开展“校本教研”活动，主要是学情与教材的分析、课堂教学实践的探讨、课例的反思与分析等，提高教师的实践能力。

上海市民办东展小学拓展型课程方案

一、拓展型课程的概述

1. 课程定位

为了进一步落实学校人品教育理念，激励学生努力达到学校“爱笑会玩、爱学会说、爱生活会做人”的培养目标，学校开发了以人品教育为核心的拓展型课程。拓展型课程分为自主拓展和限定拓展，努力为学生提供丰富多彩、有利于学生个性发展、具有学校特色的内容，使课程具有选择性、开放性、实践性。课程开发充实了人品教育的课程资源，挖掘了学生的潜能，促进学生健全人格的形成。

2. 课程理念

(1) 提高学生素养，塑造健全人格

拥有健全的人格是人一生发展必要的品质，而小学阶段对于培养这一品质起着至关重要的作用，能够为学生提供较为全面的课程让学生在丰富多彩的课程中感知和实践，全面提高学生素养，着力提升学生的“品行、品格、品位”。

(2) 扩大课程范围、满足学生需求

拓展型课程在传统课程内容的基础上，扩大了课程范围，更注重拓宽学生视野，使学生广泛接触科学、社会与人文等多方面知识，密切课程内容与学生生活的联系，满足学生发展的需求。

(3) 培养自主能力，充分发扬个性

拓展型课程的开设使学生可以根据个人爱好、个体需求自主选择课程进行修习，促进学生在学习中认识自我、感知社会。开放型的课程可以提高学生学习的积极性和主动性，逐步形成具有个性的学习方式，提高自主学习能力。

(4) 以学生发展为本，体现层次性

拓展型课程的宗旨是使学生全面发展，使每一位学生都得到发展，开发符合学校办学理念、学生感兴趣的课程，充分激发学生潜能，促进学生人品、个性、特长的发展，培养学生的主体意识。

二、拓展型课程的主要构思

1. 课程设计多样化

拓展型课程包括限定拓展课程和自主拓展课程，限定拓展课程包括《生活与做人》、

《跆拳道》2门课程，课程目标覆盖了学校人品教育所有指标；自主拓展型课程包括“运动无极限”、“艺术博览”、“能说会讲”、“科学探索”四个版块，39门课程，重点落实“会玩、爱学、会说”这三项人品教育目标。课程突出以学生发展为本，通过多样化的活动，培养学生的创造力和想象力，丰富学生的生活，提高学生的综合实践能力，提高学生的人文修养。

2. 课程选择自主化

拓展型课程为学生提供更加丰富的课程，限定拓展课程根据学生每个年龄段的心理特征为学生开设系统的课程，成为学生成长的加油站；自主拓展课程，更加倡导由学生按兴趣选择，促进学生主动、富有个性地学习，使学生尝试选择、规划人生，适应社会发展的多样化需求。

3. 课程评价丰富化

拓展型课程对学生评价的依据是学校人品教育培养目标的总目标和分年级目标，评价贯穿于拓展型课程学习活动的全过程，使学习过程成为积极参与活动、主动获取知识和培养能力的过程，评价挖掘学生潜能、激励学生个性发展为目标。

三、课程设置

1. 课程设置说明

限定拓展型课程分为《生活与做人》和《跆拳道》两门课程。《生活与做人》课覆盖学校人品教育6项一级指标，落实16项二级指标进行教材开发，每学年每个二级指标都有一篇配套教材。

自主拓展型课程分为“运动无极限”、“艺术博览”、“能说会讲”、“科学探索”四个板块39门课程，课程设置强调遵循学生的身心发展规律，充分发挥各门课程的特点及优势，为学生的发展提供平台。

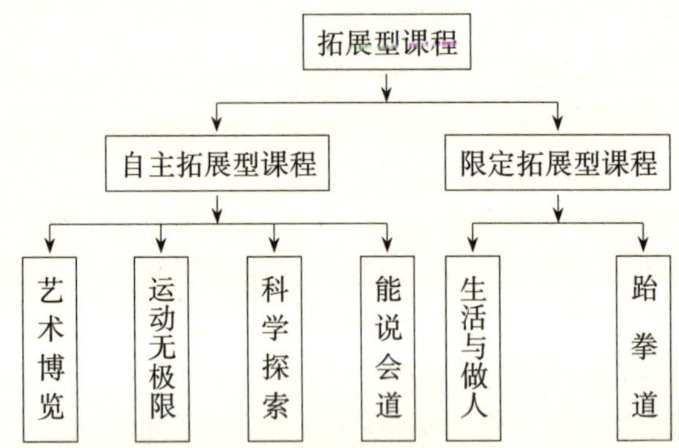

2. 课时安排

限定拓展课程

《生活与做人》课指标内容教育安排在每周二、四晨会课20分钟时间进行，课程利用周三下午快乐活动日“主题教育”版块，时间为一小时。

《跆拳道》课，每周每班一节课，时间35分钟。

自主拓展课程

自主拓展型课程，每学期16周，每周一、二、四下午3:10—4:05，每周活动总量共计6

课时，学期活动总量为96课时。

课程内容	课　程　目　标	课程名称
快乐健身类	健身类课程 1. 了解和学会玩各种体育小游戏，在参与游戏中培养一定的运动兴趣。 2. 了解和参与常见的体育运动项目，在运动的过程中掌握初步的运动技能。 3. 学会一些基本的运动自护本领。 4. 在体育运动的过程中保持积极开朗的心情。	跳踢游戏 欢乐蹦跳 足球 篮球 田径 乒乓运动 中国象棋 围棋(桥牌) 少儿高尔夫
艺术博览类	艺术类课程 1. 初步认识各国尤其是我国的传统艺术形式。 2. 进行绘画、工艺、舞蹈等各种艺术形式的尝试，培养对艺术的兴趣，在1—2门上形成自己的特长。 3. 能初步感知生活中的美，开始学着去欣赏美好的事物。	书法 儿童绘画 能工巧匠 童声合唱 乐器 少儿舞蹈 戏剧表演 电脑动画 摄影天地
能说会讲类	语言类课程 1. 养成良好的倾听与阅读习惯。 2. 培养学生乐于表达、善于交流的能力。 3. 通过口头与书面的表达的形式，培养学生与人交往中乐观、自信的态度。	童话故事 故事天地 创意读写 读读写写 经典阅读 方言荟萃 小主持人 英语儿歌 英语故事
科学探索类	科学类课程 1. 了解生活中常见的科学知识，领略生活中的科学，激发学生用正确的思维方式思考。 2. 培养学生敢于发现问题、善于解决问题的能力，初步具有一定的探究意识和动手能力。 3. 在动手、动脑的实践过程中，使学生体验与人合作的重要性。	趣味数学 奇妙科学 乐高机器人 多元智能

上海市民办东展小学

2015年3月

上海市民办东展小学探究型课程方案

一、课程理念

1. 以新课程改革的理念为指导思想

21世纪教育的四大支柱，即学会求知、学会做事、学会共处、学会做人，其中学会做人是四大支柱的关键和核心，也是教育的目的和根本，让学生懂得做人的道理，使学生个体懂得全方位的做人之道，具有自我管理和自我教育的能力，为成长为一个合格的现代公民奠定基础，这是调节个人的行为、处理个人与他人，个人与社会关系所必需，是学生成长为合格现代公民最重要的条件。

新课程改革的核心理念是：一切为了学生的发展，这里的“发展”指的是学校的教育教学及一切课外活动，都要把目标锁定在能够有利于学生终身发展之上，有利于学生在学生获得今后走向社会所需要的基本生存能力——自主学习的能力，与人合作的能力，信息收集与处理能力，学会办事的能力，独立生存的能力。

“一切为了每位学生的发展”是新课程改革的核心理念，它意味着三层含义：第一，关注每一位学生，关注的实质是尊重、关心、牵挂。第二，关注学生的情绪生活和情感体验。要求教师精心设计教学内容、教学过程，使教学过程成为学生一段愉悦的情绪生活和积极的情感体验，帮助学生树立学习的自信心。第三，关注学生的道德人生和人格养成。教师不仅要充分挖掘和展示教学中的各种道德因素，还要积极关注和引导学生在教学活动中的各种道德表现和道德发展，从而使教学过程成为学生一种高尚的道德生活和丰富的人生体验，帮助学生建立爱心、同情心、责任感。

新课程改革的教学理念强调：基础教育的任务不仅仅是传授知识，更重要的是让学生改变单一的接受性学习，掌握科学的学习方法，通过研究性学习，参与性学习，体验性学习和实践性学习，培养终身学习的愿望和能力，促使学生知识技能、情感态度与价值观的整体发展。在教育活动中，要尊重教育规律，即要按教育规律而不是按主观愿望去实施每一项教育，要尊重学生的身心发展规律，尊重学生的人格和个性发展，创造和谐的教育环境，也就是要通过尊重、赏识、关爱、引导，把学生放在“人”的主体地位上，进行“生命化”和“未来化”的教育。

2. 体现多元文化背景下东展小学的办学理念

东展小学创办于2003年9月，是一所全日制民办小学。学校学生来源多元，有来自中国大陆的本土学生；也有来自经过西方文化熏陶又有中华血统的“海归”家庭的学生；还有来自港台地区的具有相同传统文化背景的港台学生；甚至有完全具有欧美血统，从未接触过东方文化的外籍人士家庭的学生等。这些不同种族、民族、宗教等家庭相融在一起，既彼此间互相尊重与容纳，又各自保持着自有的传统文化、价值观和利益，形成了我们学校独特的文化背景——多元文化的相互融合。但学校开办初期，由于学生文化背景的不同，使我们的办学始终是在东西方文化的碰撞中寻找既能保持东方教育传统的精华，又吸收西方教育先进的思想，满足不同文化背景的学生的需要办学方式。

办学十几年来，我们在实践中不断地思考，明确了我们的办学宗旨是：让每个孩子都有快乐的童年！坚定了办学理念：立人为本，成人于品。同时，确定了学校的定位：多元化、高质量、高品位的精品学校。我们梳理了学校的培养目标，把学校的首要任务定位在教会学生"热爱生活，学会做人"。为此我们提出了"人品教育"作为学校的品牌，并建立了《多元文化背景下小学生人品教育的实践与研究》课题研究，此课题于2006年被立为长宁区重点课题。

面对学校的发展和挑战，学校要实施"人品教育"，真正做到提升每个孩子的生命质量，就必须抓好学校实施的整体课程的优化，特别是注重在科学实施国家课程的前提下，努力开发体现学校办学理念、满足多元化需求和学生兴趣需要、促进学生和谐发展的校本课程。

3. 落实人品教育的培养目标

这几年，学校在办学中已经对人品教育作了一定的实践，人品教育以品行、品位、品格依次递进，在小学阶段人品最外在的表现就是品行，学校赋予了人品教育丰富的内涵，建立了《多元文化背景下小学生培养目标的构建与评价》，提出了具有学校特点又符合多元文化需求的培养目标："爱笑、会玩、爱学、会说、爱生活、会做人。"还形成了具有现代人气质要求的二级指标："乐观、自信；活力、爱好；兴趣、探究；倾听、擅言；关爱、耐挫、理财环保；礼仪、诚信、合作自主。"同时制定各年级的目标要求，立足于每个学生充分的发展，它既包括知识能力的发展，也包括情感、态度的获得，必须以培养学生的创造性、主体性、合作性和适应社会变化需求，培养健康积极的人格和基本的生存能力为主要目标。

为了更好地落实人品教育的培养目标，学校确定了培养目标的实施途径，包括：主题教育活动、仪式活动、社会实践活动以及基础型课程、拓展型课程与校本开发课程。课程是直接将培养目标作为课程目标的显性课程，从学生的健康人格、人际交往能力以及主体意识的培养上促进学生良好人品的形成。

从课程内容上来说，我们同样基于学生的现实生活经验，让学生走进生活、走进社会，同时结合学校多元化的教学资源，我们将生活引进课堂、将教育资源引进学校，让学生从更多更丰富的渠道体验、感受、探究社会，从中感悟做人的基本道理。

从课程的实施来看，课程倡导实践体验的学习方式，但是受教材内容的限制，学习的方式与内容只局限于教材。我们根据学校的教育主题，对教育内容的处理可以更广泛与灵活，实施教育内容的方法也同样更丰富与多元，学生学习的兴趣也更浓厚，这样更有利于学生良好品德的有效养成。

因此，我们的课程，在遵循课程的基本理念的基础上，在内容以及实施途径上利用学校的特点与优势作了拓展与开发。

4. 促进学生以良好人品形成为核心的自主发展

课程理念是以学校人品教育培养目标："爱笑、会玩；爱学、会说；爱生活、会做人"为出发点，从"健康人格、人际交往、主体意识"这三个方促进学生良好人品的形成。

学生作为发展中的人，他们自身具有受教育、接受引导的需要。课程在引导学生方面负有责任,因为学生只有在教育引导下才能不断发展和提高,使他们的价值不断提升。课程就体现了这种引导所产生的促进作用,本课程所涉及的关于学生个性品质、人际交往、生存能力的良好积极的促进作用必定是一方面建立在对当今社会对个体发展需求的领悟上,同时也必定是建立在以学生为主体的对自身内心世界所存在的期待、愿望的关注和发展上。

二、课程定位

探究型课程以学生社会生活为基础,以品德教育为核心,促进学生形成良好人品的综合性校本课程,是学生丰富校园生活的体现,是学校落实人品教育的主渠道。

1. 增强课程生活性

课程以学生现实生活为背景,以学生已有生活经验为基础,将课程内容、知识、方法与学生社会生活经验的整合,实施人品教育。它将学生的健康人格、人际交往和主体意识的教育为一体,体现课程的生活性。

教育要回归生活、重视生活的教育价值,其中特别关注的是学生正在进行中的现实生活。学生有他们自身与成人不同的生活需求与特点,只有关注学生的现实生活,我们的教育才能做到有效、针对性。关注、整合、提升学生的现实生活经验,这种关注的意义在于:一方面,学校教育要为学生的未来生活做准备。另一方面,更要重视、关注怎样去改善、促进学生正在进行中的生活。我们争取通过本课程的开发和实施让学生学会营造一种属于他们自己的生活。

本课程以学生的现实生活为基础,它重视现实生活经验但是它不是学生生活的简单翻版,它要高于生活,力求做到从学生自己的世界出发,用自己的眼睛观察社会,用自己的心灵感受世界,用已有的经验与知识去研究解决生活中的问题,并在这个过程中提升原有的生活经验,巩固、深化,变成自己的精神财富,从而促进他们在生活中发展,在发展中生活。

2. 凸显课程综合性

课程的综合性体现在内容的综合性与活动方式、评价方式的综合性,还包括学科的综合性。课堂教学依托自编教材,注重“知情意行”的综合,以实践活动为载体,引导、鼓励学生积极参加所有实践探究活动,在体验与感悟中培养学生良好的习惯、良好的人品,体现学生整体发展与个性发展的统一。

“学生品德的形成源于他们对于生活的体验、认知与感悟。”这就决定了人品的呈现方式也基于他们的实际生活,即通过他们的言行体现出来。因此,对学生的评价,本课程强调对学生生活、活动过程的评价,采用“多主体、开放性”的评价方法,通过竞赛、组织活动、同学间互评、家长评、个人成果展示等进行,促进学生的积极性,激发学生对生活的热爱,培养他们积极向上的生活态度和健康的个性化人格。

3. 强调课程开放性

在课程内容、活动组织、成果评价等各方面,课程都强调与重视它的“开放性”,“开放校门”将家长资源“请进来”,走进课堂,师生、家长角色互换;同时“打开校门”,让学生走出校门,将课堂融入广阔的社会生活之中,去烈士陵园、去博物馆、去参加各种社会实践,开阔眼界。同时采取“多主体、多样化”的评价方式,给予老师、学生选择的机会和创新的空间。

4. 体现课程自主性

探究型课程注重学生的自主参与，在课程活动中，处处体现学生自主的特点，课堂活动学生自主设计，课堂活动的过程就是学生自主参与、自我提高的过程，自主活动、自主评价、自主展示。课程倡导“自主实践、体验感悟”的学习方式，就是以学生生活实践经验为核心内容，主动参与对实践生活探究、调查等，注重学生在体验这个学习过程中发自于内心真实而自然的感受。

生活化的课堂教学分为生活指导式教学和生活实践性教学。生活指导式教学以活动的形式使学生参与、体验，把生活的知识、做人的道理寓理于其中，着重培养学生的生活观念与生活态度。生活实践式教学使学生直接参与实践，提高生活的技能，重在培养学生的生活技能和生存能力。本课程在学习的过程中通过学生的“自主实践、探究、体验感悟”找到一条通向热爱生活，学会做人的道路。

三、课程目标

东展小学探究型课程目标旨在促进学生以良好品德形成、以人的全面发展为核心，让学生成为有爱心、有责任心、有良好行为习惯和个性品质的人，为学生逐步成为现代合格公民而奠定基础。课程关注、拓展、提升学生的社会生活经验，注重对生活的体验、感悟和认识；让学生走进生活、走近社会，用孩子自己的方式观察、感受、探究社会，从中学会做人的基本道理。

四、课程内容与要求

东展小学的探究型课程分成四大板块，“校园生活总动员”、“童年成长体验”、“多元文化节日”、“社会大课堂”，每个课程板块分别有着独立的课程计划，按照要求实施。

课程板块名称	实施年级	课　程　要　求
校园生活总动员	四个板块的课程都是系列课程，贯穿于学生整个一至五年级的小学阶段。	《校园生活总动员》课程根据东展小学学生培养目标，以主题式单元呈现，每年呈现一个不同的主题，在同一个主题下，各年级根据孩子不同年龄段，围绕主题，设计、呈现丰富多彩的课程活动。
童年成长体验		《童年成长体验》课程根据孩子不同年龄段，遇到不同的童年时代的几个坎，在“入学”、“入队”、“十岁”、“毕业”这几个不同阶段，体验着成长的快乐，丰富东展孩子的童年生活。
多元文化节日		《多元文化节日》课程通过学生探究各个不同国家和民族的节日，了解不同的国家的文化、民俗、饮食、服饰等内容；让学生学会欣赏和尊重各种文化差异，培养学生理解包容、和谐共处的交往能力；通过课程感受东展校园多元文化相融合的和谐氛围。
社会大课堂		《社会大课堂》课程让孩子亲近并探究自然，增进对自然的认识；积极参与校园、社区和社会服务，增进对社会的认识与体验；因此，课程设计中结合每年的春秋游等实践活动，到农庄、到动物园、到敬老院、到博物馆等不同的地方，培养学生基本生活技能、实践体验能力和团队协作精神。

五、课程实施

探究型课程倡导实践、体验的学习方式，创设、利用现实生活的情景，运用孩子们喜欢的活动方式，将体验性学习、探究性学习、接受性学习结合，走出课堂、走进大自然、走进生活，改善传统学习的模式，在不断的实践中促进学生养成良好的行为习惯，形成品质。

1. 校本教材的编写

学校成立了专门的课程小组，加强探究型课程的教材开发与实施工作，总结以往在几年实践过程中的经验，不断根据新的要求与任务，不断完善课程实施的过程，充分体现学生发展的轨迹。

2. 教师理念的改变

• 关注学生发展

课程的理念告诉我们，关注孩子的发展是最重要的，在这样的理念指导下，教师所有的教学行为都应该以此为出发点，一切课程活动、课程评价等都应回归"人的发展"，有利于"人的发展"，从而促进学生良好习惯的养成，良好品行的养成。教师是实施课程的主导者，教师的理念非常重要。

• 精心设计活动

教师要通过对课程的理解，加强自身对课程教材的解读，精心按照课程目标，设计安排学生活动，不要为活动而活动，在活动的过程中强调"知情意行"的有机统一与结合，帮助学生通过活动的载体，达成课程目标。

• 充分利用资源

在课程实施的过程中，教师可以充分借助学校、社会、家长的资源，用好这些资源，密切资源与生活之间的关系。

3. 校本课程的实施

• 探究型课程安排在每周三下午的"快乐活动日"中，周三的快乐活动日分成四个板块：《校园生活总动员》在"主题教育"板块；《童年成长体验》在"快乐团队"板块；《社会大课堂》在"社会实践"板块；《多元文化节日》则结合各个不同时令，在不同的时间段，结合升旗仪式讲话、品社学科、英语拓展课、家委会亲子活动等等，开展节日文化活动。

• 以学校层面与年级层面相结合的组织单位，共同根据课程计划及教材内容，开展课程的实践活动。年级组根据学校课程设置安排，制定学期实施方案，班主任作为课程实施的责任人，根据教材要求认真备好课，认真落实课程计划，同时在课程实施过程中做好学生过程性的评价，并做好资料积累。

• 艺教部作为课程实施的管理部门，为课程的实施提供保障与指导，并且做好课程实施过程中学生的监督和成果的评价。

六、课程评价

课程评价是课程的基本组成部分，在课程体系中有着重要的激励导向和质量监控作用，本课程评价主要指向学生参与课程活动的评价。“目标——教育——评价”的一致性。

(一) 评价内容

1. 学生的态度：对活动的积极性、专注程度、喜欢程度，对周围环境中重要事情、现象的关注程度、主动参与的程度、情感表现等。

2. 学生活动中参与程度：是否爱琢磨、爱发表意见，爱出主意、想办法，是否有自己的看法，是否能用学过的知识或表现出一定的创造性，是否能想出各种获取信息或解决问题的途径等。

3. 学生活动中的合作：是否与同学、老师讨论或商量问题，是否友好地与同学合作，有问题时能否协商解决，能否主动地争取别人的帮助等。

4. 学习活动中知识、技能的习得：掌握与活动有关的知识情况，操作、表达等所需要的各种技能、劳动技能等。

5. 学习活动中品质、习惯的养成：活动的指向是培养学生良好的品质，良好习惯的养成，不同年级通过不同形式、不同内容的活动，养成不同的好习惯。这些习惯、品质来源于东展的学生培养目标。

(二) 评价原则

1. 主体性原则

课程的实施主体是学生，当然应该体现学生主体性原则。

2. 过程性原则

课程评价注重学生在课程参与过程中的表现，过程的经历永远比结果重要，因此，在课程评价过程中注重学生的体验和感受。

3. 发展性原则

在课程实施过程中，孩子会有各种不同的行为表现和差异性，评价过程中注重发展性，不能也不应该用一次或几次的活动成果来评定孩子，评价的累积，看主流，用发展眼光看待评价结果很重要。

4. 实践性原则

课程学习、活动、交流的过程中，是否凸显学生学习的实践性、自主性是课程评价很重要的一个指标，注重自主参与，自主体验与感悟，促进与同伴互助、合作，交流分享学习成果。

(三) 评价方式

1. 多样性

2. 层次性

3. 个性化

上海市民办东展小学

2015 年 3 月

《生活与做人》课程计划

一、学校背景

1. 学校简况

上海市民办东展小学创建于 2003 年 8 月，举办者东展教育发展有限公司，上级主管部门长宁区教育局，目前有班级 26 个，学生 847 名左右。学校学生来源多元，有来自欧美国家，也有来自日本、韩国等亚洲国家，还有来自中国香港、台湾地区的学生，境外学生占全校学生的 30%左右。这些不同文化背景的孩子在一起学习，既彼此间互相尊重与容纳，又各自保持着自有的传统文化、价值观和利益，形成了学校独特的文化背景——多元文化的相互融合。

为此学校提出了“立人为本，成人于品”的办学理念，将教会学生做人作为全体教职员工的首要任务。“关爱生命、优化生命、提升生命质量”是我们落实办学理念的思想核心，尊重每一位学生生命个体是东展办学之源。“让每一个孩子都有一个快乐的童年”的办学宗旨使东展的孩子童年时代享受到真正的快乐。在此基础上我们还制定了富有东展小学个性的培养目标：“爱笑会玩，爱学会说，爱生活会做人。”

2. “人品教育”的研究历程

为了能够落实学校办学理念，满足不同文化背景家长对学校的不同需求，创设有利于学生健康成长的环境和氛围，为学生的成长搭建成功的平台。2006 年根据学校的教育理想和办学理念，我们确立了《多元文化背景下小学生人品教育的实践与研究》这一课题，设想通过课题的研究与实践，实现东展人的理想。

“人品”是指人在社会生活中表现出来的个人的行为习惯、道德品质、人格特征和气质修养，是人从自然人成为社会人所必须具备的要素，是一个人的品行、品格、品位的综合体现。而人品教育是以“人品”为抓手，以促进每个学生形成健康积极的人格和学会基本的生存能力为主要目标，培养学生良好品行、品格、品味，促使每个学生得到充分发展的教育。

经过四年的研究，2011 年 2 月《多元文化背景下小学生人品教育的实践与研究》成果获得了长宁区教科研成果评审一等奖，同时获得了上海市第十一届教科研成果三等奖。首轮人品教育研究取得了一定的成效。

3. 对“人品教育”的再思考

学校课程作为人品教育的基本阵地，它的建设是学校发展的一大动力，在提高学校办学质量、形成学校办学特色中起着十分重要的作用。因此，我们在上一轮研究的基础上，将人品教育再研究的重点落在“课程”这一热点上，并以此作为学校持续发展的推动力，为学校建设“人品教育”这一特色赋予更深刻的内涵，使人品教育目标的落实有了更切实的途径。

2011 年 11 月《多元文化背景下学校人品教育课程的实施与研究》课题立项为长宁区重点课题，我们期望通过多元文化背景下学校课程建设的研究，体现现代教育的“以人的发展为本”的价值观，在人品教育目标的引领下，课程的设计尊重学生的生命成长，关注学生全面的发展；课程内容的设计体现儿童多元的生活价值观；课程的实施策略具有多元性和开放性；人品课堂文化的构建体现“以学生为本”的生本理念，师生共同智慧创建教与学的和谐与灵动。

4.《生活与做人》课程的意义

面对学校的发展和挑战，学校要实施“人品教育”，真正做到提升每个孩子的生命质量，就必须抓好学校实施的整体课程的优化，特别是注重在科学实施国家课程的前提下，努力开发体现学校办学理念、满足多元化需求和学生兴趣需要、促进学生和谐发展的校本课程——《生活与做人》。

《生活与做人》课程是为了更好地落实人品教育的培养目标，而《生活与做人》课程是直接将培养目标作为课程目标的显性课程，从学生的健康人格、人际交往能力以及主体意识的培养上促进学生良好人品的形成。它是以学校人品教育培养目标：“爱笑、会玩；爱学、会说；爱生活、会做人”为出发点，从“健康人格、人际交往、主体意识”这三个方面促进学生良好人品的形成。课程以培养目标中“乐观、自信、活力……”16 个二级指标为教材开发的依据，每个指标确立了一到五年级阶梯递进的课程目标，并根据课程目标开发相应的课程内容，保证 16 个指标每个学年都有相配套的教材内容落实。

二、课程理念

1. 促进学生以良好人品形成为核心的自主发展

《生活与做人》的课程理念是以学校人品教育培养目标：“爱笑、会玩；爱学、会说；爱生活、会做人”为出发点，从“心理特征和兴趣特长、学习态度和学习能力、生活态度和生存能力”这三个方面促进学生良好人品的形成。

学生作为发展中的人，他们自身具有受教育、接受引导的需要。课程在引导学生方面负有责任，因为学生只有在教育引导下才能不断发展和提高，使他们的价值不断提升。课程就体现了这种引导所产生的促进作用，本课程所涉及的关于学生个性品质、人际交往、生存能力的良好积极的促进作用必定是一方面建立在对当今社会对个体发展需求的领悟上，同时也必定是建立在以学生为主体的对自身内心世界所存在的期待、愿望的关注和发展上。

2. 关注、整合、提升学生的现实生活经验

教育要回归生活、重视生活的教育价值，其中特别关注的是学生正在进行中的现实生活。这也是《生活与做人》课程追求的一个基本理念。学生有他们自身与成人不同的生活需求与特点，只有关注学生的现实生活，我们的教育才能做到有效、针对性。

这种关注的意义在于：一方面，学校教育要为学生的未来生活做准备。另一方面，更要重视、关注怎样去改善、促进学生正在进行中的生活。我们争取通过本课程的开发与实施让学生学会营造一种属于他们自己的乐观、自信；关爱、合作；自理、自主的生活。

本课程以学生的现实生活为基础，它重视现实生活经验但是它不是学生生活的简单翻版，它要高于生活，力求做到从学生自己的世界出发，用自己的眼睛观察社会，用自己的心灵感受世界，用已有的经验与知识去研究解决生活中的问题，并在这个过程中提升原有的生活经验，巩固、深化，变成自己的精神财富，从而促进他们在生活中发展，在发展中生活。

3. 倡导在活动中“自主实践、体验感悟”的学习方式

课程倡导“自主实践、体验感悟”的学习方式，就是以学生生活实践经验为核心内容，主动参与对实践生活探究、调查等，注重学生在体验这个学习过程中发自于内心真实而自然的感受。

生活化的《生活与做人》课堂教学分为生活指导式教学和生活实践式教学。生活指导式教学以活动的形式使学生参与、体验，把生活的知识、做人的道理寓于其中，着重培养学生的生活观念与生活态度。生活实践式教学使学生直接参与实践，提高生活的技能，重在培养学生的生活技能和生存能力。本课程在学习的过程中通过学生的“自主实践、体验感悟”找到一条通向热爱生活，学会做人的道路。

4. 采取“开放性”综合评价方法

“学生品德的形成源于他们对于生活的体验、认知与感悟。”这就决定了人品的呈现方式也基于他们的实际生活，即通过他们的言行体现出来。因此，对学生的评价，本课程强调对学生生活、活动过程的评价，采用“多主体、开放性”的评价方法，通过竞赛、组织活动、同学间互评、家长评、个人成果展示等进行。促进学生的积极性，激发学生对生活的热爱，培养他们积极向上的生活态度和健康的个性化人格。

三、课程目标

在学校人品教育目标的指导下，通过课程的实施，培养学生在校内外生活中都能保持积极开朗的心情，宽广豁达的胸怀；充分相信自己的能力，对周围的事物充满信心。具有积极主动的学习兴趣和良好的学习习惯。同时能关心家庭、班级、学校，以及社会生活中的人和事物，对之有爱心。能主动、及时、独立地完成自己力所能及的事，成为自己的主人；乐于与人交往，学习与别人共同合作完成任务，在集体活动中学习合作，服从大局，互相帮助，共同成功。

四、课程设置

1. 阶段设置：一至五年级开设生活与做人课程。

2. 课时安排：本课程教学时间按每篇教材2课时（70分钟），在周三快乐活动日“主题教育”板块实施。每学期16课时左右。

五、课程内容与要求

	课程总目标	年级	分年级课程目标	课　题	内　容　与　要　求
乐观	校内外生活中都能保持积极开朗的心情，宽广豁达的胸怀	一年级	1. 愿意和爸爸妈妈分享学校生活的快乐。 2. 愿意向老师和父母说说心里话。	《说说心里话》	1. 能把快乐的学校生活、有趣事讲给父母和老师听，和他们一起分享快乐。 2. 把自己在学习、活动中遇到的困难、烦恼向父母老师讲述和求助。
		二年级	1. 感受好朋友能够给我们带来快乐。 2. 能够和周围的伙伴一起友好、快乐地玩耍。	《我的好朋友》	1. 读故事，知道只有互相谅解，友爱相处的好朋友才能给我们带来快乐。 2. 辨情景，知道与好友快乐相处的办法。 3. 通过游戏以及给好朋友做祝福卡，进一步学会与好朋友加深友谊。
		三年级	1. 懂得我们是集体中的一员，要热爱我们的集体。 2. 学会关心人、帮助人，在助人为乐中分享快乐。	《助人我快乐》	1. 读故事，知道集体的力量能够帮助我们克服困难，获得成功。 2. 通过情景辨析，学会在日常生活中主动助人，懂得帮助别人是快乐。 3. 通过团队游戏及记录“快乐心情小故事”逐步感悟帮助人是快乐之本。
		四年级	1. 知道与周围的伙伴形成良好的沟通习惯，大家才能快乐、融洽地相处。 2. 学会发现和欣赏他人的优点与长处，在与伙伴的分享中获得快乐。	《沟通无极限》	1. 懂得沟通是人的生存需求，它是人与人之间情感的交流，是获得快乐的重要保证。 2. 学会一些简单的沟通方法，在赞美同伴优点的同时使自己获得快乐。
		五年级	1. 懂得通过努力获得成功的快乐是最大的快乐。 2. 能初步感受学习、活动中成功的喜悦，对自己的未来有美好的憧憬。	《成功与快乐》	1. 学习名人的励志故事，懂得任何成功都是在勤奋与耕耘中获得。 2. 通过辨析，找一找身边的励志榜样，培养自己的责任心和坚持性。 3. 培养对未来生活的向往。

续表

	课程总目标	年级	分年级课程目标	课　题	内　容　与　要　求
自信	充分相信自己，并能正确地认识自己，能克服学习和生活中的困难。敢于大胆表现、表达自己，逐步建立自信的品质。	一年级	1. 了解自己最好的地方，在认识自己中获得自信。 2. 在秀一秀的活动中感受自信，初步培养学生自信意识。	《秀秀我自己》	1. 通过想一想，发现自己的长处，懂得每个人都各有所长，引导学生明白应该对自己充满信心。 2. 通过在同学面前进行展示，能在同伴的赞赏中感受“我真行”。
		二年级	1. 知道为集体出力可获得自信。 2. 承担班级集体中的小岗位职责，并能说出自己在班集体中的作用。 3. 感受到自己是集体的一分子，在班级岗位中为大家服务获得自信。	《我是快乐“小蚯蚓”》	1. 通过“小水滴”的故事，懂得每个人都是集体中重要的一分子。 2. 说说自己担任的小岗位以及小岗位的职责，通过参与班级各项活动感受到自己在班级中发挥的作用。 3. 开展“小岗位服务”积分活动，培养学生在集体服务中获得自信。
		三年级	1. 在学习和各项活动中，知道要自信地面对困难，克服畏惧情绪，不气馁。 2. 知道学习中要努力克服困难，才能获得信心。 3. 能在正确认识自己的基础上自信，但不盲目自信。	《解除烦恼绘彩虹》	1. 通过故事，了解面对困难应该积极面对，才能获得信心。体会“人生难免有挫折”，能正确面对挫折，保持自信不轻言放弃。 2. 通过讨论引导学生能在正确认识自己的基础上自信。 3. 通过分享自己自信解决困难的故事，树立自信面对困难的意识。
		四年级	1. 学习并掌握一些基本的自我心理疏导的本领，学会自信面对困难。 2. 通过自己的努力掌握学习方法，获取自信。 3. 问题面前敢尝试、敢表达，用努力的行动获得成功，进一步增强自己的自信心。	《自信直达车》	1. 通过心理游戏，和同伴一起解决一个问题，懂得自信在解决困难中的神奇力量，学会一些鼓励自己的方法。 2. 通过分享学习经历，自己的努力，克服困难，收获自信。 3. 通过讨论，归纳解决困难的一些方法，学会自信并努力地掌握学习方法，来克服困难。
		五年级	1. 回顾五年小学生活获得的收获，感受和分享自信带来的收获、成果。 2. 讨论交流自己自信来自哪里。 3. 进一步感受自信在我们成长道路上的重要作用，把自信转化为自己的处事习惯。	《我收获我自信》	1. 回顾并分享五年的收获，懂得自信会带来成功，成功会使人更自信。 2. 开展讨论，交流自己在哪方面很自信。 3. 开展毕业相关活动，感受自信促成成功。

续表

	课程总目标	年级	分年级课程目标	课题	内容与要求
活力	以体育活动和才艺学习为途径，懂得强健的体魄和丰富的兴趣爱好是学习和生活的动力；具备一定的活动规则意识。	一年级	1. 通过学习一年级段体育活动的方法，感受在玩中学的快乐。 2. 初步懂得玩也是需要遵守规则的。	《欢乐小天地》	1. 知道低年级的活动区域和活动设施。 2. 初步学习“活动百宝箱”中器材的使用方法。 3. 懂得活动中要遵守秩序。
		二年级	1. 通过进一步学习体育活动器具，享受学会玩的乐趣。 2. 形成较好的文明活动习惯，并乐于遵守。	《游戏万花筒》	1. 掌握“活动百宝箱”中器材的使用方法。 2. 通过小团队活动，分享活动的快乐。 3. 养成有礼、谦让的文明活动习惯。
		三年级	1. 通过学习新的体育活动项目，感受到坚持体育活动有利于自己的身体健康。 2. 能够认识到安全自护在体育活动中的重要性。	《活力你我他》	1. 知道高年级的活动区域和活动设施。 2. 初步学习小球类、长绳等团队活动方法。 3. 学习意外发生时的处理方法并进行简单的后续处理。
		四年级	1. 有一定的创新意识，尝试设计活动项目及规则，让自己和周围更多的人喜欢体育活动。 2. 认识到体育运动和才艺可以促使自己在学习和生活中成为一个丰富多彩的人。	《活力无极限》	1. 尝试以小组合作的方式制定活动规则，自主开展活动。 2. 尝试突显自己的才艺，在实践的过程中感受快乐。
		五年级	1. 懂得“运动贵在坚持，才能促使自己身心更加健康”的道理。 2. 懂得乐于关注和积极参加团体活动，能将自己热情传递给自己周围人是一个充满活力的人。	《活力小达人》	1. 精于一—二种户外活动，能在活动中保持充沛的精力。 2. 积极参加学校组织的各项活动，彰显自己的才艺，给周围的人带去快乐。

续表

	课程总目标	年级	分年级课程目标	课　题	内　容　与　要　求
探究	初步具有探究意识，敢于提出疑问，能寻找生活中的问题进行思考研究。	一年级	1. 知道应该对身边的事物充满好奇心。 2. 学习通过简单的方法探究事物的特点。 3. 初步树立探究意识。	《爱提问的孩子更聪明》	1. 懂得好奇乐问能使人变得更聪明。 2. 通过对来到东展后产生的问题的交流，培养探究的意识。
		二年级	1. 知道我们生活之中处处能探究。 2. 通过观察，能提出自己的问题，探究事物的简单规律。 3. 初步培养探究兴趣。	《春天在哪里》	1. 读故事，懂得大自然中的许多事物蕴藏着春天来的信息，要仔细观察才能发现。 2. 议一议，找一找，发现大自然中藏着的春天的奥秘。 3. 通过观察、体验和感受许多动植物在春天时的细微变化。
		三年级	1. 知道收集和筛选信息，是探究的主要方法之一。 2. 通过“寻找目的地”活动来验证探究的方法。 3. 初步养成探究习惯。	《寻找目的地》	1. 读故事，懂得收集筛选信息是一种很好的探究方法，能够掌握不同的收集信息的方法。 2. 学习信息收集、筛选、整理、归纳的方法，通过“寻找目的地”活动来检验自己收集信息的准确性。 3. 初步培养学生通过查找，筛选信息解决问题的探究方法。
		四年级	1. 能初步感受探究给我们学习、生活带来的乐趣。 2. 能通过各种方法来解决自己感兴趣的问题，并能展示。 3. 感受探究带来的快乐。	《生活处处有探究》	1. 读故事，懂得生活中有很多事物值得探究。 2. 选择自己感兴趣的事物，用合适的方法进行探究。 3. 通过调查、查阅资料，表达对快餐食品看法。
		五年级	1. 能根据主题自主确定探究的问题，用小组合作的形式深入进行研究。 2. 分享探究成果。	《学校，共同的家园》	1. 通过阅读资料，母校的小调查，加深对母校的了解。 2. 寻找校园最留恋的地方，用图片和文字来说说喜欢的理由。 3. 学做学校小主人，给母校提小建议。

续表

	课程总目标	年级	分年级课程目标	课题	内容与要求
倾听	能认真耐心地倾听别人的发言和意见，能养成收听广播、音像资料的习惯，能理解并记住所有内容，并能转述。	一年级	1. 了解倾听的重要性。 2. 学习听人说话的基本方法。 3. 初步树立倾听的意识。	《倾听宝贝》	1. 知道听人说话很重要，不但是一种礼仪，也是对人的尊重。 2. 学会要安静、耐心地听人说话。 3. 开展“倾听宝贝”的评比活动，促进学生养成倾听好习惯。
		二年级	1. 知道倾听是交流的基础。 2. 学会听懂别人说话的基本方法。 3. 初步培养倾听的习惯。	《聆听锦囊》	1. 懂得听懂别人说话才能有效地交流。 2. 别人讲话时不插嘴；可以用表情或动作表示是否听懂；等别人说完，再发表自己的意见。 3. 开展“你说我听”好习惯之星评比。
		三年级	1. 懂得边听边思才能变聪明。 2. 掌握边听边思的基本方法。 3. 初步培养边听边思考的习惯。	《边听边思长智慧》	1. 懂得边听边思考才能使我们不但能集中注意力思考，还能理解别人的话。 2. 记住别人说话的意思，简单复述，提出问题。 3. 通过“我听我思考”听读学科竞赛活动，培养边听边思考的习惯。
		四年级	1. 懂得倾听是为了更好地表达、交流。 2. 知道倾听后如何表达的方法。 3. 培养听后能交流的习惯。	《倾听与交流》	1. 知道倾听别人说话是表达个人思想的前提。 2. 概括别人说话的意思，判断正误、表达观点。 3. 通过开展“新闻点评台”活动，培养学生对听到的材料进行提炼并勇于发表自己见解的习惯。
		五年级	1. 感悟倾听在生活中的重要作用。 2. 学习思辨性的讨论。 3. 养成认真听、想、说的习惯。	《听说辩论会》	1. 懂得在生活中，认真倾听是仔细思索、有效交流的重要环节。 2. 能够整合倾听结果，多角度思考并发表自己的见解。 3. 根据听到的主题开展“小小辩论会”，从而检测学生倾听礼仪、边听边思考及思辨能力的效果。

续表

	课程总目标	年级	分年级课程目标	课　题	内　容　与　要　求
关爱	关心家庭、班级、学校，以至社会生活中的人和事物，并树立一定的责任意识，对之有爱心。	一年级	1. 了解社会上人与人之间关爱的事例。 2. 懂得人与人之间要相互关心的重要。	《处处都有爱》	1. 通过视频介绍“蓝天下至爱”和“感动中国”的关爱的故事，感受人间真情。 2. 创设情境，引导学生关注家人，从而知道如何关心身边的人。
		二年级	1. 学着关心班级的伙伴，能帮助小伙伴。 2. 关心身边的人，了解他们的辛劳，能为他们做力所能及的事，少给他人添麻烦。	《心中有他人》	1. 通过交流发扬在班级集体中的快乐的事，感受人与人之间关心的重要性。 2. 学会关心班级小伙伴的方式，如解决困难、和伙伴一起玩、经常问候等。 3. 关心身边的人，知道他们工作的辛劳，学着做力所能及的事，少给他们添麻烦。
		三年级	1. 了解父母工作和养育我的辛劳，激发对父母的感恩之情。 2. 能分担父母的辛劳，愿意为父母做1—2件小家务。	《送给父母的爱》	1. 通过访问收集一段视频或一张照片，交流自己成长的故事，感受父母抚育自己的辛劳。 2. 了解父母工作养家的辛苦，感受父母无微不至的爱。 3. 能主动关心自己的父母，学着向父母表达自己的爱，如在父母生日时送上一张贺卡，为父母做一件贴心的事，完成自己力所能及的事等。
		四年级	1. 知道老人对社会家庭的贡献，懂得尊敬老人是中华传统美德。 2. 培养尊敬孝顺老人的良好品质。	《我为爷爷奶奶送快乐》	1. 讲讲爷爷奶奶的故事，感受老人曾经为社会家庭做出的贡献。 2. 通过调查访问了解上海老龄化的社会现象。 3. 能分担父母的辛劳，学会陪伴老人，为他们送上一份快乐。如打电话问候，陪伴聊天，读读报，表演节目等。 4. 组织学生去敬老院慰问老人。
		五年级	1. 通过回顾小学五年的学习生活，感受自己的成长离不开学校、老师、家长、伙伴的关心和教导，激发感恩母校的情感。 2. 我们要以感恩的心，为母校、为老师、为弟妹做一些有意义的事，献上自己的一份爱心。	《感恩的心》	1. 通过故事会的形式，说说五年的小学生活中最难忘的人或事。如写《记小学五年最难忘的一件事或一个人》。 2. 自己寻找，为学校、为学弟学妹或老师做一件有意义的事。

续表

	课程总目标	年级	分年级课程目标	课　题	内　容　与　要　求
耐挫	懂得任何事都不会是一帆风顺的；有面对困难勇往直前，勇于克服的心态；具有一定的心理承受能力和调节能力，具有逐步培养自己坚忍的意志。	一年级	1. 通过介绍生活中的强者的事迹，初步懂得具有坚强的毅力是一个人成长和成功的关键。 2. 懂得战胜困难、培养顽强的意志的重要性。	《生活中的强者》	1. 讲故事或视屏介绍海伦·凯勒、刘伟等强者身残志坚的事迹。 2. 介绍自己身边的战胜困难、成为生活强者的事例。
		二年级	1. 知道生活中遇到困难是必然的。 2. 具有不怕困难的心态，学会几种应付困难的方法，有勇于应对困难的勇气。 3. 遇到困难能想办法克服，能以积极的态度面对困难。	《遇到困难我不怕》	1. 收集一些不怕困难的名言，知道如何战胜困难，知道在学习、生活中遇到困难是正常的。 2. 遇到困难能向他人求助或自己想办法解决。 3. 交流生活、学习中遇到过哪些困难，是怎么战胜的。
		三年级	1. 懂得坚持是做任何事情成功的保证。 2. 在不断战胜困难的过程培养坚持的品质。 3. 能不受身边事物的干扰和影响，专心做好一件事。	《贵在坚持》	1. 找找身边成功者事例，感受坚持的重要性。 2. 谈谈自己在生活中是如何坚持的。 3. 一项坚持的实验：晨会课上发下一颗糖，要求抵制糖果的诱惑，不要吃掉，到中午时间做到的学生进行表扬。（此项实验在课前完成，课堂中交流感受）
		四年级	初步养成坚韧的毅力和坚强的意志。	《我是小勇士》（建议在11～12月份实施）	1. 第一学期初介绍四年级游泳课程的要求：在游泳过程中做到坚持游泳，遇到苦难勇于战胜的学生可以得到“小泳士”称号。 2. 交流总结自己在参加游泳过程中遇到过的自身的、天气以及其他困难，自己是如何战胜的。
		五年级	1. 具有克服困难，坚韧不拔的意志和毅力。 2. 具有一定的耐挫能力。	《阳光总在风雨后》	1. 谈谈在自己生活学习中战胜困难取得成功的感受和成绩。 2. 小测试：《测测我的耐挫力》。

续表

	课程总目标	年级	分年级课程目标	课　题	内　容　与　要　求
环保	热爱大自然，具有环境保护的意识，养成保护自然资源和美好环境的习惯。	一年级	1. 了解我们生活的环境。 2. 良好环境与人生活密切关系。 3. 初步具有爱护环境的意识。	《爱护环境》	1. 知道我们生活在地球上，环境是大自然的赐予，大自然是美好的。 2. 懂得人生存需要一个良好的环境。 3. 知道资源有限，节约用水爱护绿化。
		二年级	1. 知道地球上与人类生存密不可分的几种主要资源。 2. 了解地球资源被破坏的情况及原因。 3. 懂得节约资源。	《救救地球吧》	1. 介绍地球上的淡水、树木、空气等资源的分布情况以及目前被破坏的现状。 2. 了解以上这些资源被破坏的原因。 3. 初步树立保护地球资源的意识。
		三年级	1. 懂得保护环境和资源的重要性。 2. 初步养成垃圾分类好习惯。	《垃圾分类好方法》	1. 懂得垃圾分类的意义。 2. 学习垃圾分类的相关知识。 3. 从身边开始尝试进行垃圾分类。
		四年级	1. 了解生活中一次性物品的使用情况。 2. 知道一次性物品给人类生活带来的利与弊。 3. 养成减少使用一次性物品的习惯。	《一次性物品的利与弊》	1. 搜集、了解一次性物品在生活中的使用情况。 2. 探究一次性物品使用的利与弊。 3. 通过环保小报向周边的人宣传一次性物品的利与弊。
		五年级	1. 了解世界环境日的由来。 2. 在生活中学会变废为宝的本领。	《环保创意总动员》	1. 通过世界环境日的介绍，了解世界各国保护环境的举措。 2. 了解目前变废为宝的相关资料或实例。 3. 开展一次环保创意活动。
理财	珍惜劳动成果，从小培养理财意识；由浅入深了解相关金融知识；拥有简单的储蓄、购物等技能；养成良好的理财习惯。	一年级	1. 认识货币，了解货币的起源，知道钱是怎么来的。 2. 知道货币在生活中的意义。	《货币知识大冲浪》	1. 介绍中国货币的面额及符号。 2. 了解货币的起源，知道钱是怎么来的。 3. 了解(1—2)不同国家的货币。 4. 学习用不同面额人民币进行等额兑换。
		二年级	1. 学习用货币购物。 2. 能看懂商品价格，认识到无法购买全部商品，必须做出选择。	《学会购物》	1. 通过视频介绍超市或菜场的购物环境。 2. 看懂商品价格，初步学会合理选择购买物品。 3. 学习独立去超市或菜场买一些小物品。

续表

	课程总目标	年级	分年级课程目标	课　题	内　容　与　要　求
理财	珍惜劳动成果,从小培养理财意识;由浅入深了解相关金融知识;拥有简单的储蓄、购物等技能;养成良好的理财习惯。	三年级	1. 懂得当家理财的重要性。 2. 初步学会当家理财,会合理的使用人民币。	《学做小当家》	1. 了解1—2个小学生当家理财的故事。 2. 了解家庭一日或一周开销情况,并作好记录。 3. 设计一份“小当家待客”计划,尝试用100元开展一次生日活动。
		四年级	1. 懂得通过自己辛勤的劳动可以获取报酬,树立理财的意识。 2. 知道把钱存入银行是理财的一种方式。	《理财我能行》	1. 懂得任何钱款都是劳动所得。 2. 了解银行的几种理财储蓄方式。 3. 跟随父母到银行或自动取款机实地考察感受银行理财方式。
		五年级	1. 初步了解金融小常识。(股票、债券、保险、汇率等) 2. 初步感受经济核算的全过程。	《我的财经之旅》	1. 学会从生活中发现自己需要的理财信息。 2. 任选三种支付方式,发现、比较其优点和缺点。 3. 能通过一次综合理财活动,从购物、比较价格、成本核算等学会算账。
礼仪	知道中华民族是礼仪之邦,了解并尊重世界各国的礼仪。从争做文明的东展学子做起,做新时代的中国小公民。	一年级	1. 了解中国是一个礼仪之邦,中华民族有着悠久的文明历史。 2. 知道一年级学生要遵守的基本礼仪,并努力做到。	《中国是礼仪之邦》	1. 了解中国是一个礼仪之邦,要做一个文明的中国人。 2. 知道一年级小学生应具备的基本礼仪要求。 3. 从文明如厕、节约每一滴水、使用礼貌用语开始努力做一名文明的小学生。
		二年级	1. 了解校规的重要性。 2. 知道东展小学校规的具体要求。 2. 能够诵读“东展礼仪三字经”,并努力做到。	《东展校规我遵守》	1. 通过情景创设,对比、明白“校规”对一个学校的重要性。 2. 能够诵读“东展礼仪三字经”。 3. 努力遵守“东展礼仪常规”,做文明的东展学子。
		三年级	1. 知道校规的重要性。 2. 知道只有自觉遵守校规校园才能够更加文明、美好。 3. 从仪表整洁做起,自觉遵守学校的规章制度,争做文明的东展学子。	《我为东展添光彩》	1. 通过辩论会形式,知道校规对学校的重要性。 2. 知道自己的一言一行都代表着学校。 3. 服饰得体、注重形象:衣着整洁、仪态大方。 4. 遵守校规,知理践行:能自觉遵守一日常规,争当文明的东展学子。

续表

	课程总目标	年级	分年级课程目标	课题	内容与要求
礼仪	知道中华民族是礼仪之邦，了解并尊重世界各国的礼仪。从争做文明的东展学子做起，做新时代的中国小公民。	四年级	1. 明白只有大家共同遵守公共规则，社会才能更文明。 2. 懂得最基本的公共规则，并能够自觉遵守，做一个文明小公民。	《我是文明小公民》	1. 知道自觉遵守公共礼仪是文明小公民的基本要求，是个人良好修养的体现。 2. 了解公共场所的基本礼仪规则。 3. 公共规则、自觉遵守：不乱穿马路不破坏公共设施、不乱涂乱画，公共场合不大声喧哗，做到文明出行、不打扰他人，做文明小公民。
		五年级	1. 了解世界各国的社交礼仪，懂得尊重各个国家的礼仪习惯。 2. 从我做起，做一个文明的中国人。	《世界礼仪知多少》	1. 了解各国的基本礼仪、懂得尊重别国的风土人情。 2. 懂得传承中华民族的传统美德，从我做起、做新时代的中国小公民。
诚信	知道与人交往中诚信的重要性；与人交往真心诚意，诚实守信，答应别人的事情尽力按时做到；努力做一个讲究信誉的人。	一年级	知道什么是诚实，能与父母、老师和小朋友说真话。	《匹诺曹有烦恼》	1. 听故事，知道什么是诚实。 2. 与父母、老师和小朋友都要说真话。 3. 在学校借别人物品，能及时主动归还。
		二年级	明白诚实的重要性，无论遇到什么事情都能够说真话。	《请你相信我》	1. 读故事，知道诚实的重要性。 2. 知晓同学之间发生矛盾时，要诚实讲述事情的经过。
		三年级	知道对周边的人和事要承担一份责任，能真心诚意地交往，能尽力去帮助身边的人。	《坦诚交友我能行》	1. 知道与同学交往的时候，要坦诚相待，不说谎话。 2. 能够关心别人、帮助别人，明白一旦答应了别人的事情要努力去完成。
		四年级	知道为人要讲信用，做任何事情要守信用地尽力去做，有错误也能积极改正。	《一诺千金我遵循》	1. 知道为人讲信用的重要性，联系生活感受讲信用的种种：借东西及时归还、作业独立完成、考试不作弊等。 2. 知道答应别人的事情要尽力去做，不能敷衍了事；确实因为其他原因没有完成的，应该向对方说明原因。
		五年级	1. 懂得做人必须遵循诚信的原则，对人守信、对事负责。 2. 努力从行为上使自己成为一个诚信的人。	《做诚实守信的人》	1. 案例分析，辨析生活中诚信的情景，提高自己明辨是非的能力。 2. 能够在日常生活中讲求信誉，多为他人着想，答应别人的事尽力做到，而且做好。

续表

	课程总目标	年级	分年级课程目标	课题	内容与要求
合作	在集体活动中学会与他人合作；互相帮助，互相配合；齐心协力，共同完成任务；感受合作的快乐。	一年级	1. 懂得在游戏中合作的重要性。 2. 愿意和小朋友一起游戏、活动，在集体中有一个以上的好朋友。	《扯龙尾》	1. 通过视频介绍，了解合作玩游戏的快乐。 2. 学会玩《扯龙尾》的游戏。 3. 感受和伙伴一起玩的快乐。
		二年级	1. 懂得在游戏中需要遵守游戏规则。 2. 通过制定游戏规则，感受和伙伴一起合作学习、游戏、活动的快乐。	《你是我的眼》	1. 介绍一种游戏，了解游戏的规则。 2. 在游戏中，能积极遵守游戏规则，并感受规则让游戏变得更开心。 3. 学会制定游戏规则。
		三年级	1. 知道活动中分工完成任务的重要性。 2. 在合作过程中乐于接受分工，互相合作。 3. 感受分工合作共同完成任务的快乐。	《风火轮》	1. 知道在游戏活动中需要有分工合作。 2. 在活动中，学习分工合作的方法。 3. 体验团队合作力量不可忽视。
		四年级	1. 了解一次成功的运动会需要的角色分工。 2. 有主动和他人合作的愿望，取长补短，通过合理分工顺利完成任务，体验合作的愉快。	《团结力量大》	1. 在运动会前的各项准备中，根据个子特长，协商分工。 2. 尽力完成自己的任务，体验团结力量大。
		五年级	1. 懂得在分工中有主动承担任务的意识。 2. 在合作过程中，学会尊重帮助他人，宽容他人，互相配合，并为共同的成功而自豪。	《大家一起来》	1. 知道辩论赛的各项分工。 2. 能主动承担任务，相互配合，以团队优势顺利完成任务。
自主	能做自己学习和生活管理的小主人，有自主管理班级的意识，积极参与设计并热情参与各项活动。	一年级	有“自己的事情自己做”的意识，具有基本的生活自理能力，能完成力所能及的事。	《小小书包自己理》	1. 树立“自己的事情应当自己做”的意识。 2. 学会将书包里的物品归类整理的方法。 3. 知道做一件事情要坚持，能坚持每天自己整理书包，带齐第二天上课必备的学习用品及生活用品。

续表

	课程总目标	年级	分年级课程目标	课题	内容与要求
自主	能做自己学习和生活管理的小主人，有自主管理班级的意识，积极参与设计并热情参与各项活动。	二年级	懂得自己要对自己的学习、生活负责。每天能独立完成作业，在生活中能完成力所能及的小家务。	《我是学习的小主人》	1. 懂得自己是学习的小主人，学习不依赖老师、家长，每天能独立完成作业。 2. 承担一项小家务，体会劳动的快乐。
		三年级	能合理安排自己的作息时间，使生活充满乐趣。	《我是时间的小主人》	1. 懂得时间是非常宝贵的，逝去的时间永远都不会回来。 2. 珍惜时间，学会合理安排自己的作息。
		四年级	初步有自主管理班级的意识，做好班级的小主人。	《温馨教室我管理》	1. 有做班级小主人的愿望，践行班级目标。 2. 能为班级的环境布置出谋划策，以小组为单位完成环境布置。 3. 能在班级中承担一定小岗位，自主管理班级。
		五年级	有做学习和生活的小主人的能力，能积极设计和参与学校、班级活动，做学习与生活小达人。	《我为母校尽一份力》	1. 有做学校小主人的愿望。 2. 能在"感恩母校"系列活动中积极参与，用自己的实际行动为母校留下一份珍贵的毕业礼物。

六、课程实施

《生活与做人》课程是人品教育校本课程中的核心课程，也是直接将培养目标作为课程目标的显性课程。它是以学校人品教育培养目标："爱笑、会玩；爱学、会说；爱生活、会做人"为出发点，以培养目标中"乐观、自信、活力……"16 个二级指标为教材开发的依据(其中三个指标以基础型课程为落实重点)，每个指标确立了一到五年级阶梯递进的课程目标，并根据课程目标开发相应的课程内容，保证 16 个指标每个学年都有相配套的教材内容落实。

1. 教材的编写

(1) 组织教材编写小组。学校组织由校长室、艺教部、班主任、任课教师组成的教材编写小组，在总结和提炼以往各年级社会实践活动的基础上，梳理适合学生年龄需求、能够充分体现学生主体性。

(2) 根据课程特点，开发编制教材。以《生活与做人》课程方案为依据，开发编制校本教材《爱生活，会做人》。

2. 实施原则

(1) 遵循"知情意行"的育人认知规律。在教育过程中坚持明理、激情，培养学生道德判断力，焕发内驱力；重视导行、辨析，提高学生行为的自觉性，养成良好的习惯。

(2) 活动性与实践性相结合的原则。以学生现实生活为背景，以课堂教学和活动为载体，注重学生的自主参与，引导学生积极参与社会实践，在体验与感悟中培养学生良好人品的形成。

(3) 评价体现激励性和差异性。课程的评价关注学生活动的过程性内容，以及他在体验中的态度，在课程活动中，给予正面的鼓励。同时课程的评价关注每一个孩子的差异，重视学生在其原有的水平上的发展，纵向比较，不用统一的标准去衡量学生，促进学生更好地发展。

3. 课程的开展

(1)《生活与做人》课程安排入“快乐活动日”中“主题教育”板块，要求每个学期课程实践活动共计 6—7 次。

(2) 以年级组是课程实施的组织单位，根据《课程计划》及教材内容，确定课程教学与实践活动的进度表。

(3) 根据课程特点，本课程的实施分成“学习”与“实践”两个部分。“学习”主要是根据教材内容进行知、情、意、行的课堂学习；“实践”是根据教材要求，与《校园生活总动员》、《社会大课堂》、《童年成长体验》等校本课程相结合进行。

(4) 班主任是课程实施的责任人，在年级组的安排下针对教材进行备课，并做好“学习”与“实践”的教学和组织指导。

(5) 各班制定好记录活动过程，积累课程过程中的资料，做好课程小结。

(6) 艺教部是课程的管理部门，组织课程的设计，为课程的实施提供指导和保障，并监督和检测课程实施的效果。

七、课程评价

《生活与做人》课程的评价不是简单地给予孩子一个成绩，我们关注的是学生活动的过程性内容，以及他在客场体验中的态度。过程远远比结果来得重要，结果只是课程活动中的一部分，在课程活动中，保护学生积极性，发现学生闪光点，给予正面的鼓励，并改变传统的评价方式，让每个孩子在《生活与做人》课程的学习中获得成功，体验成功，感受不同的成功带给他们的快乐。

评价关注的是每一个孩子，不管他在某一方面是强还是弱，重视学生在其原有的水平上的发展，纵向比较，不用统一的标准去衡量学生。

评价是为了发展孩子各方面的能力，培养各种品质，养成必需的良好习惯，因此，我们的评价是为了学生看到自己的长处和短处，为了学生更好地扬长避短，更有自信心，评价不是为了个别孩子的表现。我们的评价是为了学生更好地发展。

1. 评价内容：日常评价可结合教材后评价内容进行，学期评价与《东展小学学生人品素养综合评价》相结合。

2. 评价原则：以教育性、发展性、主体性和多元性为原则，根据学校人品教育培养目标一级指标：“爱笑，会玩；爱学，会说；爱生活，会做人。”中培养学生健康的心理特征、积极的学习态度和的生活能力三个方面的内容，由浅入深、循序渐进。

3. 评价办法：每个学期末，在班主任老师的指导下，根据学生的在课程实施过程中的表现以及教材后相应的评价内容的记录，针对二级指标的完成情况进行评价；评价以学生为主进行，家长、同伴、教师根据相应指标共同参与复评；《爱生活　会做人》课程是《东展小学学生人品素养综合评价》重要的组成部分，但是《综合素养评价》还需结合学生一学期在人品教育各方面表现进行综合评价。

以上评价可请学生采取自评、互评、家长评等多主体的评价方式进行。（具体另附）

上海市民办东展小学

2015年9月

《童年成长体验》课程计划

一、课程理念

1. 关注儿童期意义，给孩子幸福童年

杜威认为，孩子就是孩子，儿童期本身具有价值，儿童教育的目的是实现此种价值，使孩子有一个幸福的童年，身心健康地成长，为一生的幸福和健康生长打好基础。他指出：教育即生长，生长就是目的，“教育是生活的过程，而不是将来生活的准备。”人生各个阶段的生活同样重要，儿童期生活有其内在品质和意义，不应该把它当做一个但愿快快过去的未成熟阶段。

东展小学的办学宗旨就是让每个孩子拥有快乐的童年，从长远来说，就是要为孩子拥有幸福而有意义的人生创造良好的基础，从眼前来说，就是帮助孩子过好童年生活中的几个坎，拥有幸福、快乐的童年。它有三层含义：让孩子开开心心过每一天；过好童年生活中的几个坎；在学习、成长中获得成功体验。

2. 关注学生童年成长的体验

六岁儿童进入小学五年，在这五年的小学生活中每个孩子都有几个重要的转折关口。一年级孩子从幼小衔接开始，我们关注孩子的心理、身体、生活、行为习惯等等各方面，降低坡度、难度，从作息时间的调整、课堂教学形式的改变、餐后点心的增设等，全方位设置了适合一年级孩子的课程，让孩子快快乐乐度过第一年的小学生活。到了二年级，课程抓住入队教育契机，激发孩子自我管理的意识，在入队的教育课程中，让孩子认识队组织、逐步了解队组织，喜欢队组织，激发成为少先队员的愿望。三年级孩子的自主意识更强了，通过系列的课程实施，在活动中体验生命的成长，关爱生命，了解父母养育自己的辛苦，从而关爱父母，学着用行动来证明自己。四年级相比较三年级，更加独立，课程定位在学做自己的主人，初步具有独立生活的基本的技能，成为小当家，为将来的生存做好准备。五年级面临着离开母校，回顾五年来的小学生活，课程以“感恩”作为教育的主线，不是停留在口头上，更是有具体的“感恩”行动，为弟弟妹妹留下些什么？为母校留下些什么？成为“感恩”教育的重点。

《童年成长体验》课程注重学生的自主参与，在课程活动中，处处体现学生自主的特点，课堂活动学生自主设计，课堂活动的过程就是学生自主参与、自我提高的过程，自主活动、自主评价、自主展示。

课程倡导“自主实践、体验感悟”的学习方式，就是以学生生活实践经验为核心内容，主动参与对实践生活探究、调查等，注重学生在体验这个学习过程中发自于内心真实而自然的感受。

生活化的课堂教学分为生活指导式教学和生活实践性教学。生活指导式教学以活动的形式使学生参与、体验，把生活的知识、做人的道理寓理于其中，着重培养学生的生活观念与生活态度。生活实践式教学使学生直接参与实践，提高生活的技能，重在培养学生的生活技能和生存能力。本课程在学习的过程中通过学生的"自主实践、探究、体验感悟"找到一条通向热爱生活，学会做人的道路。

3. 贴近学生生活，培养学生品质

关注、整合、提升学生的现实生活经验，这种关注的意义在于：一方面，学校教育要为学生的未来生活做准备。另一方面，更要重视、关注怎样去改善、促进学生正在进行中的生活。我们争取通过本课程的开发与实施让学生学会营造一种属于他们自己的乐观、自信；关爱、合作；自理、自主的生活。

本课程以学生的现实生活为基础，它重视现实生活经验但是它不是学生生活的简单翻版，它要高于生活，力求做到从学生自己的世界出发，用自己的眼睛观察社会，用自己的心灵感受世界，用已有的经验与知识去研究解决生活中的问题，并在这个过程中提升原有的生活经验，巩固、深化，变成自己的精神财富，从而促进他们在生活中发展，在发展中生活。

二、课程目标

1. 课程总目标

《童年成长体验》课程旨在帮助孩子过好童年时代的几个坎，并从中体验成长的快乐。培养学生拥有良好的行为习惯，学会关爱、学会自主、学会耐挫、学会探究，初步具有担当责任的意识，成为"热爱生活，会做人"的合格现代公民。

2. 年级分目标

年级	年级分目标
一年级	适应小学生活，喜欢老师、伙伴，学会基本礼仪，自信、乐观展示自我。
二年级	热爱少先队组织，初步具有集体荣誉感，培养小主人意识。
三年级	知道自己成长故事，懂得父母养育的辛劳，培养责任心，懂得关爱身边的人。
四年级	培养学生独立生活的能力，学习、掌握基本的户外生存的技能1—2样；培养自主、耐挫的品质。
五年级	回顾五年小学生活，了解学校、父母、老师在自己成长过程中给予的关爱、帮助，培养感恩品质。

三、课程设置

1. 成长体验课程

一年级 《跨好入学第一步》　二年级 《我入队了》　三年级 《我十岁啦》

四年级 《生活放飞》　五年级 《感恩的心》

2. 课时安排

《童年成长体验》课程按照“课堂教学、体验活动”两个板块，课程教学时间主要涉及第二学期较多，在周三“快乐活动日”的“快乐团队”板块中具体实施，每课时按35分钟计算，课堂教学每学期4课时，实践活动各年级不同，校内与校外又各不相同。具体课时安排：(参考课时)

年级	课程板块		小计
	课堂教学	体验活动	
一年级	4	7	11
二年级	4	7	11
三年级	4	9	13
四年级	4	15	19
五年级	4	9	13
合计	20	47	67

四、课程内容与要求

年级	课程名称	课程要求	课程内容
一	《跨好入学第一步》	通过入学阶段的礼仪教育，使学生初步养成六大好习惯；孩子喜欢小学生活，爱学校、班级和同学。能通过“我长大了”教育活动展示自我。	“跨好入学第一步” “我是小学生啦” “我入团了” “我长大了”主题活动
二	《我入队了》	以“入队仪式”为契机，辅以“习惯教育、责任教育、集体荣誉感的教育”为教育重点，切实让学生感受到成为少先队员的光荣与责任。	热爱红领巾 队知识竞赛 参观烈士陵园 “我入队了”仪式活动
三	《我十岁啦》	通过活动，学生回味自己的出生、成长故事，体会父母养育的辛劳，学习感恩；展示自己的才能，体验成功的喜悦，学习珍惜；通过护蛋等活动，初步具有责任意识。	出生的故事 护蛋活动 倒背书包 种植香樟树 “我十岁了”主题班会
四	《生活放飞》	结合课程内容，提出具体要求，设计、组织各种活动、比赛，以课程活动为载体，与家长达成共识，让孩子养成各种生活中的好习惯，进行评价。	我是生活小主人 温馨教室我装扮 我是学习小主人 “生活放飞”活动
五	《感恩的心》	“感恩教育”仪式活动已成为童年成长课程系列中的一项。在毕业生即将离开母校的时候，引导孩子感受在母校的成长、收获，更能激发学生的感恩之情，付出感恩行动，以此增强学生对自己、对父母、对社会的责任感。	寻找身边的天使 讲讲感恩的故事 为长辈做一件事 为学校出谋划策 “感恩的心”毕业典礼

五、课程实施

1. 教材的编写

(1) 组织教材编写小组。由艺教部、大队部和各年级组长组成教材编写小组,提炼以往年级组意识活动的特点、要求,完成教材编写任务。

(2) 完善、修改编写好的教材,为以后的童年成长课程的实施打下基础。

2. 课程的实施

(1)《童年成长体验》课程按照"课堂教学、校内实践活动和校外社会实践"三个板块,课程教学时间主要涉及第二学期较多,在周三"快乐活动日"的"快乐团队"板块中具体实施,一学期60课时左右。

(2) 以年级组为单位,根据本课程计划及教材内容,备好课,制定好课程具体实施的时间表。

(3) 班主任是课程实施的具体操作者,根据年级组的安排,结合班级实际情况,指导、策划好各项课程内容,根据教材内容,引导学生按"明理、激情、导行"组织课堂教学,让学生在课程学习、实践中充分感受童年成长的快乐,养成好习惯、好品质。

(4) 课程实施过程中,注重学生在各种活动中资料的积累,课程完成以后,年级组有课程实施小结。

(5) 艺教部是课程管理部门,对课程负有指导、保障、监管的职责;大队部自下而上考虑如何从孩子角度,三到五年级以少先队活动形式,发挥孩子主人翁的意识,保障他们的主人地位。

六、课程评价

(一) 评价要求

1. 过程性

东展探究型课程的评价不是简单地给予孩子一个活动的评价,我们关注的是学生活动的过程性内容,以及他在各种课程体验中的态度、情感与投入。过程远远比结果来得重要,结果只是课程活动中的一部分,在课程活动中,保护学生积极性、创造性,发现学生闪光点,给予正面、积极的鼓励,并改变传统的评价方式,让每个孩子在探究课程的学习中获得成功,体验成功,感受不同的成功带给他们的快乐。

2. 参与性

评价关注的是每个孩子,不管他在某一方面是强还是弱,重视学生在其原有的水平上的发展,纵向比较,不用统一、唯一的标准去衡量学生。

评价聚焦于孩子各方面能力的发展,关注孩子全面的发展,注重培养各种品质,养成小学阶段必需的良好习惯,因此,我们的评价希望学生看到自己的长处和短处,更好扬长避短，更加阳光、自信，希望评价成为学生可持续发展的动力。

• 贴近生活：充分利用学生已有经验，结合现实生活中学生存在的问题，有针对性地开展教育活动，拓展和提升学生的生活经验，使学生在生活中明白事理。

• 知行统一：课程实施中，是否注重把学生所学的道理运用于生活实践？实现知行的统一，注重情感的激发、感染，促进学生自觉养成良好行为习惯。

• 自主体验：课程学习、活动过程中，是否凸显学生学习的自主性，自主参与，自主体验与感悟，促进与同伴互助、合作，交流分享学习成果。

3. 自主性

评价的对象是学生，评价的结果反映学生课程活动的成果，那么评价的主体人应该是学生自身，学生既是课程的参与者，同时也是课程的评价者；既是自我的评价者，也是同伴的鉴定人，因此，评价的自主性在课程实施过程中得以体现。

（二）评价内容

1. 学生参与态度：对活动的积极性、专注程度、喜欢程度，对周围环境中重要事情、现象的关注程度、主动参与的程度、情感表现等。

2. 学生参与程度：是否爱琢磨、爱发表意见，爱出主意、想办法，是否有自己的看法，是否能用学过的知识或表现出一定的创造性，是否能想出各种获取信息或解决问题的途径等。

3. 学生合作能力：是否与同学、老师讨论或商量问题，是否友好地与同学合作，有问题时能否协商解决，能否主动地争取别人的帮助等。

4. 学生知识、技能的习得：掌握与活动有关的知识情况，操作、表达等所需要的各种技能、劳动技能等。

5. 学生品质、习惯的养成：活动的指向是培养学生良好的品质，良好习惯的养成，不同年级通过不同形式、不同内容的活动，养成不同的好习惯。这些习惯、品质来源于东展的培养目标。

（三）评价方式

采用“多主体、个性化、开放性、多样化”的评价方式，按照年级的不同，与年级评价结合，丰富多彩的争章活动等，与班级、个人日常评价结合，注重过程性评价。

1. 以“争章”活动为载体的评价方式

年级组将课程的实施内容进行细化，变成可以检测的评价指标，按照不同的板块分别设立不同的章目，通过每日“小小操练场”的自我评定、同伴评定来检查自己是否达到争章的要求，最后通过学生争得的章来评价课程实施的效果。

如1：二年级《我入队了》课程评价方式

根据学生的年龄特点以及二年级组的“争七色花”的要求。将争章与入队评价紧密结合起来，评价建议如下：

我入队了评价表

评价内容	评　　价　　指　　标	评价形式	评价者
健身章	1. 体质测试优秀 2. 坚持每天一小时体育锻炼，并能持之以恒 3. 积极参加运动会，能取得成绩	小操练场	自己、同学评
卫生章	1. 有良好的个人卫生习惯 2. 读写姿势正确，认真做好眼保健操，视力达标或明显进步。	小操练场	自己、家长评
沟通章	能够与同学、老师或家人分享自己的快乐与烦恼	日常评价	共同评价
学习章	1. 有良好学习习惯，按时交作业、有质量。 2. 上课积极思维，课堂参与率高。 3. 各科学习能力强，得到任科教师的肯定。	日常评价	老师评价
关爱团结章	1. 自己的事情自己做 2. 为同伴做一件事情 3. 为长辈做一件事情	自评 互评	共同评价

如2：三年级《我十岁了》课程评价方式

将课程内容按照不同板块，设计成指标要求，结合不同的章目开展评价。

我十岁了评价表

评价内容	评　　价　　指　　标	评价形式	评价者
自主章	1. 能自主设计路线图，在小组合作中，完成寻找目的地的任务。 2. 能结合自然博物馆馆内陈设，了解感兴趣的动物，完成考察报告。 3. 结合“十岁林”启动仪式，完成探究小报。 4. 自主锻炼，自主阅读。	小操练场	自己 同学 老师
沟通章	1. 为同学做两件好事。 2. 参加“哥哥姐姐”队，为低年级学生服务。 3. 给父母写一封感谢信。 4. 积极参与各项活动，并能与伙伴主动沟通。	小操练场	自己 家长
关爱章	1. 参加“倒背书包”活动。 2. 完成“护蛋”任务。 3. “十岁生日”仪式活动中承担表演任务。	日常评价	共同评价

2. “过程性”和“综合性”相结合的评价方式

• 过程性评价

沿用学校“成长档案册”的评价方式，对部分实践活动完成过程记载，关注不同的学生在参与实践后的不同体验，在档案册底板上设计了“活动照片”“活动感受”、“活动评价”等栏目，引导学生能够真实记录下活动过程中的不同感受和对活动的意见和建议，记录学生当时在课程活动中的难忘一瞬间，见证他童年成长的精彩历程。

• 综合性评价

四年级的《生活放飞》课程在最后阶段有个放飞的仪式，来检验孩子们前期课程实施中的效果，通过放飞活动，将一天一夜所有活动内容变成评价指标，检验学生生活自理本领掌握的程度。五年级的感恩教育同样也是采用过程性与综合性评价结合的方式，在毕业典礼上展示毕业生的风采。

如3:四年级《生活放飞》课程评价方式

学校主题教育关注学生的习惯养成教育，结合四年级学生年龄特点以及《生活放飞》课程要求。将过程性与综合性紧密结合起来评价。

生活放飞评价表

评价指标	具体内容	成绩	评价人
生活自理能力	1. 出行前自己准备物品		家长、老师
	2. 到达营地后自己铺床套被子		老师
	3. 在规定时间内整理好物品穿着整齐集队		教官、老师
	4. 活动中不遗失物品		分管领导
	5. 刷牙比赛		老师
时间安排能力	6. 午休时间能合理安排时间		老师
	7. 守时，每次集队准时到达		老师
健康卫生习惯	8. 卫生习惯、不浪费食物		老师、
	9. 用餐礼仪		老师
团队合作能力	10. 团队游戏活动能团结友爱		教官
加分项目	1. 能帮助伙伴克服困难		
	2. 关爱集体，为集体争光		
	3. 其他		
备注：一共十项指标，每个项目达标得★，满分十★。9—10★为优秀；7—8★为良好；6★为合格；6★以下不合格。不合格者，学期结束重新考核。			

如4:五年级《感恩的心》课程评价方式

感恩的心评价表

	课程内容	积极参与（5颗星）	完成态度（3颗星）（根据认真程度、创意、自主进行评价）	团队协作（2颗星）
1	阅读感恩书籍			
2	交流感恩故事			
3	《感恩母校》主题队会			
4	作文《再见了，母校》			
5	征文《校长，我想对您说》			
6	感恩行动——护厕小卫士			
7	大哥哥、大姐姐在行动			
8	“感恩母校”小组自主活动			
9	妈妈，我们爱您			
10	“感恩的心”毕业典礼			

上海市民办东展小学

2015年11月（修改）

《社会大课堂》课程计划

一、课程理念

以学生发展为本，坚持全体学生全面发展，关注学生个性的健康发展和可持续发展。

1. 课程关注学生现实经验，培养学生实践能力

《社会大课堂》课程超越具有严密的知识体系和技能体系的学科界限，是一门强调以学生的经验、社会实际和社会需要和问题为核心，注重学生多样化的实践性学习方式，以有效地培养和发展学生解决问题的能力、探究精神和综合实践能力为目的的课程。因而，课程比其他任何课程都更强调学生对实际的活动过程的亲历和体验。

2. 以人品教育为核心，培养学生积极的生活态度

《社会大课堂》课程弘扬："爱国、敬业、诚信、友善"的社会主义核心价值观，在重视学生品行的基础上，通过多种途径，促进学生形成关爱、自主、合作、诚信的良好人品，营造良好的情感氛围，促进学生以积极的生活态度对待身边的人和事。

3. 完善学习方式，拓宽学生实践体验的渠道

《社会大课堂》倡导自主探究、实践体验、合作交流的学习方式，倡导"发现"、"活动"、"交流"有机统一的实践过程，充分整合多种资源，让每个孩了在实践课程中培养各项能力，让学生在活动、体验、实践中获得发展，丰富阅历。

二、课程目标

(一) 总体目标

1. 亲近并探究自然，增进对自然的认识，逐步形成关爱自然、保护环境的意识和能力。

2. 积极参与校园、社区和社会服务，增进对社会的认识与体验，发展社会适应能力和社会责任感。

3. 掌握相应的生活技能，提高学生独立生活的能力，培养学生实践体验能力和团队协作精神。

(二) 分年段目标

1. 一、二年级目标

(1) 能感受观察、探究、体验活动的乐趣。

(2) 掌握十项基本生活能力，懂得劳动带来的快乐。

(3) 初步形成小组合作的团队意识。

2. 三到五年级目标

(1) 能主动投入和参与观察、探究、体验等活动，学会用分析、比较、综合等方法进行合作探究和解决问题，学会基本的生存知识。

(2) 学会掌握自我服务和为他人服务的技能，感受给别人带来快乐的过程中自己也得到快乐。

(3) 开阔视野，感受大千世界的美妙，在实践过程中培养对自然、对社会、对身边人的关爱心和责任意识。

三、课程设置

1. 课程内容设置

本课程共设置“考察体验”、“探究实践”、“公益服务”三个方面的内容，根据学生年龄特点与年段教育需要进行安排。

公益服务：低年级学生主要是在教室、校园进行简单的劳动，既有自我服务的项目，也有为他人、为学校的服务。中高年级参与为社会、为他人提供自愿、不带回报的服务。

考察体验：主要是通过实地的观察、观看、参与活动地点的活动，获得真实的体验和感受。

探究实践：带着问题和感兴趣的地方，有目的地对活动地点进行观察、阅读，发现问题，搜集数据，形成解释，获得答案并进行交流、检验。

2. 课时安排

学校结合自身的特点和学生实际情况，利用周三“快乐活动日”中“社会实践”板块实施课程。每个课程内容教学时间为 2—4 课时，每学期总课时 6—8 课时。(春秋游活动课程另作安排和设计，每学期每个年级 4 课时)

四、课程内容与要求

表一　各年级课程安排

年级	学期	课程内容	课程要求	活动基地
一年级	第一学期	考察体验： 《我是绿色小苗苗》入团活动 (一次 6 课时)	1. 通过团课教育，懂得“五爱”的意义，激发学生入团意愿。 2. 培养学生初步的爱学校、爱班级的情感。	中山公园
		公益服务： 《小桌子擦干净》(一次 2 课时)	1. 学会简单的自我劳动的本领。 2. 培养学生初步的自己的事情自己做的意识。	自己教室
	第二学期	考察体验： 《玩转想象》参观儿童博物 (一次 4 课时)	1. 通过参观儿童博物馆感受奇妙想象创造的玩具世间给我们带来的乐趣。 2. 培养学生的好奇心，鼓励学生的创造力。	儿童博物馆
		公益服务： 《校园擦擦乐》(一次 2 课时)	1. 学会简单的公益劳动本领。 2. 初步感受到为大家做好事能给自己带来快乐。	学校儿童乐园

续表

年级	学期	课程内容	课程要求	活动基地
二年级	第一学期	探究实践：(生活与做人) 《超市购物学理财》(一次4课时)	1. 通过制定购物单，学习简单的理财购物方法。 2. 初步尝试通过小组合作完成任务。	联华超市
		公益服务： 《校园捡落叶》(一次2课时)	1. 学会简单的公益劳动本领。 2. 初步感受到校园服务能给自己带来快乐。	校园
	第二学期	考察体验：(生活与做人) 《缅怀先烈》宋庆龄陵园 (一次4课时)	1. 通过参观宋庆龄陵园感受我们的幸福生活有着先辈们的付出。 2. 更珍惜今天的幸福生活。	宋庆龄陵园
		探究实践： 《小鬼当家》菜场买菜 (一次4课时)	1. 能够认识一些蔬菜，认识简单的货币 2. 初步学习买菜的简单方法，能用礼貌的方式与营业员进行沟通。	附近菜场
三年级	第一学期	探究实践：(生活与做人) 《上海风采录》参观城市规划馆 (一次4课时) 《民间文化看一看》新泾镇民间文化展示馆(一次4课时)	1. 了解上海城市的规划和发展，培养关心、爱护自己的家园的情感。 2. 了解上海传统的民风、民俗。 3. 学会根据问题、兴趣点，小组合作进行探究、分享。(此两项根据实际情况可选择一项进行)	城市规划馆
		公益服务： 《我是护绿小卫兵》	1. 知道校园中的绿化队我们学习、运动、活动的益处。 2. 在服务中保护绿化，培养环保意识。	校园
	第二学期	探究实践： 《天圆地方》参观上海博物馆 (一次4课时)	1. 了解上海博物馆的概况。 2. 学会根据问题、兴趣点，进行探究，分享探究的成果。 3. 感受中华民族的聪明才智和艺术创造力	上海博物馆
		参观体验： 《走进消防队》体验消防队 (一次4课时)	1. 解消防知识，掌握简单的火灾逃生技能。 2. 学会简单的内务整理。	消防中队
		公益服务： 《护厕小卫士》	1. 知道基本的如厕礼仪。 2. 在服务中宣传如厕礼仪，做校园的小主人。	校园
四年级	第一学期	参观体验： ☆《读书乐》体验长宁图书馆 (一次4课时) 《畅游艺海》参观刘海粟美术馆 (一次4课时)	1. 培养阅读兴趣，初步学习在图书馆这样的公共场所基本的借阅礼仪。 2. 培养在艺术方面的学习兴趣，有热情，善于观察，有一定的审美欣赏能力。	长宁图书馆 刘海粟美术馆
	第二学期	公益服务： ☆《敬老院送温暖》敬老院服务 (一次4课时)	1. 知道老人为社会和小辈作出的贡献和付出的辛劳。 2. 通过去敬老院为老人表演、服务，学会关心、关爱老人。	敬老院
		参观体验： ☆《读书乐》体验长宁图书馆 (一次4课时)	培养阅读兴趣，初步学习在图书馆这样的公共场所基本的借阅礼仪。	长宁图书馆
		探究实践： (一次6课时)	培养学生参观礼仪，开拓视野，初步了解中国文化的发展。	上海博物馆

续表

年级	学期	课程内容	课程要求	活动基地
五年级	第一学期	探究实践： 《探索地铁发展史》地铁博物馆 （一次4课时）	1. 初步了解世界上各种地铁发展进程，培养对社会生活的兴趣。 2. 学会根据问题、兴趣点，小组合作进行探究、分享。	地铁博物馆
		考察体验： 《健康美味DIY》曼可顿面包制作 （一次4课时）	了解营养早餐的组成，探究健康的饮食；提高自主动手的能力，珍惜劳动成果。	曼可顿面包房
		公益服务： 《我们都有名字噢》	主动帮助一年级的弟弟妹妹在校服上写上名字，以防丢失。	一年级教室
	第二学期	探究实践： 《天更蓝，水更绿》参观天山污水处理厂（一次4课时）	1. 了解污水是怎么变清的科学处理过程。 2. 培养保护意识，敢于提出质疑，能寻找生活中的问题进行思考和研究	天山污水处理厂
		考察体验： 《放飞梦想》毕业夏令营 （一次12课时）	1. 通过实践活动进一步培养学生集体生活中的合作意识、自理能力、交往能力。 2. 激发学生对小学生活的热爱和留恋。	金山廊下
		公益服务： 《我是小小修补匠》	会使用简单工具绿化、美化班级、学校环境，学会寻找身边的“漏洞”进行修补。	校园
☆因敬老院场地所限，四年级班级分上下两个学期进行服务，上学期敬老院服务的班级，下学期图书馆体验，上学期图书馆体验的班级，下学期敬老院服务。				

表二　各年级春秋游课程安排

年级	季节	课程内容	课程要求	活动基地
一、二年级	春游	探究实践： 《2050未来世界》 （一次8课时）	1. 初步探究未来生活的情况，培养对科学的兴趣。 2. 学会根据问题进行探究、分享。	2050未来世界
	秋游	考察体验： 《探寻秋天的奥秘》 （一次8课时）	1. 简单了解月湖雕塑主题公园的布局概况。 2. 在活动中发现秋天的特点，寻找秋姑娘的身影。 3. 通过各种方法记录月湖公园秋天的特点。	月湖雕塑主题公园
	春游	探究实践： 《海洋世界游一游》 （一次8课时）	1. 初步了解海洋世界鱼类生活的情况，培养对海洋的兴趣。 2. 学会根据兴趣点，小组合作进行探究、分享。	长风公园海洋世界
	秋游	考察体验： 《快乐农场》 （一次8课时）	1. 通过参加各参观、采摘活动，知道农场中一些蔬菜、水果的生长特点。 2. 在集体活动中学会同伴间友好交往的礼仪，初步尝试合作与分享。	绿苑生态农场

续表

年级	季节	课程内容	课　程　要　求	活动基地
三—五年级	春游	考察体验：《顾村公园看樱花》	1. 通过欣赏樱花等植物，感受大自然的美好。 2. 在集体活动中学会同伴间互相合作，分享快乐。	顾村公园
	秋游	考察体验：《欢乐大冒险》	1. 通过参加各项游戏活动，感受现代。 2. 在集体活动中学会同伴间互相合作，分享快乐。	欢乐谷
	春游	考察体验：《畅游科技馆》	1. 了解现代科技的一些发展趋势，感受科技给人类带来的惊喜。 2. 能通过小组合作，共同完成探究任务，展示探究成果。	科技馆
	秋游	考察体验：《动物世界知多少》	1. 通过活动了解自己喜爱的动物的生活习性、活动情况等，同时也能实地观察各种动物生长特点。 2. 能通过小组合作，共同完成探究任务，展示探究成果。	野生动物园
	春游	考察体验：《佘山定向探索》	1. 探究佘山天文台的历史和作用，能用自己的方式记录探究成果。 2. 通过同伴合作进行定向探索活动。	佘　山
	秋游	考察体验：《生态园》	1. 通过参加各参观、采摘活动，知道农场中一些蔬菜、水果的生长特点。 2. 在集体活动中学会同伴间互相合作，分享快乐。	申隆生态园
备注	四年级秋游进行"放飞生活"仪式，课程内容见《童年成长体验》。			

五、课程实施

1. 教材的编写

(1) 组织教材编写小组。学校组织由校长室、艺教部、班主任、任课教师组成的教材编写小组，在总结和提炼以往各年级社会实践活动的基础上，梳理适合学生年龄需求、能够充分体现学生的主体性。

(2) 根据课程特点，开发编制教材。以《社会大课堂课程计划》为依据，开发编制校本教材。

2. 课程的学习过程

(1) 引导学生在实践中学习，在生活中实践，倡导学生的主动学习、乐于探究、勤于动手，引导学生经历多样化实践学习活动的过程，经历问题探究、问题解决的基本方法和过程。引导学生根据事先设计的问题或关注点开展调查研究与访问、社会参与与服务、信息收集与处理等多种实践学习活动，体现学习方式的多样性，初步学会实践学习的方法，鼓励学生的创新意识。

(2) 注重学生自主实践与教师的有效指导相结合,注重团体指导与协同教学。不能把实践活动的指导权只赋予某一学科的教师或班主任或专门从事实践活动指导的教师,而加强教师的协同指导。教师既不能"教"实践活动,也不能推卸指导的责任、放任学生,而应把自己的有效指导与鼓励学生自主选择、主动实践有机结合起来。要处理好课堂教学与实践活动的关系,坚持课堂组织与开放活动相结合、校内教育与校外教育相结合;注重突出学生的主体地位,坚持学生自主实践与教师有效指导相结合;妥善处理好综合实践活动与学科学习的关系,注重运用学生已有知识和经验,强调实践学习活动的多样性,坚持实践学习与认知学习相结合。

3. 课程的开展

(1)《社会大课堂》课程安排入"快乐活动日"中"社会实践"板块,要求每个学期课程实践活动共计三次。(每次至少 2—4 课时,一日为 6 课时)

(2) 以年级组是课程实施的组织单位,根据《课程计划》及教材内容,确定课程教学与实践活动的时间表。

(3) 根据课程特点,本课程的实施分成"学习"与"实践"两个部分。"学习"主要是根据教材内容进行知、情、意、行的课堂学习;"实践"是根据教材要求,开展校外(或校内服务)的实践活动。

(4) 班主任是课程实施的责任人,在年级组的安排下针对教材进行备课,并做好"学习"与"实践"的教学和组织指导。

(5) 各班制定好记录活动过程,积累课程过程中的资料,做好课程小结。

(6) 艺教部是课程的管理部门,组织课程的设计,为课程的实施提供指导和保障,并监督和检测课程实施的效果。

六、课程评价

1. 评价原则

(1) 注重过程:重视对学生在活动过程中表现的评价。只要学生经历活动过程,对自然、社会和自我形成一定的认识,获得了实际的体验和经验,就应该肯定其活动价值,给予积极的评价。

(2) 尊重多元:倡导评价方式多样化,鼓励并尊重小学生极富个性的自我表达方式,如演讲、绘画、写作、表演、制作小报等。倡导评价主体多元化。评价不应只由教师来决定,要通过讨论、协商、交流等多种形式,将学生自我评价、同学互评与指导教师或社会、家庭有关人士评价结合起来。

(3) 关注反思:充分发挥评价的教育、改善、促进的功能,引导孩子关注自己在实践活动中的收获与不足,达到自我改进的目的。要培养学生对活动过程(特别是细节)的记录习惯,要通过活动过程、交流和活动成果汇报,让学生学会对问题的讨论、方法的交流、成果的分享与思考,达到自我反思、自我改进的目的。

2. 评价方式

评价方式体现多样化,可将以下几个方面的评价方式结合起来。

(1) 建立“档案袋评价”。课程主要以活动的形式开展，可以建立活动档案袋，里面包括活动计划、活动记录、调查表、出勤登记表、实验记录表或调查记录表、原始数据、学习体会、日记等与活动有关的文字、图片、音像等资料，作为小组成绩评价的主要依据。

(2) 做好及时观察——即时评价。日常观察即时评价要贯穿于活动的整个过程。一方面可以随时随地激励学生；另一方面日常观察能有效地提高形成性评价的准确度和有效率。

(3) 成果展示。在每个活动项目结束后，组织学生进行自评、互评，促使学生在活动之后能及时进行总结和反思，指导后续的活动。有汇报、成果或作品展示、演示、表演、竞赛、评比等。通过演讲、辩论、小报等形式都可以进行展示。

3. 评价内容(见表三)

(1) 参与态度。学生参与活动的时间、次数、认真程度，以及是否认真思考问题、积极动手动脑、主动提出活动设想或建议、认真查找资料、准时完成计划和学习任务作为评价的依据。

(2) 合作精神。包括积极参与小组活动，主动帮助别人和寻求别人帮助，认真倾听同学的意见，乐于与别人一起分享成果。

(3) 探究精神和学习能力。通过对学生在提出问题、分析问题和解决问题过程中显示出的探究精神和实践能力，及其对探究结果的表达进行评价。

(4) 收获与反思。通过学生的自我陈述、小组活动记录来反映，也可以通过学生的日记、活动征文、主题班会等形式来反映，还可以通过学生的行为表现和活动成果来评价。

表三　学生社会大课堂课程活动评价表

评价标准	自　评	复　评 (小组、同伴或教师参与)	总　评
参与活动的积极性　☆☆☆☆☆			
团队合作意识　☆☆☆☆☆			
知识技能掌握情况　☆☆☆☆☆			
活动中的耐挫情况　☆☆☆☆☆			
活动成果的展示　☆☆☆☆☆			
活动感受(学生填写，可附照片)			
家长的话：			

《民办东展小学学生人品素养综合评价》方案

（讨论稿）

学生人品素养综合评价是东展小学人品教育的重要组成部分，也是有效开展人品教育的重要保障。有效的评价能对学校的整体发展、学生的全面发展起到积极的作用。因此，制定民办东展小学学生人品素养的综合评价遵循了教育性、发展性、主体性和多元性的原则，为此，我们根据学校人品教育培养目标一级指标："爱笑，会玩；爱学，会说；爱生活，会做人。"中培养学生健康的心理特征、积极的学习态度和的生活能力三个方面的特点，遵循由浅入深、循序渐进的原则，将 16 个二级指标分解到一到五年级的上、下两个学期，并提出了具体的评价指标体系。

一、学生人品素养综合评价的原则

1. 教育性原则：是一种价值判断的过程，其终极目的还是为了教育被评价者，规范和提升良好人品的形成和发展。

2. 发展性原则：关注学生自身的发展趋向，注重评价的激励功能，培养、鼓励、激发学生不断进取、不断反思与完善自身。

3. 主体性原则：以学生为主体的原则，学生既作为被评价者，更作为评价者，进行自我评价与伙伴间的相互评价，由此而促进学生自我教育。

4. 多元性原则：内容上既可以从学生的行为德行进行评价，也可以从学生在该主渠道课程的参与程度、发展和改进等进行评价；评价的形式上既可以采取纸笔测试，也可以通过行为实践，还可以通过项目任务的形式进行；在评价人员上主体是学生，但是也可以教师、家长的参与。

二、学生人品素养综合评价的内容

1. 学生人品素养综合评价指标

根据人品教育培养目标一级指标："爱笑，会玩；爱学，会说；爱生活，会做人。"所对应的 16 个二级指标为："乐观、自信；活力、爱好；兴趣、探究；倾听、擅言；关爱、耐挫、理财、环保；礼仪、诚信、合作、自主。"为主要内容，分解到小学一到五年级的五个阶段。

（分年级具体指标另附）

2. 确立学生人品素养综合评价的要点

(1) 学生人品素养综合评价与德育目标密不可分

我们的学生人品素养综合评是在社会主义核心价值观为引领的基础上，以德育教育的总目标为依据，针对学校自身特点和学生发展特点制定的，对德育目标进行补充及个性化的设计，评价指标的内容与德育目标做到相辅相成。

(2) 学生人品素养综合评价是由课程为载体的评价

我们的学生人品素养综合评价是以校本课程《生活与做人》为载体，该课程是将人品教育培养目标一级指标："爱笑，会玩；爱学，会说；爱生活，会做人"所对应的 16 个二级指标为："乐观、自信；活力、爱好；兴趣、探究；倾听、擅言；关爱、耐挫、理财、环保；礼仪、诚信、合作、自主"为主要内容，编制了总共 65 个教材，分解到小学一到五年级的五个阶段进行实施。因此，评价指标的内容与该课程每个指标的分年级课程目标内容相匹配，以课程为教育的载体，结合学生日常的行为实施评价。

(3) 学生人品素养具有评价综合性、持续性和灵活性的特点

学生人品素养综合评价考虑到学生身、心、智、行发展的各个方面、全部领域综合性评价。连续性是指评价注重学生全面成长的各个阶段，掌握学生从入学一年级起到五年级毕业的人品发展轨迹。灵活性是指评价的方式是多元的，注重评价者个体的自我评价，更有关注日常活动的过程性评价，及学生互评，教师、家长评等形式的加入，将评价的内容延伸至社会生活及家庭。同时，人品素养的综合评价结果(学年)又可与学校学生评优相结合，起到了推动和整合学校教育评价的整体效应。

三、学生人品素养综合评价的实施策略

1. 评价指标的学习和落实

学生人品素养综合评价指标是根据学校人品教育培养目标的二级指标制定的，而《生活与做人》课程也是根据学校人品教育培养目标的二级指标具体内容编写的，因此《生活与做人》课程是对学生进行评价指标学习和落实的首要渠道，教师根据教材的课程目标与教学目标，确定每学期重点实施的指标对学生通过知情——激情——导行的教育。其次，基础型课程、选修课程也是渗透人品教育的主要渠道，特别是"擅言、兴趣、爱好"三个指标的评价，就是从基础型课程和选修课程的参与情况中获得评价信息。再次，学生主题教育、行规教育、社会实践等，也是实施教育的学生在这些教育活动中培养良好的人品，为评价提供一个实践的平台。

每学期开学，班主任老师可先组织学生学习、了解本学期评价指标的相关内容，使学生做到心中有数，目标清晰。

2. 评价的时间

每学期期末进行评价

3. 评价的办法

(1) 每个学期 16 周起，在班主任老师的指导下，根据学生的实际情况对二级指标的完成情况进行评价。评价者根据指标在"具体要求"相对应的"脸"下面打"√"；

(2) 根据目前《生活与做人》每个学期实施6—7个指标的情况，第一学期课程中实施的指标，上、下两个学期都要进行评价，第二学期实施的指标只在第二学期进行评价，以“*”为标记。(限于第一次试评，以后每学期每个指标都要进行评价)

(3) “学期评”由教师进行打分，两个及以上“笑脸”评定为“笑脸”；两个及以上为“平脸”评定为“平脸”，有“愁脸”的，下降一档。

(4) “学年评”中的小组评：对于二级指标，由学生组成的小组进行评价。以第一学期和第二学期两个“学期评”等第为参考，如：第一学期是笑脸，第二学期也是笑脸。学期评就是笑脸；第一学期是平脸，第二学期是笑脸，学期评为笑脸；第一学期为笑脸，第二学期为平脸，就是笑脸减。

“学年总评”中的教师评，主要是根据二级指标的“学年评”结果，对一级指标进行评定，二级指标上、下两个学期中的“笑脸”进行汇总评价。

(5) “综合评定”不作打分要求，教师可根据学生“学年总评”中的得分情况按一级指标得分情况，一级指标为笑脸的，在相对应“达人章”下的方框内打“√”，即被评为此指标的“达人”。(如何评定有待商量)

4. 评价结果的运用

学生人品素养综合评价的学年评价结果，将与学校学生评优相结合，“达人”可作为“好习惯之星”或“美德少年”。(有待商量)

上海市民办东展小学课题组

后　记

时光飞驰，转眼间东展小学“人品教育”第二轮研究——《多元文化背景下小学生人品教育学校课程的建设与研究》课题的研究已有五年，从 2012 年 11 月课题立项至今，我们始终将研究与实践紧密结合，推进了学校的整体发展，使东展小学逐步走上了内涵发展与特色发展之路。

我们感谢在课题研究过程中始终陪伴我们成长，给予我们指导的华东师范大学课程与教学研究所所长、博士生导师崔允漷教授；感谢长宁区教育局、长宁区教育学院教科室、东展教育公司的关心与扶持；感谢在各项实践活动中与我们携手合作的校家委会。这使我们的研究不但有着比较坚实的理论支撑，更有着丰富多彩的实践案例，使我们的“人品教育”在课程改革之路上，结出成果，努力使东展学生拥有快乐的童年。

本课题研究成果是我校领导与教师的集体结晶，本书由葛丽芳校长担任主编，各章节具体执笔如下：绪论、第一章，姜雪雁；第二章，钱磊、乔博、周冬梅、鲍乃玲；第三章，沈炜、殷艳、陆怡、陆海芹、程传均；第四章，楼亚琴、李勇、刘志平、杨韵。

五年来，我们全校的 60 多位教职工付出了汗水和智慧，他们善学创新，积极进取，在充满爱心和创造的工作中不断丰富着“人品教育”的内涵。在三十多万字的书稿中，充溢着来自老师们生动的实践体会、灵动的创新思维、涌动的改革愿望。我们共积累了案例故事二百多个，呈现出东展师生的整体风貌。

本书从开笔编拟纲目以来，许多老师付出了心血。原黄浦区教研室研究员邹经老师为指导编辑团队为本书构思框架、修改案例，三联出版社编审方立平教授、方舟老师辗转校勘、核审，在此致以最诚挚的感谢！